《东南亚研究》第一辑 《东南亚概论》丛书

MALAIXIYA GAILUN

国家出版基金项目

"十二五"国家重点图书出版规划项目

马来西亚概论

龚晓辉 蒋丽勇 刘勇 葛红亮 编著

中国出版集团
世界图书出版公司

图书在版编目（CIP）数据

马来西亚概论/龚晓辉等编著. —广州：世界图书出版广东有限公司，2012.12
（东南亚研究）
ISBN 978-7-5100-1245-7

Ⅰ.①马… Ⅱ.①龚… Ⅲ.①马来西亚—概况 Ⅳ.①K933.8

中国版本图书馆CIP数据核字（2012）第305492号

马来西亚概论
MALAIXIYA GAILUN

项目策划	陈　岩
项目负责	卢家彬　刘正武
责任编辑	魏志华　张　华
出版发行	世界图书出版有限公司　世界图书出版广东有限公司
地　　址	广州市新港西路大江冲25号
邮　　编	510300
电　　话	020-84453623　84184026
网　　址	http://www.gdst.com.cn
邮　　箱	wpc_gdst@163.com
经　　销	新华书店
印　　刷	广东虎彩云印刷有限公司
开　　本	880mm×1230mm　1/32
印　　张	14.25
字　　数	345千字
版　　次	2012年12月第1版　2024年6月第5次印刷
国际书号	ISBN 978-7-5100-1245-7
定　　价	38.00元

版权所有　侵权必究
咨询、投稿：020-84460251　gzlzw@126.com

解放军外国语学院亚非语系
《东南亚研究》编辑委员会

主　任：钟智翔　李晨阳
副主任：尹湘玲　于在照　祁广谋
编　委：（以汉语拼音为序）
　　　　毕世鸿　蔡向阳　陈　晖　龚晓辉　郝　勇　黄　勇
　　　　兰　强　李　健　卢光盛　孙衍峰　谈　笑　谭志词
　　　　唐　慧　谢群芳　易朝晖　余富兆　郑军军

前　言

"东南亚"指亚洲东南部地区，包括越南、老挝、柬埔寨、泰国、缅甸、菲律宾、马来西亚、文莱、新加坡、印度尼西亚、东帝汶等11个国家。该地区人口众多、资源丰富、幅员辽阔，北接东亚大陆，南望澳大利亚，东濒太平洋，西临印度洋，西北与印度、孟加拉国相毗邻，是连接亚洲和大洋洲、太平洋和印度洋的桥梁地带，具有举足轻重的战略地位。

东南亚是中国周边邻国最为集中的地区。通过陆地和海洋的连接，东南亚与中国为邻，是中国通往外部世界的最重要的海上通道，是中国维护国家安全的重要门户。由于山水相连、唇齿相依，中国与东南亚地区自古以来就有着密切的政治、经济和文化上的往来。虽然其间也曾有过摩擦和冲突，但和平友好一直是中国与东南亚交往的主调。新中国成立后，中国政府奉行睦邻友好的和平外交政策，正确处理与周边国家的关系，营造了一个较好的周边环境。特别是冷战结束后，出现了有利于中国改善与周边国家关系的国际大气候，为中国稳定周边关系提供了良好的机遇。在中国的对外关系中，东南亚具有举足轻重的分量，它既是中国实施"睦邻、安邻、富邻"外交的重要目标，也是展现中国与周边国家睦邻友好关系的窗口。无论是中国为实现社会主义现代化争取一个和平的国际环境，还是实施"立足亚太、稳定周边"的对外战略，东南亚都是不可或缺的一环。而在经济上，东南亚有着丰富的自然资源和潜在市场，是中国对外开放、开展互利合作的重要伙伴。因此，密切与东南亚各国的关系，对于中国构建稳定、和谐的周边环境具有重要意义。

近年来，中国和东南亚各国关系取得了迅速、全面、深入的发展。特别是1997年亚洲金融危机爆发以后，中国坚持人民币不贬值，以不附带任何政治条件的真诚支持和援助获得了东南亚各国的一致赞赏，拉近了相互间的距离，也使中国与东南亚的关系全面推进，不断拓展和深化。2002年11月，《中国与东盟全面经济合作框架协议》的签署，标志着中国—东盟建立自由贸易区的进程正式启动，也标志着中国与东南亚国家的经贸合作进入了新的历史阶段。此后，双方又将合作拓展到政治、安全和战略领域，相继签署了《中国与东盟关于非传统安全领域合作联合宣言》《南海各方行为宣言》，以及中国加入《东南亚友好合作条约》，确立"中国—东盟面向和平与繁荣的战略伙伴关系"等，奠定了中国与东南亚国家进行整体性制度合作的框架基础，中国与东南亚关系由此进入了合作共赢的发展阶段。

随着2010年中国—东盟自由贸易区的正式全面启动，中国东盟博览会和商务与投资峰会、大湄公河次区域经济合作、北部湾经济区的开放开发等一系列合作机制的建立和实施，昆河铁路、昆曼公路等一批跨国合作项目的建成和投入使用，可以预见中国和东南亚各国的经贸关系会更加密切，合作机制会更加健全，双方的相互依存度会更加牢固。在此背景下，越来越多的国人希望进一步了解和认识东南亚。有鉴于此，解放军外国语学院亚非语系依据自身拥有覆盖东南亚地区主要语言的优势和东南亚语种群办学52年的历史积淀，组织编写了《东南亚概论》《越南概论》《老挝概论》《柬埔寨概论》《泰国概论》《缅甸概论》《马来西亚概论》《印度尼西亚概论》等，分别从自然地理、历史简况、民族与习俗、宗教信仰、文学艺术、政治制度、国民经济、军事与国防、对外关系等方面对东南亚及东南亚各国的国情与社会文化进行了阐述。参加丛书编撰工作的均为解放军外国语学院东南亚语种方向的专家学者。他们精通英语和东南亚语言，熟悉东南亚文化，在编写过程中多采用第一手资料，使丛书内容具有丰富、翔实、权威的特点。

在充满机遇与挑战的全球化时代，中国如何把握住时机，继续深化与东南亚国家的睦邻友好关系，提升在政治、经济、贸易、文化、安全等各领域的广泛交流与深入合作，是一个重要课题。《东南亚研究》丛书旨在为希望了解东南亚情况的人士提供较为客观、全面的知识和信息。由于受资料收集和学术水平等诸多因素的限制，书中所表述的观点难免有疏漏和不当之处，敬请广大读者批评指正。同时，我们也衷心希望有更多更好的东南亚研究成果问世。

解放军外国语学院亚非语系
《东南亚研究》编辑委员会
2012年11月

目 录

引 言 ·· 1

第一章 自然地理 ·· 4
第一节 地理状况 ·· 4
一、地理位置 ·· 4
二、地形地貌 ·· 5
三、水系和海洋 ·· 7
四、气候 ·· 8
第二节 自然资源 ·· 8
一、植物资源 ·· 8
二、动物资源 ··· 10
三、矿产资源 ··· 12
第三节 人口与行政区划 ··· 14
一、人口 ··· 14
二、行政区划 ··· 14

第二章 历史简况 ··· 33
第一节 古代部分 ··· 33
一、史前历史 ··· 33
二、古代历史 ··· 43
第二节 近代部分 ··· 49
一、葡萄牙、荷兰殖民统治时期 ·· 49
二、英国殖民统治前期 ··· 51
第三节 现当代部分 ··· 54
一、走向独立的马来亚 ··· 54

二、马来西亚的成立及新加坡的脱离 …………………… 61

第三章　民族与习俗 …………………………………………… 64
第一节　民　族 ……………………………………………… 64
一、民族构成 …………………………………………… 64
二、民族政策与民族关系 ……………………………… 68
第二节　民俗与传统节会 …………………………………… 74
一、民俗 ………………………………………………… 74
二、传统节会 …………………………………………… 84

第四章　宗教信仰 ……………………………………………… 90
第一节　宗教政策 …………………………………………… 90
第二节　伊斯兰教 …………………………………………… 91
一、传入和发展 ………………………………………… 91
二、伊斯兰教的发展 …………………………………… 94
三、基础教义体系 ……………………………………… 98
四、伊斯兰教传入马来半岛的意义 …………………… 100
五、马来西亚现代化进程中的伊斯兰教 ……………… 103
第三节　佛　教 ……………………………………………… 112
一、传入和发展 ………………………………………… 112
二、基本特征 …………………………………………… 115
三、教义的实践体现 …………………………………… 117
四、佛教团体 …………………………………………… 119
五、发展趋势 …………………………………………… 122
第四节　印度教 ……………………………………………… 123
一、传入和发展 ………………………………………… 123
二、基础教义体系 ……………………………………… 123

三、价值观体现 ································· 124
　　四、发展趋势 ··································· 125
第五节　其他宗教 ··································· 126
　　一、基督教 ····································· 126
　　二、民间信仰 ··································· 127

第五章　文学艺术 ····································· 131
第一节　语言文字 ··································· 131
　　一、马来语的历史分期 ··························· 131
　　二、外来语对马来语的影响 ······················· 133
　　三、马来语的发展趋势 ··························· 137
第二节　文学艺术 ··································· 138
　　一、马来文学 ··································· 138
　　二、华语文学 ··································· 147
　　三、泰米尔文学 ································· 148
第三节　音乐与舞蹈 ································· 149
　　一、音乐 ······································· 149
　　二、舞蹈 ······································· 153
第四节　电影与戏剧 ································· 160
　　一、电影 ······································· 160
　　二、戏剧 ······································· 161
第五节　绘画艺术 ··································· 166
第六节　建筑艺术 ··································· 167
　　一、宗教建筑 ··································· 168
　　二、现代城市建筑 ······························· 170
第七节　传统工艺 ··································· 171
　　一、雕刻艺术 ··································· 171

二、蜡染艺术……172
　　三、风筝制作……173

第六章　科技、教育和文化事业……175
第一节　科学技术……175
　　一、科技政策……175
　　二、科研管理和组织机构……179
　　三、信息技术发展概况……181
第二节　教　育……185
　　一、教育概况……185
　　二、华文教育……193
第三节　文化事业……196
　　一、新闻出版业……196
　　二、广播电视业……199
　　三、创意产业……204

第七章　政治制度……207
第一节　政治发展进程……207
　　一、第一阶段（1957—1969年）……208
　　二、第二阶段（1970—1980年）……209
　　三、第三阶段（1981—2003年）……210
　　四、第四阶段（2004年至今）……211
第二节　国家标志……212
　　一、国旗……212
　　二、国徽……213
　　三、国歌……213

四、国花 ································· 214

　第三节　宪　法 ································· 215
　　一、宪法的历史沿革 ······················· 215
　　二、现行宪法的主要内容和特点 ············ 216

　第四节　国家机构 ································· 217
　　一、中央国家机构 ························· 217
　　二、司法 ··································· 234

　第五节　政党制度 ································· 237
　　一、政党发展简史 ························· 237
　　二、政党制度特点 ························· 241
　　三、主要政党、政党联盟简介 ·············· 242

第八章　国民经济 ································· 248
　第一节　概　况 ································· 248
　　一、经济发展简史 ························· 248
　　二、经济发展概况 ························· 255

　第二节　主要经济部门 ························· 264
　　一、农、林、渔业 ························· 264
　　二、工业 ··································· 269
　　三、交通运输业 ··························· 276
　　四、建筑业 ································· 279
　　五、旅游业 ································· 280
　　六、财政金融 ······························· 280

　第三节　经济发展前景 ························· 285
　　一、面临的国际经济形势 ··················· 286
　　二、经济发展策略 ························· 288

第九章 军事与国防 ……………………………………… 296

第一节 军队简史 …………………………………………… 296
一、马来西亚陆军简史 …………………………………… 296
二、马来西亚皇家海军简史 ……………………………… 297
三、马来西亚皇家空军简史 ……………………………… 298

第二节 当前军情概述 ……………………………………… 299
一、国防体制 ……………………………………………… 299
二、国防政策 ……………………………………………… 300
三、军事战略 ……………………………………………… 303

第三节 军种与兵种 ………………………………………… 305
一、陆军 …………………………………………………… 306
二、海军 …………………………………………………… 318
三、空军 …………………………………………………… 326
四、预备役和准军事部队 ………………………………… 329

第四节 对外军事关系 ……………………………………… 329
一、与东盟国家的军事关系 ……………………………… 330
二、与五国联防组织的军事关系 ………………………… 331
三、与美国的军事关系 …………………………………… 333
四、与中国的军事关系 …………………………………… 333
五、武器贸易情况 ………………………………………… 336

第十章 对外关系 ……………………………………………… 340

第一节 对外政策 …………………………………………… 340
一、独立初期到70年代末的外交政策 …………………… 340
二、马哈蒂尔时期的对外政策 …………………………… 346
三、2003年以来的对外政策 ……………………………… 348

第二节　与中国的关系……351
一、建交以前的中马关系（1949—1974年）……351
二、步入缓和的中马关系（1974—1981年）……354
三、迈向合作的中马关系（1981—1997年）……355
四、金融危机后的中马关系（1997年至今）……359

第三节　与其他东盟国家的关系……364
一、与印度尼西亚的关系……364
二、与新加坡的关系……366
三、与泰国的关系……369
四、与菲律宾的关系……370
五、与文莱的关系……373
六、与越南的关系……375
七、与柬埔寨的关系……378
八、与缅甸的关系……379
九、与老挝的关系……380

第四节　与世界主要国家的关系……382
一、与英国的关系……382
二、与美国的关系……384
三、与日本的关系……387

第五节　与国际组织的关系……391
一、与亚太经合组织的关系……391
二、与东盟的关系……392
三、与联合国的关系……394

第十一章　中马友好关系……396

第一节　古代中马友好关系……396
一、15世纪以前的中马友好关系……396

二、马六甲王国时期的中马朝贡关系 ……………… 398
三、葡萄牙、荷兰殖民时期的中马关系 ……………… 406
第二节　近现代中马友好关系 ……………………………… 409
一、华侨与英属马来亚、北婆罗洲的建设 ……………… 409
二、马来亚华侨与中国辛亥革命 ………………………… 413
三、马来亚华侨与反殖民、反侵略斗争 ………………… 416
第三节　当代中马友好关系 ………………………………… 420
一、当代中马友好关系具有深厚的历史基础 …………… 421
二、经贸发展是当代中马友好关系的重要表现 ………… 424
三、马来西亚华人是当代中马友好关系的重要纽带 …… 427
四、各领域的交流与合作是当代中马友好关系的重要促进 …… 430

参考文献 ………………………………………………………… 434

后　记 …………………………………………………………… 439

引　言

马来西亚联邦（the Federation of Malaysia）简称"马来西亚"，位于亚洲大陆和东南亚群岛衔接部分，面积为330 257平方千米。全境被南海分隔成东西两部分，分别是位于马来半岛南部的西马来西亚和位于加里曼丹岛北部的东马来西亚，两地间距最远处约1 500千米，最近处约530千米。马来西亚河流众多，水利资源丰富，地貌主要为平原、丘陵和山地，整体地势从中间向沿海逐渐降低，大部分的沿海地区都是平原，沿海岸线有大面积的沼泽地，中部则是布满茂密热带雨林的高原和山脉。由于地处赤道地带，马来西亚属于典型的热带雨林气候，全年高温多雨，国土面积的四分之三都分布着热带雨林，是世界上森林覆盖率极高的国家之一。

马来西亚在东南亚属于人口较少的国家。据马政府2010年7月的统计，马来西亚人口为2 825万，人口密度为每平方千米86人。马来西亚共有30多个民族，以三大民族为主体，其中马来人占总人口的68%，华人占23.7%，印度人占7.1%，其他民族占1.2%。马来西亚实行宗教信仰自由的政策，因此也是一个多元宗教和多元文化共存的国家。伊斯兰教为官方宗教，教徒人数最多，是马来人都信仰的宗教。华人大多信仰道教和佛教，印度人主要信仰印度教，土著少数民族信仰的宗教包括原始宗教、伊斯兰教、基督教和天主教等。在新的历史发展时期，马来西亚领导人和各界都共同致力于建设一个各民族之间相互尊重、相互理解、相互宽容的多元文化并存的社会。

马来西亚历史悠久，早在远古时期，马来半岛就出现了原始人类，4万~3.5万年前，旧石器时代的文明在今天马来西亚境内开始。

公元前后，马来半岛地区出现了早期国家。15世纪以前，马来半岛分立了众多王国，如：丹丹、盘盘、赤土、狼牙修、佛罗安、单马令、彭坑、吉兰丹、丁家庐、柔佛等，大多为室利佛逝、满者伯夷等当时东南亚强国的藩属，这些国家大多和中国发生过贸易或朝贡的关系。15世纪初，以马六甲为中心的马六甲王国成为马来西亚历史上首个统一的封建王国，亦形成了今天马来西亚国家的雏形。当时的马六甲不仅是闻名遐尔的东南亚伊斯兰教发展和传播中心，而且是国际化的商业贸易中心。马六甲王国还创立了世代相传、至今仍为马来西亚及其国内柔佛、彭亨、雪兰莪、森美兰、霹雳、登嘉楼、吉兰丹、吉打、玻璃市九个州所延续着的政权体系。因此，马六甲王国被形容为马来传统政治和文化的奠基者。

1511年，葡萄牙殖民者攻陷马六甲，马来亚地区逐步沦为殖民地，先后被葡萄牙、荷兰、英国殖民统治。砂拉越和沙巴历史上属文莱，1888年两地沦为英国保护地。第二次世界大战期间，马来亚、砂拉越和沙巴被日本占领。日占时期成为马来西亚历史上最黑暗的时期。第二次世界大战后，英国恢复了殖民统治。1948年2月，马来亚联合邦成立，并在1957年8月31日宣布独立。1963年9月16日，马来亚联合邦同新加坡、砂拉越和沙巴合并组成马来西亚，新加坡随后于1965年8月9日退出。

马来西亚实行君主立宪联邦制，由于历史原因，砂拉越州和沙巴州拥有较大的自治权。马来西亚政局总体稳定，巫统领导的执政党联盟"国民阵线"长期执政。独立至今，马来（西）亚先后经历了6任总理。现任总理达图·斯里·纳吉·阿卜杜拉·拉扎克（Dato' Sri Mohd Najib bin Tun Haji Abdul Razak）在2009年4月接任巫统和国民阵线主席，并担任马来西亚第六任总理。

中国和马来西亚的民间交往有2000多年的历史。早在公元前2

世纪到公元前1世纪初,已经有中国人到达马来半岛南部和北婆罗州地区。从3世纪开始,当时马来半岛的国家已经开始遣使到中国朝贡了。马六甲王国(1400—1511年)与中国明朝建立的朝贡关系历时119年,是古代中马两国友好关系发展的高潮阶段,对现今中国与马来西亚的双边友好关系发展起到了奠基石的作用。1974年5月31日,中华人民共和国与马来西亚正式建立外交关系,以经济合作为主体的经济关系成为两国关系发展的主旋律,迄今为止,中马两国已经签订了10余项经贸合作协议。目前,马来西亚是中国在东盟国家中最大的贸易伙伴,中国则是马来西亚最大的出口市场和进口来源地,是马来西亚最大的贸易伙伴。除了经贸合作成果显著外,近年来,两国互利合作快速发展,双边政治互信不断加深,人员往来日益频繁,文化交流丰富多彩,民间交往非常密切,两国睦邻友好合作关系已步入了全面发展时期。

中国和马来西亚是隔海相望的亲密邻邦,两国既是相互信任、相互支持的真诚朋友,也是平等互利、合作共赢的可靠伙伴。虽然中马两国对中国南沙群岛部分岛礁的归属问题存在争议,但两国均表示要共同致力于维护南海地区的和平与稳定,积极寻求以双边友好协商和谈判的方式解决有关争议。相信在两国政府和人民的共同努力下,两国关系将继续快速向前发展。

第一章 自然地理

第一节 地理状况

一、地理位置

马来西亚位于北纬1°~7°和东经97°~120°之间,是坐落在东南亚地区中心位置的一个海洋国家,位于亚洲大陆和东南亚群岛衔接部分,面积约为33万平方千米。全境被南海分隔成东西两部分,分别是位于马来半岛南部的西马来西亚(简称"西马")和位于加里曼丹岛北部包含砂拉越和沙巴在内的东马来西亚(简称"东马"),两地间距最远处约1 500千米,最近处约530千米。西马由11个州和2个联邦直辖区组成,面积13.2万平方千米,北与泰国接壤,南与新加坡隔柔佛海峡相望,东临南海,西部与西南部隔马六甲海峡与印尼苏门答腊岛相望。东马由砂拉越、沙巴两个州和1个联邦直辖区组成,面积19.8万平方千米,与印尼、菲律宾、文莱相邻,西部和北部濒临南海,沙巴州的东北部与苏禄海相临,东南部与苏拉威西海相接。马来西亚海域面积63.78万平方千米,其中内水和领海面积16.1万平方千米,海洋与陆地比例为2∶1。全国陆地边界线总长2 700多千米,海岸线总长4 492千米,其中西马海岸线长1 737千米,东马海岸线长2 755千米。马来西亚南北连亚洲和大洋洲,东西通太平洋和印度洋,是两大洲、两大洋相交的十字中心,特别是西临著名的马六甲海峡,地理位置十分重要。

二、地形地貌

东马和西马在地质上位于巽他大陆架中部，原是同一块古陆，长期显露于地表，更新世以后才被上升的南海隔开。巽他弧贯穿全境，构成地形骨架，支配两地山脉走向。地盘稳定，少地震和火山灾害。地面长期遭受侵蚀，起伏不大，仅局部地区因岩性与构造的关系，呈现陡峻崎岖的地貌。

马来西亚地貌主要为平原、丘陵和山地，除少数山脉外，海拔一般不超过2 000米，海拔在500米以下的山地约占全国面积的1/5。整体地势从中间向沿海逐渐降低，大部分的沿海地区都是平原，沿海岸线有大面积的沼泽地，中部则是覆盖着茂密热带雨林的高原和山脉。永久性可耕地占3%，农业用地占12%，森林和林区占68%，其他占17%。

虽然地质及地形地貌上东马和西马都有一定的相似性，但还是有所差异。东马地形，巽他弧的东段作西南—东北走向，形成砂拉越与印尼加里曼丹诸省隔界伊班山脉，北头进入沙巴称克罗克山脉，靠近南海岸，由此形成东马地势从内地向沿海逐渐降低。也就是说东马地势以伊班山脉和克罗克山脉为中心，从内地往沿海逐渐降低。

砂拉越由东南向西北倾斜，东南边境为山地，西部为平原，北部是冲积平原，内地多是森林覆盖的丘陵和山地。伊班山脉位于砂拉越东部，山峰多在海拔2 000米左右。砂拉越的山脉北侧为缓和的丘陵和条条并行的单面山，夹有三块火成岩高原。南海沿岸平原海拔不到25米，宽度最大不到200千米，面积1.8万平方千米，是砂拉越的粮食与经济林木的重要产区。

沙巴由中部向东西侧递降，中、西部为山地，东部为平原。沙巴山脉主要有地垒形成的西部山系和构造复杂的中部高地，前者包括克罗克在内的四条山脉。克罗克山脉纵贯该区南北，北头基纳巴卢地块由花岗闪长岩构成，最高点为4102米，是东南亚最高峰。山脉东坡地堑谷形成丹南、建宁欧、兰脑等8个山间盆地，为沙巴内地主要耕作区。中部高地蕴藏多种金属矿，高地以东有一系列低丘、准平原、河谷低地、三角洲和岛屿，各级地面皆较平坦，适宜农牧。沙巴地区西部沿海也是重要的农业区，主要种植水稻。沿海岸线有大面积的沼泽地和美洲红树。

西马地形北高南低，巽他弧的西段作西北—东南走向纵贯马来半岛，排成8条并行山脉，山脉外侧是低丘，沿海为宽窄不等的平原。西马最大的山是吉保山脉，亦称主干山脉或中央山脉，由花岗岩等构成，它拥有西马7座海拔2000米以上高峰中的5座，也是经济开发程度不同的半岛东西两部分界。吉保山脉的长岗岩带是世界上最大的锡成矿带，迤逦南北，纵贯全境。山脉西坡的山足丘陵是西马的矿山、种植园、铁路、公路和城镇的集中地带，为全国经济荟萃地区。

西马东半部北段是片宽阔高地，高地外侧的海岸平原既不宽广、也不连续，一片洁白的沙滩，长着木麻黄天然防风林，海风吹来，发出松涛般地呼啸。平原宽度不超过8000米，许多长条低丘突出海滨形成岬角或沙咀，有屏蔽河口的作用。东海岸北头的吉兰丹平原较大，宽约60千米，也是重要农业区。半岛南部有零散丘陵和平原，是重要的垦殖区。

西马西部沿海有深厚的冲击平原，地势低平，海拔50米以下，平均宽20~30千米，沼泽连绵，水雾迷蒙，土壤肥沃，地下水位高，是主要的农作物产区。全境河流以吉保山脉为分水岭，分别向东西两侧流入太平洋和印度洋。西海岸的岛屿较大，如浮罗交怡和槟榔屿，是山脉没入海中的残丘。沿海有深水港，可以让船舶躲避风暴，补给淡水，历史上就是马六甲海峡北口的要津。

三、水系和海洋

东马河流非常多，水深量大，极具通航价值。主要河流包括：①拉让河，马来西亚第一大河，全长592千米，流域面积3.9万平方千米，支流多而长，特别是在下游，岔流如网，有4个较大的河口，海潮能倒灌60千米之远；②基纳巴甘河，全长560千米，流域面积1万多平方千米，河口宽960米，水深10米，可通航距离为320千米；③卢帕河，马来西亚最宽的河流，河口以上50千米一段，河面宽度达4 000~5 000米，再向上溯20千米，还可以行驶吃水2米深的轮船。

西马河流以吉保山脉为分水岭，由此向东注入南海，向西注入马六甲海峡。西侧河流又称马六甲海峡水系，以霹雳河为最长，约350千米，流域面积1.5万平方千米。东南亚最大的明歌水坝和历史悠久的珍德罗水坝就建在该河上游。东侧河流又称南海水系，以彭亨河为最长，它是西马最大的河流，全长434千米，流域面积2.9万平方千米。

马来西亚被南海分割成东西两部分，南海是世界三大边缘海之一，内有深海盆，平均水深1 212米，最深处大致位于中部，达5 559米。东马与西马之间的纳土纳群岛和阿南巴斯群岛等大部分岛屿都属于印度尼西亚。

西马东邻南海的海岸有很多火成岩小岛，分别集中在南北两方：北方岛屿附近海底有石油和天然气，南方岛屿是南海去新加坡海峡途中的天然航标。东马的沙巴东临3 000~5 000米深的海盆，海岸线在全国最为曲折，沿岸多为低矮的丘陵和平原，山脉大多与海岸相交，形成锯齿形的海岸，多天然海港。

四、气候

马来西亚处于赤道地带，全年高温多雨，无四季之分，温差极小，夜间平均气温在摄氏21度以上，白天平均气温在摄氏32度左右，日温差大约摄氏7度，年温差也只在摄氏1度左右，相对湿度大，平均湿度为80%。

马来西亚四季如夏，但是在山岭高峰处，气温较低，甚至有的山区月平均气温在摄氏15度左右，形成了不少凉爽宜人的避暑之地。其中位于吉保山脉中段、距离首都吉隆坡东北方50千米处的云顶高原，海拔2 000米以上，就是著名的旅游避暑胜地。

马来西亚全年降雨充沛，年平均降雨量，西马为2 000~3 000毫米，东马在3 000毫米以上。雨量的多少主要受季风的影响。每年5~9月，由于受从印度洋及爪哇海吹来的暖湿西南季风影响，降雨较少，有时一个星期不下一次雨，气温较高。其中6、7月是降雨量最少的月份；每年10月至翌年2、3月，受来自亚洲大陆东部的寒冷东北季风影响，形成雨季，降雨量大，其中10~12月降水量最多。

马来西亚的雨季颇有特色，每天下午有一场暴雨，来势快，下得猛，结束也干脆利索，极少有连绵细雨，而且往往伴随着惊天动地的雷声。

第二节　自然资源

一、植物资源

由于马来西亚长年高温潮湿，非常利于大型树木的生长，因此马来西亚成为当今世界上森林覆盖率极高的国家之一，拥有大片珍贵的热带雨林。马来西亚因此被列为世界12个最大生物多元化的国家之一。截至2002年，马来西亚全国森林覆盖率为74%，其中天然树林1954万公顷，约占国土总面积的60%。另有339万公顷土地被划为国家公园野生动物保护区。

马来西亚的树林种类主要有分布在西马西海岸和沙巴州东海岸一带泥泞海滩的沿海沼泽林，分布在内陆山脚一带的淡水沼泽林，分布在西马西海岸和东马北海岸，特别是砂拉越州拉让三角洲一带的泥炭沼泽林，分布在西马东海岸沙地和东马的沙滩林，分布地区遍布马来西亚的热带雨林和灌木林。其中，很多淡水沼泽林已经被改造用作种植水稻。

马来西亚国土面积的四分之三都分布着热带雨林。热带雨林由常绿阔叶树构成，树种主要有龙脑香属、异翆翅属、娑罗树属、坡垒属和青梅属。在西马，热带雨林通常分为平地雨林和丘陵雨林。丰富的森林资源使马来西亚成为世界上最大的热带木材出口国之一。木材工业是国民经济的重要组成部分，为国家带来巨大的经济收入。此前，非法伐木活动一度比较猖獗，近年来，政府采取了一系列措施，有效打击了木材的非法采伐。借助"森林种植发展私人有限公司"这个政府特别机构，马来西亚政府正积极推广森林种植计划，推动木材加工原料的增长。

热带花卉是马来西亚另一重要的植物资源，已知的开花植物有8 000多种，包括2 000种树、200种棕榈和800多种兰花。马来西亚以种植和出产热带兰花闻名于世，有品种繁多的各色兰花，除人工栽培外，多生长在深山密林里，每年的兰花出口额3 300万欧元。生长在原始森林中的莱佛士花，又名玉莲，是世界上最大的花，盛开时直径最大可达2米，被称为"花王"。此外，龙舌兰、观音竹、长春花、常青藤、热带蕉也是马来西亚常见的观赏花木。此外，热带水果在马来西亚各地都有分布，著名的有椰子、甘蔗、芒果、香蕉、菠萝、番木瓜、红毛丹等。

二、动物资源

马来西亚的动物种类繁多，已知的哺乳动物有286种，鸟类736种，两栖动物和爬行动物406种，昆虫10万余种。

马来西亚的哺乳动物主要有大象、野牛、犀牛、貘、鹿、老虎、猿、猴、狸、马来熊、羚羊、野猪、黑豹、豺、穿山甲、大蝙蝠等。生活在热带雨林里的大象是最大的哺乳动物，目前在马来西亚的数量为800~2 000头。由于雨林面积的减少，近年来大象与人类之间的冲突频现。生活在低地林的野牛是一种群居动物，每群数量约为20头，现主要分布在霹雳州、吉兰丹州、彭亨州和登嘉楼州的森林里。苏门答腊犀牛是马来西亚唯一的犀牛种类，主要分布在高海拔森林地区，彭亨州兴楼（Endau）、森美兰州弄边（Rompin）、霹雳州和吉兰丹州四地的国家公园是其栖息的重要场所。貘是马来西亚最常见的动物之一，在高海拔和低海拔地区都有分布。马来西亚的鹿类动物有水鹿和羌鹿，身形都是体瘦、腿长和尾短，分布于全国各地。小鼷鹿是世界上最细小的有蹄哺乳类动物，生活在热带山地丘陵茂密的森林灌木丛和草丛，由于性格谨慎胆小，因此不易见到。马来虎是珍贵的动物品种，主要分布在吉兰丹州、登嘉楼州、彭亨州和霹雳州等地。由于保护得力，马来虎的数量一直比较稳定，仅霹雳州就有250多只。灵长类动物主要有猩猩、树獭、长臂猿、合趾猿、长尾猴等。猩猩主要分布在沙巴州，东岸的山打根（Sandakan）附近的希皮罗（Sepilok）保护区是世界上最大的类人猿自然保护区。

马来西亚的爬行动物以蛇居多，已发现的蛇类有150种以上，包括热带巨蟒、眼镜蛇、金环蛇、树蛇、腹蛇、竹叶青等，其他爬行动物有巨蜥、壁虎、海龟、鳖、鳄鱼等。鳄鱼主要分布在砂拉越州的大型河流中。潮龟又名巴达库尔龟，是一种栖息于河流中的龟，主要分布在霹雳州、吉打州、登嘉楼州和彭亨州的河流中。目前世界上仅存的7种海龟中有4种在马来西亚被发现，分别是棱皮龟、绿海龟、玳瑁海龟和黎德利海龟。棱皮龟是龟鳖目中体型最大的动物，最大体长可达3米，体重可达800~900千克，西马东海岸是棱皮龟主要的登陆地点。主要的海龟登陆点还有登嘉楼的兰道阿邦（Rantau Abang），沙巴州的海龟岛则是海龟栖息的主要地区。

马来西亚的鸟类中有40多种候鸟，其他有名的鸟类包括孔雀、鹑、野鸡、犀鸟、咬嘴鸟、九宫鸟、苍鹰、翠鸟、鹦鹉、太阳鸟、啄木鸟、鹧鸪、鸭鹊、翡翠鸟等。鸟类的分布很广，不同种类鸟的分布因海拔高度和栖息地不同而异。候鸟主要分布在西马西海岸、沙巴州和砂拉越州的泥泞海滩，重要的迁徙地有霹雳州的牛拉（Kuala Gula）、砂拉越州的布律岛（Pulau Bruit）以及沙巴州的海岸地区。据估算，在每年8月至翌年4月的鸟类迁徙季节中，有100万左右的鸟类飞经马来西亚。

鱼类在马来西亚沿海和内河都有分布，主要鱼类有鲭鱼、白鱼、小鳁鱼、鲹鱼、宝刀鱼、鲷衣、墨鱼、金枪鱼、海河豚等，以及海虾、龙虾等海产品。

蝴蝶、巨猿和兰花被誉为马来西亚"三宝"。马来西亚有2000多种蝴蝶，其中以国蝶——红颈鸟翼蝶最为珍贵。1950年，砂拉越发行了世界上最早的蝴蝶邮票，图案正是红颈鸟翼蝶。马来西亚以美丽著称的蝴蝶还有梦幻公主蝶、爱神凤蝶等。

由于面临栖息地减少和毁灭、非法捕猎等威胁，马来西亚现有42种哺乳动物、34种鸟类、14种爬行动物濒临灭绝。

三、矿产资源

马来西亚探明的矿产有30多种，主要矿产资源有石油、天然气、煤、锡、铁、铜、金和稀土等。

石油和天然气在马来西亚矿产资源中占有重要地位。2006年全国石油剩余探明储量4.11亿吨，天然气储量21 238亿立方米。马来西亚探明的石油多为轻质油，油质好，含硫低，主要分布在近海地区的三个储油盆地：马来盆地，面积22.4万平方千米，北部主要分布一些气田，南部形成一些背斜型油田，主要油田包括杜兰（Dulang）油田，塞利基油田（Seligi）等；砂拉越盆地，面积22万平方千米，主要储油层在南部的巴兰河三角洲地区和中央鲁康尼亚；沙巴盆地，面积3.4万平方千米，证实石油储量10亿桶以上。

马来西亚共有约17亿吨的煤炭蕴藏量，主要分布在砂拉越州、沙巴州、霹雳州、雪兰莪州和玻璃市州，其中14亿吨（约82%）蕴藏于砂拉越州。砂拉越州的美里—皮拉煤田煤层厚1~3米，为高挥发、中灰分、低硫次烟煤，资源量超过3.87亿吨。锡里泰克煤田煤层厚约1米，宾土卢煤田蕴藏有2 000万吨高挥发烟煤，热值可达7 000~7 500大卡/千克，主要用作冶金用煤。沙巴州的煤田主要分布在梅里瑙盆地，至少有2亿吨烟煤。尽管煤炭蕴藏量丰富，但是没有得到开发，目前马来西亚还是煤炭纯进口国，每年需从印尼、澳大利亚、中国和南非进口大量煤炭。

锡是马来西亚最重要的矿产资源。马来西亚的锡矿品位世界最高，2005年统计的储量为100万吨，仅次于中国，居世界第二位。马来西亚锡矿主要分布在西马。除槟榔屿州外，其他各州都蕴藏着大量的锡矿。锡储量最丰富的地区是霹雳州的近打河谷地带和首都吉隆坡地区。特别是西马的最高峰，海拔2190米的大汉山据称是世界上锡的最大成矿带。马来西亚的锡矿石以砂矿为主，锡矿往往还伴生有独居石、钛铁矿和磷钇矿等。

铁是马来西亚仅次于锡的另一重要矿产，其铁矿储量超过1亿吨，包括磁铁矿、赤铁矿、褐铁矿、砖红壤铁矿，主要分布在彭亨、登嘉楼、柔佛三州。矿床规模均不大。主要矿床有登嘉楼州的武吉伯西、柔佛州的佩莱卡南和沙巴州塔瓦伊高原铁矿。武吉伯西和佩莱卡南铁矿主要矿石矿物为磁铁矿，塔瓦伊铁矿为残余矿床，推测矿石储量7500万吨，含铁40%~49%，含镍0.4%~0.55%，矿区面积15平方千米。

铝土矿资源主要分布于砂拉越州的武吉沓都、武吉格邦、伦乐—斯文丹和丹绒史布朗，沙巴州的武吉门家堡和柔佛州的四湾岛地区。据1994年的资料显示，马来西亚的铝土矿储量为1400万吨，概略储量7530万吨。

马来西亚金矿资源丰富，已知储量规模在10吨以上的有18处，其中原生矿8处，砂金矿10处，在东马、西马均有分布，主要集中在西马中部金矿带（包括彭亨、吉兰丹、登嘉楼等州）、砂拉越西部的巴乌和武吉涌、沙巴州的马穆特及塞加马河谷，其中以西马的吉兰丹州蕴藏最为丰富。

铜矿主要分布在东马沙巴州基纳巴卢山南坡的马穆，铜矿石储量近两亿吨。此外，马来西亚的稀土储量世界排名第十，黏土、高岭土、灰岩等工业矿物储量也比较大，还勘测到蕴藏有硅砂、白云岩、重晶石、耐火黏土等多种矿物。

第三节 人口与行政区划

一、人口

据马来西亚统计局2010年7月2日的统计数据显示，马来西亚人口为2 825万，其中马来人占总人口的68%，华人占23.7%，印度人占7.1%，其他民族占1.2%。

从地域分布看，西马的人口数量占全国总人口的82%左右，而其中四分之三的居民又都集中在西海岸地区。东马虽然总面积远大于西马，但人口数量只占全国人口总数的17%左右。此外，还有少部分居民居住在一些小岛上。1980年，马来西亚的人口密度为每平方千米42人，1990年增加到每平方千米54人，2000年增加到每平方千米71人，2010年则增加到每平方千米86人。随着城市化的发展，城市人口迅速增加。目前，人口最稠密的州是槟城州（1 490人/平方千米），人口最稠密的城市是吉隆坡（6 891人/平方千米）。

从人口结构看，马来西亚人口年轻化的趋势一直未改变。2008年，65岁以上老人占马来西亚总人口的4%，年龄依存比（65岁以上老人占劳动力人口的比例）为6.5%。劳动力人口中，男性比例为87.2%，且保持上升的趋势。在劳动力总数中，20~29岁的青年人占31.3%，30~39岁的占27.5%。

二、行政区划

马来西亚分为13个州（Negeri）和3个联邦直辖区（Wilayah Persekutuan），即西马的玻璃市州、吉打州、槟城州、霹雳州、雪兰莪州、森美兰州、马六甲州、柔佛州、吉兰丹州、登嘉楼州、彭亨州11个州，东马的沙巴州、砂拉越州两个州，以及吉隆坡、纳闽和布城3个联邦直辖区。各州的行政首长称为苏丹或州长，其中玻

第一章　自然地理

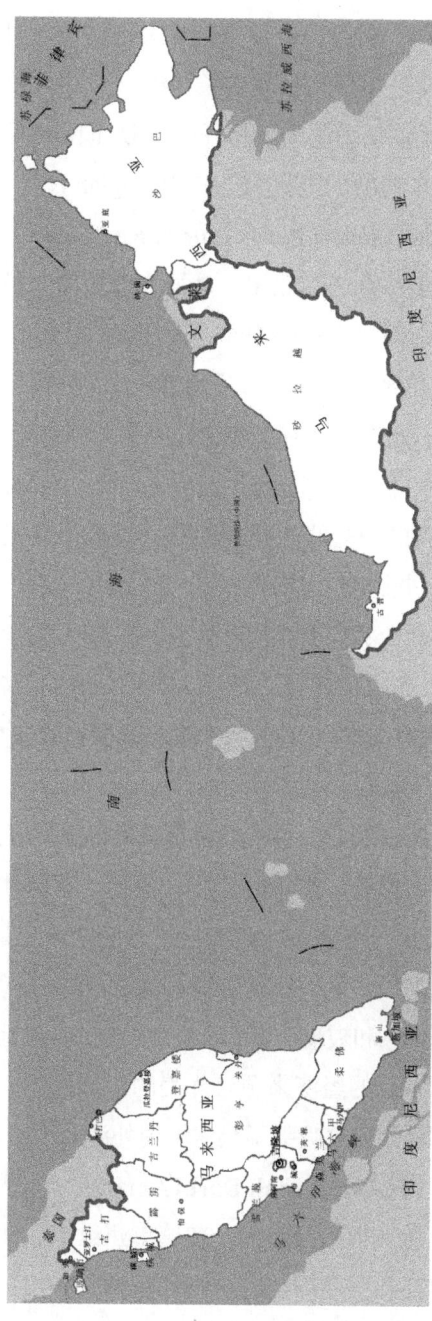

图1-1　马来西亚联邦政区简图

璃市、吉打、霹雳、雪兰莪、森美兰、柔佛、吉兰丹、登嘉楼、彭亨9个州由世袭苏丹担任州行政首长，槟城、马六甲、沙巴和砂拉越4个州由国家元首任命的州长担任州行政元首。西马的11个州下设县（Daerah），东马的2个州下设省（Bahagian）。

（一）玻璃市州（Negeri Perlis Indera Kayangan）

玻璃市州位于马来半岛北端，是马来西亚面积最小的州，其北部与泰国接壤，南部与吉打州相邻，面积821平方千米，人口24.01万（2010年），人口密度为每平方千米282人。玻璃市州地势呈北高南低走向，中部、北部地区有多座山丘，东部、南部与西岸为平原，西北侧的那卡湾山脉（Banjaran Nakawan）为马来西亚最长石灰山脉，海拔721米高的中国峰为州最高峰。玻璃市州主要受热带季风和暹罗湾东北季风影响，常年温度介于摄氏21度至32度之间，旱季与雨季分隔明显，每年1~4月为旱季，5~12月为雨季，常年降雨量介于2 000毫米至2 500毫米之间。玻璃市州没有下辖县级行政区，加央（Kangar）为玻璃市州首府，距离其10千米的亚娄（Arau）为州皇城所在地，州皇殿也坐落于此。

玻璃市州经济以农业、林业、渔业和畜牧业为主，主要出产水稻、甘蔗、芒果、橡胶、烟草等作物，葡萄、草药和西瓜种植为州政府重点发展项目。为了促进经济，州政府大力发展中型制造业、轻工业。主要工业区分布于朱宾（Chuping）、爪夷芭（Jejawi）、巴东勿刹（Padang Besar）和玻璃市港口（Kuala Perlis）四地。此外，旅游业也是玻璃市州重要的经济来源，优美的田园风光、未受破坏的大自然景色、各种古色建筑吸引了众多国内外游客前来观光旅游。

（二）吉打州（Negeri Kedah Darul Aman）

吉打州位于马来半岛西北部、玻璃市州以南，北邻泰国的宋卡府和亚拉府，南部和西南部与霹雳州和槟城州相接，西濒马六甲海峡，面积9 500平方千米，人口196.69万（2010年），人口密度为每平方千米205人。吉打州地势平坦，属沿海冲击层地质结构，东北部略高于西部，山脉主要集中在泰、马边境一带。吉打州年平均气温最高为摄氏34度，最低为摄氏22度，每年7~8月是降雨最密集的时期。吉打州下设11个县，分别为：华玲县（Daerah Baling）、万拉峇鲁县（Daerah Bandar Baharu）、哥打士打县（Daerah Kota Setar）、瓜拉姆达县（Daerah Kuala Muda）、古邦巴素县（Daerah Kubang Pasu）、居林县（Daerah Kulim）、浮罗交怡县（Daerah Langkawi）、巴东得腊县（Daerah Padang Terap）、笨同县（Daerah Pendang）、锡县（Daerah Sik）和铅县（Daerah Yan）。亚罗士打（Alor Setar）为州首府所在地。

农业是吉打州的支柱产业，稻米产量占据全国总产量的三分之一，因此吉打州也被称为"米都"，是马来西亚的"鱼米之乡"。吉打州种植的其他重要农产品还包括橡胶、椰棕和烟草等。而以浮罗交怡为首的一批旅游度假胜地则使旅游业在州财政收入中占据了一定的比重。近年来，随着马来西亚国产摩托车制造有限公司（Modenas）等企业在吉打州建立基地，汽车工业和航空业成为州经济发展的新方向，廉价的劳动力、便利的交通基础设施无疑是吉打州发展工业的一大优势。

（三）槟城州（Negeri Pulau Pinang）

槟城州简称"槟州"，位于马来半岛西北海岸，东部和北部与吉打州相接，南邻霹雳州，西濒马六甲海峡与印尼苏门答腊隔海相望。槟城州被槟城海峡分成两部分，即槟城岛（Pulau Pinang）和威斯利区（Seberang Perai），由全长13.5千米的槟威大桥相连接。槟城岛由花岗岩山体构成，中央有高山，岛上森林覆盖率达30%。威斯利区为宽广的沿海冲击平原，地势平坦，西为海拔500多米的马打占山。槟城州年最高气温在摄氏32度左右，最低气温为摄氏21度，槟城岛由于海风调节的作用而略显凉爽。全年降雨期集中在7~8月，年降水量约2 400毫米。槟城州总面积1 048平方千米，人口159.69万（2010年），人口密度为每平方千米1 490人。槟城岛面积297平方千米，分为东北县（Daerah Timur Laut）和西南县（Daerah Barat Daya）两个县级行政区；威斯利区面积751平方千米，分为北区县（Daerah S.P. Utara）、中区县（Daerah S.P.Tengah）和南区县（Daerah S.P. Selatan）三个县级行政区。乔治市（George Town）为槟城州首府，位于槟城岛东北角，是马来西亚第三大城市。

槟城州的发展水平、城镇化水平和经济实力仅次于雪兰莪州，在马来西亚13个州中位居次席。由于拥有自由港的地位，槟城州的经济长期以港口贸易为主，其海运和贸易更是拥有超过百年的历史。1969年自由港地位被撤消后，槟城经济开始转向贸易、工业、旅游业和农业的混合发展，制造业成为州主要经济支柱，其中槟城岛以发展轻工业为主，威斯利区以发展重工业为主。农业在20世纪后半期也有了较快发展，稻米、油棕、橡胶、水果是主要农产品。由于许多国内外电子企业在槟城设厂，以生产电脑周边设备、电路板和芯片为主的高科技产业蓬勃发展。槟城不仅是旅游中心，也是亚洲最主要的大型会议及展览中心。2008年7月，乔治市与马六甲被正式列入联合国教科文组织世界遗产名录。

（四）霹雳州（Negeri Perak Darul Ridzuan）

霹雳州是西马来西亚第二大州，位于马来半岛西北部，北部与泰国接壤，西北部和吉打州相接，南部和雪兰莪州相连，东部与吉兰丹州和彭亨州相邻，西部濒临马六甲海峡。霹雳州地域广大，多山，地形呈南北长，东西短，吉保山脉为主干山脉，是该州与吉兰丹州和彭亨州的分界线。霹雳州沿海地区为冲积层地质，东北一带是花岗岩地质，土地肥沃，河道纵横，自然资源和物产非常丰富。霹雳州全年气候温热潮湿，气温介于摄氏23.7度至33.2度之间，年平均降雨量为3 218毫米，湿度超过82.3%，州内太平山以其5 080毫米的年降雨量成为马来西亚湿度最高的地方。霹雳州的森林覆盖率达到50%，其中95.6%为热带雨林，剩余的4.4%为沼泽红树林。霹雳州面积21 035平方千米，占马来西亚总面积的6.4%，人口总数246.08万（2010年），人口密度为每平方千米112人。全州划分为10个县级行政区，分别是：巴登峇当县（Daerah Batang Padang）、下霹雳县（Daerah Hilir Perak）、上霹雳县（Daerah Hulu Perak）、吉辇县（Daerah Kerian）、近打县（Daerah Kinta）、江沙县（Daerah Kuala Kangsar）、拉律马当县（Daerah Larut Matang）、曼绒县（Daerah Manjung）、中霹雳县（Daerah Perak Tengah）和司南马县（Daerah Selama）。霹雳州首府是怡保（Ipoh），皇城则位于江沙（Kuala Kangsar），为苏丹皇宫所在地。

霹雳州经济以矿业为基础，农、林、渔业和工业的发展水平较高，曾是马来西亚最富有的州属之一。霹雳州盛产锡矿，中部近打河谷流域一带是世界闻名的产锡带，由于20世纪90年代受锡业不景气的影响，霹雳州经济曾严重下滑。霹雳州还是马来西亚主要的橡胶产地，州内橡胶园数目众多，胶汁质量高，其出产的橡胶享誉国内外市场。此外，霹雳州还出产大米、椰子、茶叶、棕油、菠萝、香蕉、花生、榴莲、红毛丹、山竹等，西海岸的邦咯渔场为全马最大渔场。州内交通以铁路为主，公路设施也非常发达。

（五）雪兰莪州（Negeri Selangor Darul Ehsan）

雪兰莪州位于马来半岛西海岸的中部，西临马六甲海峡，其北部、东部、南部分别与霹雳州、彭亨州和森美兰州为邻。州内三面是山，南下的吉保山脉成为其与彭亨州的分界线。主要河流包括南部的巴生河、冷岳河和北部的玻南河、雪兰莪河，4条河流顺地势向西流淌并注入马六甲海峡。雪兰莪州属海洋性气候，年平均气温介于摄氏22度至31度之间，海风较大，降雨较少，每年3~4月为集中降雨期。雪兰莪州首府为莎阿南（Shah Alam），皇城则位于巴生（Klang）。由于全境环绕吉隆坡和布城这两个联邦直辖区，雪兰莪和吉隆坡也常合称为"雪隆"。雪兰莪是全马拥有城市最多的一个州，也是马来西亚最富裕和人口最多的州属。全州面积8 153平方千米，人口总数为510.26万（2010年），人口密度为每平方千米674人。全州划分为9个县级行政区，分别是：八打灵县（Daerah Petaling）、巴生县（Daerah Klang）、鹅唛县（Daerah Gombak）、乌鲁冷岳县（Daerah Hulu Langat）、雪邦县（Daerah Sepang）、瓜拉冷岳县（Daerah Kuala Langat）、瓜拉雪兰莪县（Daerah Kuala Selangor）、乌鲁雪兰莪县（Daerah Hulu Selangor）和沙白安南县（Daerah Sabak Bernam）。

雪兰莪州西部为冲积层地质，土地肥沃，是水稻的主要种植区，其他农产品还包括橡胶、椰子、玉米、花生、咖啡、菠萝、香蕉、硕莪等；东部为花岗岩地带，蕴藏丰富的锡矿。由于拥有巴生河谷这一全国经济核心区，工业、商业和服务业成为雪兰莪州的主要经济活动，在州国民生产总值中的比例高达58%。此外，雪兰莪州还是马来西亚主要的煤炭生产基地。雪兰莪州遍布高速公路和铁路，交通非常便利。因为紧挨首都吉隆坡，雪兰莪州在商业经济效益和政府行政管理上都获得很大便利，许多政府部门的办事处都设在该州境内，近几年来比较关键的战略发展项目如吉隆坡国际机场、多媒体超级走廊和科学园区也都设在州内。雪兰莪州也是马来西亚国内拥有最多大专学府的州属，其基础设备和电子通讯设施处于全国领先地位。

（六）森美兰州（Negeri Sembilan Darul Khusus）

森美兰州位于马来半岛西海岸，西濒马六甲海峡，北连雪兰莪州，东接彭亨州，东南邻柔佛州，南与马六甲州接壤。州内多山，吉保山脉横贯全州，地势由北向西南逐渐降低。河流长度较短，主要有麻河、色丁河、直凉河、令宜河和林茂河。森美兰州属海洋性气候，年平均气温介于摄氏21度至31度之间，降雨较少。州首府为芙蓉（Seremban），皇城神安池（Seri Menanti）为州皇宫所在地。森美兰州面积6 686平方千米，人口总数为101.17万（2010年），人口密度为每平方千米153人。全州划分为7个县级行政区，分别是：日叻务县（Daerah Jelebu）、仁保县（Daerah Jempol）、瓜拉庇劳县（Daerah Kuala Pilah）、波德申县（Daerah Port Dickson）、林茂县（Daerhg Rembau）、芙蓉县（Daerah Seremban）、淡边县（Daerah Tampin）。

森美兰州是马来西亚主要的橡胶产地和水稻产区，其橡胶种植面积和产量在各州中位居前列。州内交通发达，经由铁路、公路与各州相通。由于靠近吉隆坡国际机场和巴生港，森美兰州还吸引了许多吉隆坡人来此置业，许多企业也选择在此投资开发新工业。

（七）马六甲州（Negeri Melaka）

马六甲州位于马来半岛西南部，北邻森美兰州，东南接柔佛州，西濒马六甲海峡。州内为低丘陵地带，从森美兰州延绵而至的布诺姆山脉为该州主要山脉。州年平均气温介于摄氏22度至32度之间，降雨主要集中在每年的3月至5月。马六甲州面积1 664平方千米，人口总数为77.15万（2010年），人口密度为每平方千米493人。全州划分为亚罗牙也县（Daerah Alor Gajah）、中央县（Daerah Melaka Tengah）、野新县（Daerah Jasin）3个县级行政区，州首府为马六甲。

马六甲州盛产橡胶、稻米、咖啡、棕油、胡椒、硕莪及水果，沿海地区的渔产也非常丰富。州内种植业主要分为两个区域，丘陵地带以种植橡胶为主，平原地区以种植水稻和咖啡为主，此外，沿海一带还种植有大量的椰林。该州矿产以南部的锡矿为主，另有储量不大的铝土矿和金矿。由于实行鼓励外来投资的政策，马六甲州拥有数个工业区和两个自由贸易区，基础设施齐全。旅游业则是该州的另一支柱产业，拥有丰富历史和文化遗产的马六甲城不仅是马来西亚的主要港口之一，也是享誉东南亚地区的旅游胜地，每年来此旅游的国内外游客不计其数。

（八）柔佛州（Negeri Johor Darul Ta'zim）

柔佛州位于马来半岛最南端，也是亚洲大陆的最南端，其西北部和北部分别与马六甲州、森美兰州和彭亨州相接，东临南海，西临马六甲海峡与印尼苏门答腊相望，南隔柔佛海峡与新加坡相邻。柔佛州三面环海，州内无高山，地势由北往南降低，主要河流有麻河、柔佛河、巴株河和兴楼河。柔佛州属海洋性气候，年平均降雨量为1 778毫米，湿度较大，平均气温介于摄氏22度至31度之间，每年7月受西南季风影响，东部、南部和西部降雨较多，11月受东北季风影响，东部降雨较多。柔佛州面积19 210平方千米，人口总数为330.59万（2010年），人口密度为每平方千米174人。全州划分为8个县级行政区，分别是：峇株巴辖县（Daerah Batu Pahat）、新山县（Daerah Johor Bahru）、居銮县（Daerah Keluang）、哥打丁宜县（Daerah Kota Tinggi）、丰盛港县（Daerah Mersing）、麻坡县（Daerah Muar）、笨珍县（Daerah Pontian）、昔加末县（Daerah Segamat）。首府新山（Johor Bahru）为马来西亚第二大城市。

柔佛州盛产橡胶，20世纪40年代以前，柔佛曾是马来半岛最大的橡胶产地，目前也是马来半岛南部的橡胶集散中心。此外，柔佛州椰子、油棕、菠萝的种植面积和产量都位居各州之首，胡椒产量居全马第二位。东部丰盛港渔业资源丰富，是西马有名的渔场。该州矿产以铁矿和锡矿为主，铁矿主要分布在峇株巴辖（Batu Pahat）和新山一带，锡矿则主要分布在东海岸一带。工业主要包括食品、纺织、油脂、橡胶加工、电子、汽车修理等。柔佛州交通便利，设施齐全，州内的铁路、公路与各州相连，南部的三个港口兰砂（Tanjung Langsat）、巴西古当（Pasir Gudang）和丹戎帕拉帕斯（Tanjung Pelepas）对新加坡具有一定的竞争力，位于新山的巴赫鲁伊斯梅尔国际机场是亚洲航空的区域枢纽。在南部，柔佛州还通过新柔长堤和新马第二通道与新加坡连接。

（九）吉兰丹州（Negeri Kelantan Darul Naim）

吉兰丹州位于马来半岛中部，东北部濒临南海，北部与泰国接壤，西部与霹雳州相接，南部与彭亨州相连，东南部与登嘉楼州相邻。吉兰丹州北窄南宽，三面环山，东部和南部为大汉山，主峰海拔2 187米，为西马最高峰，西部为吉保山脉，是该州与吉打州、霹雳州的分界线。该州最大的河流为吉兰丹河，此外还有里比河、加拉士河等小河流。吉兰丹州属热带气候，气候炎热，降雨较多，每年的11月、12月和1月为雨季，此时暴雨会持续数天乃至数月，引发局部洪涝灾害。吉兰丹州面积15 099平方千米，人口总数为167.05万（2010年），人口密度为每平方千米102人，居民以马来族为主。全州划分为10个县级行政区，分别是：峇卓县（Daerah Bachok）、话望生县（Daerah Gua Musang）、日里县（Daerah Jeli）、哥打峇鲁县（Daerah Kota Bharu）、瓜拉吉赖县（Daerah Kuala Krai）、马樟县（Daerah Machang）、巴西马县（Daerah Pasir Mas）、巴西富地县（Daerah Pasir Puteh）、丹那美拉县（Daerah Tanah Merah）和道北县（Daerah Tumpat）。州首府为哥打巴鲁（Kota Bharu），位于吉兰丹河下游，濒临南海，为西马东海岸各地前往泰国的必经之地，是泰马边境重镇，也是东海岸地区的货物集散中心。

吉兰丹河谷和沿海的平原地区土地肥沃，盛产稻米，被称为马来西亚的"谷仓"。此外，该州还出产椰子、橡胶、烟草、油棕等作物，沿海地区的渔业资源也非常丰富。随着烟草种植业的发展，卷烟业已成为该州的主要工业。该州的金矿和锡矿蕴藏量丰富，20世纪90年代以后，还陆续发现了锰、铀等矿藏。吉兰丹州交通发达，贯穿全境中部的西马东海岸铁路在北部和南部各与泰国和新加坡相连，公路通过东西大道和南北干线与西海岸相连，海运方面则有定期航线驶往东海岸港口和新加坡。州北部地区经济较发达，南部地区由于热带原始森林占土地面积的80%以上，因此经济相对落后。

（十）登嘉楼州（Negeri Terengganu Darul Iman）

登嘉楼旧称"丁加奴"，是地处马来半岛东海岸的一个州，位于马来半岛东北角，其北部和西北部与吉兰丹州接壤，南部和西南部与彭亨州相连，东部濒临南海。登嘉楼州地形南北长，东西短，地势由西向东逐渐降低。州内主要河流有登嘉楼河、龙运河、甘马挽河、巫术河。登嘉楼州年平均气温在摄氏26度左右，降雨较多，每年10月至翌年3月为雨季。登嘉楼州面积13 035平方千米，人口总数为105万（2010年），人口密度为每平方千米79人。全州划分为7个县级行政区，分别是：勿述县（Daerah Besut）、龙运县（Daerah Dungun）、乌鲁登嘉楼县（Daerah Hulu Terengganu）、甘马挽县（Daerah Kemaman）、瓜拉登嘉楼县（Daerah Kuala Terengganu）、马江县（Daerah Marang）和士兆县（Daerah Setiu）。州首府为瓜拉登嘉楼（Kuala Terengganu），位于登嘉楼河口，其南部的峇都布落（Batu Buruk）为苏丹皇宫所在地。

登嘉楼州富含铁、锡、钨、锰等矿产资源，甘马挽（Kemaman）

和龙运（Dungun）是西马最大的铁矿产区，钨、锰产量也居西马首位。渔业是登嘉楼州的主要经济来源之一，沿海地区渔业发达，甘马挽、龙运、瓜拉登嘉楼、北加（Paka）、朱盖（Chukai）、瓜拉勿述（Kuala Besut）、瓜拉伯浪（Kuala Berang）等渔港盛产鱼类。草席、金银器是登嘉楼州的特产手工艺品，州首府瓜拉登嘉楼也是闻名全国的马来工艺中心。该州是西马唯一不通铁路的州，公路是唯一的陆上交通方式。20世纪70年代，距离登嘉楼海岸250千米的海上发现蕴藏石油和天然气，政府着手开采并建立了炼油厂，现已发展成为石油化工基地。

（十一）彭亨州（Negeri Pahang Darulmakmur）

彭亨州位于马来半岛中部的东面，东临南海，北接吉兰丹州，西邻霹雳州、雪兰莪州和森美兰州，南邻柔佛州，东北与登嘉楼州相连。彭亨州高山环绕，丛林密布，地势北高南低，北部为高原地带，东南部为沼泽洼地。州内主要山脉为大汉山脉，主要河流彭亨河是西马最长的河流，西南边境还有西马最大的湖泊比拉湖。该州气候因地形而不同，东部沿海一带年平均气温在摄氏27度左右，北部高原地区气候则要凉爽一些。每年11月起，受东北季风影响降雨较多，东部和南部一带更甚。彭亨州是西马最大的一个州，面积36 137平方千米，人口总数为153.48万（2010年），人口密度为每平方千米42人。全州划分为11个县级行政区，分别是：文冬县（Daerah Bentung）、百乐县（Daerah Bera）、金马仑县（Daerah Cameron）、而连突县（Daerah Jerantut）、立卑县（Daerah Kuala Lipis）、关丹县（Daerah Kuantan）、马兰县（Daerah Maran）、北根县（Daerah Pekan）、劳勿县（Daerah Raub）、云冰县（Daerah Rompin）和淡马鲁县（Daerah Temerluh）。州首府为关丹（Kuantan），位于关丹河口，州中部的淡马鲁（Temerluh）为苏丹皇宫所在地。

彭亨州土地肥沃，雨量充足，出产水稻、橡胶、油棕、可可、椰子、藤和多种热带水果，盛产木材，农业是该州的主要经济支柱。彭亨州矿产丰富，林明（Sungai Lembing）是世界上最大的锡矿带，铜矿、金矿和铁矿在该州也有分布。由于海岸线较长，该州的渔业和旅游业也发展迅速，成为州主要经济来源之一。此外，州政府还大力提倡小规模制造业和家庭手工业，近年来先后开辟了9个工业区，首府关丹近郊的格槟工业区已成为国内著名的化工重镇。

（十二）沙巴州（Negeri Sabah）

沙巴州是马来西亚第二大州，位于加里曼丹岛东北部。西部和北部濒临南海，东北部濒临苏禄海，东南部濒临苏拉威西海，西南与砂拉越州相连，南部与印尼接壤。沙巴地形多样，西部山系包括4条山脉，基纳巴卢山顶峰海拔4 102米，为东南亚地区最高峰，山脉东坡地堑谷形成的8个山间盆地为沙巴州主要耕作区。州中部高地以东为一系列的低丘陵、平原、河谷低地、三角洲和岛屿，地势平坦。主要河流基纳巴坦甘河长560千米，是沙巴州第一大河。沙巴州为热带雨林气候，除一些高山地带气温稍低外，大部分地区全年高温、潮湿，年平均气温在摄氏31度左右。受东北季风影响，每年10月至翌年2月为降雨期，沿海地区年降雨量为内陆地区的三倍，高达4 500毫米。沙巴州面积73 631平方千米，人口总数为321.42万（2010年），人口密度为每平方千米44人，是马来西亚第三大人口州属，有32个民族，其中卡达山/杜顺人、华人、巴召人和马来人为主要居民。全州划分为5个省，分别是：古达省（Bahagian Kudat）、西海岸省（Bahagian Pantai Barat）、内陆省（Bahagian Pedalaman）、山打根省（Bahagian Sandakan）和斗湖省（Bahagian Tawau）。州首府为亚庇（Kota Kinabalu），位于西海岸中段，是全州经济最发达的现代化城市。

沙巴州森林覆盖率居全国之首，州内四分之三的土地为热带雨林，是马来西亚的木材出口基地，大量出口热带龙脑香木材，其木材出口值占全国的80%。在沙巴的可耕地中，约有40%种植橡胶，20%种植水稻，西部沿海分布有大量的橡胶园，东部沿海地区盛产椰子。此外，沙巴州还出产香蕉、菠萝、可可、胡椒、油棕和热带水果。沿海地区水产资源丰富，有各种鱼类、海参、海扇、珍珠、龙虾、鳖等水产品。沙巴州矿产资源丰富，分布有铜、铬、金、银、锰、镍等矿藏，沿海还蕴藏有丰富的石油和天然气。州内交通以河运为主，还有短距离的轻便铁路和公路。虽然自然资源丰富，但目前沙巴州是马来西亚最贫穷的州属，贫穷率和失业率都远超全国平均值。

（十三）砂拉越州（Negeri Sarawak）

砂拉越州是马来西亚面积最大的州，位于加里曼丹岛西北部，北部濒临南海，东部和南部与印尼接壤，东北部与文莱和沙巴州相接。砂拉越主要由平原、丘陵和山地三种地形组成，地势东南高西北低，东部与印尼边境地区为伊兰山脉，山峰海拔大多在2 000米左右，南部为卡普阿斯山脉。州内河流众多，拉让河是马来西亚最大的一条河，卢帕河是全马最宽的河流，此外还有林邦河、巴兰河、伯勒兰河、卢帕河及拉让河的一些支流。砂拉越州为热带雨林气候，年平均气温介于摄氏22度至31度之间，每年10月至翌年3月为雨季，年平均降雨量在3 283毫米以上。砂拉越州面积124 450平方千米，人口总数为250.65万（2010年），人口密度为每平方千米20人，主要居民为达雅克人、华人和马来人。全州共分为9个省，分别是：民都鲁省（Bahagian Bintulu）、加帛省（Bahagian Kapit）、古晋省（Bahagian Kuching）、林梦省（Bahagian Limbang）、美里省（Bahagian Miri）、三马拉汉省（Bahagian Samarahan）、泗里街省（Bahagian Sarikei）、诗巫省（Bahagian Sibu）和斯里阿曼省（Bahagian Sri Aman）。首府古晋位于州西端，是东马最大的城市。

砂拉越州三分之二的土地为热带雨林，林产资源丰富，龙脑香属、娑罗树属林木尤多，是世界上最大的热带硬木出口产地之一。砂拉越州出产的农产品主要有橡胶、椰子、胡椒、稻米和油棕，出口商品以石油、木材、橡胶、胡椒为主。州内分布有铝土和金矿等矿藏，近海地区蕴藏丰富的石油和天然气。1972年以后，矿业和制造业逐渐成为州经济的最主要来源。

（十四）吉隆坡联邦直辖区（W. P. Kuala Lumpur）

马来西亚首都吉隆坡位于雪兰莪州偏西海岸的位置，是马来西亚政治、经济、文化中心，也是该国最大的城市。吉隆坡的西、北、东部为丘陵和山脉，巴生河及其支流穿城而过，汇入马六甲海峡。气候受海洋影响较大，阳光充足，降雨较多，年平均气温介于摄氏23.2度至32.4度之间，年平均降雨量为2 427毫米左右。吉隆坡面积243平方千米，人口总数为170.31万（2010年），人口密度为每平方千米6 891人。吉隆坡分为9个行政区和11个国会选区。9个行政区分别为：吉隆坡市中心（KLCC）、敦拉萨镇（Bandar Tun Razak）、白沙罗（Damansara）、甲洞（Kepong）、泗岩沫（Segambut）、士布爹（Seputeh）、斯迪亚旺沙（Setiawangsa）、新街场（Sungai Besi）和旺沙玛珠（Wangsa Maju）；11个国会选区分别为：武吉免登（Bukit Bintang）、蒂蒂旺沙（Titiwangsa）、斯迪亚旺沙（Setiawangsa）、旺沙玛珠（Wangsa Maju）、峇都（Batu）、甲洞（Kepong）、泗岩沫（Segambut）、班台谷（Lembah Pantai）、士布爹（Seputeh）、敦拉萨镇（Bandar Tun Razak）和蕉赖（Cheras）。

吉隆坡的建都历史并不长，它原为雪兰莪州管辖的行政区，在英国殖民统治时期，成为马来亚的行政中心。吉隆坡为马来文

"Kuala Lumpur"的音译,"Kuala"在马来文中为"河口"的意思,"Lumpur"为"淤泥"之意,这是因为吉隆坡开阜于巴生河及其支流鹅麦河的汇流处。19世纪50年代以前,吉隆坡地区只是一片人迹罕至的森林和沼泽地,直到1857年,一批华工被雇往此地寻找锡矿。由于发现有丰富的锡矿,一批批的华工被招募来此开采锡矿,锡矿业迅速发展起来,吉隆坡逐渐成为锡砂收购和物资集散中心。此后,由于当地封建苏丹和土酋争夺锡矿税收,引发了一场长达十多年的争斗,华工也被迫卷入其中,吉隆坡成为一片废墟。1873年,华人甲必丹叶亚来收复吉隆坡,平息争斗,并开始了吉隆坡的重建工作。1880年起,吉隆坡取代巴生的地位,成为英国殖民当局指定的雪兰莪州首府,此后,吉隆坡实际成为英国在马来半岛殖民统治的行政中心。到1887年,吉隆坡的城区和郊区已粗具规模,大批来自苏门答腊和爪哇的马来移民也来到吉隆坡周边地区开辟耕地,建立乡村,一些小型工厂、作坊、砖瓦窑等也相继出现。1895年,马来联邦成立,吉隆坡被选为联邦首都。1901年,吉隆坡西南巴生港的建成打通了吉隆坡通往海上的通道,吉隆坡迅速发展,城区扩大,人口倍增。随着纵贯南北的铁路建成和柔佛海峡的联运渡船开航,吉隆坡成为马来联邦的经济、交通中心。1957年,马来亚联合邦独立,吉隆坡成为联合邦首都。1963年,吉隆坡又成为新成立的马来西亚联邦的首都,同时也作为雪兰莪州的首府。1974年2月1日,马来西亚联邦政府正式宣布吉隆坡脱离雪兰莪州管辖,成为联邦直辖区,专门作为马来西亚的首都,由联邦直辖区下属的吉隆坡市政厅管理,市长由总理任命。1995年开始,马来西亚政府开始进行迁都计划,并于1999年将吉隆坡以南60千米的布城划分为新的联邦直辖区。2001年2月1日,马来西亚将联邦政府的行政中心迁往布城,吉隆坡仍作为联邦的立法中心和国家皇宫所在地。

吉隆坡是马来西亚最大的新兴工业城市，郊外分布着许多锡矿场、橡胶园、油棕园，近郊的安邦（Ampang）、半山芭（Pudu）、冼都（Sentul）等地则分布着铁路机车、水泥、机械、轧钢、橡胶、棕油、油脂、食品、锯木、化肥、火柴、皮革等工厂，其中，橡胶、油脂、木材加工、机械、机车、水泥、化工、食品等工业都比较发达。作为吉隆坡卫星城发展起来的八打灵再也（Petaling Jaya）是马来西亚第一个新兴工业区，有4 000多家工厂，大部分属于出口加工型企业，范围涵盖电子、电器、食品、纺织、汽车装配、塑料、化工、制药、建材、五金、烟草等工业。

吉隆坡市区街道整齐，绿树成荫，道路两旁既有高大的热带树木和盛开的鲜花，也有现代化的高楼大厦、各式的华人寺庙、马来人的清真寺、印度教的神庙、天主教和基督教的教堂等，东西方文化、古老与现代和谐并存，融为一体。吉隆坡也是马来西亚多民族国家的缩影，聚居着马来族、华族、印度族和其他民族，其中华族所占比重最大。商业区主要在鹅唛河东岸，政府机构、教育机构和文化机构主要分布在西部邦泰谷一带。吉隆坡有许多著名的建筑，位于市中心的吉隆坡塔和位于东部安邦路中段繁华地段的双峰塔被视为吉隆坡的城市标志。

（十五）纳闽联邦直辖区（W. P. Labuan）

纳闽联邦直辖区由1个大岛和6个较小的岛组成，位于加里曼丹岛文莱海湾北部，沙巴州西南部，濒临南海，地处亚洲太平洋区域的正中央，是东马的重要海港。纳闽即组成联邦直辖区7个岛中最大的岛，也是世界最大的岛屿之一，位于沙巴州西南部对面，离岸约8 000米。纳闽联邦直辖区面积91平方千米，人口总数为9.55万（2010年），人口密度为每平方千米955人。

纳闽原为文莱王国属地，1846年被割让给英国，并改名"维多利亚岛"（Victoria Island），随后在1848年成为英国皇家殖民地。在发现蕴藏有丰富的煤矿后，英国将纳闽发展成为蒸汽船的燃料补给站。1890年1月1日，纳闽被英国合并为英属北婆罗洲的一部分，此后在1906年10月30日，被合并为海峡殖民地的一部分。1942年，太平洋战争爆发，日军占领马来半岛、新加坡、北婆罗洲和砂拉越，将纳闽改名为"前田岛"。日本投降后，纳闽重新受海峡殖民地政府管治，并在1946年7月15日重归英属北婆罗洲。1963年，纳闽连同沙巴和砂拉越一起加入马来西亚联邦。1984年4月16日，马来西亚联邦政府从沙巴州政府手中接管了纳闽的统治权，并宣布正式设立纳闽联邦直辖区。1990年，纳闽正式成为国际金融中心。

纳闽出产椰子、菠萝、蕉麻等农产品，四周沿海地区有着丰富的海洋生物，红树沼泽区河口的鱼类尤为丰富，岛上居民大都从事渔业。纳闽是马来西亚唯一的自由港，也是东马的免税岛和度假旅游胜地，许多旅游景点都具历史文化价值。作为免税岛，纳闽享有许多特权和便利设施，不仅拥有许多廉价商铺，还提供大量的商业和投资机会。像制造业生产中使用的原材料就可以自由进出口而免收关税。石油和天然气产业是纳闽的主要经济支柱，银行业、金融业、旅游业和教育业也得到迅速发展。

（十六）布城联邦直辖区（W. P. Putrajaya）

布城位于吉隆坡市与吉隆坡国际机场之间，面积广阔，山林起伏，大约38%的土地被开发成公园、湖泊和湿地公园，其余则为政府行政区、商业和住宅区以及公共服务设施区域。布城面积49平方千米，人口总数为7万（2010年），人口密度为每平方千米1478人。

在布城建立新联邦政府行政中心的构想始于20世纪80年代后期，其目的在于维持吉隆坡作为马来西亚主要商业和金融中心的地位。1993年6月2日，马来西亚政府把位于雪兰莪州南部一片占地

4 932公顷的森林地区柏朗勿刹（Prang Besar）定为新行政中心所在地，并以马来西亚第一任总理东姑·拉赫曼·布特拉之名将其命名为"布特拉再也"，以纪念他对国家的贡献。经过数年的规划建设，现在的布城已经是一座颇具规模的现代化新兴城市，也成为马来西亚一处最新的旅游景点。

马来西亚政府将布城规划为"智慧型花园城市"，政府目标是将其建设成为21世纪拥有最先进基建设施和高科技的便利城市，同时，公园和林园也将是这座城市的一大特色。目前，城市三分之一的地区仍保留着大自然的翠绿颜色，有大片的林地、湖泊和湿地。马来西亚总理署和政府各部已迁入布城办公，住宅区，商业区，文化、休闲设施和交通体系已基本配套。

第二章 历史简况

第一节 古代部分

一、史前历史

（一）旧石器时代

根据已发现的考古证据，考古学家们估计在今天马来西亚境内，旧石器时代的文明开始于4万年前至3.5万年前。其证据就是在霹雳州的哥打淡板（Kota Tampan）、沙巴州的丁加由（Tingkayu）以及在砂拉越州的尼亚洞（Gua Niah）所发现的文物。其中，在哥打淡板所发现的文物被考古学家称为淡板文化（Tampanian Culture），被视为马来半岛旧石器时代的象征。

考古学家们指出，在3.5万年前至1万年前，原始人类已经制造出手斧以及用鹅卵石或石头碎片做成的工具，后来又出现了手握的两面的石器。据新加坡学者邱新民所著的《马来亚史前史》一书所称，1938年柯林斯博士（H.D. Collings）在吡叻河上游玲珑县（Lenggone）附近的哥打淡板考查河床时，发现在沙砾和漂石堆中有带刃的鹅卵石，认为是人工击碎而成的石刀，考古学家认为是旧石器时代的遗物，类为砍切器。依据考古学家的一贯认知，这种粗糙的器物，被认为是旧石器时代人类的工作代表作品。那个时期的人类以狩猎、捕鱼以及采集森林物种为生。据地理变化分析，由于考古学家在爪哇先后发现了30万年前和60万年前的猿人化石，所以据此推断，马来半岛在旧石器时代就已经有原始人类居住。在淡板文化之后较为进步的，还有吡叻的宜力（Grik）、彭亨的应山（Gunong Sinyum）和劳勿（Raub）等遗址。这些遗址所发现的遗物和爪哇岛南部所发现的"哇家人"和澳洲墨尔本的"凯乐尔人"所使用的工具相当相似。据此可以推断,马来半岛不仅在旧石器时代就已经有人类的足迹,而且还是南岛人种向南迁移的桥梁。

根据那个时期的地理史料可知,当时正处于冰川时代,气候非常寒冷。海平面的下降使东南亚地区出现了广阔的陆地。新生代第三纪以前,马来半岛与苏门答腊东海岸、婆罗洲南部、爪哇北岸以及今天的越南、老挝、柬埔寨等地区相连。

从考古材料中可看出,在4万年前到1.1万年前的这段时期,在马来西亚境内,除了尼亚洞等几处遗址之外,许多考古遗址都出现在一些开阔的地带,这很可能是因为当时的人类喜欢居住在开阔地域。后来,大约在1.1万年前,由于气候变化,造成海平面上升,淹没了巽他板块和南中国海区域,许多当时人类居住地的遗址已经不复存在。也正是在那个时期,苏门答腊、爪哇、婆罗洲和菲律宾与马来半岛分离开来。1.2万年前马来半岛进入旧石器时代,此时的居民使用较为粗劣的打击石器来切割食物。在现今马来半岛,也称西马的很多州都发现了这个时代的原始遗留。

从石器制造技术的角度而言,在这个时期有了一些变化。石器的质量有了很大的提高,出现了一些做工比较精良的磨制石器。依据西方学者的考证,约到公元前1万年,石器制作的特征、规制已经趋于统一,形体缩小,表示人类的石器工业已经能控制原料,能磨打。有些学者将大约从1.1万年前到5000年前的这段时期称为旧石器时代的晚期,也有些考古学家将其界定为中石器时代,因为它是从旧石器时代向新石器时代的过渡。在东南亚地区,这种石器最早在越南的和平(Hoabinh)遗址发现,也比较典型。据此,考古学者将这一文化称为"和平文化"。在和平文化时期,人类一般居住在洞穴或者石棚中,以避水御寒、通风透光、防御野兽,所以在洞穴或石棚中发现了人类尸骨、动物骨骼等遗物。具体到马来半岛，考古学者发现的和平文化的遗址主要有：朱平、华玲、玲珑、本督、和丰、朱毛、孟地里、马杜、哥打东骨、新应山、金打马尼山、丹蓉文雅等。这些遗址的遗物制作通常以卵石碎片为主，除了被流水侵蚀的部分，圆周周围两面都制成了刀锋。从大小来看，这些遗物一般都在10~12厘米，但也有长达20厘米的遗物出现。

除了在洞穴或石棚中挖掘到这些遗物外，考古学者还在地面发现了大量遗物。其中，以彭亨开丹的发掘最为盛名。1921年和1923年，西方人汤姆森（G.W. Thomason）在彭亨开丹的一处锡矿的冲积土中发现了大量的石器，这些石器被断定为属于和平文化。据考古学者研究，马来亚所发现的和平石器可被分为两大类：一是苏门答腊型，为单面的卵石，一面是刀锋，一面是磨平，形态比较大，发现于贝冢中；一是原新石器，就是和平文化，有锋利的刃口，是旧石器向新石器转变的过渡。

一般认为，在和平时代，马来亚的居民是美拉尼西亚人。美拉尼西亚人作为和平时代当地的居民是由亚洲大陆迁移而来，而马来半岛也只是亚洲大陆人迁移至澳洲及太平洋群岛的中转站。一部分考古学家认为，到了中石器时代的晚期，陶器已经出现在当时人类的生活中。在这个时代，当地的美拉尼西亚人更是学会了如何使用火，并用火来煮熟食物。由于当时马来半岛凶猛而巨大的野兽较多，如毛象、剑齿虎等，当地居民为了抵抗这些野兽，采取了聚居的方式，过着捕鱼、狩猎等自给自足的生活，靠采集海洋、河流和森林的物产为生。这一时期，人类的伦理观念尚未完全确立，对自然现象因为过于惊恐而产生了崇拜的意识。这些居民以近海和河畔附近的石灰洞穴或石棚为居，使用具有锋利刀锋的砍切器具为工具，男女分工，男的负责狩猎刺鱼，女的负责采取野果和挖掘块根植物及捡拾贝壳等。

  一般来说,在4 000至1 000年前,东南亚是美拉尼西亚人的世界。然而,美拉尼西亚人并非仅仅局限在马来半岛和中南半岛,据考古学家考证,他们甚至分布到了包括中国西南部、华南、淮河及北京山顶洞人的家族中。至于马来半岛的美拉尼西亚人,按照考古学界的一般意见,大约在公元前6000至前4000年,马来半岛来了一批亚洲大陆的新客——混血马来人,这些马来人不同于原始马来人(蒙古人种),他们具有蒙古人种的混血特征。他们从中国的西南部循着河流,中途经过中南半岛,南下马来半岛,进而继续南下至太平洋其他群岛。在马来半岛的美拉尼西亚人,由于受到后来的巴莱安人的压迫和打压,部分逃至深山,部分则继续南下,离开马来半岛,来到分散在太平洋中的美拉尼西亚群岛。狄逊的《人类种族史》认为:"马来人种是中国华南、华中沿海的阿尔卑人种、加斯比型人种混合的结果。"

  贝冢中常发现人类的骨骸,根据埋葬的形式来看,有三种埋葬方式:次葬、曲葬和伸葬。其中,以次葬最为普遍。所谓的次葬,指的就是人死后,尸体被暴尸荒野,任凭专吃腐尸的动物吃食,尸体被吃光后,与死者关系亲密的人将剩余较为大块的骨骸埋葬,而这些骨骸往往是较为凌乱和无序的。在西马吉兰丹州瓜渣(Gua Cha)地区发现的古人类遗骸显示,曲葬指的就是尸体侧卧而屈膝的方式被埋葬的墓葬方式。至于伸葬,其形式基本与现代人的平卧一样。依据考古学家考察,这三种墓葬方式以曲葬所埋葬的地层最深,其次为次葬,最浅的则为伸葬。虽然那个时期的人们偶有挖掘块根较大的植物,但是至今还未有证据显示那个时代的人类有任何的种植活动。不过,考古学家猜测居住在开阔地带,例如河流和海洋周围的人类已经懂得使用船只,人类社会之间已经建立了海路和陆路的联系。

另据考古学家发现，在马来半岛的和平文化遗物中，不但有涂有赤铁矿粉末，而且还有些骨头上涂有红粉。据此可以推断，在和平文化时代，氏族社会组织的迹象已经开始出现，图腾社会已经初现。随着和平文化的进一步发展，马来半岛生产力水平显著提升，为新石器时代的到来奠定了深厚的基础。

（二）新石器时代

史前人类文化，西方学者认为石器的制作到了"有计划地运用石料，顺着石头的纹理加以分解"这一阶段，已经较之以往"盲目地捣碎"有了核心的进步，而这一进步主要体现在研磨技术的积累方面。随着研磨技术的日渐发展，无论是一面的石器，抑或是两面的石器，都得到了改进。特别是两面石器，如多刃手斧、匕首、石矛等，刀矛尖端，已经出现柳叶形或月桂形等具有相当美感的外形，并为史前人类的生产劳作带来了巨大的改变。研磨技术的介入是人类文化向前跨一大步的象征，伴随着研磨技术的进一步发展，与日常生活密切相关的石器工具日渐小型化、统一化，人类生产技术也因此发生大革新。生产技术的进步给史前人类带来的最显著的改变莫过于生产方式和生活形态的变化，他们靠渔猎采集为生的生活方式逐步被庄稼种植和畜牧定居所代替。随着新的生产方式和生活形态逐步扩展，东南亚地区便迎来了新石器时代。

东南亚地区早期新石器时代的代表即是前述越南和平文化。和平文化是东南亚地区旧石器时代向新石器时代转变的过渡，也是地区早期新石器时代最具有典型的代表。国内有关学者对此也有同样的认知，云南大学贺圣达教授在其编著的《东南亚文化发展史》中提到："东南亚半岛早期新石器文化，以越南的和平文化时间较早，也较为典型地表现出从旧石器时代向新石器时代的过渡。"在和平文化遗址中，虽然最底层也即最早期的一层只有一些粗糙的旧石器，而没有陶器，但在中层和最上层遗址中却发现了大量的打制石器和磨制石器。因此，被部分考古学者划归中石器时代文化的和平文化，也可以被视为早期新石器时代文化的组成部分。

有考古学家认为，和平文化作为一种文化类型并不仅限于今天越南的区域，马来半岛、泰国、缅甸和苏门答腊也有一些，如马来半岛的瓜渣、泰国西北部的仙人洞、柬埔寨马德望省的拉昂斯边、老挝的华邦等遗址，也可归入和平文化。具体到马来半岛，在公元前2500年前后，该地区进入新石器时期。

西方学者盖尔登（Geldern）将包括马来半岛在内的整个东南亚地区的新石器文化分为三个时期：一是早期新石器时代，这主要包括越南、缅甸和吕宋岛的北山文化和分布于马来群岛的圆形石斧文化，属于海洋蒙古人种的马来人在这一时期出现；二是中期新石器时代，这主要包括亚洲东部华南地区、中南半岛、台湾岛、日本、朝鲜和菲律宾等地，这一时期出现了有肩石斧文化；三是晚期新石器时代，由于这一时期方角石锛遍布东南亚地区，因此被考古学家称为方角石锛文化，而据考古学家推断，属于蒙古人种的马来人则是这一时期文化的主人翁。至此，文化根源上来自中国华南地区的马来人创造了马来半岛的主流文化，也即方角石锛和绳纹陶、几何印陶。

马来半岛石器的分布，一般循着河流，分为旧石器、中石器和新石器。马来半岛的新石器文化是和平文化的重要代表与发展，其重要的遗址有吉兰丹的瓜渣和瓜穆（Gua Musang），霹雳州的武吉腾古伦布和吉打州的瓜巴哈拉（Gua Berhala）。这一地区居住的人类就是原始马来人，他们与现今居住在马来半岛上的土著尼格利陀和沙盖人十分相似。紧随研磨技术进步而来的是，带有木柄的斧头的出现。恰是因为这一新发明的出现，马来半岛的一些原始居民开始离开洞穴，沿河修建简陋的木屋，进而组成了简易的村落。这一时期，他们还开始学会饲养牲畜，并进行耕种活动。另外，在温斯泰德所著的《马来亚史》一书中也提到，马来半岛新石器时期出土了大量的石制器具，同时还有大量各种各样带纹路的陶器残片。由此推断，马来半岛地区的史前人类已经初步掌握了陶器技术。

就马来地区而言，新石器社会与旧石器社会的区别主要在于制造满足日常生活所用的石器的技术有了较大提高。石器的品种更多，做工更加精细，外形也更加美观。石器都被打磨得更加光滑，在沙巴州的骷髅山（Bukit Tengkorak）发现了用黑曜石做成的石器和一些陶器，包括锅以及花纹各异的盛水的容器。考古学家发现，大多数新石器时代的陶器都具有绳纹装饰。部分比较精美的陶器发现于吉兰丹州的文德里（Gua Menteri）、瓜穆和瓜渣，以及砂拉越州的尼亚洞。此外，在包括瓜渣在内的一些地方发现的石制手镯等石制装饰品和一些用于削树皮的石制工具，说明当时的人已经能够利用工具将树皮加工成衣服。另外发现的还包括石臼和舂捣工具石器，以及骨头制品和贝壳类装饰品。

除了工具之外，新石器社会与旧石器社会的区别还在于墓葬方式。新石器时代的人类采取伸葬方式（尸体以舒展的方式被埋葬），并出现了最初的陪葬品，例如：锅、盛水容器、手镯、石斧等。同时还发现了画有符咒的石头，这些很可能是用于墓葬仪式中或是其他一些与当时人类所信仰的原始拜物教相关的仪式。在雪兰莪州发现的用于制陶的可以旋转的木轮子说明了陶器并不仅仅是从外面引进或带入的，也有部分是由当地先民自己制造的。

在马来半岛地区一些地方的考古发现显示，当时社会的生活方式和文化程度已经进入一个更为进步和革新的阶段。从所发现的食物残骸中可以看出先民们的食物种类在不断地丰富，这应该与他们使用了更加先进的工具有关。而一种被称为"淡比灵刀"的石制刀具的出现被认为与原始农业有关。虽然至今尚未发现确凿的证据，但一部分学者确信证据一定会被找到。此外，考古学家们还认为当时的人类已经开始种植木薯类作物。

相比于旧石器时代，新石器时代另一件值得关注的事情是当时社会的造船技术有了一定的提高，并具有运用所造船只开拓更远地区的能力。因此，可以确定的是，当时的沿海社会已经与马来群岛之外的沿海社会建立了联系，这种联系应该是由近及远的。在这种联系的前提下，古老的贸易方式——物物交换实现了。当然，当时的沿海社会已经和内陆社会建立了联系，而内陆地区也经由沿海地区建立了对外联系的网络。

在和平文化时期，生活在马来半岛的原始人类已经进入新石器时代。然而，马来半岛文化发展程度在不同地区并不平衡，许多先民仍然生活在石灰岩洞中，还有一些人如他们的祖先那样居住在开阔地带。

（三）**金属时代**

由于据目前所知的资料，难以断定现在东南亚地区的各个国家在新石器时代后均相继经历了金石并用的时代和青铜时代，因此以金属时代介绍新石器时代之后东南亚原始社会最后一个阶段的概貌。

大约在公元前300年，那些经历过新石器时代的沿海地区进入金属时代。这一时期，第二批外来人种从中国南部和中南半岛迁到马来半岛，并带来了铜钱、铜鼓、铜壶和中国式的铜剑、铜镜等物品。随着青铜器和铁器的传入，马来半岛进入了铜器时代。根据整个人类在金属时代的发展规律来看，首先经历的是铜器时代，或称为青铜器时代，然后才是铁器时代。不过，这并不是一种必然，因为不同地区的发展并不平衡，在世界上的一些地区是铜器文化与铁器文化同步发展的。这时的生产力已经有了较大的提高与发展，人们组成部落，并逐渐定居下来。1—2世纪，马来人已经学会了制造青铜器。

马来地区所发现的铜器文物为数不多，主要有铜鼓、铜钟、铜碗等，地点分布于雪兰莪州的浪河（Sungai Lang）、登嘉楼州的巴都布落（Batu Buruk）、彭亨州的淡比灵（Tembeling）以及柔佛州的巴我（Paguh）、麻坡（Muar）等地区。由于铜器都发现于沿海地区，说明这些地区当时是前来东南亚经商的外来商船的停靠地，并在那儿进行了原始贸易。当时的上层阶级很可能有能力购买"进口"的商品，例如，铜鼓和铜钟。根据其形状和花纹，这些铜器应来自于越南的东山地区。与此同时，当地的森林物产以及包括黄金、锡在内的各种金属也流到了国外。因此，有这样一种说法，金属时代是东南亚居民大规模从大陆迁往群岛的时期，因为他们要寻找金属原材料来进行金属工业的生产。

部分考古学家认为，马来地区在金属时代，其铜器文化与铁器文化是同步发展的。证据之一是在雪兰莪州和霹雳州的一些古墓中同时发现了铜器和铁器的陪葬品。此外，在马来地区铜器的数量非常有限，而铁器却几乎遍布了全马。其中比较常见的铁器包括长柄斧和锄头。还有一种被命名为"猩猩骨头"的史前用具，至今仍无法了解其真正的用途。

在这个时代，马来地区之间的社会交流是非常活跃的，与外界社会的联系也在不断增加。这个时期，出现了专门用于对外贸易的港口，有些港口由于自身的战略性地理位置而成为富裕发达的地区。港口的存在形成了港口的早期政府，其统治者可能就是后来出现的君主制度以及早期国家的缔造者。

金属时代的生活方式体现了人类生活历史上的又一大进步。人类的生活方式大大丰富了。除了原始的生活方式之外，还进行贸易，并开始对原材料，例如宝石，进行加工。墓葬方式也有了一些变化。最初，他们采取"海葬"，将尸体葬于船上。后来葬在房屋下，并有大量的陪葬品。在霹雳州卡特文德里（Changkat Menteri）地区还发现了将尸体葬于石棺之中。

金属时代被认为是史前史的最后一个时代，为有史料记载的历史揭开了序幕。

（四）马来族的初步形成

依据考古学界现有的知识，马来族的酝酿与形成虽然是成长于铜鼓盛行的金属时代，但是早在新石器时代中期即已开始。如前述，混血巴来安人的压迫和介入使得原来在马来半岛的史前人类进一步南迁，进入太平洋群岛。恰是巴来安人的进入促进了当地文化的发展。在新石器时代晚期，巴来安人已经遍及整个东南亚地区。根据史前史学者的推断，这一支文化来源于中国的中原，有着深厚的中原底蕴，是中原文化分化的结果，而龙山文化则是马来半岛新石器时代主流文化的根源。龙山文化被中原文化同化，在中原地区不复存在，其部分南迁至马来半岛，形成了几何印纹陶和方角石锛为主流的文化，并主导着东南亚地区晚期新石器时代。到金属时代，处于中国东南地区的百越进一步遭到中原文化的同化和鞭挞，部分接受中原文化，迁徙江淮地区，部分则逃至南岭深山甚至海外。逃亡海外的这部分百越人即构成了第二批来到马来半岛的外来人种，他们本身所拥有的文化也就在马来半岛地区得以遗存。

同时，依据几何印纹陶和方角石锛的遗迹，有考古学家推断，金属时代马来半岛的居民已经开始开辟小规模的水田，发展以水稻为主的农业，改良旱田的生产方法，试图提高粮食生产量。在这一基础上，人民生活相对稳定，国家组织建立的基础粗具规模。到1世纪左右，马来半岛已经出现形成国家的迹象，此时正值印度开始大量移民东南亚之际。印度人的到来不仅为马来半岛带来了新的宗教，也为地区推崇"优生"的婆罗门作为君长创造了机会。于是，在来自印度的君长和僧侣们的推动下，梵文开始在半岛推广，马来族的文化也由此步入了新的纪元，有史时代随之开启。

二、古代历史

自公元后有史记载以来直至西方殖民进入的这一段时期是马来群岛的奴隶社会和封建社会时期。在这漫长的岁月中，有数个奴隶制或封建王国，或更替，或并存于马来群岛地区。需要强调的是，马来群岛地区并不仅仅限于今天马来西亚的地理范围，而是指古代使用马来语的主要区域，包括今天的马来西亚、印尼、文莱、新加坡及泰国南部和菲律宾南部等地区，覆盖范围甚广。

（一）15世纪以前的马来半岛

新石器时代晚期，马来半岛地区的生产力水平获得了显著的提升，构成了推动地区历史进程大发展的最重要推动力量。在这一背景下，马来半岛地区奴隶制国家相继出现。然而，在历史上，马来半岛并没有形成一个统一的国家，多为一些分而治之的王国或土邦社会。根据考古学家考证，马来半岛的这些奴隶制王国一般都有着坚固的城墙、英勇善战的人民。这些人民身穿纱笼，贵族留有长发，佩戴金饰，身穿锦绣，国王则出入乘象，前呼后拥、护卫森严。

有关资料反映，在中国汉代，马来半岛已经有国家出现。据《汉书·地理志》记载，马来半岛上最早的古国为都元国（地处今登嘉楼州龙运一带）。都元国是一个港口国家，西汉末年，王莽派往印度黄支的使者曾经过此地。时值中国的三国时代，吴国使节朱应、康泰出使扶南，南宣国化，经历百余国，其中就包括位于马来半岛的泰国、缅甸部分地区和柔佛、顿逊国。后来朱应著有《扶南异物志》，康泰著有《吴时外国传》，对马来半岛王国有记载。2世纪初以前，在马来半岛比较有影响的土邦国家为狼牙修、羯荼等。2世纪，马来半岛东北部（今吉打至北大年一带）出现了另外一个受印度文化影响的古国，这就是狼牙修，中国古籍也称龙牙犀角。2—5世纪，狼牙修曾一度被扶南国征服，直到6世纪，因扶南国的衰退，狼牙修才逐渐恢复国力并强盛起来，最终成为马来半岛北部强国，并成为马来半岛上的一个贸易中心。该国人民、贵族和国王的衣饰有严格区别，居住条件悬殊，阶级对立明显，奴隶制占统治地位，生产以农业和渔业为主，盛产沉香。狼牙修与中国及印度往来密切，在515—568年间曾四次遣使到中国。狼牙修的统治一直延续到16世纪初。羯荼始建于公元初，位于今马来西亚吉打州附近。由于该地盛产樟脑、檀香、黄金和锡，而且位于古印度与中国国际通道的中途，十分适合过往商船停泊和交换商品，所以很快就成为当时重要的国际贸易中心。羯荼和印度的关系十分密切，并深受印度文化的影响。印度人不仅带来了水稻种植技术，也带来了印度教和佛教。9世纪左右，吉陀国取代了羯荼。11世纪初，因受到印度南部注辇（朱罗）王朝的攻打，吉陀王朝逐渐衰落。同时，暹罗王国也控制了马来半岛北部的小王国。到14世纪，该地区出现了由马来人统治的吉打国，并臣服于暹罗的素可泰王朝。

5世纪中叶，顿逊国日渐衰微，马来半岛国家逐渐分裂。至16世纪以前，大大小小王国纷纷建立。在中国史传中，可考查的就有11个国家，即丹丹、盘盘、赤土、狼牙修、佛罗安、单马令、彭坑、吉兰丹、丁家庐、满剌加和柔佛等。这些国家大多和中国发生过贸易或朝贡的关系,其中就包括由马来半岛原住民所建立的丹丹、赤土和狼牙修等王国。7—8世纪,马来半岛地区先后出现了登牙浓、蓬丰、淡马锡等土邦政权。它们大多受印度文化的影响,以农业和贸易为主要的经济形态,同时建立了初步的政治法律制度,在人口组成上则以逐渐迁移过来的马来人为主。

7世纪开始,众多的马来古国纷纷臣服于苏门答腊强大的室利佛逝王国。西方学者乔治·考德斯(George Coedes)的研究认为,室利佛逝王国位于苏门答腊岛东南部巨港地区的穆西河(Musi)上,是最早的海洋大国之一,在7世纪崛起,一直延续到13世纪末。虽然国内外历史学界对室利佛逝王国的存在与存在的时间段仍存在着较大的争议,但后来出土的文物遗址进一步证实了这一判断。考古学者在巨港发掘的一块早期碑铭中发现,682年室利佛逝王国发动了一场强大的远征,而此次远征的凯旋给室利佛逝王国带来了"胜利、权力和财富";686年,室利佛逝王国再度远征,对"爪哇"进行了讨伐。由此,考古学家和部分历史学家认为,室利佛逝王国在7世纪晚期出现在历史舞台上开始便给世人一种急于确立其领先地位的印象。在后期的发展中,室利佛逝王国取得了非凡的成就,以至于一个室利佛逝王国的统治者能够自信到宣布他本人是"整个世界所有王国的最高君主"。

归结来看,室利佛逝王国取得非凡成就的主要原因有三个。一是建立与中国的特殊关系。由于室利佛逝王国位于苏门答腊岛南端,处在通往中国的海上交通线上,且坐落在东北季风的路径之上,因此与其他马来半岛王国相比,其在地理位置上拥有着显著的优势。在这一基础上,室利佛逝王国的统治者充分地运用了中国朝贡贸易体制,在承认中国为最高宗主的基础上,维持和不断发展与中国的朝贡贸易,使自身在这一贸易中受惠良多。据历史记载,仅960—983年间,室利佛逝王国就至少派出8个使团出访中国。二是利用特殊的地理位置保障室利佛逝王国与包括中国在内的国际市场的物产需要。由于其有利的地理位置,室利佛逝王国易于通过河流进入苏门答腊岛和马来半岛的丛林地区,而且使附近海岸的红树林处于其掌管之下。因此,在东南季风和东北季风间歇期间,来自附近王国的珍珠、乳香、玫瑰香水、丝绸和锦缎等各类物品在此地集散。室利佛逝王国由此成为享誉盛名的地区贸易中心,给外国人留下了深刻的印象。三是保持与"奥朗—劳特人"(Orang Laut)之间相互依赖的共生关系。"奥朗—劳特人"是河海民族,对室利佛逝王国附近海域的海路相当熟悉,原本是从事海上劫掠的海盗。随着室利佛逝王国的强大和崛起,"奥朗—劳特人"逐步建立起对室利佛逝王国的忠诚和拥戴。"奥朗—劳特人"由此也转变为室利佛逝王国周边海域海路的保护者,转变成为其他海上劫掠者的克星。至此,室利佛逝王国开始享有平静和安全的海上环境,其统治者还曾一度自称为"海上国土之王"。

尽管如此,由于来自爪哇和印度的挑战及权力中心的转移,室利佛逝王国对"奥朗—劳特人"的权威逐渐衰微,贸易中心也失去了当年的繁华,室利佛逝王国在1000年左右开始逐步走向衰落。根据明代史料记载,到13世纪末14世纪初,室利佛逝王国最终被满者伯夷所灭。

满者伯夷于13世纪末在爪哇地区兴起,14世纪初势力逐步强盛,以"军国主义"武装人民,在消灭室利佛逝王国后建国并统一了马来群岛和马六甲海峡。然而,满者伯夷对马来群岛的统一昙花一现,由于王位继承问题,王国发生内斗,最终分崩离析。在泰国入侵马来半岛后,王国势力更是日薄西山,最终在15世纪末期为伊斯兰教势力所灭。

简言之，15世纪以前的马来半岛自进入有史以来便一直处于分裂割据的状态，尽管出现过犹如狼牙修、室利佛逝等强大的王国，但地区政治上极不统一的状态在奴隶制时期未有根本改变。

（二）马六甲王国

马六甲王国是马来西亚历史上的首个统一的封建王国，位于马来半岛的西南岸，在马来西亚历史中起着十分重要的作用。虽然它仅存在了百余年，但它完整而系统的政治、经济、法律体系对马来西亚其他各州都产生了巨大的影响，并且为伊斯兰教在马来西亚的传播、发展，以及后来确定其为官方宗教奠定了坚实的基础，其丰富的风俗习惯与社会文化同样影响至今。

1. 马六甲王国的建立

关于马六甲王国的建立存在不同说法。根据《马来纪年》(*Sulalatus Salatin/Sejarah Melayu*)的记载，苏门答腊满者伯夷王国派兵攻打淡马锡王国，淡马锡国王仓皇北逃，经过柔佛海峡，到达了现在马六甲城内的一个小渔村，在这里建立起了马六甲王国。"马六甲"一词的起源，是室利佛逝王子拜里米苏拉(Parameswara)到达渔村时曾依靠休息的那棵树的名字。另一种说法是，室利佛逝王子拜里米苏拉是满者伯夷王朝统治者的女婿。1389年满者伯夷王驾崩，因为他没有儿子继承王位，所以他的众女婿为了抢夺王位展开了一场混战，拜里米苏拉也参与其中，但最终战败。为了躲避追杀，他逃离了满者伯夷，并从此开始了流亡生活。在逃往淡马锡后，拜里米苏拉受到统治淡马锡的一位暹罗将军多摩智的盛情款待。但是没多久以后，为了夺权，拜里米苏拉杀死了多摩智将军，成为淡马锡新的统治者。根据《马来纪年》，淡马锡在被拜里米苏拉统治6年后，遭遇暹罗讨伐，最终沦陷，拜里米苏拉只好再次逃亡，最终到达马六甲。在6名"奥朗—劳特人"及当地马来人的帮助下,拜里米苏拉在此建立了马六甲王国。

2. 马六甲王国的兴盛及衰败

全盛时期的马六甲王国是个闻名于世的港口和经贸中心。由于其位置处于航海及经贸的中心,又有良好的深水港口,东连资源丰饶的东方文明古国中国,西接印度、阿拉伯世界及欧洲列强,使得马六甲不仅成为繁荣一时的商业中心,同时成为东西方多种文化互相碰撞及交流的地方。在马六甲经商的有印度人、阿拉伯人、波斯人、中国人、菲律宾人、暹罗人等,在这里交易的物品有布、茶、锡、金、香料、鸦片等。在最繁荣的时期,马六甲流行着84种不同国家的语言,来此地经商的外国商船络绎不绝,穿戴不同的外国商人更是摩肩接踵。

随着贸易的发展,马六甲的港口贸易制度逐步健全。当时通用以锡和金制造的货币,并建立起了一种公认的度量衡。政府设立四个港主专司港口事务。四个港主分别管理各个区域来的商船,并为他们引见盘陀诃罗(相当于总理),分配货栈,发送货物,安排食宿和预订象只,并决定和征收他们的港税。按规定,西方来的商船要按其货价缴6%的税,土著及东方来的货船则免税或是缴纳3%的税。除了按规定缴税外,商人往往还要向港主及有关官员和国王赠送礼品、货物。因此,马六甲的苏丹、贵族和各级官员也都由于港口的繁荣而富裕。

马六甲建国初期,国力还十分虚弱。为了在政治上取得邻国支持,保障国家安全,它很快同中国明朝政府、苏门答腊各国政府建立了官方关系。在经济上,由于阿拉伯商人逐渐增多,马六甲王国与阿拉伯世界的经济联系日渐紧密。由此,以伊斯兰教为主的阿拉伯文化逐渐被马六甲王国的统治者所接受。随着一系列依据伊斯兰教规制定的富国强民政策出台，马六甲王国在15世纪中叶逐渐强大起来。

到了第三任国王穆罕默德·沙统治时期，马六甲已建立起了一套较为完备的君主制度。1445年和1456年，马六甲国王两次出征北方强国暹罗，大获全胜，马六甲国势鼎盛，经济繁荣、军事强大，随后不久便征服了马来半岛的其他王国。同时，马六甲已经转型为一个伊斯兰教国家，其国王改称苏丹。苏丹是国家的最高元首，其下有三位大臣分别掌管政务，分别是盘陀诃罗、天猛公和奔呼卢盘诃黎，各自管理国家的政务、军务司法和财政。15世纪中叶，著名政治家、军事家和外交家敦·霹雳（Tun Perak）连任三朝的盘陀诃罗，马六甲王国在军事和外交上都取得了重大的胜利。第六任国王曼苏尔·沙统治时期，经过武装斗争，马六甲与暹罗达成互不侵犯协定，并以武力征服了马六甲海峡沿岸各国，其疆域和势力范围几乎包括整个马来半岛和苏门答腊东岸，成为当时东南亚最强大的国家，马六甲王国进入鼎盛时期。当时，由于马六甲王国地理优越，各国商贾聚集海港，华人、爪哇人大量前往。伊斯兰教文化同时也以马六甲为中心逐步向马来群岛传播，在马来世界日渐兴盛。

到1488年，第八任国王马哈穆德·沙继位，虽然马六甲王国的版图一再被扩大，但由于统治阶级内部尖锐的矛盾斗争，马六甲王国逐渐衰落。随着西方列强于16世纪相继而来，葡萄牙人最终于1511年攻陷了马六甲，开始了马来半岛的殖民史。

第二节　近代部分

一、葡萄牙、荷兰殖民统治时期

从10世纪开始，东西方之间的贸易，特别是东方的香料贸易，完全由穆斯林商人垄断。欧洲一些国家为了打破垄断，直接从东方产地取得香料和其他原料,自14世纪后期便纷纷到东方寻找新的贸易通道和伙伴,葡萄牙就是最早产生这种兴趣的殖民主义国家。由于马六甲所处的战略位置十分重要,加之又是东南亚国际贸易中心,因此成为葡萄牙的重要目标。

1509年,葡萄牙海军上将雪奎拉(D.L. Sequeira)率领强大舰队首次到达马六甲港,试图入侵马六甲,被当时的苏丹马哈穆德·沙派兵赶走,并被活捉了20多个葡萄牙人。两年之后,由18艘军舰组成的葡萄牙舰队再次来到马六甲并要求释放人质和赔偿损失。由于要求未得到完全满足,葡萄牙军队开始进攻马六甲。战斗初期,葡萄牙侵略者受到马六甲当地人民的英勇抵抗,苏丹更是亲自带领官兵作战,葡萄牙人曾一度被击退。然而,在经过近半个月的顽强抵抗后,装备落后的马六甲军队终不敌拥有强大海上武装力量的葡萄牙殖民者,马六甲陷落。苏丹马哈穆德·沙先后逃亡至柔佛、彭亨和廖内群岛,并以此为根据地建立一个新的王国,号称"柔佛廖内王国"。

葡萄牙人占领马六甲后,掀开了马来亚近代史的序幕,随之而至的是西方殖民势力的不断扩张。葡萄牙人占领马六甲后,烧杀抢掠,拆除伊斯兰教堂,建造城堡和基督教教堂,并强迫人们皈依基督教。由于当地人民的反抗和葡萄牙殖民者的政策,葡萄牙人统治的范围仅限于马六甲城及近郊的一些地方。当时的最高长官称为总督,由大法官、市长、助教等人组成的咨询委员会协助总督处理行政事务。将军协助总督处理军务,是海陆军的最高统帅。当时马六甲军队的规模为500~600人,并有1~2艘装备齐全的军舰。

由于葡萄牙人加征高额税收,对宗教敌人——英国商人和穆斯林商人百般刁难,贸易受到很大影响,马六甲由此逐渐衰落,柔佛马来人和苏门答腊岛亚齐等伊斯兰教国家也趁机来扰。到16世纪后期，葡萄牙统治下的马六甲在东南亚国际贸易中的地位被苏门答腊新兴强国亚齐所取代。

16世纪末期，葡萄牙的海军力量开始走向衰弱。荷兰作为新崛起的欧洲国家，将目光投向远东，荷兰东印度公司于1602年成立后便开始策划占领马六甲。1630年，荷兰舰队开始封锁马六甲海峡，试图武力侵占马六甲。为了取得马来半岛柔佛和亚齐两国的支持，荷兰人出台允许伊斯兰教存在的政策。经过长达10余年海上封锁和进攻，荷兰人最终在1641年1月占领马六甲。葡萄牙人在马六甲维持了长达130年的统治，将之奉为其在远东地区的贸易中心，随着荷兰完成对马六甲的占领，葡萄牙人对马六甲的统治宣告结束。

荷兰人在马六甲推行了与葡萄牙人不同的政策，以马六甲为贸易中心，倾力发展其在远东地区的贸易。但是，在荷兰人统治时期，之前葡萄牙殖民者执行的高税赋政策却继续延续下来。此外，荷兰人还特别规定所有香料、锡、胡椒等都要由荷兰东印度公司专卖。由此一来，马六甲的经济发展日渐衰退，荷兰人只能像海盗一样逼迫来往于马六甲海峡的商船前来马六甲进行贸易。

最后，由于荷兰作为英国的盟国在英法战争中被法国侵占，1795年法国军队占领了荷兰，包括马六甲在内的荷属海外殖民地的统治暂托管于英国。虽然马六甲在1814年英国、荷兰签订《伦敦条约》后归还荷兰，但10年后《英荷条约》的签订使得马六甲再次回到英国殖民者的手中。以此为标志，荷兰对马六甲150余年的殖民统治正式画上句号。

二、英国殖民统治前期

早在16世纪末，英国人为了在马六甲海峡沿岸寻找和建立贸易基地,曾与葡萄牙人发生过多次冲突,后来被迫转到印度和今印尼地区。为了开辟商品市场、控制对华贸易通道和在远东地区建立海军基地,18世纪后期成功将法国势力驱逐出印度并控制印度后,英国继续向东扩张,再次来到马六甲海峡。1771年,英国殖民者侵入槟城。1786年,弗朗西丝·莱特(Francis Light)代表东印度公司与吉打苏丹签订条约,占领槟城,并开始将其发展成为英国在远东地区的军事及商业中心。

英法战争期间,荷兰作为英国的盟国曾遭到法国的进攻,为防止法国军队占领殖民地,荷兰国王要求各海外殖民地将行政权移交给英国。借此,英军于1795—1814年占领了马六甲。英国东印度公司通过支付少许金钱或武力强迫等手段,收买和强占了马来亚的一些地方。其中,强占新加坡则成为其在亚洲扩张的重要步骤。因为英国在侵占新加坡后,便有了控制马六甲海峡和马来半岛的战略前沿,对牵制荷兰的殖民统治和维护英国在远东地区航运、贸易安全等利益都有着十分重要的战略意义。1819年1月30日,英国为了有效控制马来半岛的商业,以每年8 000西班牙元的代价获准在新加坡设立商馆。由于占据着优越的地理位置和英国殖民者的自由贸易政策,新加坡港口贸易得到了迅猛的发展。到1820年,新加坡贸易额开始超越马六甲;到1825年,新加坡的贸易额则远远超过了马六甲和槟城,成为英国在整个远东地区进行掠夺的重要基地。

1824年,英荷签订《伦敦协议》(亦称《英荷条约》)。根据协议内容,两国重新划分了在马来半岛及附近地区的势力范围,荷兰把马六甲转让给英国,以换取英国人在苏门答腊的明古蘭(Ben-Coolen),同意不再在马来半岛建立殖民地;英国则把苏门答腊等地划归荷兰,答应不再在新加坡以南的岛屿建立殖民地。1826年,英国把槟城、马六甲、新加坡合并为海峡殖民地,由英国东印度公司管理。1832年，海峡殖民地的行政中心从槟城迁到新加坡。1830—1851年，海峡殖民地由孟加拉总督管辖，后归印度大总督管辖。1867年，海峡殖民地成为英国皇家殖民地，转为英国殖民部直接管理，由英国殖民大臣指定的总督在行政、立法两委员会的协助下进行统治。行政会议包括财政司、律政司等高级官员以及多名非官方成员。立法会议除高级官员外，还包括13名非官方议员，其中两名由商会选出。新加坡、槟城和马六甲三地再分别设立辅政司，在市政委员会协助下进行统治。

海峡殖民地的建立，奠定了英国在远东的霸权。英国不仅对贸易霸权感兴趣，而且还图谋抢占原料和矿产资源，从1870年开始对马来半岛各邦采取了主动干预的政策。同时，马来亚许多州的统治者为了解决州内的纷争而向英国殖民者求援。在殖民厅接管海峡殖民地的10年内，一些马来半岛西海岸的马来州属也同时被英殖民者控制，海峡殖民地的商人也希望英国政府介入马来半岛产锡州属的内政。

1874年1月，海峡殖民地总督克拉克以平息霹雳地区内部矛盾为由，与侨领和各州苏丹在霹雳州邦咯岛签订了著名的《邦咯条约》。该条约规定，霹雳州受到英国殖民者的保护。以同样的方式，到1895年英国殖民者又先后把雪兰莪、森美兰、彭亨等三地变为其"保护邦"。1896年，英国殖民者进一步把霹雳州、雪兰莪、森美兰、彭亨四个邦合并成马来联邦，并以吉隆坡为首都。马来联邦设立总驻扎官，向海峡殖民总督负责。初期英国殖民者在马来联邦设立州务会议，讨论宗教和马来人风俗等问题，苏丹权力受到削弱。后来为了缓和同苏丹之间的矛盾，英国殖民者于1909年设立了联邦会议，苏丹和英国驻扎官及商人代表坐在一起共同讨论财政立法等事宜，但苏丹并没有决定权和否决权。1927年联邦会议改组，苏丹不再参加，改由官方议员13人，非官方议员11人组成。由于各州苏丹的抗议和反对，到赛西尔·金文泰任海峡殖民地总督（1929—1934年）时，才将财政与立法权交回以苏丹为主席的州务会议，各州苏丹的权力和地位显著回升。

泰国在克里王朝时期仍领有马来亚北部各州的总主权。在设立了海峡殖民地和马来联邦之后，1909年英国通过与泰国的长期谈判，订立了《曼谷条约》。根据条约，泰国同意将马来北部的四个州的宗主权让与英国。同年，英国殖民者又与吉打、玻璃市、吉兰丹签订条约；1914年，英国殖民者又侵吞了马来半岛一个独立的土邦——柔佛；1919年，英国殖民者和登嘉楼签订条约，规定其受英国的保护。在这一基础上，英国殖民者将吉打、玻璃市、吉兰丹、柔佛和登嘉楼五个州合并为马来属邦。至此，英国已占领全部马来州属。马来属邦各邦由海峡殖民地总督管辖，但因内部安定仍保留了较大的自主权，由邦元首签署法令。虽然各邦施政方面同样听从英国驻扎官的意见，但苏丹的自治权比较大。马来属邦没有设立统一的立法会议，只是各邦设立以苏丹为首的州务会议。与此同时，英国殖民者也侵入砂拉越和沙巴地区，排挤了荷兰势力。至此，西马和东马均沦为英国殖民地。

第三节　现当代部分

一、走向独立的马来亚

（一）二战前的马来亚

英国殖民主义者的入侵，加速了马来亚封建经济的解体，殖民地经济开始在马来半岛形成。英国殖民当局强迫当地人民种植橡胶，把粮田变成种植经济作物的种植园，并从中国和印度拐骗大批劳工到该地当苦力，在马来亚大规模开采锡矿。据统计，仅1901年英国就在马来亚掠夺了47 475吨锡。除此以外，英国资本还控制了马来亚工业、农业、商业和交通运输等各方面。巨额利润年年流入西方，马来亚当地的劳动人民却贫困如洗，英国的殖民统治造成了马来亚经济畸形发展。

虽然英国在马来亚设立了各种形式、不同级别的立法会议，但殖民总督和各级驻扎官对殖民地和保护国的重大问题始终拥有绝对的决定权，英国的分区统治制度使马来亚长期处于分裂的状态。

1. "分而治之"政策

马来半岛居民原来以马来人为主体，沿海地区有少许异族客商。19世纪以来随着外贸、锡矿和橡胶业的发展，对劳工需求的递增，致使外来移民急速增加，马来亚逐步发展成为以马来人、华人、印度人三大民族构成的多元种族地区。

英国政府对各民族采取分而治之的统治手段。对于马来人，除殖民地官员外，英国政府允许其保持自己的宫廷结构并直接统治辖区内的人民；对于华人，在海峡殖民地建立之初设有甲必丹制度，即任命华侨领袖为甲必丹来管理华侨事务，后来还正式成立了华民保卫署，专门负责华人各项事务；对于印度人，主要通过其移民劳工机构进行管理。

为了获得马来苏丹的支持和配合，巩固殖民统治，英国政府有意推行马来人优先的政策。殖民政府与苏丹签订协议，承认马来人是当地的主人，承认和维护马来人在政治、经济、文化等各方面的特权。为此，它在政治上除保留苏丹封建统治的宫廷结构，还主要由马来人担任政府各级官员；经济上也规定非马来人不得占有马来人的保留地；在文化教育上则是拨款建立了不少马来学校。殖民政府通过各种舆论宣传马来人优先的观念，致使广大马来人，尤其是上层人物和知识分子,一直认为自己是马来亚理所当然的主人,理应享受更多特权,并把本族经济落后归咎于其他民族。

英国殖民者"分而治之"的政策,使得马来亚三大民族极少往来,各自保留自己独特的经济、文化和社会生活领域,与这种多元社会结构相适应的是战前政治运动的民族性。

2. 马来亚本土民族主义的觉醒

1904—1926年,受埃及和土耳其影响,马来人兴起了宗教改革运动。1926年,马来人开始注意本族人民经济落后的社会问题,在海峡殖民地率先成立了维护马来人经济地位的马来协会。马来亚共产党在1930年4月30日正式成立后,成功领导了1934年第一次全国总罢工和1936年第二次全国总罢工,获得初步胜利,民族解放运动更向前发展。1937年前后,全马各地还出现了各种以抵制华人和印度人影响、保护马来人政治经济权利为目的的马来人协会。在印尼民族主义的影响下,也曾有些激进马来人抨击英国殖民者在马来半岛的统治,提出马来人和印尼人应联合起来建立独立的大伊斯兰国家的主张,并于1937年建立激进组织"马来亚青年联盟",但影响力较小。

华人在马来亚本土的觉醒主要受到当时中国政治的影响,如1906年同盟会在新加坡建立了支部;1912年前后,中国国民党在马来亚建立华文学校;1927年建立南洋共产党,1930年正式建立马来亚共产党。到1938年,随着南洋华侨筹赈祖国难民总会(难侨总会)在新加坡的建立,马来亚遂成为东南亚抗日的中心。

相比马来人和华人,印度人的政治运动相对较弱。在印度民族主义的影响下,马来亚的印度人成立了一些以维护印度人经济利益为目的的团体,但都无太大影响力。

综上所述,虽然在二战前马来亚三大民族的民族主义都逐渐觉醒，但是其主要矛头都未对准英帝国主义，因此，直到太平洋战争前夕，英国在马来亚的殖民统治基本上是稳固的。

（二）二战中的马来亚

日本在袭击珍珠港、发动太平洋战争后不久，就对英属马来亚发起进攻。当时，日军有三个师，兵力约5万人。马来亚的英国守军约6万人，加上后援的4万多人，总兵力共达10万人左右。战争前夕，英国的两艘主力舰"威尔士亲王号"和"反击号"也开抵新加坡。但由于武器装备相对落后、准备不足等原因，当日军于1941年12月8日发动攻势后，英国守军一溃不可收拾，两艘主力舰未发一炮便被击沉。日本陆军在海军配合下于12月31日占领关丹，1942年1月11日攻占马来亚首都吉隆坡，1月30日，马来半岛全部沦陷。2月8日，日军强渡柔佛海峡，进攻新加坡。英军全线溃败，损失惨重，退守新加坡。当时的华侨抗日动员总会和政府也组织了1000多人的华人义勇军参加战斗。2月15日，新加坡英国守军投降，山下奉文与英国殖民者签订协议，至此，日军全面打败了马来亚的英军，从入侵到占领马来亚仅用了50多天的时间。从此，日本法西斯取代英殖民主义开始对马来亚实行残酷血腥的统治，马来亚进入历史上最黑暗时期。

日军占领新加坡后随即设立了军政部，于1942年3月7日任命了昭南特别市（新加坡）市长及马来亚十州知事，管理各地政务，但最高权力仍旧掌握在军政部长手里。为了掠夺战略物资，控制马来亚经济，确保当地日军供给，镇压反抗，巩固统治，日本军政府在占领新加坡不久后，即在各地将居民集中一起以进行"大检证"，只要被认为是抗日分子的便被杀害，被害者达数万人。之后，其又建立起庞大的警察部队，以防范和镇压人民的反抗。

日本军政府为了灌输日本大东亚共荣圈的思想，重开多个中小学，推行学习日语运动。同时，继续承认马来亚各州苏丹的特殊地位，征集马来人担当各级官员和警察，成立各种马来人的社会宗教组织。1945年日本战败前夕，还许诺让马来亚在大印尼内独立。日军还极力促使印度人的反英民族主义，释放被俘的印度军人，倡导建立印度独立联盟、印度民族军和自由印度政府。与此同时，日本军政府又征集了大量的印度人修筑泰缅公路，死伤者无数。日占马来亚期间，日军不仅残酷镇压华侨，而且还有意挑拨马华两大民族间的关系。日军专门用马来人组成的警察部队镇压以华侨为主的抗日部队，并散布华侨掠夺马来财富等言论，致使马华两族矛盾日益尖锐，为战后民族矛盾激化埋下隐患。

日军的暴行和统治激起了马来亚人民的强烈反抗。最初反抗日军的是马来亚共产党和新加坡沦陷前被解散的华侨义勇军成员。他们开始分别组成零星的游击队，随后联合成马来亚共产党领导下的马来亚人民抗日军。从1942年到1945年间，马来亚人民抗日军迅速发展到数千人，逐渐活跃于马来亚全境，并在全马范围内开展游击抗日斗争。在此期间，中国等国家和地区的抗日力量也对马来亚人民抗日军进行了物质援助和技术培训，极大增强了马来亚人民抗日军的抗战能力。马来亚人民抗日军后来与潜入的英军取得了联系，共同作战，有力地打击了侵犯之敌，是马来亚抗日的主要力量。

（三）二战后初期的马来亚

1.马来亚联邦

1945年8月15日，日本宣布无条件投降。同日，盟军宣布在马来亚建立军政统治。10月10日，英国政府在国会透露了对马来亚的战后政策。为了整合英属马来亚，建立一个全国性统一的行政管理系统以恢复马来亚的经济，英国殖民者策划在马来半岛实行联邦体制。在接受了爱德华的建议后，英国政府把马来联邦、马来属邦、海峡殖民地所属槟城及马六甲合并成一个整体,称为"马来亚联邦"(Malayan Union)。随后,英国政府派使团奔赴马来亚,强迫各州苏丹签订条约以放弃权力。马来亚联邦于1946年4月1日宣布正式成立,建立后的联邦仍属英国皇家殖民地,第一任总督由爱德华担任。

马来亚联邦计划以《马来亚政策白皮书》的形式正式公布,其主要内容有:新加坡为单独的皇家殖民地,马来亚其余地区合并称为中央集权的马来亚联邦,以总督为最高行政官员,下设行政、立法两大会议;在马来亚出生,或是1942年2月15日前15年期间在此地居住的非马来人均可获得公民权,一切公民拥有平等权力和享有同等权利,包括进入民事服务机构工作,公民权将不分种族、条件宽松地赋予全体的人民;苏丹战前的一切统治移交英国政府,在总督的主持下,苏丹主持各邦的协商委员会,对宗教问题提出意见。

在这一计划下,原来间接统治的保护国成为英国的直接殖民地。而新马分离,有助于强化建立一个英国在远东的中心殖民地,并割断新加坡共产党对马来亚的影响,防止华人超过马来人,引起民族骚乱。但是,由于战争已经使马来亚发生了深刻的变化,英国殖民者想加强殖民地统治的政策愈发难以实现。联邦计划颁布伊始,便开始遭到马来人的强烈反对。在强烈的反对浪潮下,英殖民政府最后只好放弃马来亚联邦的建议,取而代之的是在1948年宣布的"马来亚联合邦"(Federation of Malaya)计划。

2. 马来亚联合邦

在1946—1948年期间,英国殖民政府尝试把马来半岛11个州合并成为马来亚联邦的计划遭到了马来民族主义者的强烈反对,马来亚共产党及其他政党和群众组织皆要求民族独立、新马合并。苏丹和贵族领导的大部分马来人民代表本族利益,反对剥夺苏丹权力、给予非马来人公民权。

马来人的反抗最为激烈，1945年12月，第一次万人抗议示威爆发。1946年3月1日，在短期内成立的马来人协会领袖纷纷聚集吉隆坡，宣布苏丹被迫签订的协议无效，并决定建立马来联合统一组织（简称"巫统"）。1946年4月1日，巫统发动全体苏丹和马来人以戴孝、拒绝出席成立典礼、撤走各级协商委员会的马来人成员等方式来抵制联邦的成立。不合作运动甚至扩大到拒缴地税、警察辞职和暴力袭击英国人。

面对马来人掀起的第一次民族运动高潮，英国政府被迫让步。经过英国政府代表、苏丹和巫统领导人的多次协商，1948年2月马来亚联合邦成立，代替原来的马来亚联邦，但新马分离的政策仍旧实行。

新建的马来亚联合邦由高级专员代替总督，中央设立行政、立法和苏丹三种会议，由高级专员指定并对其负责的行政、立法会议拥有行政、立法和财政权力。苏丹的宫廷统治依然存在，每州也设立行政和立法会议。马来人的特权得到承认，新的获取公民权条件更为严格，规定自动获得公民权的除马来人以外，还有在联合邦出生的第二代华裔及印度人，其他人要获得公民权则需要15年居留期以及符合语言等有关条件。显然，是英国政府出卖了非马来人的公民权利，以获得马来人政治上的妥协，而英国人独掌大权的马来亚殖民地性质并未得到改变。

3. 紧急状态时期

二战后，马来亚共产党及其领导的民族解放运动一直是英国殖民统治的严重威胁。为了削弱马共的力量，殖民政府解散马来亚人民抗日军和马共在各地建立的行政机构，攻击马共机关并逮捕马共成员，同时颁布各种法令以限制马共开展工人运动。马来亚联合邦成立后不久，英国殖民者为了全面扼杀民主力量，以三位欧洲种植园主遭杀害为借口，于1948年6月宣布马来亚全国进入"紧急状态"，开始了持续12年的"剿共"战争。在此期间，马共及其外围组织被宣布为违法。其他政党和群众组织迫于形势，也纷纷停止活动或宣布解散。二战后如火如荼的马来亚政治运动一蹶不振。

殖民政府原以为两周内的时间便可消灭共产党及其武装力量，但"紧急状态"直到殖民者从马来亚撤走也没有结束。相反，马共在1948—1949年间还得到了很大程度的发展。从1949年开始，殖民政府采取了一系列措施以争取华人对剿共的支持。首先，推行移民新村运动，强迫森林附近所有居民迁居到特别划定的地点，集中建立了600多个新村，其中大部分是华人。其次，支持华人政党的建立。在殖民政府的支持下，1949年2月，以陈祯禄为首的马华公会成立。马华公会开始以集资安置新村居民和争取华人平等公民权为主要任务。最后，倡导种族协调。1949年1月，殖民政府倡导成立马华亲善委员会，后又扩大为社群联络委员会。在当局拉拢华人、争取华人支持的形势下，巫统主席及其创始人达图·翁要求吸收非马来人入党。

二、马来西亚的成立及新加坡的脱离

（一）马来西亚的成立

因为英殖民政府不会允许只代表一个种族的政党争取独立，1955年分别代表马来人、华人和印度人的三大政党，即巫统、马华公会和印度人国大党联合组成联盟。联盟由东姑·拉赫曼领导，以向英国殖民政府争取马来亚联合邦的独立为主要目的。第一届马来亚联合邦大选于1955年7月27日举行，联盟在52席中赢得51席，使得联盟有更大的信心向英政府争取独立。在经过多次和英政府的谈判后，马来亚联合邦最终在1957年8月31日宣布独立。后来这一天也被定为马来西亚的独立纪念日。

1961年，东姑·拉赫曼建议马来亚联合邦、新加坡、沙巴、砂拉越和文莱合并，组成一个名为马来西亚的新国家。最初，几乎所有沙巴及砂拉越的政党都反对成立马来西亚，因为他们担心这两州将受到马来人统治。不过，经过一番解释后，在1962年进行的民意调查显示70%的沙巴及砂拉越人民支持成立马来西亚，而文莱则拒绝加入。于是，由马来半岛11个州、新加坡、沙巴及砂拉越组成的马来西亚联邦在1963年9月16日正式成立，人口约为1000万。

巫统建议成立马来西亚的主要目的有：一是试图阻扰共产党在新加坡和砂拉越的迅速发展；二是试图以沙巴、砂拉越及文莱的加入寻求平衡以华人为大多数的新加坡人口；三是推动沙巴及砂拉越更快地取得独立；四是为了加强彼此之间的经济合作，以促进经济与社会发展。然而，马来西亚联邦成立不到两年，由于经济上和政治上的原因，新加坡于1965年8月脱离了马来西亚独立，建立了新的共和国。

（二）新加坡的独立

历史上，新加坡曾是马来西亚的一部分。18世纪至19世纪初，新加坡即为马来亚柔佛王国的一部分，后被英国以租金的方式占领。二次大战期间，新加坡被日军占领。1945年日本投降后，英国恢复对新加坡的殖民统治。1959年6月，新加坡实行内部自治，成为自治邦。

作为英国的自治邦，新加坡面临着重重困境而无法独立，时任总理的李光耀所在的人民党一直希望与马来亚合并。经过反复权衡，马来亚总理东姑·拉赫曼于1961年5月27日提出成立"马来西亚"的计划，即把新加坡、沙巴、砂拉越和马来亚合并成一个新国家——马来西亚，获得各方的赞同。1963年9月16日，新加坡正式并入马来西亚。

然而，合并并没有给新加坡带来富裕、稳定和安全感。印度尼西亚不满马来西亚这个强大邻居的出现，在马来西亚成立不久后便断绝了与马来西亚的外交关系，禁止马来西亚商人到印尼经商，使得很多新加坡商人破产。因此，新加坡并未能获得预想中的经济利益。合并也没有理顺马来西亚和新加坡紧张的政党关系、种族关系。新加坡两次爆发华人和马来人之间的种族骚乱。新加坡不仅与东姑·拉赫曼领导的马来人有摩擦，也与马华公会的华人有冲突。在这一背景下，马来西亚政府和新加坡政府关系日趋紧张。

令双方不曾预料到的是，这些分歧和冲突非但无法通过协商解决，反而持续扩大。因难以满足新加坡总理李光耀的诸多政治诉求，东姑·拉赫曼最后不得不通过国会表决的方式，将新加坡逐出马来西亚联邦。1965年8月9日，马来西亚下议院通过一项宪法修正案，允许新加坡脱离联邦。同一天，李光耀被迫无奈，含泪退出了其所追求的马来西亚联邦，宣告新加坡脱离马来西亚成为一个独立的国家。同年9月，新加坡成为联合国成员国，10月加入英联邦。直至今日，新加坡国徽右侧仍保留着一只马来虎，象征着新加坡与马来西亚之间在历史上的紧密联系。

第三章 民族与习俗

第一节 民　族

一、民族构成

马来西亚是一个多元民族共存的国家，全国共有30多个民族，而其中又以马来人、华人和印度人在人口中所占的比重最大。

（一）马来人及土著民族

根据考古学研究，马来半岛并非人类的起源地。目前居住在马来西亚的各个民族实际上都是在不同历史时期迁徙至此的"移民"。

1. 马来人

大部分学者认为，马来族的祖先来自中国云南。大约在5 000年前，有一批人从东亚大陆南移至东南亚，这批人属于蒙古属系马来型。这股浪潮持续了千年之久，先后有"原始马来人"（Melayu Proto）和"续至马来人"（又称"新马来人"）（Melayu Deutro）向南迁徙。续至马来人在一定程度上已经和一部分尼格利陀人经过长期的融合，大约在1000年时演变为"马来人"的复杂共同体，成为包括马来半岛在内的海岛东南亚地区新石器时代文化的主要创造主体，一般认为续至马来人是目前马来半岛马来人的直接祖先。公元前后，随着东西方贸易的兴起，马来半岛以及临近岛屿之间的居民交流频繁，来自爪哇、苏门答腊等地的人逐渐与马来半岛上的马来人相互混杂。在各种外来文化如印度文化、伊斯兰文化以及中国文化的影响下，马来半岛及其临近岛屿上的马来人逐渐形成了独立的民族，马来民族也由此而诞生。19世纪末期至20世纪中期，因马来半岛上橡胶园开发和矿业开采对劳动力的需求，一些爪哇人、布吉斯人和马辰人从爪哇、苏门答腊等地迁入马来半岛地区。因其与马来人在生理以及生活习性上的相似性，他们中的部分人也被纳入"马来人"的范围之内。《马来西亚联邦宪法》第160条第2款从文化和政治的角度对什么是"马来人"作了界定：要成为"马来人"，他必须要信仰伊斯兰教，践行马来文化传统习俗，使用马来语进行交流，在独立日之前出生在马来半岛或者新加坡，或者自独立日定居在马来半岛或者新加坡。宪法中对"马来人"的界定具有较强的政治意义，马来人个人身份的确定与其能否享受马来人特权紧密相关。目前，马来人已经成为马来西亚人数最多的一个民族，在国家的政治及经济发展中发挥着重要作用。

2. 西马土著民族

最早定居马来半岛的是几个重要的土著民族，其中包括矮黑人（Negrito）、沙盖人（Sakai）、雅贡人（Jakun）和西诺伊人（Senoi）等。

矮黑人是移居马来半岛地区最早的民族。大约一万年前，矮黑人由印度向东方迁移，经缅甸、越南等地，最终来到马来半岛地区。他们身材矮小，皮肤黝黑，鼻梁低凹且头发卷曲。矮黑人大多生活在马来半岛的北部，在霹雳和吉兰丹的内陆地区都能见到他们生活的痕迹。他们属于最原始的游牧民族，生活简单，靠打猎和采集野果为生。

西诺伊人大约在中石器时代移入马来半岛地区，考古学家推测他们可能是美拉尼亚人种的后裔。西诺伊人的肤色较为浅淡，且大部分以狩猎为生。目前，西诺伊人是马来半岛上人数最多的土著人，主要居住在霹雳、吉兰丹、彭亨、雪兰莪以及登嘉楼等地。

沙盖人比矮黑人长得高些，头发呈波浪状，有较长的头盖骨。他们已经能够建造出比较科学的屋子，有很结实的屋基作支撑，时常群居。他们种植旱稻、甘蔗、香蕉等农作物，但一旦土地失去肥力便举家搬移，属于半游牧半定居的民族，主要生活在马来半岛的中部。他们的社会组织和结构优于矮黑人，已经出现了略带权力的族长。

雅贡人大多生活在马来半岛的南部，诸如彭亨内陆地区、森美兰、廖内等地。现在仍然居住在马来半岛上的雅贡人可分为陆上雅贡人和海上雅贡人，属于类蒙古种，大多数有圆形的头颅和细长的头发。陆上雅贡人生活在半岛南部的森林中，依靠采集野果和狩猎为生。而海上雅贡人则多数从事渔业。他们捕鱼的技艺很高，可以只用一种叫实利已的尖头枪矛在深海把鱼刺住。雅贡人是马来半岛土著人中发展程度最高的族群，在他们所组成的社会中，由酋长管理和安排所有的事物。

目前，部分土著人都已经在政府的扶持下迁入民族新村，生产生活逐步趋向现代化。

3. 东马土著民族

沙巴和砂拉越居住着很多土著民族。在砂拉越，人数较多的土著民族有伊班族（Iban）、陆达雅族（Dayak Darat）以及美拉南族（Melanau），他们大多居住在经济比较发达的地区。而人数较少的土著民族如加央族（Kayan）、肯雅族（Kenyah）、哥拉比族（Kelabit）、毛律族（Murut）、比沙雅族（Bisaya）等，大多数居住在内陆地区。杜顺族（Dusun）是沙巴最大的土著民族，其次是巴召族（Bajau），也有小部分的毛律人和比沙雅人居住在沙巴州。大部分沙巴和砂拉越的土著人都从事农林业或渔业。

（二）华人

早在公元前后，就已经有华人踏足马来半岛这块"黄金之地"。关于中国与东南亚地区的交通关系，最早的文字记载可以上溯到

《汉书·地理志》。根据史书记载，至少自汉代开始，中国就与东南亚地区甚至更远的印度、斯里兰卡有了海上联系，而马六甲海峡是其必经之地。这段记载虽然未提及中国汉朝与东南亚地区的具体交往，但是航线无疑已经打通，而马来半岛便处于这条航线之上，由此推测，当时华人就已踏足此地。据记载，明朝航海家郑和七下西洋到达马来半岛地区时，就发现在半岛上已有华人的身影，但华人的数量不多，且多为商人和宗教学者。在此后的数个世纪中，马来半岛上华人的数量变化不大。

18世纪后期至19世纪中后期，英国殖民者逐渐取代荷兰人控制了整个马来半岛地区，华人的商业贸易在经营品种和活动范围上得到了前所未有的拓展，越来越多的商人从中国带着瓷器和丝绸到马来半岛上做交易，也有华人从原来单纯的易货贸易转向了中介服务。19世纪40年代，马来半岛的锡矿业逐渐繁荣起来，大批华工涌入马来半岛各邦的锡矿区。20世纪初期，英殖民者在当地大举开发橡胶种植园和发展加工贸易，大批华工作为苦力被有计划地引入马来半岛地区。

相比葡、荷殖民时期，英殖民时期马来半岛上的华人数量呈井喷式增长态势，且华人在总人口中所占比重越来越大。马来半岛上的华人社群基本形成，并开始对当地的社会、经济以及政治的发展发挥影响。相比早期移入马来半岛的华人，18世纪前后至20世纪中期到马来半岛的华人大多数是来自中国南方各省的农民、渔民以及小贩等社会底层人员。他们以劳工的身份被引入马来半岛地区，在曾经荒凉的异国他乡，靠着勤劳的品格和坚忍的意志打造了华人在马来西亚的财富王国，也成就了华人社群在马来西亚令人刮目的社会地位。今天，勤奋已然成为马来西亚华人的群体气质，作为马来西亚国内的第二大族群，他们在国家现代化进程中发挥着重要的作用。

(三) 印度人

早在1世纪左右,便有印度的商人和僧侣来往于南印度与马来半岛之间,但这个时期穿梭于两地的印度人并不多。1840年前后,印度人才开始大批涌入马来半岛地区。欧洲殖民者在马来半岛上开发橡胶种植园,是印度人大批涌入马来半岛的直接原因。1900—1910年,就有近4.8万印度人被引入到该地区,而在之后的20年当中,印度人的人口数量呈上升趋势。这一时期涌入马来半岛的印度人也多为社会底层的劳动人们,他们大多数是来自南印度的泰米尔人,其他的还有锡兰人和信仰锡克教的锡克族人等。目前,印度人是马来西亚的第三大族群。印度人普遍具有吃苦耐劳和克勤克俭的品格,是马来西亚国家建设当中不可或缺的一分子。

二、民族政策与民族关系

(一) 民族问题的形成

19世纪末20世纪初,随着锡矿的大量开采以及橡胶种植和大种植园的兴起,马来半岛上的农民渐渐不能满足经济发展对劳动力井喷式的需求,英国殖民者因此有计划地从中国和印度引入劳动力,大批华人和印度人涌入马来半岛,短短几十年改变了马来半岛原本比较单一的民族构成。1911年,华人和印度人在总人口中所占的比重就已分别达到33%和11%,且在随后的30年呈逐渐攀升的状态,而马来人的比重却不断下跌,马来半岛以马来人、华人和印度人为主体的人口构成初步形成。马来人、华人和印度人在语言、宗教及文化上存在一定的差异,采取何种措施来对殖民地的人口进行管理,成为英殖民当局亟待解决的问题。20世纪中叶,以反殖民主义为主要目的之一的民族主义在世界范围内风起云涌,马来半岛的华人和印度人也受到母国的影响，民族主义开始萌生，华人社区和印度人社区在民族主义的凝聚之下各自融合成一个整体以争取各自的利益。而英国殖民者在马来半岛推行的英文教育培养了一批马来人精英分子，对西方制度以及世界形势的了解让民族主义在他们的心中埋下了种子。为了保障在马来半岛的政治和经济利益不受威胁，防止三大族群联合起来反抗殖民统治，英国殖民者在马来半岛采取了"分而治之"的政策来处理马、华、印之间的关系，尽量减少各族群社区在政治、经济及文化方面的交流，在族群之间竖起了藩篱。在对马来人的管理方面，英国殖民者采取扶持和禁锢两项原则。一方面对马来贵族进行西方式教育，之后将其纳入殖民政府做文员；另一方面，英殖民者通过"保留地"政策，要求马来农民只能种植稻米，将他们牢牢捆绑于土地之上。而对于华人则通过甲必丹制度，推行华人社区自治，并将华人的工作限于橡胶园及锡矿业。印度移民则主要集中在大橡胶园。英国殖民者"分而治之"的政策及其对马、华、印三大族群在职业领域的特殊限制，导致了马来半岛在独立之初产业分布与族群界限几近重叠的畸形社会现象，为马来亚乃至后来马来西亚拼盘式族群构成的最后成型以及民族矛盾频生的现象埋下了伏笔。

为了防止在马来半岛上出现一个在经济和政治领域都很强大的族群，英国殖民者一方面在经济上将马来人禁锢在农业生产领域，鼓励华人及印度人转向橡胶和锡矿等产业，一方面在政治上也实施双元统治。英殖民者于1877年成立华人护卫司，代替马来人对华人社区的管理，割断了马来人与华人的联系，同时封堵了华人影响马来半岛政治的渠道。此外，英殖民者还实施华人自治，在政治上对华人采取放任自流的态度。与之相反的是，英殖民者在政治领域采取"马来人优先"的原则，有意吸收马来半岛最有势力的地方首领进入参事会，为马来人贵族子弟开设专门的英文学校，并将毕业的学员安排在殖民政府中工作。英殖民者在马来乡村开办学院，以培养政府低级职员。英殖民政府下的军队和警察也都由马来人构成，殖民政府以"华人和印度人都是来去匆匆的旅居者"为由，未曾在法律上对他们的身份做出任何认定，同时还有意将华人和印度人排除在行政部门之外。这使得政治参与成为马来人的专利。英国殖民者最终在马来半岛上造就了经济上强大而政治上受压迫的华人以及政治上强大但经济上窘弱的马来人，使得马华两族频生芥蒂。

马来人在政治上的优先权也让马来主体民族主义迅速膨胀，最后致使马来人的政治特权延伸至语言和宗教文化等领域，且部分马来民族主义者将华人和印度移民称为"外来者"而拒绝承认其公民身份，这也成为1957年马来亚独立宪法制定过程中马来人与非马来人讨价还价的重要一环。最终，非马来人以对马来人特权的承认换取了马来亚的公民身份。"马来人优先"的意识及这种"排他"心理在马来半岛上滋长并迅速蔓延开来。马来人的主体意识和对非马来人的客体设定无疑强化了马来半岛各个族群的族属认同，民族矛盾就此形成。

马来人优先这一政策在独立后得以延续，更有极端的马来民族主义者将此作为族群补偿的土壤，不断要求政府制定政策以保证马来人在国家资源分配上的优先获取权，并主张压制非马来人对财产的占有，加深了族群隔阂。此外，马来人优先这一政策所催生的马来人主体意识使得越来越多的马来人将非马来人视为"外来者"，造成了马来西亚今天略带有"等级性"的族群主义秩序，这也在一定程度上导致了一些民粹主义者在马来亚独立之后对非马来人企图实施同化政策而将其内化，以整合社会。事实表明，同化这种生硬的融合方式在非马来人族群当中遭遇强烈反弹，这使得各个族群为守护自我特征而加固了族群防线，致使马来西亚的族群关系进入一个恶性循环的怪圈。

现代化进程所带来的利益分配和获取问题则使得业已紧张的民族关系更加剑拔弩张，最终引发了"5·13事件"。1969年选举结果看似是导致"5·13事件"的直接原因，但其深层原因实际上是现代化初期经济发展在族群之间的不平衡。民族之间的不和谐情绪容易在社会中形成一种"零和游戏"的心态，这让大部分马来人相信华人对财富的占有和剥夺是造成他们经济窘迫的直接原因。而华人也因在经济上的优势地位而试图将其诉求延伸至政治领域。现代化进程带来经济发展的不平衡，致使马来人与非马来人对现代化的期望双双落空，且将原因归咎于对方，从而引发激烈的民族矛盾。民族关系成为马来西亚现代化建设中最敏感、最复杂的问题之一。

（二）民族政策

独立之初，以东姑·拉赫曼为代表的中央政府主张采取温和、放任的态度处理国内的民族关系。但实践证明了这样的民族政策和处理方式在马来西亚这个特殊的现实背景中缺乏有效性。1969年"5·13事件"的发生直接导致了以调整社会族群关系为核心目标之一的新经济政策的出台。新经济政策是在"5·13事件"之后由掌权的敦·拉扎克政府以比"过去的马来人优先政策更为鲜明的立场"提出来的，其主要的目的有二：一是提高所有马来西亚人的收入水平，增加就业机会以减少乃至消除贫困；二是加速马来西亚社会的重组，纠正经济在族群之间发展的不平衡，减少并最终消除族群差别。新经济政策既是主导国家经济发展的指向和原则，也是政府在这一时期民族政策的核心体现，即：寻求经济发展的平衡状态，最终实现社会族群关系的平衡与和谐。经过20年的发展，在1990年新经济政策结束之时，马来西亚各族尤其是马来人的贫困率大幅度下降，马来人在经济领域的掌控比重也有一定程度的上升，国内民族关系得以缓和。1990年新经济政策结束，国家发展政策取而代之。国家发展政策扶助及体现马来人特权的实质并没有多大的变化，但其标榜和推崇的"公正"原则已经明确向非马来人释出善意，广受马来西亚各界的欢迎。2010年，马来西亚第六任总理纳吉提出了"一个马来西亚"的施政理念，多次表明自己不是某一个民族的总理，而是全马来西亚人的总理，并强调平等、自由将是其政府开展工作的重要原则。纳吉"一个马来西亚"的理念向非马来人大抛橄榄枝，承诺政府将公平对待各个族群，成为马来西亚新一届政府民族政策的核心精神。

（三）民族关系的前景

特殊的历史和社会背景所造就的族群关系一直是马来西亚社会中最为敏感的问题之一，但马来西亚历届政府能够以国家稳定为大局，以现实情况为依据，及时制定、调整民族政策，最终从整体上维持了马来西亚社会的安定和团结，为国家现代化建设创造了一个和谐的环境。但民族矛盾时有起伏，族群之间的隔阂依然存在，马来西亚政府并未从根本上解决引发族群矛盾的原因。马来人特权是影响马来西亚族群关系的制度性因素。马来人特权在宪法中得到进一步的描述和肯定，其合法性的获取实际上暗含了对公民权别样的预设。宪法中对非马来人承诺的公民权实质是一种身份给予，并未包含所有的权利。对马来人特权的设定则超越了以自由、公平为核心的公民意义，以族群为依据进行资格的划分和圈定。族群与国家利益的分割联系在一起，对国家权力的控制也自然而然成为族群主义奋斗的目标，族群主义遂成为政治精英进行政治动员的利器，族群关系被不断地政治化并为政治所绑架，民族矛盾随着政治关系的变化此起彼伏。

再者，特权意识的存在则是阻碍政府公平理念切实付诸实践的又一道屏障。纳吉"一个马来西亚"的理念向非马来人大抛橄榄枝，赢得了非马来人的拥戴，但却引起了马来民众的恐慌。惯受特权保护的马来人一向将政府视为马来人利益的庇护者，纳吉政府特意向非马来人示好的姿态让他们深感遭受"背叛"的苦楚。且有不少马来民族主义极端分子援引宪法中对马来人特权的描述和规定指责政府以牺牲马来人的利益为代价换取非马来人的支持。马来人反对党也不失时机利用马来人对政府的失望情绪进行宣传，导致马来人选票的大批分流。选票的走向有可能壮大反对党的势力，也可能重创执政党，同时也有可能让非马来人政党渔翁得利。未来的重重迷雾，让马来人对非马来人的戒备心理更加严重。

马来西亚独立调查中心近期对国内族群关系展开的调查显示，马来西亚人对族群关系印象的正面看法较五年前有明显的下降。2006年，有78%的民众认为国内族群关系"良好"，而到2011年5月，仅有66%的受访者对此持肯定看法。此外，三大族群之间的信任度明显下滑。60%的马来受访者"有些不信任"甚至"极度不信任"华人，42%的华人表示不信任马来人。整个社会对印度人的信任度也由2006年的37%降至2011年的31%。仅有37%的受访者对马来西亚未来十年内的族群关系抱有乐观态度。

从整体上看，马来西亚国内的族群关系趋于稳定。随着多元民族政党的出现，社会利益团体的划分逐渐打破民族的界限和标准，社会成员开始以阶层为指向自动重组来表达自我的诉求。马来西亚社会及政治现代化逐步深入，中产阶级对政府的辖制和监督作用越来越明显，政府的公平和公正能够落到实处，这对于真正处理和解决马来西亚国内的民族矛盾具有深远的意义。

第二节　民俗与传统节会

一、民俗

马来西亚是个多元族群共存的国家，各民族在文化和风俗习惯上的差异较大。虽然在长期的交流过程中，各种文化呈现出相互融合的态势，但人们在各自的生活习性和传统风俗中依然保留着浓厚的民族特色。

（一）饮食

各种美味佳肴聚集一堂是马来西亚社会的多元性在饮食文化中的体现。马来人、华人及印度人在饮食习惯上各有特色。

马来人都是穆斯林，他们的饮食文化深受伊斯兰教的影响，如他们不吃猪肉和水生贝类动物，禁止饮酒等。传统的马来人就餐时一般是席地而坐，男人盘腿坐于席上，年轻的女子则屈腿向右，斜身、挺背坐于席上，年纪较大的妇女也可像男人一样盘腿而坐。他们习惯以右手抓饭进食，因此他们餐前餐后都必须洗手。在进餐时，桌上放置两杯水，一杯用来清洁右手，一杯可供饮用。

米饭和各种糕点是马来人的主食，也是他们早餐、中餐和晚餐的常用餐点。马来人常吃的菜肴有咖喱鱼、鸡肉、牛肉、沙爹、椰浆饭、忍当肉、卷心菜、菠菜、黄瓜以及辣椒等，其中最负盛名的当属沙爹和椰浆饭。沙爹是一种甜中带辣的马来佳肴，即独具马来西亚风味的烤肉串。将卤制的牛肉或者鸡肉串成串，放在炭火上烧烤，再撒上一种特制的花生酱做成沙爹，辅以黄瓜、洋葱等，就着一种名为"哥都粑"的饭团一起食用，是马来人家庭以及宴会中常见的一种吃法。相比沙爹，椰浆饭不仅集中体现了马来风情，也颇受外国游客的青睐。椰浆饭的制作过程并不复杂，将用椰浆蒸煮而成的米饭放入芭蕉叶中，佐以咖喱鸡、牛肉、鱿鱼、黄瓜等，再加入特制的三巴酱，美味的椰浆饭便大功告成。忍当肉则是一道大菜，是马来人在宴会时或者迎接贵客时方才制作的一道菜品，是一种用各种香料熬煮而成的辣味牛肉。忍当肉也可以用鸡、鸭肉烹制。因马来西亚常年天气炎热，各类汤品也是马来人酷爱的菜肴，如爪哇汤面、牛尾汤等。此外，凉拌杂菜也是马来人饭桌上常见的佳肴，多数由新鲜的蔬菜、水果做成。

各种调味配料在马来人的传统饮食文化中扮演着非常重要的角色，如椰浆、咖喱、辣椒、柠檬草、酸橙叶及各种香料是马来人日常生活中常用的佐料。一种名为"三巴"的辣椒酱非常有名，是马来人用辣椒、虾酱再配以适当的调味料调制而成。沙爹、椰浆饭、忍当肉、爪哇面等美食也都需要各种佐料才能完成。

马来人的饮料也独具魅力，除了常用的热茶、咖啡以及白开水之外，还有各种鲜榨的果汁饮品，如柠檬汁、椰汁、橙汁等，既健康又美味。

马来西亚大部分华人的饮食习惯与中国汉族相似，他们习惯用筷子和勺子进食，且以米饭和面食为主，当地比较有名的华人美食有海南鸡饭、瓦煲饭、云吞面、牛肉面、炒米粉、炒果条等。此外，华人的肉骨茶是享誉全马的一道美食。肉骨茶并非茶，而是一道以猪肉和猪骨为主料，再配以各种中药煲制而成的汤底。马来西亚的肉骨茶又以巴生的肉骨茶最为有名。需要特别指出的是，马来西亚华人中有一个特殊的群体——峇峇娘惹，其饮食文化不同于一般华人社群，体现了马来文化和华人文化的完美融合。峇峇娘惹菜以酸辣为主，比较常见的有咸菜鸭汤、炒鱿鱼、猪肚汤、五香扣肉、甲必丹鸡等。此外，峇峇娘惹的各类糕点也非常有名，如木薯糕、发糕、萝卜糕等。峇峇娘惹菜烹煮的方式很精致，菜中采用很多马来人常用的食材，如各种香料，但其烹饪的方式都还保留着浓厚的中国传统风味。

印度人的食物以辣为主，拉茶和各类煎饼是他们日常生活中最普通的食物，如印度面包、印度煎饼等。拉茶是以牛奶调制的一种风味茶，深受马来西亚各族人民的喜爱，制作过程对技艺的要求很高。印度煎饼则在铁板上煎制而成，很有层次感，搭配咖喱及鸡肉或羊肉，相当美味。此外，比较有名的印度美食还有咖喱沙拉、印度炒面等。

（二）住宅

马来人的传统住宅是一种被称为"浮脚楼"的单层木制建筑。这种房屋由数根木桩架空，离地面数尺。屋顶一般为两坡面，坡度很大，看上去陡而长，用树叶或木板铺盖，墙和地板均用木料或竹板建成。马来人的这种传统房屋构造与当地气候环境密切相关。马来半岛地处热带，常年湿热多雨。地板离地数尺，可有效防止地面湿气以及毒蛇、老鼠等动物的侵害。高架的结构也可增加通风，降低室内温度，长而陡峭的屋檐设计，可遮住窗前强烈的光线，避免其直射屋内，同时也能防止积水，让雨水能迅速从屋顶流下。屋顶两边的山墙一般是可以打开的，这也能够让屋内长期保持空气对流。门口设有一个固定的梯子，来访的客人必须先脱鞋子，再拾级而上。人一般住在屋子上层，底层主要用来圈养家禽。传统马来习俗认为，屋子是不能朝南的，据说这样会给家里的人带来不幸。随着现代经济和建筑科技的发展，部分马来人房屋建造的选材有些变化，如改以石头作为支撑，用瓦片遮盖屋顶，但传统居所的结构，包括高架、长而陡的屋顶等，并无本质的变化。长屋是马来西亚土著少数民族集体居住的传统建筑，也是一种用木桩架空、离地数尺的高架长形建筑。长屋的中间是一条长长的通道，两边是以家庭为单位的住户。

华人的房屋建筑与中国汉族基本相似，而峇峇娘惹的建筑却别具一格。一些峇峇娘惹的房屋设计非常豪华大气，房屋的整体设计基本沿袭中国传统的庭院结构，其中往往设有大厅、中厅、内厅、天井、后院及侧院等，大门上贴有对联，一些门上、窗户上刻有精美的雕刻，屋内陈设雅致的实木家具，古色古香。

在城市中，华人和印度人大多数居住在由钢筋水泥建造的现代建筑中。经济条件较好的马来人也多选择现代楼房，或者按照自己喜欢的结构结合现代建筑风格修造院落。

（三）穿着

马来西亚地处热带，四季如夏，人们的日常穿着均以棉麻类轻质衣料为主，而各族人们的传统服饰又各具特色。

马来人的传统服饰非常具有民族和宗教特色。在日常生活中，马来男子的传统着装为：上身着无领、长且宽松的长袖衫，俗称"巴汝"（baju），下身着长至脚踝的"纱笼"（sarung）。也有人改穿长裤，再在腰间围一条短纱笼。着传统服饰的马来男子一般会戴一顶名为"宋谷"（songkok）的无檐帽，帽子呈筒状，高约10厘米，由纯黑、纯白或纯蓝的布做成。马来女子的日常传统服饰也是长袖衫加纱笼，再配以纱巾裹着头发，纱巾垂至肩膀或胸前。但在一些正式场合或是重要节日庆祝之时，马来男子会着一种名为"巴迪"（batik）的传统礼服。实际上巴迪是一种蜡染的布料，编织手法细腻，其上的图案设计精美，讲究对称，马来传统的礼服多由这种蜡染的布料缝制而成。有的巴迪服是由丝绸缝制而成，质地虽不同，但大多具有宽大、凉爽的特点。巴迪还被称为马来西亚的国服。由于受到西方文化的影响，目前在马来西亚，很多马来年轻人在日常生活中也常会身穿T恤、牛仔裤或者西装革履，但在某些正式场合，如重大集会、节日庆祝之时，人们会纷纷换上传统服饰。

马来西亚华人的传统服饰与中国汉族相似，女性的传统服饰是旗袍，男性则为中山装或唐装。峇峇娘惹的传统服饰则融合了华人服饰文化与马来服饰文化的特点，峇峇的服饰是中山装或者西装，娘惹则为颇具马来特色的"哥巴雅"（kebaya）和长衫。娘惹的服饰多采用轻纱等透气的材质，结合马来传统服饰的设计风格，加以中国传统的花边，并点缀各种精美的刺绣制作而成。珠鞋是娘惹服饰的又一精华呈现。娘惹专司家中琐事，闲来无事时，她们喜欢用小珠子作为配饰勾绣珠鞋。制作精细的珠鞋是娘惹的嫁妆之一，也是娘惹贤惠勤劳的象征。随着峇峇娘惹人数的减少，峇峇娘惹文化日渐式微。在西方文化的影响下，除了逢年过节或者一些传统的正式场合，包括峇峇娘惹在内的华人衣着都日益趋向西方化。

印度人的服饰基本上还保留着民族特色。"沙丽"（sari）是马来西亚印度妇女最普通、最传统的装束。沙丽一般来说是一块1米多宽、5~6米长的布料。穿衣服时，女子将布料自腰部缠起，绕过前胸，布料的一端规则地搭在肩上，并在其上别一枚别针将其固定。为了彰显富贵华丽，印度族妇女还喜欢在布料上加上一些图案和花边。印度男士的传统服饰则是一种名为"托蒂"（dhoti）的素色长袍。托蒂多是一块长3~4米的棉质或麻质白色布料，缠在腰间，垂至膝盖甚至脚面。男子的上衣是一种名为"古尔达"（kurta）的宽松服饰。印度男子在正式场合还会缠"头巾"（serban）。头巾的颜色不同，缠法也会不同。但同样的，在西方文化的影响下，年轻一代印度人的穿着已经开始慢慢改变了。

（四）嫁娶

马来人的嫁娶主要受伊斯兰教和各地传统风俗的影响。马来男子在经济条件允许的前提下，最多可娶4位妻子。具体的婚俗仪式在各州之间存在差异，但大都遵循父母之命、媒妁之言的传统。马来青年男子到了婚配的年龄，父母便开始为其物色对象。相中之后，男方家庭会集体商定求亲的日期和相关事宜。男方家长在商定好的日期去女方家提亲，而女方家长一般会在一周之后给出答复。如若同意，男女双方家长便会约定时间以商量聘礼的多少、结婚费用的支付和婚礼的日期。在真正的婚礼举行之前，常常还会搞一个比较正规的订婚仪式。男方会在订婚时赠送女方部分礼物，如布料、鞋子等。如果在成亲之前男方毁约，女方可依旧保留男方在订婚时赠予的礼物。如果女方毁约，则需按照所收礼品的两倍偿还于男方。在正式结婚之时，男方会将聘金、婚礼费用、糕点、水果等礼物一并带往女方家，婚礼的仪式也常常在新娘家举行。

隆重的结婚仪式一般在晚上举行。婚礼当天，女方要准备婚礼用的并坐台。并坐台置于大厅的中央，高于地面，且如双人床般大小，前后左右以金黄色的绸料装点。婚礼开始的第一天，新郎在亲朋好友的陪伴下到达新娘家。婚礼开始之前，新郎往往要接受一番考验，如表演马来传统武术"班扎希拉"（Pencak Silat），之后方能由伴郎扶上并坐台。新娘则由其母亲带领着走出新房并由伴娘扶上并坐台，之后新人并坐在婚座上接受宗教长老和亲朋好友的祝福，咀嚼槟榔，互表誓言。第二、三天是沐浴仪式。仪式开始时，男女宾客轮流先后将姜黄米和米花撒到新人的肩头，然后再将山姜水喷洒在新人的手背上，最后将指甲油涂在新人的掌心中。新人双手合十，向众人致谢，之后便沐浴更衣，仪式结束。婚礼的第四天举行合婚仪式，也称并坐礼，是传统马来婚礼的最后阶段。新人盛装坐于并坐台上，接受亲朋好友的礼物和祝福。婚礼结束后，新郎会住在新娘家里，3天之后方可洞房花烛。7天之后，新人会到男方家探亲，此为回门，然后便回到新娘家开始新的生活。近年来，因由于西方文化的影响，传统的风俗习惯正在慢慢地改变，如男方常常会以钻戒代替聘礼，在宗教长老主持仪式时，除了向新人点洒圣水，也会模仿西方婚礼仪式，带领新人说一段誓词。再者，现在也有的新人在结婚后住在男方家，或者单独居住。

马来西亚华人的婚俗基本沿袭中国汉族的传统。过去，华人在结婚之前需配"八字"，但随着社会文化的发展，这些颇具封建迷信的做法已经慢慢被弃除。一些比较传统的婚礼仪式基本还保留着提亲、下聘、订婚、纳采、选择良辰吉日、成亲这一整套程序。此外，华人婚礼在一些细节上体现出马来文化的影响，如早期华人就曾以槟榔和栳叶作为聘礼。成亲的日子确定之后，双方家长会将其写在大红的纸上并张贴出来广而告之。滚床是华人传统婚俗中的一环，即由一个父母健在且健康的男孩在新人的床上打滚，以示祝福。此外，婚礼前的梳头仪式也非常重要。婚礼前夕，新郎新娘都要在自己家中换上洁白的衣服，于子夜时进行梳头礼。正式的婚礼一般持续一整天，新娘会穿上漂亮的新娘服，头戴凤冠恭候新郎的到来。新人见面之后，两人会一直住在新娘家，直到第12天，两人方能回新郎家。华人的传统婚俗礼仪较多，繁琐而复杂。随着华人日益受到西方文化的影响，传统的婚俗已慢慢被人遗忘，取而代之的是越来越西化的婚礼仪式。新人在结婚时，身着婚纱、西装已经越来越普遍了。

印度人的婚礼基本还保留着其传统的礼节。印度人的家庭观念很重，婚礼这一过程也备受重视。在举办正式的婚礼之前，印度教牧师要先进行占卜以选择良辰吉日。在牧师的主持下，婚礼常常在半夜或者启明之时在新娘家中或者寺庙中进行。在一个临时搭建的四角空间里，印度教徒们点燃篝火，向神灵祈祷新人婚姻美满，生活幸福。

（五）丧葬

根据伊斯兰教教义，人死后必须在第二天太阳西下之前举行土葬，所以马来人的葬礼过程并不繁琐。马来人死后，其家属会在第一时间通知当地的伊斯兰教堂及其管理人员，由教堂出面将死讯对外通告，确定葬礼时间，并指派相关人员挖墓穴。丧礼举行时，死者会被放置在屋子中间一张铺有白布的台上，此时会有宗教长老为死者诵读《古兰经》第一章"法蒂哈"。众人对死者表示哀悼、对死者家属表达同情之时，要肃穆地掀开白布，瞻仰死者遗容，但不能嚎啕大哭。在下葬之前，死者的同性家属会替死者净身，之后用白布包裹，移入棺木之中。马来人的棺木一般用比较轻便的木板做成，盖棺之后还要在其上铺一些布，最上面的一层绣上《古兰经》的经文，最后由死者亲属将棺材抬往坟场。到达坟场之后，教堂的管理人员会举行开棺仪式，抽离包裹死者的布条，然后将死者朝着麦加的方向放入墓穴之中。入土之后，宗教长老会跪在坟墓之前，带领众人为死者诵经，然后按照从头到脚的顺序在死者坟墓上洒下檀香水和花瓣。家属会在死者死后的第3、7、14、40以及100天操办祭宴。

华人的丧礼文化基本与中国汉族的传统类似。孝道是备受华人推崇的传统美德之一，而子孙后代为去世的长辈所操办的丧礼则被视为表达孝心的重要方式。华人传统的丧葬为土葬，丧礼程序复杂，过程繁琐，包含有小殓、报丧、奔丧、停灵、守灵、大殓、守孝、扫墓等环节。随着社会的发展，越来越多的华人开始改变丧葬方式，简化丧葬仪式。

印度人的丧礼颇具宗教色彩。印度人死后被抬至特定的墓地，到达墓地之后，抬尸者要发一些钱给墓地的管理者作为挖墓的费用。而在死者靠近墓穴之前，要模仿孕妇腹中的婴儿被反复抬动多次，以示死者在死后会得到大地神灵的眷顾。之后，死者的尸体便会摆放在墓穴旁边，两脚之间会被撒下一些硬币。当丧礼主持人将硬币拾起，便表示死者下葬的时辰已到。为表示对死者家属的同情，所有哀悼人员在参加完丧礼之后一般都会陪同死者家属一同回家，然后再各自回家。

（六）礼仪

马来西亚为礼仪之邦，各族人们在现实生活中都形成了独具特色的礼节礼仪。马来人性格温和，常以微笑示人，谦虚待人。在社交场合，马来人习惯遵循"女士优先"的原则，如在相互介绍的过程中，一般先介绍女士，然后再介绍男士。马来人见面打招呼的礼节颇为独特，常以右手相握，然后轻放于胸口表示尊敬。谈话的时候，马来人习惯彼此保持1米左右的距离。尊敬老人是马来人的传统美德。在家庭当中，子女的言行要绝对顺从父母，衣着得体，行为端正。在公众场合，只要有长辈在场，年轻人不可妄为，在与长者打招呼时，轻屈身体，双手紧握长辈的右手，然后放置胸前以表敬意。马来人热情好客，常常邀请客人到家中用餐。前往马来人家庭做客时，可按时或稍晚一点到达，带一些糕点、糖果等作为礼物。就座时，双腿合并，不能跷二郎腿。吃饭时尽量将盘中的食物吃完，如果吃得很少，主人会认为食物不可口或者招待不周到而感到不安。华人和印度人在礼节礼仪上都沿袭了各自母国的传统。由于受到西方文化的影响，人们在社交场合的一些礼节逐渐简化和趋向统一，如各族人们普遍采用口头问候的方式来打招呼。

（七）禁忌

因为宗教信仰的不同，马来西亚各民族在日常生活中也有不少禁忌。马来人和印度人都认为人的左手是不干净的，而头和背则是神圣不可侵犯之地，因此不能用左手向马来人和印度人传递东西，更不可用左手去触碰他们的头和背。黄色是皇室专用的颜色，因此在参观皇宫或参加重大传统马来仪式时，不宜穿黄色服饰。在送礼品方面也很有讲究。首先在礼品的选择上要因人而异，不可送马来人酒、画有动物头像的画和刀叉等，这些都违反伊斯兰教教规，也不能将烟酒送予印度人。对于华人，则忌讳送钟、刀、剪和筷子等，这些代表着不吉利。马来人的清真寺严禁随意闯入。如果想参观，必须要有人带领，且要主动脱鞋，女士还须穿上寺里提供的长袍。此外，马来人对数字也有禁忌，他们不喜欢双数，重要的事物常常刻意以单数出现。再者，马来人比较忌讳猪和狗这两种动物，但大多喜欢猫。最后，需要提到的是马来西亚的政治以及马来人特权问题是闲谈中的禁忌，尤其在与马来人聊天时，切勿提及相关问题。

（八）姓名、头衔和称号

马来人的姓名比较独特。马来人的名常常是其教名，往往具有独特的宗教意义。而姓则是其父亲的名，姓名组合的顺序是名在前，姓在后，如果是男子，则会在名和姓中间加上一个词"宾"（bin），意思是"……之子"；如果是女子，则加上"宾蒂"（binti），意思是"……之女"。现在很多马来人不再沿袭这样的规则，在日常使用的姓名中省略"宾"或者"宾蒂"。女子婚前随父姓，而婚后则改随夫姓。华人的姓名则沿袭了中国的传统。

马来人有很多头衔和称号，用在名字之前，一部分表示了个人的出身背景，一部分表示个人的社会地位和成就。如"满加特"（Megat）表示其母亲出身贵族，而父亲为平民；"万"（Wan）则表示其有贵族血统；"东姑"（Tengku）的称号只有出生王族的人方可使用；"图安古"（Yang Dipertuanku）的称号只有苏丹方可用之。这一部分与个人出身背景相关的称号往往只有马来人使用。此外，马来西亚还有很多称号,如"达图"(Datuk)、"达丁"(Datin)、"丹斯里"(Tan Sri)、"斯里"(Sri)、"敦"(Tun)等,是国家元首向为国家作出突出贡献的人授予的称号,无论其是马来人还是非马来人。但国家对于"敦"头衔的授予控制比较严格,目前,只有已故的国家领导人和退位的总理获此头衔。此外,去麦加朝觐过的穆斯林也会在自己的名字中加入相关的称号,如男子一般会加上"哈吉"(Haji),女子则会加上"哈贾"(Hajah)。

在日常生活中一些比较随意的场合,对马来人称呼其名即可。但在正式场合中,我们在称呼马来人时则需将其头衔和姓名加上,对于比较重要的公众人物,也可将其职位称呼一并使用。如马来西亚前总理马哈蒂尔的全名为敦·马哈蒂尔·宾·穆罕默德医生(Tun Dr. Mahatihir bin Mohammad),在比较随意的场合,与他比较亲近的人可直呼其名"马哈蒂尔",也可称其为"马哈蒂尔医生",但在正式的场合用其全名更为礼貌,也有人也会加上"前总理"(Bekas Perdana Menteri)的称呼以表敬意。马来人普遍比较重视个人的头衔和称号,因此在称呼对方时,一定要谨慎。

二、传统节会

马来西亚的传统节会大多数与各民族的宗教和文化相关,是其多元文化最直接、最清楚的表达。主要的传统节会有:开斋节、圣纪节、哈吉节、春节、卫塞节、屠妖节、大宝森节、丰收节等。

(一)开斋节(Hari Raya Puasa)

开斋节是马来人的新年,也是马来西亚这个以伊斯兰教为官方宗教的国家一年中最重要的节日。每年回历九月,全国的穆斯林要把斋一个月。在斋月期间,除病人、孕妇、婴儿等特殊人群之外,所有的穆斯林不能在白天进食,夫妻不能行房事。他们通过禁欲的方式，对自己在过去一年当中的所作所为进行自我反省，对安拉忏悔。此外，穆斯林相关组织还会在斋月期间开展捐赠活动，以帮助生活有困难的穆斯林兄弟姐妹。斋月过后的第一天是他们庆祝、狂欢的时刻，即为开斋节。在节日前夕，远离家乡的穆斯林会相继回家，与亲人团聚，共庆佳节。开斋节的清晨，大家会集聚清真寺，进行隆重的祷告仪式。仪式过后，大家互道祝贺，同时也会彼此说感谢和对不起，感谢彼此的陪伴和扶持，也对以往的遗憾表示歉意。在开斋节这一天，家家户户都会准备美味佳肴和各种糕点以招待来访的客人。

（二）圣纪节（Hari Maulud Nabi）

圣纪节是伊斯兰教的三大节日之一。相传穆罕默德的生日和忌日都在伊斯兰教历的三月十二日这一天，因此圣纪节也称"圣忌节"。圣纪节是马来西亚穆斯林的重大节日，每年节日当天，数十万穆斯林穿戴整齐，在国家元首的率领下，前往吉隆坡国家清真寺举行隆重的祈祷仪式。期间阿訇会在仪式上讲经，主要讲述穆罕默德的生平及创建伊斯兰教的伟大功绩和在传教的过程中经受的种种磨难，目的在于让穆斯林永远记住穆罕默德的功德，同时学习穆圣谦逊、廉简的品德和坚韧不拔的精神。之后，人们会举行盛大的游行庆祝活动。一般来说，穆斯林在圣纪节时不会把斋，而会在各自的家中准备许多好吃的食品庆祝，大家围坐一堂，讲述和缅怀穆罕默德的丰功伟绩。

（三）哈吉节（Hari Haji）

哈吉节又名"古尔邦节"、"宰牲节"，是穆斯林的盛大节日之一。哈吉节的起源与先知易卜拉欣有关。传言易卜拉欣年迈无子，便向真主祈祷，终求得一子司马仪。在司马仪长大成人之时，真主安拉托梦给易卜拉欣要以其子为祭，考验他对安拉的忠诚。于是易卜拉欣就决定杀死司马仪以示忠诚。但正当易卜拉欣举刀的时候，真主安拉遣使者吉卜利勒送来一只羊代替司马仪献祭，宰牲节由此而来，也即成为广大穆斯林向真主表达虔诚的重要节日。每年伊斯兰教历的十二月十日，即穆斯林朝觐的最后一天，马来西亚的穆斯林们会在家中准备各式糕点庆祝哈吉节，并纷纷到清真寺祈祷，向真主感恩。经济条件允许的，还会特地宰杀一头羊，也可用牛来代替。宰杀时要面向麦加，虔心祷告。每年马来西亚政府还会组织一批穆斯林到麦加朝圣。凡是完成了去麦加朝觐的穆斯林，男性会在名字前加"哈吉"，而女性则加上"哈贾"的头衔，这也是为何宰牲节在马来西亚又被称为哈吉节的重要原因。

(四) 春节 (Hari Tahun Baru Cina)

春节是华人的新年，是马来西亚华人最为隆重的节日。马来西亚的华人也与其他地区的华人一样，大致保留了中国庆祝春节的传统习俗。欢庆春节的活动始于农历的腊月，有些华人从腊月初八的腊祭或腊月二十三或二十四的祭灶仪式开始过小年，腊月三十过大年，一直到正月十五元宵过后春节方才结束。庆祝腊八时，人们会用各种谷物熬制一种特制的"腊八粥"。而在小年夜，华人也会纷纷准备各种特色糕点和水果，如橘子、糯米饭、年糕等，供奉给灶神。其中，大年三十和正月初一是整个春节庆祝活动的高潮时段。大年三十晚上是华人家庭的团圆之夜。人们烹制各种美味的菜肴，如鱼、发菜等，不仅象征着蒸蒸日上的生活，也暗含了年年有余、新年发财等彩头。在除旧迎新之际，华人也会燃放鞭炮，举行祭奠祖先和神佛的仪式。大年初一，人们常常会把斋一天，示意要把"灾"吃掉。人们在新年初次见面之时，要说一些吉利话。晚辈给长辈拜年，长辈一般会派发红包。春节期间，华人社区会举行各种各样的庆祝活动，如舞狮、春节晚会、庙会等。华人亲友们会相互登门拜访,习俗与中国汉族春节大致相同。随着华人在马来西亚经济、政治等各领域地位的提升,春节这一天,即农历新年的第一天,已被政府规定为公共假期。

(五)卫塞节(Hari Wesak)

卫塞节是马来西亚佛教徒最重要的宗教节日,也是马来西亚的公共假日。佛历的六月十五日(农历四月十五日),即卫塞节这天,是佛陀出生、成道、觉悟及涅槃的纪念日。每年这天,马来西亚全国各地佛教徒都会举行相应的庆祝活动,各大寺庙张灯结彩,热闹非凡。佛教徒集聚其中,敬献香火,颂扬佛祖恩德,放飞和平鸽,祈求和平安详,国泰民安。此外,马来西亚佛教组织还会在节日之际举办各种佛学讲座,弘扬佛法。街道社区或者地方佛教团体常常组织迎佛花车大游行,也有些人以个人名义积极组织佛教徒行善积德,帮穷扶困。晚上,佛寺中的平安灯逐渐照亮夜空,白天的嘈杂缓缓远去,清净的佛乐悠悠入耳。善男信女们安静盘坐于佛堂之中,聆听僧侣诵经。晚上各家都会食斋,且会自觉向僧侣们布施。虔诚的佛教徒还会在路边搭起简易的棚子,提供茶饮,免费供给路人。可以说,卫塞节是马来西亚华人社会的一场集体精神洗礼,对佛陀的信仰和对佛教从善的笃信成为人们相互信任和扶持的信心源泉。同时,佛教徒在卫塞节这一天的大型庆祝活动,也使得佛教文化逐渐浸染了整个马来西亚社会,成为全马各族人们的一场精神盛宴。

(六)屠妖节(Deepavali)

屠妖节是马来西亚印度人的重要节日之一,在印度历七月的第一天(大约在公历10月末到11月初这段时期中的某一天)。传说古时候,印度有一位凶狠的魔王名叫那拉卡苏拉。因为他的凶暴,人们生活在水深火热当中。为救民于水火,天神克里希纳王最终将魔王杀掉。人们因此欢天喜地,便燃灯庆祝,屠妖节由此而来。因为人们每逢在庆祝屠妖节时都会点燃火把或者亮起灯火,屠妖节又常常被称为"灯节"。善良的神灵为拯救人们而杀死魔王,明亮的灯光照亮无边的黑夜,屠妖节对于马来西亚的印度人来说具有无比神圣的意义,也传承了印度人"黑暗挡不住光明"、"邪不压正"的传统理念。这一天,印度教徒们会起得特别早,在天亮之前以膏油、芝麻油进行清洗,以示身心洁净,然后到庙里祭拜祈福,最后便是走访亲朋好友。为了迎接屠妖节,印度人家庭都会准备各种各样的美食,以让宾客大快朵颐。在节日前夕,他们也会清扫房子,买回来各种各样的装饰品,其中以各种灯饰居多。虔诚的印度教徒会涌向寺庙,进行祷告仪式。印度教徒还会在这一天清算账目,了除过去的误会和纠结的事物。同时,非印度教徒也可登门祝贺。人们相信,灯节,是一切善良和美好相互交融的节日。目前,屠妖节是马来西亚全国性法定节假日之一。

(七)大宝森节(Thaipusam)

大宝森节是印度教徒忏悔和实现诺言的节日,是印度教徒向神灵卢穆干王表达敬意而举行的奉献礼,是印度教徒赎罪和感恩的节日,也是一个忏悔和实践诺言的节日。每年在泰米尔历的十月满月时(大概在公历的1月或者2月份)举行庆祝仪式。人们会用各种鲜花和水果供奉神灵,自觉地进行斋戒和净身沐浴。供奉着神灵卢穆干神像的黑风洞是马来西亚印度教徒的圣地,大宝森节的庆祝活动也在此地达到高潮。虔诚的印度教信徒们会以各种方式举行祭祀仪式,如用银针刺穿舌头、双颊,也有虔诚的教徒戴着枷锁,在背部嵌入无数个小铁钩,铁钩上还挂着鲜花和水果等,然后一步一步踏上272级台阶,登上吉隆坡北郊的黑风洞,以此来向神灵表达诚意,同时通过对肉体的自我折磨来向神灵忏悔。在西马的槟城州、霹雳州、雪兰莪州、森美兰州、柔佛州和吉隆坡,大宝森节还被政府规定为法定假日。

(八)丰收节(Hari Gawai)

砂拉越的达雅族和卡达山族等原住民族会在每年的5月底或者6月初庆祝丰收节。在节日期间,人们会穿上节日盛装,载歌载舞,相互庆贺。各种庆祝活动丰富多彩,如传统歌舞演出、斗鸡比赛,也有颇具现代风情的选美比赛。祭祀是丰收节不可或缺的一环。人们准备丰富的菜肴供奉神灵,感谢神的眷顾,也祈求神灵在来年继续庇佑这一方水土。卡达山人信仰稻神,在各种庆祝活动开始之前会举行严肃的祭祀仪式。祭拜的人群会带七份相同的祭品来到一个为丰收节而专门搭建的大棚当中,在巫师的主持之下行跪拜礼。在祭祀活动结束之后,人们方可回到各自的村庄举行庆祝活动。达雅族和卡达山族在庆祝丰收节时,常常会邀请宾客一同参与。他们会在长屋前为宾客举行隆重的欢迎仪式,拿出酿造的美酒供他们畅饮。欢迎仪式结束之后,宾客会被邀请到长屋内,屋长便向宾客致以热烈的欢迎词,向来者介绍家族和睦、幸福的生活境况。交谈之后,美味的晚宴正式开始,宾客可以尽情享用各种美食。目前,砂拉越的丰收节已经成为拉动该州旅游业发展的重要文化要素,大批国内外游客纷纷来到砂拉越亲身体验丰收节的魅力。

第四章 宗教信仰

第一节 宗教政策

根据现行的《马来西亚联邦宪法》，伊斯兰教是马来西亚的官方宗教，在不威胁伊斯兰教尊严和地位的前提下，马来西亚各族人民在联邦内享有宗教信仰自由；任何人不得强迫他人接受非自己信仰的宗教及其教义，或者参加非自己信仰宗教的仪式或礼拜；每一个合法的宗教团体具有创设并维持为信徒子女提供宗教教育的权利；联邦或各州属有权创设或维持伊斯兰教机构或提供、协助伊斯兰教教育并支付所需款项。

联邦宪法规定，成为"马来人"的一项重要标准便是"信仰伊斯兰教"。可以说，马来人生而为穆斯林，伊斯兰教是马来西亚的马来人社会身份的核心因素之一。作为国家人口的主体构成，马来人的全民信仰——伊斯兰教被规定为国家的官方宗教实属情理之中。联邦宪法对国家官方宗教的规定以及个人宗教信仰自由的描述，是马来西亚政府对历史事实的总结，也为马来西亚现阶段的宗教文化发展奠定了基调。对宗教团体的创设和发展以及与教育相关的各项规定，既为社会各宗教团体的存在提供了法律依据，也为其健康发展创造了良好的生存环境。

马来西亚历届政府基本上奉行宗教信仰自由的政策。在政府规定的五项国家原则当中，其一便是"信奉上苍"，明确了政府对伊斯兰教作为国家官方宗教的支持；而第三条"维护宪法"，也暗含了政府对其他民族及其宗教信仰自由的承诺。政府各项政策的制定和实施也严格以宪法的各项规定为依据。政府在保护本国主体民族宗教文化的同时，充分考虑了其他民族的历史与现实情况，给予了各族人民以宗教信仰自由，使得他们能自由宣传教义和举行各种宗教仪式。在重大的宗教节日庆祝时，还常有信仰伊斯兰教的内阁部长参加华人或者印度人的集会。政府在宗教事务上的开明态度，既为本国文化的和谐与稳定提供了政策保障和支持，也为马来西亚这个多元宗教文化共存的国家赢得了"宗教万花筒"的美誉，得到了世界各国的一致认可。

第二节　伊斯兰教

一、传入和发展

马来半岛地处马来群岛的中心地带，由于历史和地理的原因，马来半岛并非是伊斯兰教传播至该地区的第一站。伊斯兰教传入马来半岛地区经历了两个阶段：伊斯兰教传入马来群岛；伊斯兰教传入马来半岛。

（一）伊斯兰教传入马来群岛

有关伊斯兰教是如何到达包括马来半岛在内的海岛东南亚地区这一问题的答案尚无定论。总结起来，目前大概有以下几种观点。

1. 东南亚海岛地区的伊斯兰教源于阿拉伯地区

根据相关的中国史料记载，早在7世纪，就已经有阿拉伯人出现在爪哇地区。684年，一些阿拉伯人在苏门答腊岛的北海岸建立了穆斯林村。此外，还有记载显示，在哈里发·阿尔·马克蒙（Khalifah Al-Makmun bin Harun Ar-Rashid）统治时期，一位船长曾率领一个100人的传教士团体前往马来群岛传教。他们顺利觐见了当时八儿腊和亚齐的国王并成功说服其皈依伊斯兰教。之后，八儿腊的国王还将自己的一位公主许配给其中一位有阿拉伯血统的伊斯兰传教士,而其他传教士也与当地妇女成了婚。不久之后,公主生下一个儿子,取名赛·阿卜杜·阿齐兹(Syed Abdul Aziz),并最终成为八儿腊的苏丹。此外,也有西方文献记载,717年,一个由35艘船组成的伊斯兰海上船队在开往中国的途中曾驻足苏门答腊地区,并在休憩地传播伊斯兰教义。

2. 东南亚海岛地区的伊斯兰教源于印度

13世纪,来自阿拉伯半岛的穆斯林就已经控制了印度南部的部分地区,古吉拉特(Gujerat)成为穆斯林往来海岛东南亚的前哨港口。随着穆斯林商人的频繁往来,古吉拉特也非常有可能成为伊斯兰教由印度转向海岛各地的中转站。也有人认为位于印度西南方的孟加拉是海岛东南亚伊斯兰教的直接来源地。13世纪,孟加拉落于穆斯林之手,并迅速成为当时印度最重要的伊斯兰教教义研究和宣传中心。很多穆斯林来到此地学习伊斯兰教法,其中有一部分人游历到海岛东南亚地区以宣传教义。在传教的过程中,一些穆斯林与当地妇女通婚,其家庭所在地往往会成为该地区伊斯兰教的宣传中心。

3. 东南亚海岛地区的伊斯兰教源于中国

伊斯兰教到达中国大陆的时间远远早于其传播至东南亚的时间。在哈里发·乌斯曼(Khalifah Uthman bin Affan)统治时期,官方曾派遣一位名为沙阿德(Saad bin Abi Waqas)的人到中国传教。9世纪,中国南方尤其是云南地区就已经出现穆斯林。南方地区有些穆斯林漂洋过海来到东南亚,并最终定居此地,影响并带领着当地民众皈依伊斯兰教。中国人很有可能在伊斯兰教传播至海岛东南亚地区这一过程当中发挥了关键性的作用。有些历史学家认为,来自中国的伊斯兰教大约在10世纪末期至11世纪早期传播至海岛东南亚地区。

由于史料的缺乏，人们无从回答伊斯兰教到底是如何到达海岛东南亚地区这一问题，不能确切了解东南亚人皈依伊斯兰教的时间和地点。但有一点可以确定的是，伊斯兰教最终传入了马六甲，并随着15世纪马六甲王国的崛起影响了整个马来半岛地区。

（二）伊斯兰教传入马来半岛

伊斯兰教传入马来半岛的时间较晚，大约在其建立6个世纪之后才传至马来半岛地区并为人们所接受。普遍认为，苏门答腊北部的巴赛是马来半岛上伊斯兰教的直接来源地。13世纪，伊斯兰教登陆巴赛地区，遂以巴赛为据点向马来半岛、爪哇等地区辐射开来。13世纪前后，崇尚佛教的室利佛逝海上帝国的衰落和15世纪马六甲王国的崛起以及海上国际贸易的繁荣，为伊斯兰教在马来半岛地区的广泛传播创造了条件。

考古学家在登嘉楼河上游发现的一根石柱上面刻有以阿拉伯字体书写的最古老的马来文，内容与公布穆斯林国法的总督有关，并称其为罗阇·曼达利卡和悉利·帕杜卡·涂汗，年份为1326年或者1386年，但并未发现15世纪前伊斯兰教在马来半岛大面积传播的痕迹。15世纪初期，马六甲王国的建立为伊斯兰教在马来半岛的传播和发展奠定了基础。据说马六甲王国的创建者拜里米苏拉娶了巴赛的一位公主，在妻子和岳父的敦促下，拜里米苏拉最终在其72岁时皈依伊斯兰教。马欢随郑和于1413年出使马来半岛，对其所见的马六甲国王有类似这样的描述：国王（拜里米苏拉）细白番布缠头，身穿细花青布长衣，脚穿皮鞋，出入乘轿，国王在装束上已经受到了伊斯兰文化的影响。事实证明，马六甲国王皈依伊斯兰是非常明智的选择，为这个新生的王国在建国之初构建良好的政治、经济以及外交关系创造了条件。穆斯林对安拉的忠诚被延伸至社会政治领域,进一步巩固了国王统治的合法性。而马六甲与巴赛的共同信仰与姻缘关系使得在巴赛、阿鲁及马六甲之间形成的三足鼎立局面趋于瓦解,无形之中马六甲与巴赛形成了某种防御联盟,加固了自身的竞争力。马六甲王国对伊斯兰教的崇信也为其赢得了来自西亚和印度的穆斯林商人,切实的经济利益让底层民众也自觉地披起了头巾,戴起了宋谷帽,皈依伊斯兰教。

第三任国王苏丹穆罕默德·沙在位期间,在马六甲建立苏丹王国,使用苏丹称号。苏丹是阿拉伯语的音译,意思是"君王"或"有权威的人",是苏丹王国的统治者。从苏丹穆罕默德·沙开始,马六甲王国正式进入马六甲马来苏丹王国时代,其后的历任统治者皆采用苏丹称号。第五任国王穆扎法尔·沙统治时期,马六甲王国开始真正向外扩张,伊斯兰教随着对马来半岛其他地区的征服而迅速传播。穆扎法尔·沙在其去世前不久,编定了内含穆斯林法律的法典,在其统治区域内使用伊斯兰教法,创建了清真寺、宗教学堂以及苏菲派道堂。此后的三任国王苏丹曼苏尔·沙、苏丹阿拉乌丁·黎阿耶特·沙和苏丹马哈穆德·沙都非常重视伊斯兰的传播及在政治统治中的作用。

二、伊斯兰教的发展

(一) 马六甲王国时期

巩固权力统治和获取商业利益是马六甲王国统治者皈依伊斯兰教的重要原因。15世纪,伊斯兰教世俗权力复兴,穆斯林商人基本上控制了从欧洲延伸至马来群岛和马鲁古群岛的巨大的商业网络。大批来自阿拉伯、印度等地的穆斯林商人为巴赛带来了巨大的经济利益。马六甲统治者也急于仿效其对手巴赛。再者,伊斯兰教先知的故事已经随着穆斯林商人传播开来,马六甲的马来人统治者也深深地意识到，伊斯兰教强调君主的神圣性及其超越凡界的地位和尊严对其政治统治具有深刻意义，他们非常乐意并急于享受伊斯兰教的显赫封号给予自己的荣耀。马六甲的统治者被称为"世界和宗教的助手"、安拉的代表，且对他的顺从成为人们现实和精神生活领域的一种习惯。可以说马六甲港口的马来人统治者皈依伊斯兰教对伊斯兰教在马来半岛全面传播和最终确立自身的地位具有里程碑意义。《马来纪年》中用"神的启示"来描述统治者皈依伊斯兰教这件事情。在统治阶层的鼓励之下，各个民众，不分高低贵贱都相继皈依了伊斯兰教。王室鼓励穆斯林和异教徒（非穆斯林）通婚以吸引新的皈依者，严格惩戒离经叛教者，强调履行伊斯兰教的各项义务。此外，官方还频频制定出有利于穆斯林的法律规章。

15世纪中叶，马六甲已经成为海岛地区非常强盛的商业中心，宗教文化随着经贸关系的往来逐渐形成了一个以马六甲为中心的巨大网络，各个或臣属于马六甲或与之关系密切且存在竞争关系的穆斯林王国在马来半岛中北部的霹雳、吉打、彭亨及登嘉楼等地区相继出现。

伊斯兰教中以苏菲教派闻名的神秘主义思想迅速与当地原始的万物有灵并混着印度文化的宗教信仰相结合，深深触动了马来人的心弦，这场运动以自上而下与自下而上相结合的方式，以摧枯拉朽般的力量，随着马六甲王国的崛起和扩张，在短短一个世纪的时间内几乎征服了整个马来半岛。伊斯兰教很快在马来半岛和马来人心中占得一席之地，与马来人的本土文化相融合，成为传统马来文化中的一个重要组成部分。在随后到来的长达4个多世纪的被殖民史中，西方列强专注于对经济的掠夺，反而激发了马来人更好、更顽强地保存和发展自身的文化，维护伊斯兰教的地位和功能。

(二)殖民统治时期

1511年,马六甲王国不敌西方战舰最终落入葡萄牙人之手,开始了马来半岛长达数个世纪的被殖民地历史。1641年荷兰取代葡萄牙殖民马来半岛。葡萄牙殖民者的首领在攻陷马六甲之初反对与穆斯林开展任何联系,马六甲的多个清真寺被毁,穆斯林商人被驱逐,马六甲港口与穆斯林商人之间的贸易网络被破坏殆尽。与此同时,基督教也随着西方殖民者抵达马来半岛,马六甲曾经作为马来群岛地区伊斯兰教研究和宣传中心的地位逐渐被取代。但葡萄牙和荷兰殖民者过分重视对马来半岛地区的经济掠夺,而忽视了基督教的传播,这为伊斯兰教的生存和发展创造了条件。殖民者对宗教领域的忽视恰恰保存了伊斯兰教在马来人心中的神圣性,这也使得伊斯兰教成为马来人在国破家亡的现实背景中唯一完好的精神家园。人们以安拉的教诲接受命运,以安拉的名义崛起抗争,同样也以安拉的名义团结着同祖同根的马来人民。在整个东南亚伊斯兰教的传播版图中,马六甲的光辉随着殖民者的到来逐渐暗淡,但伊斯兰教在整个马来半岛马来人心中以及马来文化中的地位却因殖民者的压迫而被强化。

1786年,英国人登陆马来半岛北部的槟城,迈出了其殖民马来半岛的脚步。与之前的葡萄牙和荷兰相比,英国殖民者对马来半岛的社会、政治及文化的影响较大,但在宗教习俗方面仍然大致沿袭了葡、荷的政策,宗教信仰相对自由。18世纪是伊斯兰教发展史上的一个重要时期,奥斯曼帝国衰落,圣地麦加和麦地那再次取得独立,其作为伊斯兰教研究和宣传中心的地位被进一步强化。加上国际航运的发展,包括马来半岛在内的世界各地的穆斯林纷纷到圣城进行朝拜或者学习。此时,学成归来的穆斯林学者对马来半岛伊斯兰教义的系统化和正规化起了关键性的作用。宗教学者逐渐将伊斯兰教教义与社会和人的精神、现实生活联系起来，形成了明显具有宗教特性的社会伦理和道德观，为伊斯兰教在马来亚独立之后担任国家官方宗教这一角色做好了准备。

1942年日本轻而易举地占领了马来半岛地区，开始了其在马来半岛上长达3年的暴虐统治。与之前的西方殖民者相似，日本人的统治往往更加依赖当地民众的合作，且常常保留原有的基层统治结构，对殖民地实施间接统治。在宗教信仰和文化方面，也并未采取强行的同化政策，甚至对宗教和习俗也保持不强迫的态度，表示尊重马来亚人民的伊斯兰信仰，让苏丹政权保持原样，并于1944年在瓜拉江沙召开了宗教委员会全体会议。日本人对宗教和传统文化领域的宽容，实际上是其对马来人以及整个马来民族注射的镇痛药和麻醉针，消磨和禁锢了他们血液中的抗争意识。但这也使得伊斯兰教作为传统马来文化中的重要组成部分，被相对完整地保留和传承了下来。

1945年8月日本法西斯投降，随后英国殖民者重掌马来半岛地区。英殖民者基本上继承了其日占前时期的宗教政策，对伊斯兰教及民众的信仰文化持比较中立和客观的态度。伊斯兰教作为马来半岛不断更迭的社会政治统治中唯一被放生的民族精神生命，在马来民族的发展历程中逐渐沉淀为传统马来文化的核心构成。在反法西斯的斗争中，世界多个受压迫地区都相继爆发了民族主义运动，日本殖民者的统治以及后来英国殖民者的回归也在部分马来中产阶级中催生了民族主义的兴起。伊斯兰教作为马来人的共同信仰，成为马来民族主义者号召和团结族人的大旗，也是马来民族主义最核心的表达。马来族的政治领导人以之为武器，与英国殖民者为争取国家的利益而讨价还价，同时也以之为武器，与非马来人抢占政治和经济利益空间，伊斯兰教从人们的精神世界介入族群之间的利益争夺，是伊斯兰为其在马来亚独立之后步入政治场所做的一种试探，也是其开始影响马来半岛各个族群社会生活的前奏。

(三) 独立后时期

在各族人民的共同努力之下，马来亚于1957年8月31日摆脱了英国的殖民统治，最终取得独立。在马来人民长达数百年的被殖民史中，伊斯兰教和伊斯兰文化已经成为马来文化的中心。在马来半岛这个多元文化和族群共存的社会中，伊斯兰教对于马来民族和马来人来说已经超越了表层文化的意义，而成为了身份认同及区别他人的一种标识。伊斯兰教在这个新生国家的地位直接映射了马来民族在其中所具有的影响力。马来西亚宪法明确规定伊斯兰教是马来西亚联邦的官方宗教，这既从根本上承认了马来民族的主体地位，也为伊斯兰教全面影响现代马来西亚社会的各个方面创造了条件。

三、基础教义体系

"五基"和"五功"是伊斯兰教基础教义体系中的核心内容，"五基"指伊斯兰教规定的五个基本信条，"五功"则规定了穆斯林必须遵守和履行的宗教义务。

(一) 五基

(1) 信安拉。伊斯兰教认为，安拉是宇宙万物的创造者，是世界唯一的主宰，是宇宙间独一无二的、至高无上的主。他无所不知、无所不在、永远生存、大仁大慈。穆斯林在祈祷时，时常会默念"万物非主，唯有安拉"。信安拉是伊斯兰教信仰的核心内容，也是伊斯兰教一神信仰的集中体现。

(2) 信使者。《古兰经》中提到了很多使者，如阿丹、努海、穆萨和穆罕默德等，但使者中只有穆罕默德是最伟大的先知，是安拉的使者，负有传授安拉之道的光荣使命，穆斯林必须服从安拉的使者。

（3）信天使。天使是安拉用光创造的无形妙体，他们只听从安拉的差遣，分别管理天国和地狱，传达安拉的旨意，记录人间的功与过。《古兰经》中有四大天使，包括哲布勒伊来（Jibra'il）、米卡尔（Mikal）、阿茨拉伊尔（Azral）和伊斯拉斐尔（Israfil）。他们各司其职，分别负责传达安拉命令以及降示经典、掌管世间事务、死亡和吹响末日审判的号角。

（4）信经典。伊斯兰教认为《古兰经》是安拉降示的最伟大的经典，穆斯林必须虔诚信仰并严格遵循，不得诋毁和篡改。《古兰经》是穆斯林在现世的最高法典。

（5）信末日审判和死后复活。伊斯兰教认为在世界末日到来之际，世界将会毁灭，安拉将就此对所有的人进行"末日审判"。届时，所有死人复活接受安拉的审判，以现世的行径为依据，罪恶的人将下地狱，而善良的人将升入天堂。

此外，穆斯林还相信现世的一切均是"前定"，是安拉的特殊安排。任何人都只能平静的接受安拉的旨意，不能变更，唯有顺从，方能在来世得到幸福。

（二）五功

（1）念功。念功为五功之首，即指穆斯林每天要诵念"清真言"："万物非主，唯有安拉，穆罕默德是安拉的使者"，以此来表达自己的宗教信仰以及对信仰的坚持，树立并坚定认主独一的信仰核心。

（2）拜功。穆斯林要每日履行5次祈祷：晨礼，在拂晓时举行；响礼，在中午1~3时举行；晡礼，在下午4时到日落时分举行；昏礼，在日落之后、太阳的白光逝去之前举行；宵礼，在入夜、拂晓之前举行。每周主麻日集体祷告。履行拜功是穆斯林无限接近安拉的途径，是穆斯林表达虔诚、感恩和敬仰的最好方式之一。

（3）斋功。斋功是指每年伊斯兰教历的9月，从清晨拂晓之时到日落黄昏期间，穆斯林禁止饮食和房事。斋功是所有穆斯林的一项主命功课，也是穆斯林必须履行的一项宗教义务。

（4）课功。课功是指穆斯林在自身财产达到一定数额时要缴纳的宗教税，名为"天课"。伊斯兰教认为，所有财产都是安拉所有，个人财富的累积是为把资财施舍他人做准备。穷人和富人，只要是穆斯林都是安拉的子民，都应该平等地获取安拉赐予的财富。课功是伊斯兰教平衡财富分配的方式之一，也是伊斯兰教公平原则在社会经济领域的体现。

（5）朝功。朝功即指穆斯林到麦加朝觐天房——克尔白圣殿。伊斯兰教规定，所有穆斯林，只要在身体及经济允许的条件下，一生至少要到麦加朝觐一次。

笃信五基、履行五功，是成为一个虔诚穆斯林的首要条件。伊斯兰教传入马来半岛，与传统马来文化相结合，为马来人所接受和吸收，逐渐成为马来人的全民信仰，从政治、文化等角度对马来半岛整个社会的发展产生了巨大的影响。

四、伊斯兰教传入马来半岛的意义

（一）政治意义

伊斯兰教自诞生之日起就与政治密不可分。政教合一、族群混同是伊斯兰教的两个本质特征，对苏丹和领导者的崇拜是伊斯兰教认主独一的宗教信仰在政治理念以及政治制度中的体现和延伸。在早年阿拉伯穆斯林的观念中，伊斯兰教先知穆罕默德在麦地那所创建的穆斯林社团"乌玛"（Ummah），既是信仰者的联合体，也是民族、国家和社会共同体。维护乌玛的团结和统一，也就是维护整个社会的安宁与团结，是伊斯兰教的使命，也是每个国家和民族领导

第四章 宗教信仰

者的责任。社会中每个穆斯林都必须按照安拉启示的要求,"服从安拉,应当服从使者和你们中的主事人"。所谓"主事人"便是宗教领袖,也是国家领导即苏丹。苏丹被认为是安拉在穆斯林中间的化身,安拉是穆斯林心中唯一的神,苏丹是其唯一合法的现实化身。在信仰理念上,任何穆斯林都是"安拉的仆人",而在现实当中,所有臣民都是苏丹的子民,苏丹拥有无法超越的权威,忠诚成了人们生活中最可称道的道德标准。这使得苏丹成为人们的保护神,成为国家主权和统一、民族道德以及社会权威的象征。伊斯兰教传入马来半岛,从根本上改变了马六甲王国的政治体制。苏丹成为王朝最高的统治者,同时也是所有臣民不可置疑的精神领袖。宗教赋予了统治者至高无上的神性,同时也为其统治找到了合法性。马六甲王国当初在接受并最终确立伊斯兰教在马六甲王国的国教地位之时,政治利益就是其主要考量。马六甲作为马六甲海峡沿岸的一个重要港口,其国王和国民皈依伊斯兰教对来往于印度和西亚的穆斯林具有很大的吸引力,繁荣的港口贸易逐渐为马六甲这个新生国度提供了坚实的经济支撑。此外,集神权和统治权为一体的最高统治者苏丹也在伊斯兰教的圣训和教义中找到了坚不可摧的政权合法性。

(二)文化意义

忠君和顺从是马来半岛吸收伊斯兰文化并与之融合的精髓所在。伊斯兰教与政治难舍难分,对于一般的民众来说,政治是远离生活的,是上层领导者的事,但宗教和宗教意识却渗透到人们生活的每一个细节甚至是价值观念和道德评判。在他们看来,宗教先于政治,是政治的基础。伊斯兰教教导他们安于现状,忠于苏丹。他们认为苏丹作为宗教领袖的地位是不可取代的,是社会的最高统治者。安拉是这一切的主宰,所以是不可违逆的。尽管马来农民作为整个社会结构最为庞大的底盘,受着苏丹和首领们的沉重剥削与压迫，但他们还是无条件地效忠于他们。一位马来教育工作者阿拉塔斯将这种奇怪的现象称为"心理封建主义"。成书于15世纪的《杭·都亚传奇》一书的主人公杭·都亚便是封建社会中臣民对苏丹盲忠的典型，而杭·都亚却成为数百年来马来人心目中最为完美的英雄，至今依然能够引起现代马来人的共鸣。在马来传统观念中没有背叛、起义和反抗，长久以来形成的文化传统让他们坚信领导者是完美而无错的，矛盾和不满的产生根源在于自身。当他们对领导者的统治不满时，他们选择宣泄的方式是"逃离"而不是反抗。

（三）身份认同的意义

伊斯兰教也为生存在马来半岛的马来人相互认同提供了标识，为马来民族的最终形成发挥了重要作用。基于马来半岛传统的政治统治特色，在伊斯兰教传入之前，尽管马六甲王国的势力几乎渗透到马来半岛的各个角落，但整个马来半岛依然是一个相对松散的整体，天然的高山和河流湖泊往往将半岛分割成并不紧密且在一定程度上还存在竞争关系的政治单元。虽然在人种上存在相似性，但各个区域人们效忠的对象为各自的"王"，并未表现出其共同的"民族特性"。伊斯兰教的传入和普及为马来人的相互认同发挥了纽带作用，并最终催生了马来民族共有的"民族特性"。认主独一是伊斯兰教教义之一，安拉跨越所有疆界成为皈依伊斯兰教的穆斯林共同的效忠对象和精神寄托。这让马来半岛上的马来人有了此认同的标准。伊斯兰教像一根纽带，从思想上将所有马来人捆绑了起来，为现代意义上马来民族的最终形成奠定了基础。

马六甲王国的崛起和伊斯兰教的传入在奠定了马来西亚现行政治体系基础的同时，也使得马来传统文化得以最后定型，同时马来人的共同信仰——伊斯兰教使得马来民族这一概念首次对马来半岛上的马来人产生了认同意义。在此后的历史发展中，伊斯兰教越来越深入马来人的心,安拉成为他们共同信仰的唯一的神与效忠对象,成为他们心灵寄托之所在。安拉和穆圣的训诫也成为马来穆斯林的生存和行事准则与依据。1511年葡萄牙人利用其舰队和大炮打开了马六甲的大门,马六甲王国从此沦陷,开始了马来半岛长达近4个多世纪的殖民地历史。伊斯兰教成为一面旗帜,团结着所有马来穆斯林,在圣战的名义之下,为保护马六甲、保护苏丹而奋战。在此后被殖民的历史中,伊斯兰教是马来人每每在面临外敌时凝聚人心、一致对外的潜在力量,也是马来人在屈辱的殖民史中之所以仍然维系着一个强大团结之民族的根源所在。随着马来亚的独立和马来西亚的成立,伊斯兰教依然在国家的政治、经济、教育等领域发挥着重要影响。

五、马来西亚现代化进程中的伊斯兰教

(一)伊斯兰教在马来西亚现代化进程中的自我调适

马来西亚自独立以来就开始了其现代化进程。与早期内源现代化国家如英、法等国不同的是,马来西亚现代化改革的动力并非来自于体系内部,而是从外部移植的,属于外源型现代化国家,这样的现代化也被称为"追赶型现代化"。因为缺乏相应的制度和精神准备,飞速的经济发展以及社会结构的变化往往让处于剧变中的人们茫然和不知所措。此外,现代化对民主政治、工业化、城市化、世俗化、个人主义、利益至上主义、人身自由等观念的要求对马来人传统的处事原则和价值观念提出了挑战。作为马来传统文化核心因素的伊斯兰教必须相应地自我调适以适应马来西亚的现代化进程。首先,伊斯兰教对原先掌管的权力进行部分分割和出让。如在政治领域,马来西亚自独立开始便引入西方民主政治,实施政教分离。但伊斯兰教作为马来西亚的官方宗教,仍然能通过对马来民族思想道德及价值判断的影响间接作用于国家政治。当前，宗教法庭和世俗法庭在马来西亚并行不悖也是伊斯兰教自我调适的成功尝试。此外，对教义作出重新解释是伊斯兰教进行自我调适的有效方式。伊斯兰教政治倡导的"协商"原则也被重新解释为"民主"，成为政府追求民主政治最深刻的宗教支撑。在经济领域，伊斯兰教对商业的重视成为马来西亚政府说服马来人踏足经济领域的有力证据，"平等、公平"被用以解释马来西亚新经济政策的出台与实施。伊斯兰教强调财富的均衡分配，催生了马来西亚国内宗教福利事业欣欣向荣的局面。

但伊斯兰教作为一种非常理性的宗教，面对现代化对马来西亚社会带来的冲击，一方面适当地进行自我调适，另一方面也固守其积极的道德标准和正确的价值判断，如倡导以伊斯兰教的纯洁性来进行自我道德建设和道德反省，主张重整社会风气，反对在现代化过程中出现的腐败、没落、贫富分化、种族矛盾加剧等现象。

马来西亚的伊斯兰教通过其及时、适当的自我调适而成为现代化进程中的积极推动因素，对伊斯兰教义的重新解释回答了穆斯林如何面对现代化的难题，同时也凭借其对自身纯洁性的坚持成为马来人引以为豪的道德壁垒，为迷惘的人们提供了心灵归宿，在马来西亚现代化进程中发挥了重要作用。

（二）伊斯兰教对马来西亚现代化进程的影响

随着马来西亚现代化的深入，政治的逐步民主化、经济的飞速发展以及西方文化对传统马来文化的冲击，不仅引起了社会结构的急剧变化，也在人们的思想领域引发了一场观念的攻守战。作为传统马来文化核心因素的伊斯兰教适时自我调整，不仅适应了马来西亚现代化步伐，同时也从政治、经济、教育和法律领域对马来西亚的现代化进程产生了重要影响。

第四章 宗教信仰

1. 伊斯兰教对马来西亚现代政治的影响

自马来亚独立到1969年这段时期，伊斯兰教与马来西亚的政治发展关系并不密切。独立之初，英国人的撤离造成了马来半岛上的权力真空状态，各族领导人为其民族的政治诉求而明争暗斗，民族主义超越了所有因素而成为此时政治发展的主导，族群之间的斗争与妥协为政治斗争定下了基调。巫统在1950年4月27日注册成为维护马来人利益的政治党派，但并非伊斯兰教组织。这段时期伊斯兰教与马来西亚政治发展唯一重要的体现便是伊斯兰教被立为官方宗教。1958年，马来亚第一任总理东姑·拉赫曼在立法议会上就明确表示，"这个国家不是像人们所认为的那样是伊斯兰教国家，我们能做的仅仅是立伊斯兰教为官方宗教"。尽管伊斯兰教为马来西亚的官方宗教，但其对国家的政治生活并没有实际影响，仅仅起着象征性的作用。马来亚联合邦1957年宪法明确规定各州最高统治者必须是宗教领袖，有权处理宗教事务，但并未规定总理、部长等掌握实权的职位必须由穆斯林来担任。再者，此时掌握国家政权的联盟核心政党巫统，其领导人大多受英文教育，西方民主思想对他们的影响深厚，他们的政治理想是建立民主的世俗国家而不是政教合一的国家。这些都决定了伊斯兰教在这段时期对政治影响的局限性。

1969年"5·13事件"是马来西亚民族矛盾在政治领域的一次大爆发，是在马来西亚政治发展中具有重大历史意义的阶段性事件，标志着该国新一轮政治整合以及由政治整合带动的社会整合全面开始，也为伊斯兰教在民族主义的大背景下真正进入马来西亚的政治角斗场打开了大门。"5·13事件"之后，马来人与非马来人尤其是与华人之间的关系突然变得紧张起来。全国从政府到民间，马来民族极端主义重新抬头。伊斯兰教成为马来政治领导人团结族人、凝聚力量的重要纽带。

"5·13事件"让马来领导人认识到了马来人之间相互团结的重要性,更让巫统明白在民族主义依然笼盖马来西亚政治的状态下,马来人之间的分裂、马来人选票的分流将会葬送马来人的政治主导权。1969年伊斯兰教党作为反对党在大选中的优秀成绩让巫统看到了伊斯兰教对马来人的号召力,伊斯兰教对马来政治仍然具有无比巨大的旗帜意义。因此,为强化马来人之间的相互支持和认同,巫统一改过去与伊斯兰教若即若离的关系,加强了对伊斯兰教的宣传,也更加明确了其维护和支持伊斯兰教的态度。1974年联盟政党的改组、国民阵线的形成以及伊斯兰教党加入执政联盟为伊斯兰教影响马来西亚现代政治提供了官方途径。1977年伊斯兰教党突然退出国民阵线,则再次强化了伊斯兰教对马来西亚政治的影响。从此,伊斯兰教对马来西亚政治的影响便主要体现在马来西亚执政党巫统与反对党伊斯兰教党的相互斗争之中。两党为争夺马来人的支持而纷纷指责对方不以"正确"的伊斯兰教为基础,伊斯兰教党与巫统就伊斯兰合法性的争斗烽烟四起,这也紧密了伊斯兰教与马来西亚政治之间的关系,推动了伊斯兰教政治化的趋势。两个政党纷纷就伊斯兰教课题做出种种行动,大打伊斯兰教牌。伊斯兰教党在其新领导人法兹诺(Fadhil Noor)和艾哈迈德(Ahmad)加入该党之后,迅速成立伊斯兰教党长老会,强化伊斯兰教对该党的指导作用。而巫统也以全面宣传支持和维护伊斯兰教的姿态,提出温和伊斯兰主义路线,以此与伊斯兰教激进极端路线相抗衡。

1971年,马来西亚举行全国文化大会,会议明确指出马来西亚文化将以马来文化为基础,而伊斯兰教是马来传统文化中的重要因子。政府确定了国家文化的三大原则,这从根本上、政策上为伊斯兰教和伊斯兰教文化在马来西亚文化中的地位奠定了基础,也为伊斯兰教对全国的社会和政策产生影响作了铺垫。同年,马政府建立了马来西亚伊斯兰研究中心，举办了国际《古兰经》背诵比赛，1974年建立了由总理署直接管理的伊斯兰教传播基金会，1978年全国法特瓦委员会成立。1972年马总理拉扎克表示，伊斯兰教将指导政府在国内和国际事务方面的行动。

20世纪中后期风靡世界的伊斯兰教复兴运动于80年代在马来西亚达到高潮。此时，现代化进程引起的种种社会弊端如权钱交易、贫富分化、社会风气败坏、社会道德堕落等现象开始显现。伊斯兰教复兴运动以及政党对伊斯兰教的热情使得马来穆斯林开始从一个全新的角度重新审视伊斯兰教，探索伊斯兰教对现代化的引导意义。他们相信，伊斯兰教所倡导的社会公平、公正、宽容等道德要求将是解决现代化过程中所有不和谐的关键所在。马来穆斯林的生活和价值观念重新回归伊斯兰，是否遵循伊斯兰教戒规和圣训成为马来民众评判政府的重要标准，是否符合伊斯兰教的合法性遂成为巫统和伊斯兰教党相互指责的矛头所在。两党纷纷表明自己的伊斯兰立场，积极推行伊斯兰政策，出台各种伊斯兰法规，伊斯兰教党和巫统的争斗迅速白热化。1984年，马政府宣布"政府管理机器伊斯兰化"，这意味着将伊斯兰教价值观引入政府管理中，要求具备一定的伊斯兰教知识也成为马来穆斯林申请政府职位的必要条件之一。2001年，马哈蒂尔在震惊世界的"9·11事件"过后不久的9月29日正式提出"马来西亚已经是伊斯兰教国"。马哈蒂尔没有明确界定"伊斯兰教国"的定义，但表示现在的马来西亚就是伊斯兰教国，是符合伊斯兰教精神的。他表示穆斯林在马来西亚能以伊斯兰教的方式自由生活，人们享有公平公正的权利，因此马来西亚已是伊斯兰教国。"文明伊斯兰"是巴达维2004年主要的竞选口号。

2008年伊斯兰教党"福利国"概念的提出标志着伊斯兰教与马来西亚政治的关系逐渐趋于平和。伊斯兰教党对其福利国的解释更多地强调了"建立廉洁的政府"、在倡导伊斯兰生活方式的前提下为各族人民创造自由的生活环境和思想空间，关注的焦点已经由单纯的伊斯兰教逐渐转向民主、民生和自由。纵观马来西亚2008年大选以来的政坛特色，宗教色彩有所淡化。巫统和伊斯兰教党都不再以伊斯兰教或者伊斯兰教国作为其主打宣传对象，而更关注民主以及现代社会发展之下的经济和政治问题。但是伊斯兰教仍然是马来西亚除民族之外左右政治发展的核心因素，伊斯兰教党也从未放弃其伊斯兰教国的政治理想。在主流为发展的现代社会，多元民族、多元宗教和文化共存的马来西亚社会，在可预见的未来，妥协政治将是马来西亚政治发展的总体方向。伊斯兰教将以更加平和的方式与政治结合，左右马来西亚政治在马来人与马来人之间以及马来人与非马来人之间寻求平衡。

2. 伊斯兰教对马来西亚现代经济的影响

马来西亚一直以来被认为是当今世界上现代化程度最高的伊斯兰教国家之一，伊斯兰教对国家经济的发展发挥着重要的作用。20世纪80年代，随着伊斯兰复兴运动在马来西亚的兴起和发展，伊斯兰理念开始向经济领域渗透，具有浓厚道德烙印的伊斯兰经济思想被全面引入现代经济体系。

伊斯兰教对马来西亚经济发展的影响是其在政治领域影响的体现和延续。1972年新经济政策出台之时，时任总理拉扎克就指出，"新经济政策是在《古兰经》的指导下进行的"。新经济政策倡导的公平公正的原则是完全"伊斯兰特质"的。特别是在1981年马哈蒂尔上台之后，随着伊斯兰教在政治领域的影响逐渐深入，政府一再表明其政府政策的伊斯兰特性，声称要将伊斯兰教的发展概念与马来西亚经济发展相结合，同时也在各项政策中明确其伊斯兰教态度，表达对伊斯兰教的忠诚。新经济政策取得了一定的

第四章 宗教信仰

成果，从宏观的角度来看实现了最初定下的目标。马来西亚各民族的贫困率有所下降，很大一部分马来人从土地当中解放出来，成为城市中的新兴中产阶级，实现了社会的重组和经济资源在民族之间更加平均合理的分配，体现了伊斯兰教公平公正的原则。1991年，时任总理马哈蒂尔提出"2020年宏愿"，目标是要在一代人的时间里将马来西亚建设成一个充分发达的工业化国家，同时，一个有道德的社会和有强烈宗教精神的公民也是2020年宏愿计划的目标之一。马哈蒂尔认为，"2020年宏愿"对现代工业社会下公民的道德作出限定和要求，完全符合伊斯兰教允许合理正当追求财富的经济思想。

20世纪70年代，随着伊斯兰教对马来西亚政治经济影响的加深，政府引导民众重新探索新时期伊斯兰教与经济发展的关系，提出了"新马来人"的概念。政府对伊斯兰教经典中所蕴含的经济思想进行了再挖掘，强调伊斯兰教并不反对财富积累，而且鼓励勤奋工作和符合规范的商业活动，为马来穆斯林解开了将其深深禁锢的思想和道德枷锁，同时在政策上为马来穆斯林涉足商界提供了种种优待。培养富有竞争精神、勇于进取、有良好宗教道德的马来企业家成为马来西亚政府各种经济政策的重要目标。得益于政府在教育领域为马来人提供的固打制优势，大部分马来企业家具有高等教育背景和专业技术知识，在政府借以"安拉重商"的名义鼓吹之下，他们能勤奋工作，积极探索，也能够抓住各种机遇全力发展。大部分马来企业家认为只有将伊斯兰教教义切实贯彻到经商理念和行为之中才算是一名合格的真正的穆斯林商人，无愧于安拉。他们坚信，安拉并不喜欢贫穷，通过合理正当的手段积累财富是安拉允许和鼓励的，也是报答安拉赐予万物的最好方式。他们富于道德之心，依戒律处理日常事务，以合作之心态对待对手，鄙视不顾一切伤人利己的手段。此外，一位优秀的马来穆斯林商人同时也是一位慈善家。他们乐于助人，回报社会。他们认为，安拉和政府给予了自己智慧和机会，将财富紧握手中，最终的目的是通过自己之手去扶助更多需要帮助的人。随着马来西亚经济的向前发展，马来穆斯林商人的队伍正不断壮大，在社会中扮演着越来越重要的角色，以"道德"、"合理"、"善心"、"勤勉"为核心因素的"马来穆斯林企业文化"正悄然成型。

目前，马来西亚已经建立起了相对完整的伊斯兰金融体系，与传统的金融体系并行不悖，成为让马来穆斯林备感骄傲的"双系统"金融体系的典范。相比传统金融体系，以体现"公平"、"平等"为核心价值观的伊斯兰教法为伊斯兰金融体系冠以"道德"、"人道"的光辉。但是，在沙里阿法规定下的种种禁忌也可能会成为禁锢其大展拳脚的枷锁。如何让伊斯兰金融系统与现代经济相融合，是马来西亚伊斯兰金融未来发展必须要解决的难题。

3.伊斯兰教对马来西亚现代教育的影响

宗教教育和世俗教育和谐并存是马来西亚现代教育体制的特点之一。宗教教育作为传承传统马来文化的重要方式，自独立以来就一直在马来西亚的教育体系中占有非常重要的位置。政府要求所有的马来学生从小学开始就接受伊斯兰教育，学习伊斯兰教圣典，接受并逐步确立符合伊斯兰教的世界观和价值观。就读于高等学府的马来穆斯林还会继续接受有关伊斯兰教发展史、教法教规、伊斯兰教文化等方面的教育。马来西亚教育部规定，只要一个学校的穆斯林学生超过15名，就必须要配备一名伊斯兰教师，要求国内所有学校给马来学生安排伊斯兰教课程。1961年的政府教育条例规定，所有穆斯林学生每周必须完成两个小时的伊斯兰课程学习。随着伊斯兰复兴运动的兴起，政府逐步加强了全国的伊斯兰教育，将伊斯兰教全面引入教育体系，规定每名穆斯林学生必须修读伊斯兰教历史和伊斯兰教文明。1976年，马来亚大学正式为所有在校的学生开设伊斯兰教课程，1981年马哈蒂尔上台之后更是要求所有大学开设伊斯兰文明必修课。此外，政府还于1983年修建了国际伊斯兰大学，成为马来西亚培养伊斯兰学者、传播伊斯兰教的殿堂。

同时，伊斯兰宗教教育也适时地吸纳了现代教育理念。建于1955年的马来西亚第一所伊斯兰高等教育学校——穆斯林学院在政府的推动下于1966年正式引入艺术和自然科学课程。马来亚大学的伊斯兰系和法律系在现代教育理念的指导下能为学生提供高水平的课程选择。国际伊斯兰大学在建立之初也并未自我定位为完全的宗教学院。时任总理马哈蒂尔认为，在现代的马来西亚，宗教并非与世俗的知识形成固定的二元对立关系。将宗教知识与现代科学、艺术教育相结合，将现代教育理念引入马来西亚的伊斯兰教教育，同时充分发挥宗教教育在传播伊斯兰理念、构建穆斯林世界观、道德观和价值观等方面的指导作用，将是马来西亚现代教育所要探索的方向。

4.伊斯兰教对马来西亚法律体系的影响

马来西亚的法律绝大部分承袭于英国。马来西亚的伊斯兰法律体系也比较完善，但在使用范围和权限上无法与现行的世俗法律体系等而视之。伊斯兰教事务归属于各州苏丹管理，而伊斯兰教法的管辖范围也仅仅局限于婚姻、子女、继承等家庭事务以及与不履行伊斯兰教义务相关的罪行等方面。但随着伊斯兰复兴运动的兴起以及伊斯兰教对马来西亚政治的影响，越来越多的马来穆斯林试图通过对伊斯兰教法的忠信来表达自身更加纯正的"伊斯兰"特性。马来西亚的法律体系也对此作出了反应，将伊斯兰教法中的因子融入现代法律体系，扩大伊斯兰教法的使用范围，并提升马来西亚伊斯兰教法庭的地位。20世纪90年，马来西亚各州包括联邦直辖区对《伊斯兰家庭条例》做了修改，放宽了对一夫多妻的限制。此外，伊斯兰教法庭权力和地位的提高不仅意味着国家对伊斯兰法庭权力的控制，同时也意味世俗法庭某些权力的出让。1988年，联邦宪法重新规定：伊斯兰法庭的决定将不能为其他法庭所推翻，伊斯兰法庭将与州宗教事务局分离而独立门户，将不再受其控制。

总之，伊斯兰教作为马来西亚的官方宗教，在国家建设过程中的地位不容忽视。随着马来西亚现代化的深入，社会结构急剧变革。伊斯兰教适时自我调整，成功适应了马来西亚现代化的步伐，并在国家政治、经济、教育及法律各领域中发挥着重要影响，成为现代化进程中的积极推动因素。

第三节 佛　教

一、传入和发展

佛教文化早期在马来半岛的传播可追溯到公元前后。马来半岛地处东西海上交通的枢纽地带，随着贸易的兴起，马来半岛遂成为各国的交易中心及世界各地货物的集散地，也成为各种文化的交汇处。早年来自南印度的商旅随着西南季风南下至马来半岛各地，其中的佛教徒和随之而来的僧众成为携佛教文化登陆马来半岛的先驱。随着时间的推移，南下的印度商人和僧侣越来越多。历经千难万险的信徒们着陆之后，往往会落脚建庙，以感谢菩萨对自我的眷顾，并以此作为据点逐步向当地的人们传授佛法。马来半岛北部建立于2世纪的狼牙修便是半岛历史上的第一个佛教王国。"狼牙"即"Langka"，来自于梵语"Lanka"，意为"山峰"，而"修"一词则音

第四章　宗教信仰

译于"Sukha",意思是"喜悦,高兴"。根据《楞伽经》上有关"狼牙"的记载,其或为传说中一座马来亚峰上的山城。狼牙修即意为"快乐的马来亚山城"。也有学者指出,"山峰"可能指的就是吉打州的吉打峰,而狼牙修就建在吉打峰下。印度商旅和僧众在茫茫大海之上,抵岸之前只能依稀望见高高的吉打山,于是循山而来,为示感谢便以此山来命名之后建立的王朝。尽管目前各家对狼牙修真正的地理位置莫衷一是,但印度人及印度佛教对狼牙修的影响却是毋庸置疑的。据我国古代文献《梁书》记载,狼牙修曾与当时崇信大乘佛教的南梁有密切的交往,并曾于515年遣使前往中国,且措辞中饱含对中国帝王的崇敬之情。1804年在莫未河（Sungai Merbok）和布央河（Sungai Bujang）流域一带发现的佛教遗址也证明了佛教对马来半岛的重要影响。此外,先后崛起于马来半岛北部的盘盘、丹丹等王国,也都是在印度佛教文化的影响下建立起来的。

　　7世纪中叶,室利佛逝在苏门答腊东南部建立并逐渐发展成为雄霸一方的海上帝国,其所信奉的大乘佛教也随之有了很大的发展。我国唐代史书记载其疆域"东西千里,南北四千里远"。在其统治下,佛教在马来半岛的传播也逐步扩大到各个区域。室利佛逝是当时大乘佛教的传播中心,印度的佛学大师夏基阿基尔蒂曾到此弘法讲学。而我国唐代著名高僧义净和尚在取道海路去印度求法之时,也曾在此学习梵语和佛教理论。从印度得法归来途中,更是留住此地多年,继续从事佛教经典和教义的翻译和著述工作,完成了著名的佛教史传《南海寄归内法传》。书内记载了其在当地所见僧徒的日常行事,同时也叙述了佛教各部派的传播和发展,记载了不少印度以及南海一带的佛教史实,从中可以清晰看到佛教在室利佛逝时期全盛发展的辉煌景象。可以说,当时的室利佛逝俨然已经成为佛教经印度向世界各地传播的中转站。一直到11世纪初期,室利佛逝仍然为东南亚重要的佛教传播中心。

11世纪,注辇大举入侵室利佛逝,成为这个海上帝国没落的起点,终于在13世纪末期分崩离析,为信奉印度教的满者伯夷王国所取代,佛教也随之开始失信于民众。14—15世纪,马六甲王国崛起,伊斯兰教随着马六甲王国势力的扩散而占据了整个马来半岛,佛教就此逐步退出了本土人们的宗教信仰领域。18世纪前后,随着马来半岛上种植园和矿业开采等经济开发项目的推进,大批亚洲其他国家的民众纷纷来到此地谋生。尤其是大批华人南移至马来半岛地区,具有强烈华人色彩的佛教文化随之而重新登陆马来半岛。

清末,中国国内政治动荡,大批中国人渡海南下以谋生存。特别是在公元19世纪前后,英殖民者因劳动力的缺乏而有计划地引入大批中国劳工进入马来半岛,以协助其橡胶种植园的开发和锡矿的开采,掠夺式地攫取经济利益。这一时期来到马来半岛的中国人多为社会底层的民众,谋求生存是其远渡重洋的主要目的。陌生的环境、生活的艰辛以及对未来的迷茫心态,使得其在家乡或许并不十分虔诚的信仰变得重要起来,于是这些华人也将自己的宗教信仰带到了此地。对于佛教信徒来说,佛陀和菩萨此时成了他们的护佑神,他们感激佛对自己的眷顾,也祈求佛对自己永远眷顾。他们默念佛陀,表示虔诚以求怜悯,此外,也常常会与佛陀倾诉背井离乡的苦楚和对故乡的思念之情。随着大批华人在马来半岛的社会和经济地位日益巩固,众多佛教信徒为实践自己的宗教信仰,表达心中对佛陀的尊崇之情,往往会自动集资修建佛堂庙宇。这一方面将初到异乡的华人联合成一个整体,另一方面也为由中国传入马来半岛的佛教文化向制度化、团体化发展做好了物质准备。随着华人人数的增加以及其经济和社会地位的提高,华人及其佛教信仰越来越受到社会的关注。在当今马来西亚民族主义氛围相对浓厚的社会政治生态中,华人的佛教信仰成为华人文化的重要构成部分,或多或少含有了身份标识的意义。华人信徒们也越来越强烈地保护着自我的文化特色,这在一定程度上也成为今天马来西亚佛教继续向前发展的动力之一。

此外,19世纪末20世纪初,还有一些来自缅甸、泰国以及斯里兰卡等地的佛教徒进驻马来半岛地区。与华人信仰的大乘佛教流派不同的是,他们绝大部分为小乘佛教教徒,其宗教信仰文化也是构成今天马来西亚佛教文化的重要因素。

二、基本特征

马来西亚的佛教文化是在长期的历史发展过程中,由多种源流汇聚沉淀而成,表现出多元性、实用性及适应性等诸多本土化特征。

(一)多元性

佛教传入的阶段性和多源流特征是造成马来西亚佛教多元性的主要原因。佛教传入的早期阶段,来自南印度的原始佛教混合着印度婆罗门教对马来半岛狼牙修、盘盘及丹丹等古国的影响是马来半岛上佛教文化沉淀的最底层。之后,室利佛逝崛起,其所推崇的大乘佛教文化成为这一时代最主要的佛教文化累积。15世纪左右,伊斯兰教逐渐取代佛教,由上而下覆盖了整个马来半岛,佛教逐渐退出,但其教义体系中的某些元素却在民众的信仰文化中有选择性地沉淀下来。16世纪前后,西方殖民者入侵,当地的文化和宗教受到了以基督教文化为代表的西方文化的冲击,这一方面影响了当地本已式微的佛教文化,但同时为另一股佛教源流登陆马来半岛准备了空间。18世纪前后，大批外国劳工进入马来半岛，同时，其宗教信仰也被带到了此地，大大丰富了马来西亚的佛教体系，其中包含有斯里兰卡佛教、泰国和缅甸佛教等南传佛教，以及汉传佛教和藏传佛教等北传佛教，马来西亚佛教的多元性特征就此形成。20世纪20年代之后，世界各国佛教徒之间交流频繁，日本和欧美的佛教文化也相继传入，更加丰富了马来西亚的佛教体系。

（二）**实用性**

佛教早期传入马来半岛地区，是由一场自上而下与自下而上相结合的运动来完成的。来自南印度的商人最早将佛教带到此地。出于交易的目的，商人们往往会向本地人传授佛法，而本地人也会为取得对方的好感而自觉学习佛法。随着狼牙修等王国的建立，统治者出于统治目的在王国范围内推行佛教，与民众的自觉受教形成一股合流。近期传入马来半岛的佛教文化则最集中地体现出马来西亚佛教的实用性特征，而其中又以从中国传入的佛教为最。近期南下至马来半岛的华人多为社会底层的民众。清末的中国，民不聊生，民众缴纳重税，却无朝廷眷顾，无处谋生，无人可信，只能祈求菩萨护佑。这造成了中国国内诸多民间佛教信众虽不十分了解佛教的教义，但知晓菩萨的大慈大悲，虔诚只求菩萨庇佑，逢庙烧香，对宗教本身及教义也往往不求甚解，只问灵验与否，带有很强的目的性。这也使得大批华人信徒到达马来半岛之后，即将菩萨当做庇佑神而顶礼膜拜。更有不少民众，为求平安而皈依佛教。从马来西亚华人佛教徒信奉的情况来看，最受其膜拜的当推观音菩萨，主要是因为观音菩萨的大慈大悲恰好迎合了广大民众渴求解脱、向往幸福的迫切心态。

（三）**适应性**

马来西亚的佛教能在各种宗教文化的相继冲击之下生存下来，其适应性功不可没。在佛教传入马来半岛的早期阶段，能够迅速占领当地人们的思想和信仰领域,一方面是统治者及其民众出于自身的利益考虑,而另一方面也是因为佛学文化以当地原始信仰为依据,在传入之时进行的自我淘汰有关。而在伊斯兰教和西方文化占主导的年代,佛教能退隐舞台之后,更体现出其强大的弹性和适应能力。在各种文化相互激荡之时,多元宗教、文化共存的现代马来西亚社会对佛教的适应性提出了更高的要求。马来西亚佛教能根据现实情况而进行自我选择,结合信众自身的心理诉求,因地制宜,投其所好。需要指出的是,目前马来西亚的佛教徒大部分为华人佛教徒。他们中的大部分是于18世纪前后定居马来半岛的华侨后裔,其信仰的宗教文化与中国国内的佛教文化具有一脉相承的关系,可以说是中国民间佛教在马来西亚的发展和延续。佛教在马来西亚的传播过程中,不断调适自我的传播方式,以便赢得更多老百姓的认同。大部分华人初到马来半岛这个陌生之地,生活的艰辛以及未来的不确定让其感到苍凉,他们需要一种精神的慰藉和麻醉。佛教许潜心修行者以未来的极乐世界,文化底蕴并不深厚的民众便容易如笃信鬼神一般,崇信佛教,幻想着能改变自己悲惨的命运。再者,佛教也改变了对信徒在布施上的要求,没有对布施的有无、多少做出经济上的规定。这样,人们往往会抱着"宁可信其有,不可信其无"的态度信仰佛教。当前马来西亚佛教对信徒在履行宗教仪式上的要求也不多,也不要求信众熟背所有教义,而是引导信众将佛教理念和教义内化在自我的价值体系和道德判断当中。此外,为了避免被边缘化,马来西亚佛教也逐渐改变了其原有的"避世"原则,积极参与社会事务,以扩大自身在国内及国际领域的影响。

三、教义的实践体现

佛教在马来西亚取得了长足的发展,成为马来西亚多元文化中的重要组成部分，其所作用的范围已远不止于佛教徒。佛教教义精髓已经内化于整个马来西亚社会，在不知不觉当中影响并规制着每个个人甚至整个社会的潜在意识。

（一）忍让精神

忍辱是佛教所提倡的重要思想原则，乃"六度"之一，佛陀告诫弟子要常持容忍之态度，仁慈之心肠，方能避怒、止怒。佛教所推崇的忍让精神对国家的稳定和文化的发展具有非凡的意义。马来西亚是一个多元族群共存的国家，族群的身份时常与社会利益的分割相联系，这导致国内民族矛盾时起时伏。但目前，马来西亚各族之间已经形成了一套比较完整而顺畅的对话机制，民族矛盾失控的情况在现代马来西亚社会已有所缓和。这与佛教的忍让精神对个人及社会行为的控制不无关系。

（二）利他主义

佛教教导众生要以利他为要务。布施居六度之首，也表明了佛教对利他主义的重视。社会由个人组成，若每个人都以自我利益为行为主导，那么整个社会就会成为自私者的角斗场。马来西亚众多佛教徒自觉布施，帮助他人，不以族群为界限，不分贫穷与贵贱，关注人的价值和本性，能赢得人心，团结人群。现在，利他主义不仅仅是佛教徒的思想行动原则，同时也成为马来西亚各族人民考虑问题及实施行动的一个阀门。这为创建和谐的族群关系和稳定的社会环境提供了保障。

（三）和谐精神

佛教对团体生活设有"六和敬"之原则，"和"即为平等、和谐、公正。整个社会是一个大的集体，和谐生存更为重要。马来西亚的佛教团体——佛教青年总会鼓励青年人以"公平、公正、公道"的态度对待不同派系的佛教徒和其他宗教信仰者，以佛教的智慧来理解和处理不公平,以求和谐。佛教和谐的精神备受马来西亚人民的推崇,已经成为他们在各族共存的环境中所遵循的生活原则及道德规范。

(四)简约主义

佛教重视精神的充实,反对物资的享受与铺张浪费,提倡节约的生活态度。马来西亚佛教徒清贫简朴的生活态度对非佛教徒乃至整个马来西亚民众都具有一定的影响和作用。马来西亚华人佛教徒素以勤劳简朴而著称,这也为他们在马来半岛的立足和发展做好了性格准备。随着华人在社会政治及经济领域的地位日益稳固,华人这一简朴主义态度无疑对该国其他民众具有深刻的榜样意义。

随着马来西亚各种佛学讲座及短期出家等弘法行动的全面开展,佛教教义中的各种精神与原则逐渐为国内各个族群所熟知。他们取其精华,自觉地将种种观念内化在自我的道德标准及人生观当中,塑造着自我的生活原则和人生态度,也逐步凝聚成为马来西亚的国家品格和民族性格。

四、佛教团体

目前,马来西亚的佛教徒占总人口的23%,其中大部分为华人,且多为大乘佛教徒。也有小部分来自缅甸、泰国以及斯里兰卡等地,他们一般为小乘佛教徒。马来西亚佛教文化的发展呈现出日益体系化的趋势,佛教团体遍布全国各地。马来西亚目前的佛教团体大致可分为三种类型:全国性团体、区域性团体和寺院庙堂。

(一)全国性佛教团体

1. 马来西亚佛教总会

马来西亚佛教总会,简称为"大马佛总"或"马佛总",其前身为1959年成立于槟城极乐寺的"马来亚佛教会",1963年更为现名,是马来西亚第一个具有全国影响力的佛教团体,也是马来西亚华人佛教寺院和各地佛教团体的代表机构，竺摩法师任首任会长。马来西亚佛教总会成立的目的是在法律允许的情况下，弘法全国，将佛教发扬光大。马佛总在成立之初，便组织弘法团巡回全国进行弘法，并在其机构内设有施诊所、佛教图书馆、文物流通处、槟州弘法会、佛学函授班等，同时还创立了马来西亚佛学院，并与佛青总会合作，成立考试委员会，在全国各地举办中英文佛学考试，定期举办佛学讲座，出版杂志《无尽灯季刊》等，以推动佛学文化的发展。此外，作为马来西亚佛教徒的代表机构，马来西亚佛教总会积极与政府展开对话，最大程度地保障佛教徒的利益。1962年，在其积极争取下，政府同意将佛陀诞辰日"卫塞节"列为全国性假日。多年来，马佛总还积极敦促国家电影检查局禁止播映污蔑佛教的影片或删除相关剧情等，都取得了不错的成绩。马佛总在槟城和吉隆坡分别设有佛总大厦和佛教大厦，各州也都设有分会，其影响力遍及全国各地。

2. 马来西亚佛教青年总会

成立于1970年的马来西亚佛教青年总会是该国唯一的佛教青年组织，简称"马佛青"，是一个非常活跃的团体，曾负责主办多项活动，包括佛青年训练营、联谊会、座谈会、工作营和短期出家等，还赞助外国讲师在全国范围内巡回讲学，参加各类佛教学术会议等。此外，这个组织还成立了马来西亚佛教基金会，编印并出版中英文对照的杂志《佛教文摘季刊》以推广佛教文化。

3. 马来西亚佛光协会

马来西亚佛光协会，简称为"马佛光"，成立于1992年。举办各种全国性的活动是该组织弘扬佛学文化的重要途径。马来西亚佛光协会曾与《星洲日报》联合举办《传灯》万元征文比赛，在全国范围内引发了学佛弘法的热潮。在该组织的推动下，星云法师应邀于1996年4月21日在莎阿南体育馆举行"人间佛教人情味"的佛学讲座，吸引了近八万人前往，成为马来西亚佛教发展史上的壮举。

4. 马来西亚僧伽会

马来西亚僧伽会简称为"大马僧伽会",在1992年筹备成立,1995年正式获准注册,成为继马来西亚佛教总会和马来西亚佛教青年总会后马来西亚佛教界第三个全国性组织,也是马来西亚唯一包括了南北传佛教僧众的佛教组织。大马僧伽会成立的目的是阐扬佛教教义,促进马来西亚的佛教活动,增进马来西亚僧伽之间以及居士与僧伽间的和睦关系。

5. 马来西亚斯里兰卡佛教会

1984年,马来西亚的斯里兰卡佛教徒发起并成立了马来西亚斯里兰卡佛教会,简称大马斯里兰卡佛教会,是该国目前历史最为悠久的南传佛教组织。该组织在成立之初建立了十五碑斯里兰卡佛寺,后来成为马来西亚南传佛教的弘法中心。1962年,该佛寺的住持达摩难陀上座创立大马佛教弘法会,开展了一系列的弘法活动,如开办周日学校、倡议短期出家修道等。此外,该佛寺也出版佛教书籍,尤以《佛教之音》最为有名,对马来西亚的佛教徒影响最甚。

6. 马来西亚泰裔佛教会

马来西亚泰裔佛教会成立于1968年,简称为"泰僧总会",是马来西亚泰裔僧伽唯一的组织,会员均为出家人,他们都要求奉行原始佛教的生活与修行。该组织成立的目的是协调马来西亚国内泰国佛寺的活动,并处理与泰僧相关的各项事宜。

(二)区域性佛教团体

马来西亚区域性佛教团体很多,其中比较著名的有世界佛教徒友谊会槟城分会、马来西亚禅坐中心、慧音社、北海佛教会、雪兰莪教会、菩提学院等。其中世界佛教徒友谊会槟城分会不仅是世界佛教会在马来西亚的分会,同时也是马来西亚各佛教团体联合庆祝卫塞节的联络中心。

（三）寺院庙堂

马来西亚供奉佛陀和菩萨的寺院遍布全国各地，如建于明末清初年间的马六甲青云亭是马来西亚华人供奉观世音菩萨历史最悠久的道场。槟城最有名的极乐寺，其中建有一座融合了中国、泰国及缅甸三国特色的大佛塔，目前是该国国内最大的佛教寺院。此外，槟城还有玛兴达锡兰佛寺、平万安泰佛寺、竺摩法师住持的三慧讲堂、佛光山派下的佛光学舍、缅甸佛寺等。吉隆坡的寺院也不少，如莲苑泰佛寺、甘榜暹佛寺、观音亭、鹤鸣寺及佛光山派下的南方寺、青莲堂、东禅寺、佛光文教中心、六里村念佛会、东禅佛学院等，都属于香火旺盛之地，每天都有不少善男信女前来朝拜。

五、发展趋势

马来西亚政府一贯奉行宗教信仰自由的原则，这为佛教在现代社会的发展提供了制度和政策保障，为佛教的自由发展创造了前提条件。20世纪50年代以来，马来西亚佛教发展迅猛，各种具有全国影响力的宗教团体和组织纷纷成立。此外，他们还突破地域和流派之间的界限，彼此之间开始相互交流，共同为弘法采取行动，并且逐步与国外佛教团体取得联系，将马来西亚佛教置于世界佛教领域之中，邀请他国佛学大师来马讲课弘法，博众家之所长以研究和发展佛法。值得一提的是，马来西亚当代佛教越来越积极地参与社会事业，提倡"以出世精神，做入世事业"，鼓励佛教徒在弘法的同时，投身慈善，共同服务于社会。

马来西亚佛教团体及组织遍及全国各地，这标志着马来西亚佛教及佛教文化已经由个体化、分散化的状态逐渐步入体系化、系统化的阶段，而国内各流派之间以及国内外佛教组织的频繁交流，也使得马来西亚的佛家文化呈现出融合趋势。悠远的历史事实证明，个人的奋斗常常为时代所淹没，但集体的行动却容易被社会和历史所记忆和保存。马来西亚现代佛教企图通过自我系统化以及与他人相融合的方式,在多元文化共存的现代社会通过集体精神展开对社会的影响,争取社会存在和历史记忆的空间,这也成为当代马来西亚佛教发展的趋势和目标。

第四节 印度教

一、传入和发展

印度教在马来半岛的传入和传播与该地区社会经济的发展密切相关。公元前后,一些印度的商人因商品贸易往来于南印度与马来半岛之间,其宗教文化也随之被带到了此地。2—10世纪,马来半岛上多个王国如狼牙修、顿逊等在印度文化的影响下建立起来,印度教作为印度文化影响马来半岛的载体之一,亦在当地社会及人们的物质和精神生活中留下了痕迹。15世纪,伊斯兰教在马来半岛占据主导地位,印度教逐渐没落,但印度文化的某些成分已经与伊斯兰教相融合而成为传统马来文化的重要组成部分。19世纪末20世纪初,大批印度人从印度南部南移至马来半岛,印度教再次跟随移民登陆此地。印度教前后两次传入马来半岛,成为构成今天马来西亚印度教文化两股重要的历史源流。第二次世界大战后,在马来西亚的印度人中兴起了一场印度教复兴运动,并催生了一系列印度教组织和机构。

二、基础教义体系

印度教是一个颇为庞杂的概念,其与古印度的婆罗门教存在一定的承接关系,如印度教承认吠陀经典,赞成并积极发挥造业、果报和轮回等观点,同时糅合了一些佛教信仰元素,如倡导佛教禁欲的主张等。但印度教本身亦有其独特之处。

印度教为多神信仰，其中又以梵天、毗湿奴和湿婆三神为主神。印度教教义认为，梵天是主管创造世界之神，是第一主神，是创造万物的始祖。毗湿奴是维持世界之神，能降服妖魔，被奉为保护神。湿婆是世界的破坏者，是毁灭之神。湿婆以男性生殖器为象征，并会不断变化其形象。在各地的宗教信仰当中，毗湿奴和湿婆又常常被立为主神，其他神都是他们的化身，且地位都在他们之下。

印度教的教义含有浓厚的因果报应及轮回观念。印度教认为，任何生命都附有灵魂，在生命的终点，灵魂会再生或转世，善恶有报，轮回周而复始。世事苦楚，人们可以通过种种方式达到解脱，如严格奉行各种戒律、虔诚的祭祀以及虚心的学习等。印度教徒崇拜各种神祇，坚信祭祀是表达虔诚最好的方式之一。数千年来礼仪繁琐的祭祀仪式成为印度教的特色之一。此外，克制情绪和苦行也被认为是修行和摆脱轮回之苦的方法。梵我合一，即灵魂与神合二为一是解脱的最高境界。印度教实行严格的种姓制度，按照从高贵到低贱将人划分为四个等级：婆罗门、刹帝利、吠舍和首陀罗。各种姓之间界限分明，不能相互来往，更不能通婚。

三、价值观体现

对于印度教徒来说，宗教不仅仅是他们的信仰指向，更是一种思维方式和生活方式，对马来西亚的印度教徒乃至整个马来西亚社会的价值观念产生了潜移默化的影响。

（一）尊重生命

印度教认为灵魂不死。随着肉体的消逝，其灵魂也会因其一生的业而转世重生，或为更高等的人，或为更低等的人，或为虫兽。印度教徒相信，他们已经逝去的亲人灵魂不灭，他们有可能是现世的一头牛或者一只蚂蚁。这种信念久而久之形成了印度教徒珍视一切生命存在的世界观。这成为马来西亚印度教徒"以人为本"、尊重人以及人的生命这一群体理念最悠久、最深层的宗教文化根源，为马来西亚整个社会的和谐共存提供了重要的人文保障。

（二）等级观念

印度教徒心中根深蒂固的等级观念是印度教种姓制度向社会生活无限延伸、长期堆叠的结果。数千年来印度教徒被教导着，恪守生而固定的职责和地位，跨越种姓的界限被认为是罪恶的，为神所不允许的。近代社会，在民主、平等及自由思潮的影响下，人们的种姓意识逐渐淡化，但等级观念并未完全消除。尤其是在一些偏远乡村，虔诚的印度教徒依然按照宗教为其确定的身份自我地活着。而对于深受西方文化影响的部分印度教徒，他们也大多能平静地接受现实情况。一种民族记忆中的等级观念以及对其的接受和遵守，或多或少对其成员在改变自我状态这一事件上存在一定的束缚作用。

（三）轻物质，重精神

印度教徒相信，所有现世的物质均是灵魂的承载物，物终是要消逝的，但灵魂、精神不灭。在现实生活中，他们轻蔑外在的、物质的东西，而崇尚内在的精神。远离物质、隐忍的修行能饱满自我的灵魂。那些隐居深山修行的圣者往往会成为印度教徒崇拜的偶像，这也让他们逐渐养成了重精神、轻物质的观念。

四、发展趋势

在马来西亚，大约有89%的印度人信仰印度教。因马来西亚的印度教徒多为移民或其后裔，这使得目前马来西亚的印度教信仰呈现出明显的地域性特征。来自印度南部的泰米尔族主要信奉湿婆教，而小部分从印度北部南移的印度人以及来自斯里兰卡的印度教徒则忠诚于他们的保护神毗湿奴。信仰不同派别的印度教徒会在不同的寺庙里供奉他们的神。但尽管如此，各流派之间依然存在很大的共同点，彼此之间的交流也很频繁。可以说，共同的印度教信仰是马来西亚印度教徒团结的纽带和凝聚力生成的重要因素。印度教与其说是作为一种信仰文化存在于马来西亚社会，毋宁说是印度人自我肯定以与他人区分的生活方式和身份标示。作为马来西亚第三大族群，他们似乎与世无争，安守自己的一方净土，但如此淡然之态度也为其文化的独立性拉起了一层保护圈。

第五节　其他宗教

一、基督教

随着西方基督徒与波斯人之间贸易的开展，基督教最早于7世纪左右登陆马来半岛。1511年葡萄牙人占领马六甲，开始有传教士专职在其管辖范围内传教。但由于殖民者过于专心对马来半岛经济利益的掠夺，而在宗教信仰方面并未采取强制措施，基督教的传播在广度和深度上都十分有限。1786年，英国殖民者占领槟城，之后不久来自泰国的天主教神父就在槟城创建了一所神学院。19世纪中叶，受英国文化的影响，在马来半岛上出现了一批以讲英语为主体的基督教社群，他们建立的教会学校是基督教在马来西亚主要的传播方式和途径。目前，马来西亚大概有9.1%的人口信仰基督教，大部分为东马的华人。1900年，福建闽清县的华人基督徒黄乃裳就婆罗洲诗巫的开发事宜与当时砂拉越的统治者布洛克签订合约，并在此后两三年内组织了大批华人移民诗巫，在这些移民当中就有很多基督徒。马来西亚的基督教信仰流派主要包括圣公会、浸礼会、卫理公会、长老会以及罗马天主教等。

二、民间信仰

（一）马来人的原始宗教

原始宗教是在生产力极端低下的情况下，自然、人类自我以及人类与自然之间的关系在人们意识中的反映和总结，其基本特点表现为对自然万物、祖先、死亡、繁殖等现象的祈求和敬拜，并在此基础上发展为对超越自然之力量的想象、信仰和崇拜。信仰影响生活，于是禁忌和规范开始在社会中出现。

原始马来社会属于典型的农业社会，自然给他们带来生计，同时也能毁灭他们为生存所做的努力。他们意识到了生产活动乃至人类的生存与自然现象之间的密切关系。面对变幻莫测的自然界，他们同时感到了希望和压迫。于是他们把他们无法解释的自然现象神化，承认并畏惧它们的巨大威力，也赋予它们人类的喜好和情感，并以自认为好的方式讨好神灵以祈求庇佑。马来人原始宗教信仰表现为多种形态，如植物崇拜、天体崇拜、生殖崇拜以及祖先崇拜和万物有灵等。随着社会经济的发展，各种宗教文化先后登陆马来半岛。但马来人原始宗教信仰元素却在一浪又一浪的文化冲击中保留着一定的延续性。尤其是身处深山的土著民族，原始宗教仍然是他们的信仰文化中最为朴素的底色。

（二）华人的民间信仰

1. 道教

道教起源于中国的神仙方术，以"道"明教，认为天地万物皆由"道"而生，即所谓"道生一，一生二，二生三，三生万物"，社会、人生都应循道而行。和谐、超然的心态和生活方式是道士的最高目标追求。道教于19世纪末20世纪初随着大批华人南下谋生登陆马来半岛，在信教行为方面有所变化，更具实用性。在中国国内，道教奉老子为教主，同时侍奉天兵、天将、天女、天神、天尊、天帝等神灵。马来西亚华社道教供奉的主神也五花八门，如玉皇殿主要供奉玉帝，同时也有灶君、孔子、如来、观音等，与佛教有所混淆。道教主要在华人中流行，但道士的比例相对比较低。道教在马来西亚的传播范围十分有限，建于1900年的槟城自在观是马来西亚境内的第一座正规的道观。直到1990年，马来西亚道教协会才最终成立，并开设道教学院。总体来说，道教在马来西亚对国家和社会的影响不大。

2. 儒教

儒教又称孔教，源于儒学，以中国的孔子为先师，以十三经为宗教经典，以古代官僚机构为宗教组织，以孔庙为宗教场所，以祭天、祭祖为宗教仪式，倡导修齐治平、忠恕、仁爱、孝悌、和谐、诚信。在马来西亚，信奉儒教的主要是华人。儒教主张入世，且为中华文化的核心和基础，这使得儒教成为远离家乡的华人在异地安身立命的指导原则和精神寄托。在马来西亚，孔子已经被神化了，儒学也被引申为教义。建立私塾、书院和华人学校是传播儒教的主要手段，目前，华人学校已经遍布马来西亚。尽管现在马来西亚信奉儒教的人数并不多，但以儒学为核心的中华文化得到了良好的保存和传承。

3. 德教

德教起源于中国广东潮汕地区，流行于东南亚地区的华人社区，其中对马来西亚的影响最甚。德教会是德教最重要的宗教组织形式。20世纪30年代，日本帝国主义侵略中国，人们生活在水深火热当中。此时身处潮阳县的杨瑞德等人为祈求战火平息，设立香案，恳请仙佛降谕，遂创立德教会历史上第一阁——紫香阁。二战结束后,德教开始向潮汕以外的地区发展。1952年,德教创始人之一李怀德在新加坡创建紫新阁,开始了德教向东南亚传播的路程。此后,马六甲的紫昌阁、槟城的紫英阁先后成立。

《德教心典》是德教会最重要的典籍,改编自老子《道德经》的《德教意识》则为德教的教义和宗旨奠定了基础。德教宣扬道德教化,其中心思想是"道为宗"、"德为崇",认为儒教、道教、佛教、基督教和伊斯兰教实际上同宗同义,儒教强调"仁爱",道教讲究"和谐",佛教重在"慈悲"待人,基督教倡导"博爱"世界,而伊斯兰教教导人们"忠诚"于自我的信仰,总而言之,归于一"德"。德教崇尚五教(儒教、道教、佛教、基督教和伊斯兰教),认为这五教都以利人济物、修心济世为主旨。德教综合各教之精华,"以德化人",扬善止恶,扶危济贫。在具体的实践生活当中,德教倡导德友(即德教信徒)以"十章八则"作为自我修身养性、为人处世的法则。十章,即为孝、悌、忠、信、礼、义、廉、耻、仁、智十大美德;八则,则是不欺、不伪、不贪、不妄、不骄、不怠、不怨、不恶。德教在马来西亚的传播非常迅速,至20世纪80年代,全国已有近60处道场。迄今为止,马来西亚全国的德教会达120多个,德友以华人为主。他们热心公益,经常开展赈灾、济贫活动,已经构成了马来西亚华人传承传统文化、培养和强化族群认同的重要的信仰实体。

马来西亚是个多元民族、多元宗教文化共存的国家。据该国2000年人口普查数据显示,马来西亚60.4%的人信仰伊斯兰教,19.2%的人信仰佛教,9.1%的人信仰基督教,6.3%的人信仰印度教,2.6%的人信仰儒教、道教以及其他华人传统信仰,剩余的有一部分人如东马原住民,则忠实于本土的神灵信仰,如万物有灵、鬼神崇拜等,也有近0.9%的人声称自己不崇信任何宗教或者不提供信息。

伊斯兰教是马来西亚的官方宗教，是占全国人口超过半数的马来人共同的宗教信仰。伊斯兰教和伊斯兰教文化构成了传统马来文化的核心要素，也是构建现代马来西亚国家文化的重要支撑点。

多元民族与多元文化共存是马来西亚最大的社会现实，而社会的族群划分与宗教界限几近重叠让现实变得复杂而深刻。伊斯兰教是马来人的族群信仰，印度教主要在印度裔中流行，而华人却忠实于与中华文化相关的儒教、道教、佛教以及德教，宗教逐渐演变成人们的一种身份标识，捍卫所谓的"族群信仰"与保护族群的社会地位具有同等的意义。但随着马来西亚现代化的开启和深入，社会急剧变革，社会的分层逐渐细化，利益团体跨越种族实现重组，中产阶级出现并壮大，宗教的身份标识意义随着族群之间的交流而有所模糊。马来西亚的各个宗教，如伊斯兰教在现代化的过程中适当自我调适，成为现代化的积极推动因素，并对国家的政治经济产生了积极影响。

第五章　文学艺术

第一节　语言文字

马来西亚是一个多元民族共存的国家，语言文化也呈现出多元化特征。马来人的母语是马来语，华语是华人之间相互交流的重要工具。此外，粤语和闽南语也在华人社团中被广泛使用。泰米尔人在日常生活中一般使用泰米尔语，东马的土著常常使用自己的部族语言。由于历史的原因，英语也是该国的官方语言之一，在跨民族的交流当中扮演着重要角色。身处多语言共存的环境下，很多马来西亚人都能熟练掌握多门语言。宪法规定，马来语是马来西亚的国语和官方语言，是马来西亚语言文化的核心和主干。

马来语中有6个单元音、3个双元音以及26个辅音，其词汇没有性、数、格等变化。从构词的角度分析，马来语具有黏着型语言的特点，词缀是改变基词词性以及表达语法意义的重要方式，也是其构词的主要方法之一。而从句法的角度来看，马来语同时也具有分析型语言的特点，功能词和词汇在句子中的顺序是表达句法关系的主要方式。马来语语句的基本结构为：主语—谓语—宾语，并遵循定语后置的规则。现代马来语以廖内方言为标准。马来语历史悠久，其发展道路也因马来半岛地区历史发展的起伏而崎岖跌宕，但特殊的发展脉络也成就了其兼容并蓄、包罗万象的特色。

一、马来语的历史分期

马来语属于南岛语系中的马来—波利尼西亚语族，是其中最为古老的语支之一。公元前1500年南移至马来半岛的续至马来人用于彼此交流的语言便是原始马来语的雏形。1—2世纪，随着东西方海上贸易的巨大发展，操不同语言、不同肤色的人们为了经济利益汇集于东南亚海岛地区，世界上各种先进的文明和语言也随之涌入，此时的东南亚地区俨然成了世界先进文明的汇集地。马来语就是在这样的环境下，在不断地接受外来语言和文化的影响下慢慢成长和完善起来的。根据马来语的发展特点，以不同时期马来语受不同外来语的影响为标志，以考古学上的发现为佐证，主要将马来语的历史分期划分为以下五个阶段。

远古马来语时期，统指7世纪以前人们所使用的马来语。这一时期，马来语的使用只局限于马来族及其与临近土著之间的相互交流，马来语的书写形式尚未出现。

古马来语时期，统指7—13世纪人们所使用的马来语。这一时期，深受古印度文化影响的王国纷纷建立，以梵语为工具、以宗教教义为载体的印度文化对马来文化产生了重要影响。马来语在梵语的影响下有了自己的书写系统，并在语法、词汇等方面取得了长足的发展。

古典马来语时期，统指13—16世纪初期人们所使用的马来语。这一时期，将印度佛教文化在马来半岛地区发展到极致的室利佛逝王国最终走向没落，以伊斯兰教为官方宗教的马六甲王国崛起。阿拉伯语也随之取代梵语成为影响马来语进一步发展的核心要素。

近代马来语时期，统指16世纪初期至20世纪中期人们所使用的马来语。16世纪初期，马六甲王国沦陷于葡萄牙之手，从此开启了马来半岛近450年的被殖民史。来自西方的殖民者以及来自东方的劳工纷纷涌入马来半岛地区，马来语成为操不同语言者相互交流的共同语言，同时也在不同文化的交流和碰撞当中不断接受其他语

第五章 文学艺术

言的影响并影响着其他语言。

现代马来语，统指马来亚独立至今人们所使用的马来语。联邦宪法第152条规定马来语为该国国语，这最终从法律的角度确立了马来语在国家建设中的地位，为马来语在现代社会的存在提供了保障，而现代社会对马来语这一语言的重视和对其功能的要求也成为马来语进一步发展的强劲动力。

二、外来语对马来语的影响

外来语对马来语的影响是马来语自我发展的动力源泉之一，几乎贯穿了马来语的整个发展历程。在梵语、阿拉伯语以及部分西方和东方语言的影响下，马来语能动地吸取了其精华因素以不断完善自我，最终发展成为一种系统化的和成熟的现代语言。

（一）梵语对马来语的影响

梵语是古马来语时期促进马来语向前发展最重要的外部因素。19世纪末期至20世纪初在东南亚地区出土的四块碑铭是梵语影响马来语最有力的佐证。这四块碑铭刻于683—686年之间，分别是刻于683年、在巨港的格杜干·武吉（Kedukan Bukit）发现的碑铭；刻于684年、在巨港附近达朗·杜沃（Talang Tuwo）发现的碑铭；刻于686年、在邦加岛的科达·卡布尔（Kota Kapur）发现的碑铭；刻于686年、在占卑（Jambi）的卡冷·勒拉希（Karang Berahi）发现的碑铭。从碑铭上所记录的语言来看，不管是从词汇、书写方式还是音韵学等方面都能清楚地看到梵语对古马来语深刻影响的痕迹。需要指出的是，诸多古马来语中的梵语因素被继承了下来，如词汇及构词方式等。同时由于有关古马来语的文本比较缺乏，因此在词汇及构词两个方面将以相关碑铭上的古马来语文本为主，再辅以现代马来语中的梵语词汇及词缀，进而说明梵语对古马来语的影响。

1. 大量梵语借词的引入大大丰富了古马来语的词汇系统

古马来语中存在大量的梵语借词，梵语主要是从"词汇的角度"影响了古马来语的发展。对界定古马来语具有决定性作用的四块碑铭上所刻写的文字中便有很多词语借自梵语，这就是最好的证明。在语言长期的发展历史中，很多梵语借词已经逐渐成了马来语基本词汇中的一部分而不被划分到外来借词一类。马来语中的梵语借词不仅数量大，在内容方面也涉及社会生活的各个领域，包括有关宗教、商业、政治以及动植物等方面。

2. 大量梵语词缀进入古马来语丰富了古马来语的构词手段

古马来语的基本词汇不是很多，但相对贫乏的词汇并没有影响其完成交际的任务，而且在7—13世纪曾成为整个马来群岛的通用语，古马来语也曾成为室利佛逝王国的统治用语。这在很大程度上应归功于古马来语丰富的构词手段，在基词上增加各种词缀是马来语中构造新词的重要方式，而大量梵语词缀进入古马来语系统无疑对此功不可没。在古马来语中有相当数量的梵语词缀，大部分是前缀和后缀。尽管有些梵语词缀随着语言的发展而脱落，但仍然有很多梵语词缀被沿用至今。梵语对古马来语的影响深刻而久远，包括词缀在内的很多梵语因素都已经成为现代马来语中的有机成分，由梵语词缀构成新词，因其易于被人们理解和接受遂成为现代马来语中构造新词的重要方式。

3. 马来语对梵语书写方式的借用让古马来语首次有了自己的文字系统

早在公元前1500年前，远古马来语便成为马来群岛地区人们重要的交际工具。但直到公元前后的几个世纪，远古马来语似乎只是一种口头交际语，而没有与其相应的文字系统。7—13世纪的古马来语时期，以南印度的跋罗婆（Pallawa）字母刻写的并夹杂着很多梵语借词的马来文出现了，这是马来语在其发展和完善历程中的一个重要转折点。从某一方面说，有文字的马来文的出现滥觞于印度梵语对马来语的影响。印度的宗教文化对人们生活和思想的影响是全面的，而承载这种文化与思想的梵语对人们所使用语言的影响更是深刻而久远。当时的印度文化多是从印度南部传入海岛东南亚，而流入这一地区的宗教文化典籍大多采用南印度跋罗婆字母书写的梵语，这是导致古马来语最先用跋罗婆字母书写的重要原因。

4. 梵语对古马来语语法的影响不大

梵语作为一种发展相对完善的语言，从词汇、构词方式以及书写方式上深刻而全面地影响了古马来语的发展轨迹，但梵语语法对古马来语语法的影响相对来说较小。梵语的语法相当复杂，不仅屈折变化繁复，动词还有时态和语态的区别。而古马来语的语法比较简单。当时使用古马来语作为交际工具的人群有相当一部分是劳苦大众，处于社会的较低层次。再者，由于古马来语的文法较梵语简单，这也使其成为汇集于海岛东南亚的人们相互沟通的交际语，同时，古马来语还成为当地居民与外来人员，如欧洲、西亚、印度、中国等地商人之间的交际语。不难理解，基于梵语和古马来语各自的语法特点，加之古马来语特殊的社会地位及作用，人们对商业交际语言简单易学的要求及其语言自身发展的经济性原则，梵语语法对古马来语语法的影响有限是不无原因的。中国高僧义净等人当年正是通过这种流行于室利佛逝民间的语言，即古马来语来学习梵文语法的。而部分印度佛教典籍也是由这些高僧通过古马来语作为中介，将梵文译成中文的。

（二）阿拉伯语对马来语的影响

在古典马来语时期，阿拉伯语主要从词汇及书写方式等方面影响了马来语的发展。13世纪末期,大批波斯人和阿拉伯商人纷纷来到苏门答腊及马来半岛地区,阿拉伯语开始对马来语发挥影响。15世纪,随着马六甲王国的崛起,伊斯兰教被规定为官方宗教,大量阿拉伯语词汇被引入马来语。在阿拉伯语影响古典马来语的初期阶段,被引入马来语的词汇大部分与宗教相关。随着伊斯兰教在马来半岛的全面覆盖,宗教对人们的影响延伸至各个方面,甚至成为人们的生活方式。马来语也开始主动吸收阿拉伯语中各个领域的词汇。

在阿拉伯语的影响下,马来语曾形成一种名为爪威(Jawi)的字母书写系统。这种系统以改良的阿拉伯字母进行书写,在当时备受推崇,且一度成为经典马来文学及宫廷文学的主要载体。一直到今天为止,很多伊斯兰经典教义文集依然以爪威文书写。

此外,阿拉伯语在语音上也对马来语产生了一定的影响。古马来语中,辅音重叠的情况较少,但在阿拉伯语的影响下,辅音重叠出现的频率增大。此外,基于宗教情感表达的需要,马来语中的送气音"h"被强化。

(三)以英语为代表的西方语言对马来语的影响

1511年,马六甲沦陷,马来半岛先后沦为葡萄牙、荷兰及英国等西方国家的殖民地,宗主国的语言或多或少都影响了马来语的发展。目前,马来语中仍存有少量的葡萄牙语和荷兰语词汇。相比之下,英语对马来语的影响最为深远。

东西方文化的交流以及近现代科学技术的发展,使得马来语在面对一些崭新的社会现象时频频出现盲区,马来语急需引入新的词汇以充实和完善自我,大量的英语借词出现在马来语当中。马来语中的英语借词大多数涉及经济、政治以及科技等领域,且数量呈现出不断增长的态势。

19世纪末期,在英殖民者的统治下,许多西方学者纷纷研究并最终制定了一套罗马字母拼写系统。1904年,以罗马字母拼写的马来语被大力推广,因其更容易书写和辨认,逐渐取代爪威文而成为现代马来语的书写系统。大量的现代英语词汇被借入马来语中,以及罗马字母书写系统的成型和推广,为现代马来语的成熟发展做好了准备。

(四)以闽南话和广东话为代表的华语对马来语的影响

18世纪末期至20世纪初期,在英殖民统治者攫取经济利益的驱使下,大批中国劳工被引入马来半岛,他们或为矿工,或为小贩,均生活在社会的最底层。为了表达的需要,他们常常将母语混杂在马来语当中与他人交流。久而久之,马来语吸收了大量的华语词汇。而这些劳工大多来自福建、广东等沿海地带,因此,华语当中又以闽南语和广东话对马来语的影响最甚。目前,马来语中大概有数百个华语借词,范围覆盖食品、日常用品、民俗、地点名称、信仰文化等领域。

三、马来语的发展趋势

自独立以来,马来西亚政府十分重视马来语的发展和推广,现代马来语已经成为一种相对比较完善和成熟的语言。纵观马来语的发展史,不难发现马来语每每在文化碰撞之时,都能适当地调整自我,能动地吸取外来文化的优良成分以发展和完善自我,表现出强大的弹性和适应能力。在全球化趋势越来越明显的今天,各种语言文化相互激荡,更为马来语的继续发展提供了有利的环境。作为马来西亚的国语,马来语不仅是该国国民相互交流的重要工具,同时也在国家乃至整个东南亚地区的社会、政治及经济发展中发挥越来越重要的作用。

第二节　文学艺术

马来西亚多元语言文化共存的社会现实孕育了该国色彩缤纷的文学艺术，马来文学、华语文学及泰米尔语文学等多种语言文学艺术百花齐放，百家争鸣。

一、马来文学

根据马来文学发展的特点，可将其划分为古典马来文学和近现代马来文学。古典马来文学指受西方文化深刻影响的马来社会及其语言文学之前的文学发展和成就，即20世纪初以前的马来文学。需要指出的是，尽管西方文化早在1511年马六甲王国沦陷之时，就已经随着大批西方殖民者登陆马来半岛，但他们大多专注于经济利益的攫取和对财富的强取豪夺，而对于文化的输入有所忽略，因此对本土文化文学的影响甚微。19世纪中叶，英国殖民者在马来半岛的全面统治，才开始将西方资本主义的思想及统治方式有计划有步骤地引入殖民地，本土的一些精英分子开始受到西方思想的影响。但文学领域作为一个整体表现出摆脱传统封建思想的活力和行动始于20世纪20年代，这标志着近现代马来文学开始萌生。

(一) 古典马来文学

古典马来文学覆盖了马来语言文学相当长的历史发展时期，涉及古马来语言文学、古典马来语言文学以及近代马来语言文学等。古马来文学受到梵文语言文学的影响，其文学作品多是对印度著名史诗《罗摩衍那》故事的改编，并以巴利文记录下来。由于以巴利文拼写的古马来文在书写和识别上都比较难，流传下来的文学作品并不多。以改良的阿拉伯字母书写的爪威马来文开启了古典马来文学发展的鼎盛时期。流传至今的古典马来文学作品大多数是以爪威文撰写和记录下来的。根据传播的方式和创作特点，又可将古典马来文学划分为宫廷文学和民间文学。

1. 宫廷文学

宫廷文学指宫廷文人雅士的作品，属于笔头文学，因其更容易保存而成为今天古典马来文学的核心构成部分。而根据作品的表现形式和体裁特征，可将宫廷文学划分为以下几种类别：希卡亚特（Hikayat）、历史性文学（Sastera Sejarah）、伊斯兰文学（Sastera Islam）、法制文学（Sastera Undang-Undang）、罗曼（Roman）和古典诗歌（Puisi Klasik）。

希卡亚特意为"传奇"，常常描写一位英雄一生的传奇故事，以夸张的文笔描绘主人公的英勇和忠诚来炫耀马来王朝的显赫和伟大。希卡亚特这种古典文学的表现形式体现了印度古代史诗的影响。《斯里·拉玛传奇》（*Hikayat Seri Rama*）便是古典马来文学中改编自印度古代史诗《罗摩衍那》最为古老的马来英雄传奇故事。最负盛名的传奇小说当属《杭·都亚传奇》（*Hikayat Hang Tuah*），其讲述了杭·都亚无条件忠于君主、与敌奋战、捍卫国土的英雄故事，受到历届封建马来君主的推崇，其所宣扬的道德观念影响了马来民族几个世纪。印度史诗对马来文学的影响在伊斯兰文化传入到马来半岛之后并未完全消逝，人们在将古印度文化融入到本土文化当中的同时，也利用希卡亚特这种文学表现形式来刻画伊斯兰教的英雄人物，如《伊斯干达·朱卡尔奈因传奇》（*Hikayat Iskandar Zulkarnain*）。

历史性文学与一般的史书存在较大的差异，大致相当于历史小说，虽具有一定的历史背景，但其内容大多是作者杜撰的。历史性文学是在伊斯兰教传入之后方才出现的文学表现形式，讲述的大多是国王与王国的成长史，目的在于为国王的统治提供神性，创造及巩固其政治合法性基础。《巴赛列王传》(Hikayat Raja-raja Pasai)是古典马来文学中最早的历史性文学作品,描述了从14世纪初至中叶巴赛诸王的故事。历史性文学中文学价值最高、流传最广泛且影响最为深远的是《马来纪年》(Sulalatus Salatin)。这部作品诞生于1615年,据作者敦·斯里·拉囊(Tun Sri Ranang)称,他是奉国王的圣旨创作此书的。书中记述了马六甲王国的历史发展和各种治国政策以及规章制度,并将各种神话传说、民间故事以及宗教经典,改头换面用在了王国的统治者身上,神化了他们的光辉业绩,美化了马六甲王国及其统治者,这使得《马来纪年》的文学性远远大于纪实性。这也是大部分历史性文学的共性。

伊斯兰文学是以伊斯兰教历史及其教义为核心题材的文学表现形式,大多数讲述的是伊斯兰教先知们的故事,其中又以先知穆罕默德的生平传奇流传最广,如《先知穆罕默德传奇》、《先知理发的故事》、《先知归天的故事》等都为马来民众所熟知。这些故事有可能是宫廷中的一些教士们专为苏丹讲经而作,也有可能是民间的伊斯兰教士想吸引民众,以更加容易接受的方式传播教义而作,同时也有可能是宗教学堂的学生们抄自他国的伊斯兰教圣典。但不管出自谁人之手,目前,伊斯兰文学俨然已经成为古典马来文学的重中之重。17世纪著名的宗教学者谢赫·努鲁汀·阿·拉尼里(Syeikh Nuruddin Al-Raniri)的两部作品《御园》(Taman Raja-raja)和《诸王之冠》(Mahkota Raja-raja)便是伊斯兰文学的巅峰之作。《御园》细数了与伊斯兰教的伦理道德相关的种种问题,其目的在于劝谏统治者。《诸王之冠》则是作者参考相关的波斯小说创作而成。

法制文学实则是马来历代王朝的一些法律和规章制度。为了巩固自我的统治,古代马来君王往往会制定各种规则以规范官员及民众的行为,于是古代的宫廷文人自觉或者受于王命,将这些规则编成法典。在编撰的过程中，他们又常常会堆砌华丽的辞藻来修饰。虽然法制文学也如其他古典马来文学形式一样，或多或少有作者的想象力参与其中，但其也一定要切合现实情况方能服众。因此，法制文学比其他任何一种形式的古典马来文学作品都能更加真实地反映当时的社会百态。《马六甲法典》(Hukum Kanun Melaka)是历代马来封建王朝中最重要的法典，也是法制文学中最为重要的作品之一，其主要记述了国家的礼仪和习俗、刑法和刑事案例以及民法细则等。其后诞生的《彭亨法典》(Undang-undang Pahang)以及《柔佛法典》(Undang-undang Johor)都以《马六甲法典》为蓝本制定而成。

罗曼是一种类似于小说的文学表现形式，可追溯到14世纪流行于马来半岛的"班基"(Panji)，是印度文化影响马来文化的结果。罗曼的选材相当广泛，既可以是王子公主的浪漫史，也可以是商贾海员的传奇故事；既可以是古印度文学中英雄人物的化身，也可以是来自波斯或者阿拉伯的宗教伟人。但相同的是，这类作品往往都是虚构出来的，作者通过描写两个阵营的激烈斗争，表达自己对美和善的颂扬，对丑和恶的鄙视，将自己乃至整个马来社会的世界观和价值判断融入其中。可以说，罗曼是古典马来文学中受众最为广泛的文学体裁之一，也是马来民族的道德体系最好的总结和传承的工具之一。

古典诗歌包括班顿(Pandun)、沙依尔(Syair)、古玲达姆(Gurindam)和斯罗卡(Seloka)。"班顿是马来民族历史最悠久的一种文学表现形式"，也是古典马来文学中的一朵奇葩。班顿是一种结构相对特殊的韵律诗，多由4行组成，但也有的由2行、6行甚至8行组成，每行含有8~12个音节，可每行同压一个尾韵，也可隔行同压一个尾韵。班顿可俗可雅，能表现各种题材内容，如男女之情、长者对晚辈的谆谆教诲、孩童之间的淘气和戏谑等，班顿因而也成为马来社会喜闻乐见的文学表现形式。有时人们还会在乐器的伴奏下，大声朗诵甚至演唱班顿作品，成为马来民众情感表达的一种方式。沙依尔起源于阿拉伯国家，是一种韵律严谨的诗歌形式，每首至少由四行组成，每行含有8~12个音节，每行内容彼此关联，尾韵相同。古玲达姆起源印度的梵语诗歌，一般由两行构成，每行没有字数和韵律的限制，但内容则一般为"前因后果"，即第一句为因，第二句为果，创作的目的多为警世和教育他人。斯罗卡是在泰米尔文学的影响下形成的一种马来诗歌形式，格律要求与古玲达姆大致相同，目的是训诫他人。不同的是，斯罗卡的语言更加轻松幽默，以揶揄和反讽的方式劝诫他人。

2. 民间文学

民间文学是劳动人民的语言文化艺术。在马来民众口耳相传的过程中，马来民间文学记录着他们的民族记忆，沉淀和传承着他们的生活意识。在长达一千多年的历史发展中，马来民间文学俨然已经形成了一个庞大的艺术宝库，包含了多种文学表现形式，如：神话传说、谐谑故事、成语和谚语、民谣、说书以及戏曲等。

神话传说的主角多是一些与山、川、雷、电等自然相关的神仙和幽灵，他们往往具有超自然的能力，能呼风唤雨，主宰世间命运。神话传说是古马来社会"万物有灵"的原始宗教信仰在文学中的体现，也是人们对自然万物最朴素的理解和认识。随着印度文化和伊斯兰文化的传入以及历届马来王朝的兴起和衰落，神话传说的内容也逐渐转向一些宗教圣人和王公贵族的英雄故事。此外，神话传说中还包含了一些有趣的动物故事，马来民间艺人赋予各种动物以人的性格特点，他们能说话，能与人交流，有的善良，有的邪恶。一系列的动物故事不仅反映了马来人对动物世界一些自然现象的想象和理解，也是当时社会百态的写照。谐谑故事讲述的是小丑趣事，作者往往通过描写小丑们啼笑皆非的事情来讽刺一些丑恶的社会现象。班迪尔大叔（Pak Pandir）、大肚佬（Si Luncai）等都是马来社会人尽皆知的丑角。成语和谚语是马来民族的生活智慧最言简意赅的表达，简单的一句话，看似对自然现象的平铺直述，实则隐藏了深刻的意义。班顿是马来民谣中的精品，在上文中已有详细介绍。说书是古马来社会人民大众最重要的娱乐方式之一，走街串巷的说书艺人是说书艺术的创造者、表演者和传承者。说书故事往往改编自古印度文化中某个家喻户晓的人物，或者是马来封建王朝的王子公主，常常以悲剧开始，又以喜剧收尾。马来民间戏曲起源于古马来社会的宗教仪式，因此，最原始的民间戏曲与祭祀相关，如流传于吉兰丹地区的"特里"（Teri）。随着外来文化的影响，戏曲的内容以及直接目的发生了改变，印度文化以及伊斯兰文化中的事件和人物开始登上舞台，戏曲表演也由简单的宗教祭祀转向大众娱乐。

（二）近现代马来文学

根据近现代马来文学发展的特点，结合马来西亚的历史和社会政治实践，可将近现代马来文学划分为三个阶段：战前时期、战后时期以及独立后时期。

1. 战前时期

19世纪中期，阿卜杜拉·门希以现代文学的笔触撰写的传记和游记等作品相继问世，标志着近现代马来文学开始萌芽，阿卜杜拉也因此被马来西亚文学界冠以"马来现代文学先驱"的美誉。但是在殖民者的统治之下，马来文学与外界的交流甚少，直到20世纪20年代左右，在中东伊斯兰教现代化运动的影响下，马来文学才徐徐跨入近现代化阶段，一批以抨击宗教保守势力、反映民族觉醒和要求社会进步的作品如雨后春笋，破土而出。赛义德·谢赫·阿尔哈迪

（Syed Sheik Al-Hadi）以及阿默德·拉希德·达鲁（Ahmad Rasid Talu）是这个时期马来新文学的代表人物。1925年，阿尔哈迪发表了一篇名为《法丽达·哈努姆》（Hikayat Faridah Hanum）的长篇小说，塑造了一个争取个性解放的妇女形象，大胆表现了主人公反对封建禁锢思想以及对自由解放的向往，不管从题材选择、内容描写或表现手段上，都与以往的古典马来文学相距甚远，基本上脱离了传统小说的架构。《法丽达·哈努姆》的发表引起了马来文坛的强烈震动，迅速在全国范围内掀起了一股改革大潮，一批年轻的本土作家开始仿效阿尔哈迪，采用一种现实主义的表现手段在社会中寻找题材。阿默德便是在这样的影响下开始创作并以批判现实主义小说《她是莎尔玛吗？》（Iakah Salmah?）一举成名。这部小说以马来社会为背景，描写了一个敢于摆脱封建势力的新时代女性，通过展现社会冲突，表现了主人公渴望自由、争取解放的性格特点，同时也借此展开了对传统马来社会愚昧习俗的批判，深刻地剖析了造成马来社会贫穷落后的根本原因。与此同时，以报纸为主要传播载体的短篇小说也表现出了反封建主义的特点。各类长篇小说，如《吉隆坡的茉莉花》（Melur Kuala Lumpur）、《幸福的相会》（Pertemuan Yang Bahagia）都是这次思想改革风潮下的优秀作品。值得一提的是，20世纪30年代末40年代初，马来文坛中的部分小说开始显露出明显的反殖民主义色彩，如伊萨·哈吉·穆罕默德（Isyak Haji Muhammad）创作的长篇小说《大汉山之子》（Putera Gunung Tahan），小说勾勒了两个英国殖民者贪婪的丑恶嘴脸，淋漓尽致地表达了马来人民对殖民者的憎恶。此外，穆罕默德的另一部作品《疯子马特·勒拉之子》（Anak Mat Lela Gila）则明确指出殖民主义是造成马来亚社会贫寒苦难的根本原因。

在小说界现代思潮的影响下，传统封建思想对诗歌的禁锢开始解冻。1934年，五首署名"猫头鹰"（Pungguk）的新诗发表在当年3月出版的《教师月刊》上，引起了马来文坛的关注。这五首诗歌虽在韵律形式上留有马来古典诗歌的痕迹，但其内容却已然摆脱了传统框架，包含了作者对社会不平的哀叹、对独立自由的向往以及对祖国母亲的热烈情感，马来民族主义已隐约可见。要求改变现状、摆脱愚昧以拯救祖国和人民于水火，反对封建思想和殖民主义以及对自由解放的向往成为战前马来文学的主题。

2. 战后时期

二战的胜利以及民族解放运动的风起云涌，将近现代马来文学引入一个百家争鸣的大好时期。战争的胜利以及马来民族在国家政治经济领域的崛起，在马来文坛中引发了一场以文学创作目的为中心的大讨论。1950年8月，在哈姆扎（Hamzah）、克里斯·马斯（Keris Mas）、阿斯拉夫（Asraf）、吉米·阿斯马拉（Jymy Asmara）等作家的倡导和组织下成立了著名的"五十年代作家行列"（Angkatan Sasterawan，简称"ASAS50"）。"ASAS50"在成立之初非常重视以文学反映社会现实。但随着英殖民者的退出以及马来社会的新发展，在讨论新时期文学的主要功能以及文学创作的核心目的时，"ASAS50"出现了两种截然不同的观点。以阿斯拉夫为代表的一派提出了文学创作"为社会而艺术"的口号，强调充分发挥文学的社会服务功能。而以哈姆扎为代表的另一派则认为文学的社会功能导向将会导致文学沦为政治的宣传工具而弱化其艺术性，因此提出"为艺术而艺术"的口号。分属两派的作家在各自信念的指引下创造了大量文学作品和评论，其中又以短篇小说和诗歌居多，如克里斯·马斯的短篇小说《前仆后继》（Patah Tumbuh）、乌斯曼·阿旺的诗歌集《浪潮集》（Gelombang）等。在两派之间的争辩中，哈姆扎"为艺术而艺术"的主张因其过于偏重艺术技巧，倾向于唯美主义，逐渐与社会的发展相脱节而未发展成为主流。"为社会而艺术"逐渐为马来文坛及社会民众所拥戴，成为近现代马来文学创作的主旨。战后至独立之前，马来文坛的这场大讨论也为独立后马来文学的发展指明了方向。

3. 独立后时期

1957年马来亚取得独立，为现代马来文学的发展创造了新的条件和环境。新生的马来亚规定马来语为其国语，并发起了第一届马来文化大会，讨论新形势下马来文化的发展方向，为马来文学的发展提供了制度和政策保障。1962年，"全国作家协会"（PENA）取代"50年代作家行列"成为引领现代马来文学继续发展的重要组织。此外，马来亚促进马来语言文化发展的官方机构国家语文局为促进国内马来文学的继续繁荣，在全国范围内举办各种文学比赛。政府还设立各种头衔和称号，成为推动现代马来文学发展的强劲动力。

独立初期的马来文学作品大多描写社会底层的贫穷落后，人们对帝国主义、殖民主义的憎恶之情以及民众对国家现代化建设的憧憬和渴望。沙默德·赛义德（Samad Said）的作品《莎莉娜》（*Salina*）创作于1958年并于1961年出版，是当代马来文学走向繁荣的标志。小说描写了一位少女被帝国主义者侮辱最终沦为妓女的悲惨遭遇，深刻地揭露了帝国主义的丑恶嘴脸及其残酷的侵害给当地人们乃至整个社会带来的巨大影响。沙默德也因此而获得了"文学战士"的称号。夏嫩·阿哈马德（Shanon Ahmad）的小说《满途荆棘》（*Ranjau Sepanjang Jalan*）也是这一时期颇为优秀的作品之一。小说描写了一个平凡的家庭遭遇天灾的痛苦经历，展现了马来农民贫苦无奈的生活现实。小说发表之后，在马来社会乃至整个马来亚社会引起了广泛反响，作者夏嫩也因此被公认为马来文坛的优秀作家，获得了"文学战士"的称号。此外，还有很多作品，如哈桑·易卜拉欣（Hassan Ibrahim）的小说《幸运的老鼠》（*Tikus Rahmat*）、夏嫩·阿哈马德的《灰烬》（*Rentong*）、阿默德·伯斯塔曼（Ahmad Bostaman）的《夜幕掩盖下》（*Merangkaklah Senja Menutup Pandangan*）等，马来文学呈现出百花齐放的繁荣景象。随着马来西亚的成立以及国家现代化进程的推进，马来文学的主题开始逐渐转向民族融合，并饱含了文人墨客对现代化过程以及现代化给社会带来的影响所作的思考。

二、华语文学

19世纪前后，大批华人涌入马来半岛，文学成为华人寄予思想情愫的圣地，也是记录和反映华人艰苦历程的重要方式。华语文学主要指这一时期以及之后出现的华语文学作品，是马来西亚国家文学的主体构成之一，也是世界华语文学的重要组成部分。根据马来半岛华语文学呈现出的特点，可将其大致划分为两个大的类别：传统华语文学以及华语新文学。传统华语文学指的19世纪前后至20世纪初期的华语文学，大多数描写初到马来半岛的华人生活的艰辛和曲折，在反映当地风土人情的同时，也表现出浓厚的思乡情愫和侨民意识。20世纪初期马来半岛的华人文学在题材选择和主体思想上都发生了较大变化，出现了华语新文学。著名的华人文学史家方修曾这样定义华语新文学："马华新文学，简要说来，就是接受中国五四文化运动影响，在马来亚（包括新加坡、婆罗洲）地区出现，以马来亚地区为主体，具有新思想、新精神的华语白话文学。"华语新文学的发展大致可分为两个历史阶段：独立之前的华语文学以及独立后至今的华语文学。由于受到中国国内民族主义运动的影响，独立前马来亚的华语文学大多数以反殖、反封、反帝为主题。革命诗人铁戈因其作品体现出强烈的反殖色彩和斗争情绪，对广大人民具有强大的鼓舞作用而被誉为"马来亚的马雅可夫斯基"。在牢狱中被迫害致死的革命作家宋千金，为新马的独立泣血呐喊，他的作品犹如向殖民者投掷的利器。独立后，马来西亚华人文学作品所表现的主题也悄然变化，民族融合和国家建设逐渐为华人作家所重视。观察近期大量出现的华人作品，不难发现不少土生土长的华人作家，开始逐渐挥别祖辈们根深蒂固的母国情怀和侨民意识，慢慢形成了本土意识颇为浓厚的创作风格，描写和刻画社会的变革和民主化、现代化进程中的人际关系和道德观以及世界观的变迁。当代马华文学界比较有名的作家有：吴岸、驼铃、伍良之、梁放、秋山、晨露等。

三、泰米尔文学

泰米尔语是马来西亚第三大民族——印度人的母语，原为印度南方历史颇为悠久的语言之一。泰米尔文学发展史也可追溯到公元前后。马来西亚泰米尔文学受其母国的影响颇深，目前在马来西亚印度人当中家喻户晓的文学经典也多引自古泰米尔文学作品，如目前已经被翻译成马来文和华文的《地鲁克拉尔》。19世纪前后，马来半岛的泰米尔文学有了较大发展，一些本土的泰米尔语作家开始在写作技巧上模仿印度作家，以描述现实生活为题材，反映印度人乃至整个马来半岛的社会问题。20世纪初期，报纸、杂志等现代媒体的出现，也为泰米尔文学的继续发展创造了条件，小说、戏剧、诗歌和长篇小说迅速发展起来。国家独立之后，随着马来西亚社会环境趋向融合，语言以及文学发展的空间越来越大，泰米尔文学也在稳步发展当中。但由于马来西亚泰米尔文的读者群较小，泰米尔文出版业也在马来西亚多语言的环境中或多或少受到挤压，泰米尔文学的繁荣壮大也因此遭遇了一定的阻力。

此外，马来西亚除了马来文学、华语文学和泰米尔文学之外，英语语言文学也随着全球化的影响而悄然发展起来。一些受西方教育的马来人、华人和印度人开始以英语为媒介进行文学创作，成为马来西亚当代文坛不可忽视的新星。

第三节　音乐与舞蹈

马来西亚各个民族能歌善舞，尤其是马来西亚的土著民族。传统的农业社会培养了他们简单而朴素的民族性格，也孕育了各种各样的音乐和舞蹈艺术。他们的乐器相对简单，舞蹈节奏感强，易跳易学。田间地头，一个随意的场合便会有悠扬的乐声响起；街头闹市，一个简单的舞台，也可能就有优美的舞姿缓缓起落。音乐和舞蹈与人们的生活紧紧结合在一起。

一、音乐

根据马来西亚音乐发展的特点，我们将未受西方流行乐影响的音乐划分为传统马来音乐，而将受西方流行音乐影响而渐成的音乐称为流行音乐。

（一）传统音乐

传统音乐是马来西亚文化遗产中的重要组成部分，目前流行于马来西亚的传统音乐大都滥觞于马六甲王国时期。西马的吉兰丹、吉打以及登嘉楼等地，是传统马来音乐流传和保留最完好的地区。鼓、竹笛、木笛、弦乐器和铜锣是传统马来音乐常用的几种乐器，而传统马来音乐常常与舞蹈、说唱艺术等结合在一起表演。

根据音乐的起源和表演场地的不同，可将马来传统音乐划分为民间音乐和宫廷音乐。随着音乐的传播和普及，民间音乐和宫廷音乐也时而出现交叠与融合，一些宫廷艺术逐渐传入民间，为民众所接受、发展与再创造。目前依然保存较好的宫廷音乐大多为舞曲，将在舞蹈部分详细介绍。下面主要介绍几种流行于马来西亚的民间音乐。

1. 加萨（Ghazal）

加萨是一种用于表达爱情的马来传统音乐，1870年之前由廖内—林加群岛传入柔佛地区。加萨最初是用印地语唱的，再配以传统的印度弦乐做伴奏。目前在马来西亚一些传统的印度人社区，仍然能够听见印度人表演的最原始的加萨。流行于马来西亚的加萨已经被当地化、现代化了，传统的印度乐器被现代乐器如吉他、鼓、曼陀铃等所取代，而以马来语演唱的加萨也越来越受青睐。

2. 东当沙央（Dondang Sayang）

东当沙央是一种非常流行的马来传统民谣，常以对歌的形式进行。人们在乐器的伴奏下，将马来传统诗歌班顿配以特殊的音调唱出来，常常用来表达爱意。东当沙央的伴奏一般由4人完成，一人演奏小提琴，两人敲打传统马来手鼓，另一人则负责敲小铜锣。其中小提琴的演奏最为重要，控制着歌者演唱的节奏。东当沙央的节奏很缓慢，一般由32个小节组成。最先由小提琴开启，紧接着其他乐器响起，歌者一般从第5小节开始演唱。

3. 哈得拉（Hadrah）

哈得拉是一种宗教赞美歌，起源于阿拉伯世界，并经由印度传入马来西亚。不同型号的鼓是哈得拉最主要的伴奏器具。

4. 罗达特（Rodat）

罗达特也是一种主要以鼓伴奏的伊斯兰宗教赞美歌，与哈得拉相似。罗达特的歌者，同时也是舞者。目前，为了吸引年轻听众，罗达特这种音乐的主题也有所拓展，除了宗教赞美歌，它们也相应地吸纳一些表达爱情的曲目。

马来西亚传统民乐种类很多，除了上述几种，还有歌龙重（Kerencong）、子吉尔（Zikir）等。这些民间音乐深受大众喜爱，它们来源于生活，又成为人们生活中不可或缺的一部分，是马来人情感表达的一种方式，更是马来人展示传统文化的一扇窗口。需要指出的是，东马的沙巴和砂拉越地区居住着较多土著少数民族，他们的信仰文化依然保留着比较浓厚的原始宗教色彩，他们的音乐往往带有较强的宗教意味或祭祀目的。他们常常使用鼻笛和口簧进行演奏，风格清新自然。自1998年开始，砂拉越每年于7月的第二个周末开始举行维持3天的"雨林世界音乐节"，向来自世界各地的音乐爱好者和旅游者展现马来传统音乐的魅力。

（二）流行音乐

20世纪50年代，在西方流行音乐的影响下，一些嗅觉敏锐的马来音乐人将西方管弦乐与传统马来音乐相融合，开启了马来西亚流行音乐的发展历程。相对于马来传统音乐强烈的节奏感，新生的流行音乐风格比较柔和，音乐的宗教和仪式色彩逐渐淡化，讲述的内容更贴近人们的日常生活和社会现实。音乐也开始脱离舞蹈或者对某种仪式的依附，成为人们可随口哼唱、表达情感和思绪的方式。拉姆利（P. Ramlee）是这一时期流行音乐的代表人物。他将一些西方流行音乐的元素融入到"东当沙央"当中，使其音乐风格既不失传统马来音乐的节奏感，也带有西方音乐的柔美特色，易于大众哼唱，在马来半岛地区迅速传播开来。

20世纪60年代，以"披头士"（Beatles）为代表的摇滚音乐对马来西亚的流行音乐产生了较大的影响，一批以反传统文化而自居的青年音乐人开始模仿并创作摇滚乐，一时间各类带有尖叫或者哭腔的歌曲空前流行起来，这一时期的流行音乐也因此被称为"耶耶音乐"（Pop Yeah Yeah）。歌手的长发、牛仔裤以及颓废的态度和表情、拍打和呼喊以及无所顾忌的演唱风格成为20世纪60年代马来西亚流行乐坛的符号特征。可以说这一时期是马来西亚流行音乐发展最为自由和繁荣的时期，很多有才华的音乐人不管在创作还是演唱方面都取得了不错的成就，如哈林（A. Halim）、阿德南·奥斯曼（Adnan Othman）等。20世纪60年代是马来西亚流行音乐发展史上的重要时期，它开始走出完全模仿和复制的阶段，逐渐将西方流行音乐的元素不断加工和重新创作以内化为自我的性格内容。这一时期的音乐人也常被称为"60年代音乐人"（Seangkatan 60-an），他们的音乐在今天的马来西亚依然备受欢迎和赞赏。

非马来人音乐的异军突起是20世纪70年代至80年代中期马来西亚流行乐坛的显著特色，为马来西亚流行音乐的进一步发展提供了动力。比较有名的乐队如"巷子猫"乐队（Kumpulan Alleycats）、"发现"乐队（Kumpulan Discovery）等。70年代末期，朋克音乐登陆马来半岛是这一时期马来西亚流行乐坛的又一特征。1986年朋克杂志 *Huru Hara* 的出版标志着这种节奏简洁、随意性较强的音乐风格为该国流行音乐所吸收。

20世纪90年代，随着蓝调的流行，流行音乐开始步入商业化和唱片时代，马来西亚的流行音乐也逐渐成熟起来。被冠以天后称号的希拉·玛吉（Sheila Majid）和西蒂·诺哈丽莎（Siti Nurhaliza）是这一时期的代表人物。此外，说唱（Rap）和嘻哈音乐（Hip-Pop）也在此时进驻马来西亚流行乐坛。值得一提的是，20世纪80年代至90年代，随着伊斯兰复兴运动在马来西亚步入高潮，具有伊斯兰风格的音乐也逐渐兴起，这类以讲述和传播宗教教义为核心内容的宗教圣歌受到了马来西亚各界的欢迎，成为马来西亚现代流行乐坛当中的一股新生力量。

步入21世纪以来，马来西亚的流行音乐呈现出自由发展的态势，同时随着全球化的影响，马来西亚的流行音乐与世界各国之间的联系也越发紧密。在各国选秀活动进行得如火如荼之际，马来西亚也仿效"美国偶像"推出了自己的选秀节目"马来西亚偶像"（Malaysian Idol），打破了歌手与听众之间的传统交流模式，为民众的创作才艺提供了舞台，同时也开启了全民创造的时代。

基于马来西亚特殊的社会和历史背景，其流行音乐的发展也呈现出与众不同的特色。因为英国对马来半岛的殖民，以英国文化为核心的西方流行音乐对传统马来音乐向流行乐的转变和过渡发挥了引导和激励作用，而伊斯兰教文化的存在和多元民族共存的社会现实又使得其流行音乐呈现出浓厚的宗教色彩和五彩缤纷的特征。

二、舞蹈

舞蹈是马来西亚各个民族最具普遍性的娱乐方式之一，具有很强的故事性，常常与戏剧密不可分。因马来西亚民族众多，传统舞蹈的种类也多达数十种。舞蹈是他们生产生活当中不可或缺的一部分，他们用舞蹈来表达幸福，也用舞蹈来祭拜神灵，可以说，舞蹈是许多马来西亚土著民族文化的核心表现，也是他们情感表达的一种方式，在民族文化中占据着非常重要的地位。

（一）宫廷舞蹈

1. 烛光舞（Tarian Lilin）

烛光舞在其鼎盛时期流行于马来皇宫。相传烛光舞起源于一个美丽而忧伤的传说。在很久以前的苏门答腊岛上，一对男女已经订婚，但男子为了寻求财富，远走他乡弃少女而去。少女伤心之时，又不幸遗失了订婚戒指。她四处找寻，不料天色已晚，暮色瞬间铺陈。于是她便点了蜡烛，并将烛火放置在小碟之中，或弯腰，或扭身，或祈祷。因其动作优美，同村的少女纷纷效仿，最终成为烛光舞而流传至今。一名名训练有素的舞者，双手托着立有蜡烛的小碟，碟子在她们的手中平稳地旋转，烛光点点穿梭于裙袖之间，美不胜收。

2. 恋舞（Tarian Asyik）

恋舞是一种经典的宫廷舞，在其鼎盛时期流行于马来半岛北部的吉兰丹和北大年。恋舞的节奏相对舒缓，舞步轻盈。在舞蹈开场之时，10名舞者鱼贯而入，依次跪坐在舞台中间。之后，领舞出场，也就意味着所有舞者便可开始舞蹈了。文化艺术是人们对现实生活和周遭环境的反映，恋舞也表达了马来人对世俗的认知和理解。舞者模仿动物以及他们生活环境中的现象是恋舞的重要构成部分，如他们会用起伏的身体来表达波涛汹涌，张开双臂比喻小鸟飞翔，扭动身躯好比游泳的小鱼等。在古代宫廷中，跳恋舞的一般是年轻的宫女。恋舞的配乐也较舒缓，乐器主要使用的是鼓、弦、琴等。

3. 加美兰舞（Tarian Gamelan）

加美兰舞是一种经典马来舞蹈。17世纪，有史书记载曾经在廖内林加王国的宫廷中出现过加美兰舞蹈表演。1811年林加统治者苏丹·阿布杜拉·拉赫曼的王子东姑·侯赛因与彭亨宰相的妹妹万·爱沙在彭亨的北干（Pekan）大婚，邀请了舞者在婚礼上表演加美兰舞，这是加美兰舞在宫廷之外的首次亮相。之后，彭亨公主东姑·玛丽亚与登嘉楼王子东姑·苏莱曼结婚时，加美兰舞又被引入登嘉楼。最初，加美兰舞由77种不同的舞蹈类型构成，整个场面看起来非常壮观。可以说加美兰舞是马来传统舞蹈中舞蹈动作最为丰富多变的一种，具有很高的美学价值。但随着时间的流逝，加上外来文化的冲击，加美兰舞中的一部分在传承上出现了断代现象，甚至有些濒临失传。目前在流行于马来半岛的加美兰舞中，仍然存在的舞蹈类型只剩下33种,其中包括蜘蛛舞、托燕舞等。加美兰对表演环境的要求不高,在室内、室外均可表演,舞者都为女性。

4. 宫女舞(Tarian Mak Inang)

宫女舞成型于马六甲王国时期,深受当时王公贵族的喜爱。苏丹马哈穆德·沙非常热衷于宫女舞,传言宫女舞的伴奏曲目便出自他手。他曾经命负责管理宫女的尚宫教宫女们跳宫女舞,以便在盛大集会时表演。目前,宫女舞在马来西亚各地都有相应的表演团体,在重大集会或者结婚仪式上,偶尔会有宫女舞舞蹈表演。

5. 依南舞(Tarian Inang)

依南舞实际上是宫女舞的一种现代变体。通常,人们会在一些社交宴会中跳依南舞,他们踏着小提琴和鼓声的节奏,挥动着手中五颜六色的手绢,翩翩起舞。

6. 希拉(Pencak Silat)

希拉实为一种传统的马来武术。古代的马来半岛是械斗频发之地,人们常常会学习武术以自卫。精通武术的马来武士深受人们的爱戴,被认为是政治和社会地位的表达和象征。马来武术的动作体系很复杂,其不仅包含防御性动作,如踢、打、擒抱等,也暗含一系列进攻性技术,如步法、摔、投及相关武器的使用,非常注重动作的精准和连贯。突然袭击是马来武术一个重要的环节,也是取胜的关键之一。在现代马来社会,马来武术也被作为一种舞蹈而被继承下来,它的防御性和攻击性被柔和化,表演性被强化。目前人们学习马来武术,相比之前的防御目的,更在意的是修身养性,领略一种文化之美。目前在马来西亚还有一些专业的表演团队表演马来武术,在重大的国家庆典、结婚仪式或者武术比赛中,人们还能一睹马来武术的风采。

7. 凤仙花舞（Tarian Inai）

凤仙花舞是一种马来传统舞蹈，最先来自于宫廷，是王宫贵族在进行重大仪式时所表演的一种舞蹈，如为孩子举行割礼仪式、结婚庆典以及苏丹登基等。凤仙花舞的舞者大多为男性，对舞者的身体柔韧性要求非常高，在舞蹈当中掺有一些非常难的杂技动作，如舞者身体向后弯曲，直至双眼能直视地板。此外，凤仙花舞中还有相当复杂而细腻的手部动作。目前，这种舞蹈流行于西马北部的玻璃市、吉打以及吉兰丹东北部等地区。

8. 竹板舞（Tarian Ceracap Inai）

竹板舞是一种传统的马来舞蹈，据说最初来自马六甲王国宫廷。在苏丹马哈穆德·沙统治时期，竹板舞是苏丹和贵族们在盛大的节日庆祝时一种娱乐消遣节目，因此被认为带有"面圣"之意。在马来传统的婚俗中，新娘、新郎常常被称为"一日拉惹"（Raja Sehari）。因此，现在也会有人邀请舞者在婚礼仪式上大跳竹板舞。在表演竹板舞时，周边会用美丽的金花进行装饰，同时还会点亮蜡烛，寓意"幸福之光"的降临。竹板舞是一种集体舞，舞者人数一般为5到8个人，可以是男女混合，也可皆由女孩来跳。目前，竹板舞流行于西马南部的柔佛地区。

（二）民间舞蹈

1. 浪迎舞（Tarian Joget）

浪迎舞在马来西亚广为流传。实际上目前流行于该国的浪迎舞深受葡萄牙文化的影响，在舞步和配乐上和恰恰舞相似，活泼而富有娱乐性，已经成为一种社交手段而为马来西亚各民族所接受。在一些比较随意的社交场合，都会有浪迎舞的表演。

2. 原住民舞蹈（Tarian Asli）

马来原住民舞蹈是人们在原住民音乐的音律熏陶之下形成的一

种舞蹈，流行于马来西亚各个州属。

3. 斗鸡舞（Tarian Ayam Didik）

斗鸡舞起源于深受古代马来人喜爱的一种娱乐活动——斗鸡，成形于马来半岛的玻璃市州，流行于半岛北部的玻璃市、吉打、槟城和霹雳州的北部。

4. 稻田舞（Tarian Balai）

稻田舞起源于登嘉楼，是一种少女集体舞，主要表现人们在田间劳作时的景象，是人们对稻神表达敬意的一种方式。

5. 查罗舞（Tarian Calok）

在古代，查罗舞是在订婚仪式、新娘修饰之夜以及沐浴礼仪式上跳的一种舞蹈，目的在于逗得新娘、新郎开心快乐。在欣赏这种舞蹈的时候，人们常常会四处张望，因为没有人知道舞者会从哪个方向、哪个地方出来。有时候舞者会从厨房"灰头土脸"地出场，有时候他们却会不经意地从窗户中奔越出来，让在场的观众惊叹不已。

6. 兽面舞（Tarian Barongan）

兽面舞讲述了先知苏莱曼时期的传奇故事。传说当时一头老虎巧遇一只美丽的孔雀开屏。这时，孔雀也发现了老虎，于是便跳上老虎背，骑在老虎的头上，老虎与孔雀开始跳起舞来。这个场景为公主的侍从加龙所见，于是便下马与老虎孔雀共舞，兽面舞由此而来。现在在西马柔佛州的巴珠巴辖地区仍有马来人跳这种舞蹈。

7. 臧弓舞（Tarian Canggung）

臧弓舞是第二次世界大战之后才出现的一种马来舞蹈，据说是由一名来自加央的舞者所创。臧弓（Canggung）一词来自泰语，意为"舞蹈"。目前这种舞蹈在西马北部的吉打、玻璃市和槟城广受欢迎。

8. 月形风筝舞（Tarian Cik Siti Wau Bulan）

月形风筝舞是一种传统的马来民间舞蹈，人们常常以跳月形风筝舞来庆祝风筝节的到来。为了表达愉悦的心情，他们也会在丰收的季节跳起月形风筝舞。目前，这种舞蹈流行于吉兰丹州。

9. 惜别舞（Tarian Cinta Sayang）

惜别舞主要表达的是渔民在下海捕鱼之前与家人的依依惜别之情。舞者通过动作和表情表达了家人和渔夫在离别之时的那种期望、不舍、担忧等复杂的情愫。

10. 英雄舞（Tarian Dabus）

英雄舞与伊斯兰教相关。这种舞蹈最先出现于马来半岛北部的霹雳州，目的在于赞美阿里的英雄气概。

11. 碟子舞（Tarian Piring）

目前流行于马来西亚的碟子舞来自于西苏门答腊岛的米南加堡（Minangkabau）。这种舞蹈的节奏很快，动作主要是模仿人们在田间耕种时的场景，表达了人们的丰收喜悦以及对神灵赐予粮食的感恩之情。舞者在跳舞时手中托着一个小碟子，为了表达愉快的情绪，同时也为了营造气氛，舞者偶尔还会将碟子抛向空中，或者将碟子扔进田里，然后下田将其踩碎。在西马森美兰州的一些地方，如芙蓉、瓜拉比拉等地，邀请舞蹈团跳10至20分钟的碟子舞是婚宴中的一出重头戏。

12. 吉可舞（Tarian Jikey）

吉可舞曾于20世纪60年代风靡于西马北部的吉打、玻璃市以及泰国南部的沙敦（Satun）和普吉（Phuket）。实际上吉可舞是一种综合舞台艺术，其既包含舞蹈，也有笑话、歌唱和弹奏，甚至还有与歌唱内容相关的角色演出。

13. 假马舞（Tarian Kuda Kepang）

假马舞是一种传统马来民间舞蹈，是爪哇文化与伊斯兰文化相互融合的产物。假马舞所讲述的是先知穆罕默德与敌人之间的战争，表现战争的惨烈和赞美穆罕默德的英勇。据说假马舞开始是由伊斯兰教的传教士引入马来半岛的，为了引起当地人们的关注，伊斯兰教的传教士们在讲经前或者讲经后表演假马舞。由竹子或者动物皮编织而成的假马是表演假马舞必不可少的道具，值得注意的是假马是没有腿的，且马身会根据需要涂上颜色以吸引眼球。假马舞是一种集体舞蹈，通常由10~15人完成，早期的假马舞表演往往由一个宫女通过牵拉绳索控制每一匹假马的动作来完成。目前，假马舞依然流行于西马南部的柔佛地区，尤其是在爪哇后裔聚集的地方，通常在重大的节日庆典时会有假马舞表演。

14. 甲鱼舞（Tarian Labi—labi）

甲鱼舞是一种马来传统舞蹈，因其动作酷似甲鱼而得名。传统的甲鱼舞由两名男子完成，他们的动作像是甲鱼探出头来企图去吃观众抛掷过去的香蕉。甲鱼舞的娱乐效果很好，深受马来民众欢迎，目前流行于北干地区。

15. 英东舞（Tarian Lagu Anak Indung）

英东舞起源于马来传统社会中的祭拜仪式，与农业生产密切相关，舞蹈动作主要表现了人们在田间劳作以及相互帮助的场景。

16. 鼠鹿舞（Tarian Pelanduk）

鼠鹿舞来源于彭亨州，再现了古代人们捕杀鼠鹿的情形。

传统的马来社会崇尚农业，土地是人们生存的基本资源，田间的劳作也是他们生活的主要内容。艺术源于生活，马来民族丰富多彩的音乐和舞蹈都反映了人们朴素而真实的现实生活。此外，华人和印度人的舞蹈也是马来西亚传统舞蹈艺术宝库中的构成部分，如华人舞狮,在重大场合或节日庆祝时,华人社区常常会有热闹非凡的舞狮表演。

第四节 电影与戏剧

一、电影

马来西亚本土电影的起步较晚。1933年《放肆的莱拉》(*Laila Majnun*)的发行拉开了马来西亚本土电影产业的序幕。《放肆的莱拉》讲述了一对情人的凄苦命运,由拉詹斯(B.S. Rajhans)执导,并由新加坡孟买莫蒂拉尔化学品公司负责制作完成。这部电影的播放在当地引起了巨大反响,很多当地人士开始将目光投向电影产业。1937年,邵氏兄弟邵仁枚和邵逸夫从中国上海引进了一批设备,开始在新加坡的工作室中制作马来电影。1941年因日本的入侵,本土电影的发展被迫暂停。1947年,由拉詹斯执导的电影《夜晚的新加坡》(*Singapura Di Waktu Malam*)开机拍摄,并迅速取得成功,成为马来半岛和新加坡电影发展史上的转折点。一批电影制作公司相继成立,如成立于1951年的努山达拉电影公司以及成立于1952年的橘子电影制作等。早期本土电影基本上都是黑白片,且剧本大多以民间故事、舞台剧、小说以及历史人物或事件为创作基础。除拉詹斯外,20世纪50年代活跃在马来半岛的著名电影导演还有拉玛纳坦(S.Ramanathan)、克里斯南(L.Krishnan)和玛杰穆达(Phani Majumder)等,他们在电影制作技巧上受印度电影的影响较大。拉姆利是这一时期马来电影史上最重要的演员,曾主演了《杭·都亚》并为此片创作了背景音乐,这部影片也因此在东亚电影节上获奖。

1958年,橘子电影制作与国泰组织合并成为克里斯电影制作。

第五章 文学艺术

此后,本土电影的竞争越来越大,彩色电影纷纷登场。但在随后的一二十年中,马来电影经历一个短暂的消沉期,大量拍摄的马来本土电影因国外电影的进入而导致观众群大批流失,马来电影产业遭受重挫。1981年,马来西亚国民电影发展公司成立,从经济以及技术的角度为马来西亚本地电影的发展提供了保障,此后马来西亚本土电影也随之而呈现出越来越繁荣的态势。迈入21世纪,马来西亚的独立电影迅速崛起,一批年轻的新锐力量逐渐受到马来西亚国内外民众的注意,如阿米尔·穆罕默德(Amir Muhammad)、陈翠梅、张千辉等,他们各自从一些独特的角度来讲述马来西亚的社会百态。

马来西亚本土电影的生存环境不容乐观。虽然政府比较支持国内电影产业的发展,但马来西亚国内对电影层层审查的制度在一定程度上限制了其自由发展。其次,亚洲电影及好莱坞大片充斥着马来西亚国内电影市场,大幅度地挤压了本土电影的生存空间。再者,马来西亚本土电影尤其是马来语电影的受众常常只局限于马来人,狭小的市场也成为牵制马来西亚本土电影繁荣发展的因素之一。目前,在政府的支持下,马来西亚国内每年都会举办电影节以鼓励和促进电影业的发展。但马来西亚国内每年出产的剧情片大约只有20部,全国大约有250多家电影院放映本国和外国电影。

二、戏剧

马来西亚的戏剧以马来传统的戏剧文化为核心,而玛雍(Mak Yung)和皮影戏(Wayang Kulit)则是传统马来戏剧文化中艺术成就最高的两种表演形式,可谓是马来传统艺术中的瑰宝。

(一)玛雍

玛雍是一种集舞蹈、音乐、戏剧等因素于一身的舞台表演艺术，大约400年前流行于马来宫廷。关于玛雍的起源大致有三种观点。有人认为玛雍的诞生源于爪哇之神瑟玛尔（Semar）与其弟弟杜拉斯（Turas）模仿的自然之声，后来他们的优美之声又被人们所模仿并继承和发扬，乃至最终成型。也有学者从马来人原始宗教信仰的角度对玛雍的起源展开了剖析，认为玛雍的起源与马来人的"稻神"信仰有关。传统的农业社会，人们对自然环境的依赖催生了"万物有灵"的原始信仰，马来人相信一切自然之物都是有灵魂的，耕耘能否获得收获关键在于神灵对你眷顾与否。人们在祈求或者庆祝丰收时，对"稻神"的祭奠仪式产生了玛雍这种类似于歌舞剧的戏剧艺术。也有学者认为现在流行于马来西亚的玛雍从泰国南部的北大年传入。

玛雍表演要求很严，这从其表演的程序和规则以及对角色服装的要求可见一斑。首先是玛雍正式表演之前的鬼神祭祀和开场仪式。在鬼神祭祀环节，巫师以符咒祈求神灵给予庇佑，并邀请他们分享祭品。此外，巫师还负责开启乐器和舞台。在开启乐器时，巫师要先拿起乐器，对其熏烟，念咒语，祈求神灵的允许，最后将乐器递予乐手，乐器方可使用。紧接着，巫师从祭品中抓出一把米，放在嘴边，轻念咒语，之后将其撒在地上和自己的肩膀上，然后巫师手举烛台，脚踏舞台四角，舞台才被开启。此时，演员们随着慢慢响起的鼓声鱼贯而出，玛雍表演正式开始。

玛雍的剧本大多以印度史诗《罗摩衍那》《摩诃婆罗多》以及班基故事为基础，通过艺术家的加工和融合本地文化最终形成，讲述的大多是王子、公主以及妖魔鬼怪的故事。但故事要表达的道理又往往很生活化，凝聚着马来人代代相传的民族经验和价值判断。因此，玛雍既是传统马来艺术文化的表现形式，也是传统马来价值观念和道德标准的凝练和总结、继承与传播的重要手段。

玛雍的角色表演相对比较固定，一本玛雍表演剧本中的角色大致可划分为以下六种：①老爷（Pak Yung），是玛雍表演的主干角色；②公子（Pak Yung Muda），是玛雍剧中的英雄，也是主要角色之一，自出生那一刻，要历经磨难方能长大成人，有所成就；③夫人（Mak Yung），也是主要角色之一，在有些剧本里是皇后；④小姐（Puteri Mak Yung），是剧中的女英雄；⑤小丑（Peran），一部玛雍剧本里通常有几个小丑，年纪大一点的小丑经常作为拉惹的侍从出现，相比其他的丑角更为重要；⑥舞者（Dayang-dayang），通常由一些美少女来担任，任务是作为夫人或者小姐的舞伴。此外，在某些特定的剧本里也会出现一些反面角色。

玛雍剧中人物的穿着非常考究，戏中的重要角色不仅有自己的特殊名称，同时也配有与众不同的行头。如主角的服饰通常是很精致的，戴着皇冠或者由天鹅绒做成的头巾，镶嵌着闪闪发光的宝石，头巾上端还配有茉莉花做装饰。女主角身穿装饰着金子和宝石的丝绸衣服，沙笼用带有金属亮片的腰带系紧，左边肩膀披着一块镶有花边的布，垂至膝盖处。戏中的男女主角都戴着金手镯、金脚环和拉惹赐予的戒指。其他的角色也身着丝制的衣服和沙笼，但没有腰带和披肩，常常会将头发挽成发髻并插上茉莉花。小丑的服饰很滑稽，他们穿着很短的上衣，下身穿非常肥大的裤子。

除了舞台表演之外，音乐也是玛雍艺术的重要组成部分，用以吸引观众，或者营造氛围，或者为剧中人物的舞蹈和歌唱伴奏。玛雍的演奏乐器主要有三弦或者二弦乐器、鼓、铜锣、木箫、小锣等。铜锣又分大铜锣和小铜锣，大铜锣的声音比小铜锣的声音更加低沉。鼓也分为大鼓和小鼓，大鼓的鼓面由牛皮制成，而小鼓的鼓面是用羊皮做的，两种鼓在音质上存在差异。小锣也有大小之分。弦乐器的外壳由芒果树或者一种青龙木制成，再以牛肚皮封口。以前这种弦乐器的拉线非常粗,现在已经被吉他线或者小提琴线代替。

现在流行于马来西亚的玛雍大致可分为四大类:北大年玛雍（Mak Yung Pattani）、吉兰丹玛雍（Mak Yung Kelantan）、吉打玛雍（Mak Yung Kedah）和海洋玛雍（Mak Yung Laut）。

(二)皮影戏

马来西亚的皮影戏大致可分为四种:马来皮影戏（Wayang Kulit Melayu）、歌打皮影戏（Wayang Kulit Gedek）、古皮影戏（Wayang Kulit Purwa）或爪哇皮影戏（Wayang Kulit Jawa）和吉兰丹皮影戏（Wayang Kulit Kelantan）或暹罗皮影戏（Wayang Kulit Siam）。吉兰丹皮影戏据说起源于柬埔寨,并经由泰国南部的北大年传入马来半岛。这种皮影戏的故事情节以罗摩故事为基础,主要的角色有神猴哈奴曼（Hanuman）、斯里罗摩（Sri Rama）、悉多（Sita Dewi）、拉瓦那（Rawana）等。爪哇皮影戏起源于印尼的爪哇,据说一位马来皮影艺人在爪哇学成归来,于1834年将爪哇皮影戏引入马来半岛。故事情节多以公主、王子以及班基故事为基础。古皮影戏以爪哇方言为媒介,流行于马来半岛的南部。歌打皮影戏则主要流行于马来半岛北部的两个州吉打和玻璃市。

皮影戏融合了表演、音乐以及戏剧和绘画等艺术,舞台、屏幕、皮影人、灯光、皮影艺人是皮影戏中必不可少的元素。皮影艺人坐在幕布后面操纵皮影人,灯光将皮影人投射在幕布之上,在幕布另一面的观众就能欣赏到皮影戏了。为了让观众能更清晰地理顺故事脉络,理解故事内容,皮影艺人在操纵皮影人的同时还扮演着说书人的角色。表演时,说书人不仅要采用适当的语音语调对故事进行梳理和评论,还要根据不同的人物特点去表现人物形象,可以说声音是观众进行角色区分的重要依据。皮影戏中皮影人用以表现人物形象的声音主要有以下几种:①掺杂着鼻音的偏阴柔的声音,主要用以表现文雅的王子、半人半神和女人等角色；②低沉粗犷的声音，主要用以表现粗犷的王子、勇士、将士等角色；③苍老、缓慢的声音，用以表现老年男人等角色；④蹩脚的爪哇口音，用以表现爪哇式的半神。此外，各种配乐也必不可少。皮影艺人后面往往还坐着9~12个乐手，随着故事情节的变更，他们会演奏不同的音乐，营造氛围。乐手使用的乐器主要有木箫、鼓和铜锣等。

目前在马来西亚流传最广、艺术成就最高且保存最为完整的是吉兰丹皮影戏，这种皮影戏使用的媒介语言为吉兰丹方言，与标准的现代马来语有较大的不同。再者，为了取得剧场效果，皮影人在进行表演时常常会故意加入一些古典马来文学中的语言，让剧中人物更加栩栩如生。

吉兰丹皮影戏的剧本基本上以印度的罗摩故事为基调，涉及的人物角色主要有以下几个：①罗摩王子（Seri Rama），皮影戏的主人公，印度教毗湿奴的化身，皮肤是绿色的，有着英雄般的品格；②罗什曼那（Laksamana），罗摩的弟弟，是智慧的化身，脸是红色的；③摩诃罗阇·瓦那（Maharaja Wana），是这类皮影戏中的反面角色，形象类似于《罗摩衍那》中的罗波那，长有12个头；④哈奴曼（Hanuman），罗摩转世前与风神结合而生的孩子，脸是白色的；⑤悉多（Sita），罗摩的妻子，为摩诃曼那强娶罗摩的母亲后所生，脸是黄色的；⑥多戈尔大叔（Pak Dogol），最高神的化身，装扮成老人下凡间视察；⑦龙叔（Wak Long），多戈尔大叔用自己身上的汗泥造出的人，与多戈尔大叔一起成为吉兰丹皮影戏中著名的"神丑"。

皮影戏是马来西亚传统文化的重要组成部分，是马来民族宝贵的文化遗产，以其特殊的表演方式，吸引着一代又一代的马来人。同时，随着时代的发展，经过皮影艺人的改编和润色，融入社会民情，吸纳、沉淀着传统马来民族的人生体验，也传承着马来民族独特的价值观。

（三）帮沙万

帮沙万（Bangsawan）是一种传统的马来戏剧，它以传统的印度舞台艺术为基础，糅合马来传统文化的因素于19世纪最终成型。帮沙万的故事素材来源广泛，可以是印度人的传说，也可以是马来传统的故事，甚至中国和西方的人物故事都可以登上帮沙万的舞台。目前在马来西亚，帮沙万剧团已经寥寥无几，也很难再欣赏到帮沙万剧团的巡回演出了。

第五节　绘画艺术

马来人的绘画艺术以二战为分割点，前后呈现出截然不同的历史特点。二战以前，马来人的绘画艺术创作者多为宫廷画师，宫廷中色彩缤纷的画卷以及富丽堂皇的伊斯兰清真寺中复杂的壁画常常出自他们之手。一些民间艺人也可能是绘画高手，马来传统的蜡染布"巴迪"上精致的图案便是其绘画作品。由于伊斯兰教禁止任何形式的个人和图腾崇拜，不允许描绘人物肖像及动物形象，因此这一时期马来人的绘画作品基本上以自然界的风光为主。而清真寺的绘画作品以及部分巴迪布上的图案则多讲究色彩搭配和几何对称，体现出浓厚的伊斯兰风情。在英殖民者统治马来半岛时期，西方文化在创作手法上对马来人绘画产生了一定的影响，绘画作为一种艺术创作开始延伸至社会其他人群。但马来人绘画在题材选择上依然保留着其传统特性。二战之后，马来半岛民族主义高涨，社会艺术团体开始在艺术与救国之间建立联系，企图通过艺术来表达社会的呼声。马来人绘画艺术也因此受到感染，开始表现出浓厚的现实主义色彩。马来亚独立之后，国家非常重视发展马来人绘画艺术，并于1967年成立了旨在培养马来画家的玛拉工艺学院，成为马来人绘画史上的一件大事。

华人绘画艺术是马来西亚绘画艺术的重要组成部分。在早期南下至马来半岛的华人当中，有些是通晓金石书画的先生，他们成为马来西亚华人绘画艺术的开创者，他们招收学徒，传授绘画技能。也有的从事商业广告绘画，或开设相馆等，华人绘画艺术在马来半岛悄然传播并顽强地生存下来。1929年，一批华人在吉隆坡成立了南洋书画社，成为该地区历史上首个正式注册的绘画艺术团体。该社团以保存国粹艺术为己任，同时倡导吸取西方艺术的优点，成为华人绘画艺术向前发展的新起点。如果说20世纪初，华人绘画作品仍然带有明显的母国痕迹和华人民族特色，那么20世纪中期及之后的华人绘画艺术则多数反映马来亚当地的现实社会，本土化意识逐渐浓厚。马来西亚成立后，政府倡导各个民族从国家的公民这一角度出发，打破民族界限为建设"国家文化"贡献自己的力量，融合多元民族风格、反映当地的社会现实成为这一时期华人绘画艺术的主题。值得一提的是，随着马来西亚国家现代化建设向纵深发展以及全球化时代的到来，经济条件逐渐好转的人们常常会选择留学国外，西方绘画也因此在技法以及题材选择上对马来西亚华人绘画产生了一定的影响。

第六节 建筑艺术

马来西亚传统的建筑与现代建筑在材质以及整体架构上差别较大。传统华人及印度人建筑艺术主要传承了中国和印度风格。特殊的历史背景以及多元文化共存的现实情况，让马来西亚的建筑艺术呈现出五彩缤纷的特点。宗教历史建筑、传统民居以及现代房屋建造都带有明显的时代特征，同时也因民族文化的不一样而在建造风格上各不相同。

一、宗教建筑

受地理环境以及历史文化因素的影响，传统的马来建筑多采用木质结构，容易受到自然的侵蚀而难以长久保存。现存的马来建筑多是建于18—19世纪的宫殿或宗教建筑，华人及印度人建筑艺术则主要传承了中国和印度风格。值得一提的是，18世纪前后，英国殖民马来半岛，西方建筑艺术不论在结构设置还是在材质选取上对马来人、华人以及印度人建筑都有一定程度的影响。再者，西方殖民者出于种种目的而在殖民地建造的建筑有些也已经成为马来西亚颇具盛名的历史建筑。

兼具伊斯兰风情，同时融合西方建筑艺术是马来半岛上众多清真寺的共同特点，如吉打的查希伊斯兰清真寺和吉隆坡嘉美克伊斯兰清真寺等。1912年建于吉打州亚罗士打的查希伊斯兰清真寺是当地的地标性建筑，也是马来西亚国内最美轮美奂的伊斯兰清真寺之一。查希清真寺采用典型的摩尔人风格设置，一个黑色圆顶被五个圆顶所环绕，象征着伊斯兰教的五项原则。整个清真寺的面积为12.4412万平方米，其中心为祈祷大厅，周围被宽敞的走廊环绕，整体观之，气势磅礴宏伟，装饰也颇为富丽堂皇。吉隆坡嘉美克伊斯兰清真寺建于1909年，是一座颇具古典色彩的阿拉伯摩尔式建筑，穹顶、拱门式的柱廊、白色大理石铺就的祈祷大厅，使得这座清真寺看上去典雅无比。此外，也有少量的传统马来木质宫殿，如吉打的大殿堂。大殿堂曾是吉打皇室宫殿的一部分，是面圣之地，始建于1735年，是一座混合了传统马来以及泰式建筑风格的木质宫殿。大殿堂在马来半岛北部的战争中屡屡被毁，最后于19世纪末得以重建。目前大殿堂依然是皇室婚礼以及政府重大仪式的举办地。

华人的历史建筑多建于18—19世纪，存留至今的也部分是与宗教信仰相关的庙宇佛寺，其建筑风格上保留了华人传统色彩，如槟城天后宫。槟城天后宫建于19世纪80年代，其最早的建筑材料均由中国运往槟城，建筑风格也与中国国内相似。现存的天后宫是1895年重建的。类似的华人建筑还有观音亭、蛇庙、卧佛寺等，其中卧佛寺建于19世纪，寺庙门前设有双龙守卫，庙内供奉着一尊长达33米的大佛，其眼睛和脚指甲均由贝壳镶嵌，佛身镀有黄金，身后立有12座佛像，分别代表12生肖。

印度人的建筑风格，尤其是宗教建筑与印度的建筑风格一脉相承。现存的马来西亚最具代表性的印度宗教建筑为马里安曼印度庙。它是一座具有传统南传印度达罗毗茶建筑风格的寺庙，始建于1873年，是马来西亚最大也是最为古老的印度教寺庙。寺庙入口处立有一座尖塔，塔上刻有数以千计的印度教人物形象，形态生动，色彩艳丽。

马六甲是殖民地风格建筑最为集中的地方。由于历史的原因，葡萄牙、荷兰以及英国的建筑风格都在此地沉淀与堆叠。马六甲的著名建筑有圣芳济教堂、基督教堂、圣地亚哥古城门以及圣乔治教堂等。圣芳济教堂是马来西亚国内为数不多的哥特式建筑之一，是由一位法国神父于19世纪中期所建。基督教堂又被称为荷兰红屋，始建于1753年，长27.3米、宽13.3米、高14米，是为马六甲的天主教徒提供祈祷的地方。在英国殖民者到来之后，又将其改为英式教堂，并在其中建造了钟楼。目前荷兰红屋已经成为马六甲的地标性建筑。圣地亚哥古城门是阿方索于1512年所建。马六甲是马来西亚历史感最为厚重的城市之一，一座座风格各异的殖民时代建筑也成为这个国家活生生的历史记忆。

二、现代城市建筑

马来西亚的现代城市建筑不仅融合了传统与现代优势，也糅合了东西方建筑艺术的特点。随着经济的发展，一栋栋花园洋房和高层楼房拔地而起，马来西亚一些有经济实力的民众开始放弃传统民宅，住进现代楼房。在政府的扶持和规划之下，一批具有代表性意义的地标性现代建筑也相继建立起来。如莎阿南伊斯兰清真寺、吉隆坡国际机场、国会大厦、国家清真寺、国油双塔等。莎阿南伊斯兰清真寺是马来西亚国内最大的伊斯兰教清真寺，融合了传统马来建筑风格以及伊斯兰教特色，由电脑设计而成的蓝色圆顶，以蓝铝铺就，其上还雕刻有《古兰经》经文。马来西亚国家清真寺由四个主要部分构成，包括祈祷大厅、教堂、尖塔以及教堂办公大楼。清真寺内设有一个类似火箭形状的尖塔，内置电梯和楼梯通往最高处。祈祷大厅顶部为天蓝色圆拱房顶，大小不一，且如大伞由中部向四边分散，在边角处形成18个尖角，象征着马来西亚的13个州和伊斯兰教"五基"。从外部看，国家清真寺有一种灵秀之美。厅外高耸的柱廊彰显着简单立体的时代感和空间感，又不失端庄沉厚之气。独特的建筑及设计风格，不仅使得国家清真寺成为马来西亚伊斯兰教徒敬仰向往的地方，也成为吉隆坡著名的景点之一。国油双塔位于吉隆坡市中心，是目前世界上最高的两座相连建筑物之一，共有88层，高452米。在距离地面170米处的半空中建有一条双层天桥，将两塔联系起来。目前，国油双塔已经成为吉隆坡的地标性建筑。

第七节 传统工艺

马来西亚的传统工艺历史悠久且品类繁多。华人和印度裔的传统工艺多承接自母国。马来民族亦在数年的生产实践中积累并形成了令世人惊叹的传统工艺,而其中又以雕刻、蜡染以及风筝制作工艺最为有名,每件作品都清晰地反映着马来民族细腻而敏感的心思以及对自然万物的欣赏和热爱。

一、雕刻艺术

传统马来雕刻艺术可追溯到"东山文化"时期,曾在马来西亚出土的"东山文化"铜鼓上便有一些动物和人物雕刻。古马来文化是在印度文化的熏陶下成长起来的,古马来雕刻艺术也深受古印度文化的影响,7世纪前后的雕刻作品多以印度教及佛教文化为主题。15世纪前后,伊斯兰教开始流行于马来半岛地区,寺庙及宗教雕刻艺术逐渐沉寂,木雕和金属雕刻技艺却慢慢发展起来。

木雕艺术在马来西亚有着悠久的历史。马来木雕所表现的主题主要是生物、宇宙和大地、有规则的几何图案以及使用爪哇文或者阿拉伯字母书写的经文书法等。

马来人喜欢在传统的木屋上雕刻花鸟鱼虫,而古代马来君王也常常让人在其宫殿中雕梁画栋以显贵气,现在依然能从一些遗址中窥探马来木雕工匠巧夺天工的精湛艺术。马来木雕在雕刻技术和风格上独具一格。要完成一件好的艺术品,一方面取决于所选木材的材质、造型以及天然纹理,雕刻家的审美意识和雕刻艺术也同样是关键因素之一。在传统马来木雕的雕刻技巧中,以直接穿孔、半穿孔和凸面雕刻这三种技艺最为重要。

纵观马来雕刻艺术的风格,大致可分为静物木雕、场景木雕和混合木雕三种。静物木雕所刻画的是一个独立、单一的物体，如月亮、动物、太阳、花朵等。场景木雕作品表现的是一个场景，动态感很强。雕刻家常常会给这类作品取一个生动的名字，如"下午回家的鸭子"、"逆流而上的犀牛"等。这类木雕作品集实用与艺术为一体，既可摆放在家中作为装饰品，同时也可作为置物盒使用。混合木雕作品集静物木雕与场景木雕的特点为一体，其主题大多刻画植物、树木的繁茂锦盛。在雕刻的过程中，雕刻工具发挥着十分重要的作用。在马来木雕艺术中常用的雕刻工具有很多种，如锯子、木刨、铁槌等，而最重要的是凿子。

克里斯剑是传统马来雕刻技艺的又一精华呈现。克里斯剑，即一种马来短剑，是马来民族特有的佩剑，也是世界三大名刃之一。在古代，男子佩戴克里斯剑不仅仅用于防身，同时还是身份和地位的象征。一把完整的克里斯剑长度一般在30~38厘米之间，由剑刃、剑柄和剑鞘组成。刃面和刀柄的制作和装饰最能体现克里斯剑的艺术性。刃面锋利无比，焊接的花纹精美绝伦。剑柄一般用兽骨、兽角、象牙，或贵重金属如金、银等做成，并雕刻有花、鸟等，很是精细。剑鞘上也往往饰有花纹，家境富有的人还会镶嵌珠宝，彰显富贵。可以说，克里斯剑的制作和装饰艺术是马来文化最为精致、最集中的表现。在如今的马来西亚，已经很少有人在日常生活中佩戴克里斯剑，它犹如马来民族的传家宝，已经成为力量、智慧、坚韧、勇敢以及吉祥的象征。此外，随着锡矿的开采及锡制品的生产和流传，锡制品雕刻正将马来传统雕刻技艺带向全世界。

二、蜡染艺术

巴迪是传统马来蜡染工艺的集大成者。马来西亚巴迪是一种传统的蜡染布料，其工艺复杂，历史悠久。因为巴迪很难长时间保存，有关巴迪的起源已经很难考究。但据说早在13世纪，当时的马来王国与爪哇之间就存在巴迪交易，而且爪哇在巴迪制作工艺及设计上影响了马来半岛。早期马来半岛上的巴迪制作者们是以木块为器具生产类似巴迪的纺织物，直到20世纪20年代，爪哇的蜡染技术方才传播至马来半岛，后来发展成独具马来西亚特色并体现马来西亚独特美学价值的蜡染工艺。

马来西亚蜡染布料上的图案选择很讲究。因为伊斯兰教禁止任何形式的动物崇拜，因此马来西亚巴迪蜡染布上的图案大多是花与树叶，但蝴蝶是一个特例。马来西亚的蝴蝶种类繁多，堪称世界之最，以蝴蝶为主题的蜡染布料也很多。此外，讲究对称是马来传统文化中考量美的重要标准，规则的几何图案设计也是巴迪的特色之一。马来西亚巴迪在着色上也比较特别，基本上采用毛刷涂装的方式，色彩看上去非常明亮。

20世纪60年代，巴迪的生产开始商业化，各种巴迪服饰出现在大街小巷。政府鼓励民众多穿巴迪，支持民族产业，国家领导人也将巴迪视为"国服"，常在重大场合着巴迪出场。色彩鲜艳、制作精美的巴迪也成为游客在马来西亚首选的纪念品。

三、风筝制作

风筝在马来西亚具有特殊的意义。传说在很久以前，一名庄稼汉救下了一名迷路的小女孩，将其领回家中悉心教养。随着时间的流逝，女孩出落成一位美丽的姑娘，而村子里的庄稼也长得特别好。谁知庄稼汉的妻子此时妒意横生，并将女孩赶出了家门，从此村里的收成便一落千丈。于是就有人说那位姑娘实际上是稻神，只要犯错的人们将美丽的物体升入空中，诚心向稻神忏悔，情况便会好转。于是庄稼汉和妻子便制作了漂亮的风筝，风筝飞入高空，地上的收成便也好起来了。久而久之，在收获之后放风筝也就成了马来人的习俗，在表达对稻神的感谢和敬意之时，也祈求神灵能继续眷顾地上辛勤劳作的人们。

马来人制作风筝的过程非常考究。风筝的长宽大致为1~1.2米，形状各不相同，大多是模仿动物的形状，如鱼形风筝、鹰形风筝等，其中以月形风筝最受大众青睐。材料的挑选相当考究，制作风筝所用的竹子须挑选那些向着东方生长的竹子，选好的竹子在处理之后、使用之前要先在泥里浸泡一个月，之后将其劈成6毫米宽、150厘米长的竹条。接着用已经准备好的材料捆扎成风筝的骨架，并在骨架上糊上一层薄薄的纸片，然后装上响弓。最后是风筝的装饰，这是最难的一步，也是最能体现工匠手工技艺的一步。工匠们会在风筝纸片上描绘各种图案，大多是当地的花卉以及天空中的变幻流云，图案讲究对称，精美绝伦。在马来半岛的南部地区，还有的风筝制作师们将传统的马来蜡染印花艺术与风筝的装点绘画结合起来，创造了许多独特新颖的图案。

第六章 科技、教育和文化事业

第一节 科学技术

一、科技政策

马来西亚迄今为止颁布了两次科技政策，总体目标都是以"2020年宏愿"为基础来提高国家的科学技术水平，促进经济的发展和提高人民的生活水平，保卫国家主权和安全，提高马来西亚的国际地位。进入21世纪之后，马来西亚更加强调科技的发展，采取了各项措施来提高国家的科技水平，大力投入资金支持科技建设，马来西亚的科技水平在短时间内达到东南亚的领先水平。

（一）1986年科技政策

1986年，马来西亚正式颁布了第一个"国家科技政策"，标志着马来西亚正式步入科技建设的发展轨道。国家科技政策的提出，表明国家的科技发展必须要自力更生，改善科研、教育与其他设施，创造良好的环境促进国内科技的发展，提高国家的科技水平，同时也要引进国外科技，创造出一种活跃的科研氛围，达到促进经济发展和提高国家经济水平的根本目的。

马来西亚科技政策提出之时正是国家科技发展遇到瓶颈的时期，国家的科技基础结构比较薄弱，各项科研基础设施不全，大大阻碍了科研的发展，并且由于习惯了长期的低效率工业化生产，人们关于科学技术在工业生产中的作用还认识不足，并未意识到科技化对工业生产的作用，加上社会上大多数人对科研采取漠不关心的态度，导致了国家领导和人民思想上的不重视，科研的发展缺乏良好的环境氛围,大家并未认识到科学技术会给工业带来一场新的革命,科研的发展相对缓慢。

(二)2003年科技政策

进入21世纪,由于受到了1997年亚洲金融危机的冲击,马来西亚意识到了科学技术在提高国家经济水平和促进国家经济稳定中的重要作用,也意识到知识经济将是21世纪世界经济发展的主流方向,因此前总理马哈蒂尔在即将卸任之前,提出了第二个科技政策。与1986年的科技政策相比,此次科技政策更加全面和具体,涉及科研的各个方面和各个层次。

马来西亚认为科学、技术和创新是促进经济发展的关键因素,对于21世纪国家经济将要面对的各项挑战和不确定因素来说,它将是一项战略投资。因此第二个科技政策着手于建立各种项目、机构和合作来保证经济的发展,从而提高人民的生活水平。第二个科技政策对于国家的发展提出了明确的要求,即要提高国家的科技创新能力从而实现"2020年宏愿"。"2020年宏愿"在科技方面的目标是:到2020年,国家对于科研和创新的投入至少达到国民生产总值的1.5%,并且在1万个人当中至少拥有60个研究员、科学家和工程师以提高国家的科技能力。

1. 国家科技政策的目标

在第一个科技政策成果的基础上,马来西亚新的国家科技政策对马来西亚的科技发展描绘了一个大体的框架,提出了新的目标:提高国家在科技研发和科技获取方面的能力;鼓励由政府和本地资金开办的公司与外国公司合作,提高国家的科研能力;促进知识向产品、生产过程、服务等方面的转型,提高每一个产业领域的附加值,从而使国家的社会经济得到最大化的发展;将马来西亚定位为重要知识产业技术的供应国,包括生物技术、先进材料、先进制造技术、微电子、信息和通讯技术、航空航天、能源、制药、纳米技术和光子学产业等;培养社会价值观和态度,让人民意识到终身学习的必要性和科学技术对未来国家繁荣的重要作用;确保科技的利用符合可持续发展的目标,并且与社会准则和伦理保持一致;发展以知识为核心的新产业。

2. 国家科技政策的指导原则

为了保证国家科技政策的顺利实施,国家制订了科研指导原则,从不同层面对政策作出了具体的要求,使政策的实施更具有方向性和目的性。指导原则包括:

(1)承诺。确保将国家对科技发展的承诺转化成为政府和私营机构大量的投资,一个良好的制度框架是科技发展的强有力的支持。

(2)集中。在战略集中领域加强资源优化配置。

(3)能力。通过不间断的教育、训练和学习提高国家对科技的评价、获得和使用的能力,通过科技基础设施的建设和发展来提高国家的科技水平。

(4)合作。鼓励公共研究机构、大学与国外相关机构的科技合作来提高合作效果。

(5)商业化。提高国家的商业化能力,以便使研究成果能够转化成为满足市场需求的产品和服务。

(6)文化。通过提出一个鼓励冒险、奖励市场的针对性强的建议,支持科学和创新,提高人们的科研兴趣,营造一个活跃创新的文化氛围。

(7)社会。加强社会参与到生活密切相关科技领域的力度。

3. 科技发展的战略核心

作为资源有限的国家,马来西亚提出要确保每项针对科技发展的投资都能换来应有的收获和机会，因此资源的分配需要与国家向以知识为核心的经济转变任务相一致，以便保证经济和社会机会的最大化。因此，第二个国家科技政策将重点针对以下七个领域来采取措施。

（1）加强科技和研究的能力。自从1998年实施的加强优先领域的研究计划以来，马来西亚加强了对科学和技术的投资。与之相对应的是，马来西亚对科技研发的力度与发达国家相比还不够，2000年马来西亚对科技研发的投资仅为国民生产总值的0.5%，与其他发达国家相差巨大。虽然近些年来政府对科研的力度加大，形势逐渐好转，但是政府还需要加大对科学技术的投资才能赶上科技发展的步伐。科研能力与产品、生产过程和服务等息息相关，但是科研能力并不会自然而然地获得，只有国家和政府加大对科研的投资才能确保国家的科研水平的上升，从而达到促进国家经济发展的效果。因此马来西亚政府采取了一系列措施来促进科研的发展。

（2）鼓励科研成果的商业化。对于任何一个国家而言，创新的成功与否在于能否将创意和知识转化成为市场所需的产品和工艺。马来西亚政府在加强知识的产生者和使用者之间的联系方面起到了非常重要的作用，同时政府的研究机构还需要更加积极建立与各产业之间的联系，并且通过科研的新机制使得国家将科研成果商业化，这样更加能够使国家获益。

（3）加强人力资源建设。马来西亚政府强调加强对教育和培训以及研发等方面的建设，强调人才的建设要从"数量"和"质量"两方面努力。相比于其他发达国家，马来西亚在科学家和工程师等专业方面的人才还较少，不能够满足知识经济对人才的要求，因此在国家科技政策中政府强调必须要扩大科技人员基础，其中包括建设更多的科技院校和大学以及加大对人力资源建设的实质性投资。

（4）培养鼓励科学、创新和技术创业的文化。提高全社会对于科技的评价和认识，并支持科技的创新和变化，在社会上形成一种支持发明、创新和技术创业的风气，政府在科技的研发和创新中分担更多的风险。

（5）构造科技制度框架和管理监督科技政策的执行情况。鉴于目前马来西亚科技制度的框架责任比较分散，需要国家制定明确的科技议程管理体系，使科研制度化和有条理性。同时还要团结各个研究机构共同参与到科技创新中来，在政府提供的框架内尽可能对科研创新产生积极的影响。

（6）保证技术的广泛传播和应用，以市场的需求推动技术的改进。马来西亚政府提出，只有将新的技术广泛应用到了社会中才能发挥它的最大效能，因此鼓励私人资金广泛地涉足能够让他们获益的科技领域，达到促进经济发展的目的。同时要以市场的需求为导向，让市场协助研发一些更加适用的高新技术，从而促进科技创新的发展。

（7）提高在新兴行业实现专业化的能力。科技的发展日新月异，马来西亚提出要把握科技发展的脉搏，在专心发展现代科技的同时还要高瞻远瞩未来可能出现的专业技术，提高国家的专业化技术能力。

二、科研管理和组织机构

科学、工艺与革新部（简称"科艺部"）成立于2004年，前身是1973年成立的科学、研究与地方政府部（1976年曾改名为科学、工艺与环境部）。科艺部的成立主要是为了在科技和创新领域营造一个充满竞争的环境,帮助国民增长知识和提高生活质量。该部门的宗旨是提高马来西亚在科技领域的竞争力,使马来西亚国民成为世界人民中具有竞争力的民族,并在今后一段时间持续投入对自然的开发之中。同时,马来西亚还强调通过信息通讯和生物科技技术促进国家科学、工艺、创新和人力资源的发展,并进一步促进农业和工业产生更多的附加值和发展新经济。科艺部主要肩负着四个职能:鼓励对科技的理解和重视;鼓励与科技相关领域的研究和发展;保护环境;提供有效的技术支持。现今阶段,马来西亚已经在科技领域取得了重大成果。为了应对世界科技的挑战,科艺部先后两次提出了国家科技政策来促进国家的科技发展。基于市场导向和私人领域参与的第二个国家科技政策,已经为科技的发展提供了一个活跃的和富有成效的制度框架,其中最鲜明的观点就是加强公共和私营领域的合作,培养国家在研发领域的能力。同时第二个国家科技政策还聚焦于使马来西亚成为以高新技术为基础的国家,成为高新技术的提供国,而不仅仅是使用国。

马来西亚科学院成立于1995年,是科艺部下属的国家级研究院,其成员包括马来西亚国内在医学、工程学、生物科学、数学、物理学、化学、信息科学、科技发展领域中作出突出贡献的著名科学家和工程师。科学院的主要职能是在国家科技发展和政策方面向马来西亚政府提供建议,同时也成为国家科学、技术研发的平台。科学院的主要目标是促进国家科学技术的发展和人民生活水平的提高,一些具体目标包括:促进人们对于高新技术的理解,让人们充分认识到科学的重要性,为科学的创造提供一个平台,培养科研人员和工程师的科技创造力,促进马来西亚在科研方面的独立自主,等等。同时,科学院还要为政府制定科技政策提供有效的咨询,协助解决国家遇到的一系列科技问题,以及协调国家与科研有关的相关活动。科学院的行政机构由理事会、秘书处和各分支委员组成，其中理事会成员由主席、副主席、秘书长、财务总监和名誉成员等组成，前总理马哈蒂尔和巴达维都曾担任该研究院的名誉研究员。目前，科学院的主要科研机构包括马来西亚科技大学、多媒体大学、马来西亚信息和科技中心等。

三、信息技术发展概况

马来西亚是亚洲地区较早重视和发展互联网的国家，在第五至第九个马来西亚发展计划的20多年里，马来西亚政府高度重视互联网的发展，并把普及互联网当作一项重点工程向全国推广和实施。在"六五"期间，政府强调信息通信科技是制造业发展的关键，努力推动无线电传导网络、预测分析控制和三维互联网技术等领域迈向国际领先水平，并成立了国家信息技术委员会。在"七五"期间，政府制定了国家信息技术计划，启动了"多媒体走廊"项目，建立了多媒体大学，重点关注电子经济、电子公共服务等领域的发展。在"八五"期间，政府制定了国家宽带计划，将信息交流技术扩展到公众和农村地区。在"九五"期间，政府实施了"886"战略，重点发展手机、互联网和广播三项技术。截至2011年，马来西亚互联网用户已近2000万，用户每周平均上网时间近20小时。

（一）**多媒体超级走廊（MSC）**

为迎接21世纪信息革命的挑战，加快产业结构的升级，推动马来西亚经济向知识型经济的转变，1995年8月马来西亚宣布建立多媒体超级走廊的宏伟计划，并于1996年8月开始实施。多媒体超级走廊位于首都吉隆坡以南30千米，从吉隆坡北部的国油双峰塔延伸至南部的新国际机场，长50千米，宽15千米，总面积750平方千米。该地区涵盖4项大型国家计划：吉隆坡城市中心（KLCC）、东南亚地区最大的国际机场新吉隆坡国际机场（KLIA）、"电子化行政中心"布城和电子信息城赛城。

多媒体超级走廊的建造是实现马来西亚"2020年宏愿"的重要步骤，从1996年到2020年分为三个阶段：第一阶段完成多媒体超级走廊的建设；第二阶段在马来西亚其他地区建立类似的多媒体超级走廊并构建互联的网络，完成制定电子信息法令的框架，实现四至五个智能城市与全球信息高速公路互联；第三阶段在马来西亚全国实现多媒体超级走廊模式化，建立国际网络仲裁法庭，使十二个智能城市连上全球信息高速公路。以电子政府、电子商务、智能学校、远程医疗、研发群组和智能卡为发展重点的多媒体超级走廊将推动马来西亚信息产业的快速发展。

（二）国家宽带计划（NBP）

2002年，马来西亚的通讯和多媒体产业的发展取得了令人振奋的成果。虽然经历了1997年和1998年的亚洲金融危机，马来西亚能源、水务与通讯部（以下简称"能讯部"）主导的通讯和多媒体产业却连续三年实现了增长。为了对未来十年国家的基础设施做出规划，特别是考虑到逐渐下降的固定电话普及率，以及宽带将成为下一步马来西亚互联网服务发展的关键，马来西亚政府成立专门小组开始着手制定一项有序地发展马来西亚宽带供应的国家宽带计划，并明确了最初的四个目标：通过各种现有技术在2008年前实现宽带基础设施的充量供应；通过适当的内容和应用服务来刺激需求，确保宽带服务的有效运行；研究各种筹资机制为宽带计划提供资金支持；查找现有立法空白，必要时推出新的法规以推动宽带的部署。2004年10月，在经过十几个政府机构、非政府组织长达两年的审议和磋商后，马来西亚内阁批准了这项历时超过十年的宽带发展计划。除了既有的直属主要行政规划部门通讯与多媒体委员会，能讯部还成立了专门的国家宽带秘书处,以推动国家宽带计划的实施。

国家宽带计划步入实施阶段后,前两年主要致力于公共部门互联网业务的发展,使信息可以更快速地进入政府网络。2006年后,私营部门互联网业务的发展也日益受到重视。国家宽带计划使马来西亚互联网产业步入高速发展的轨道,廉价、快速的互联网接入服务逐步进入马来西亚普通家庭,成为马来西亚数以百万互联网用户的必需品。政府部门和商业公司也加大投入,大力发展互联网业务。马来西亚政府也加快建设电子政务系统,除在网上提供政务信息服务外,还准备在100多个政府网站内建立电子支付系统,以提高政府公共服务的效率。

近年来,马来西亚政府一直致力提高国内的宽带普及率。2008年,马来西亚的宽带覆盖率为18%,仅比2007年15.5%的宽带覆盖率略为提高。2008年5月19日,马来西亚前总理巴达维在吉隆坡举行的第16届世界信息技术大会上宣布,马来西亚计划到2010年实现50%的宽带覆盖率,使更多的家庭享受网络宽带服务。2009年,马来西亚的宽带覆盖率上升到31.4%,超过政府30%的覆盖率目标。2010年,马来西亚在全国新建1000多个信号发射塔,并进一步下调互联网的资费标准,以推动互联网在全国的普及。

(三)信息、通讯与多媒体服务886战略(**MyICMS 886**)

马来西亚信息、通讯与多媒体服务886战略(以下简称"886战略")是马来西亚政府制定的针对2006年至2010年的国家信息通讯技术蓝图。在886战略规划下,马来西亚无论是移动或是固定的用户都将在任何时间和地点享受到高速的互联网连接服务,而互联网上丰富的多媒体内容和应用服务将成为高速宽带服务发展的主要推动力。

所谓886战略主要包括三方面的内容:提供8项新业务、建设

8个核心基础设施、发展6个成长领域。马来西亚政府希望通过886战略中8项新业务的推出来加快8个核心基础设施（硬件和软件）的建设，进而发展6个成长领域，以此改善马来西亚民众的生活质量，强化马来西亚信息通讯技术的全球竞争力。

8项新业务分别是高速宽带业务、3G业务、移动电视业务、数字多媒体广播业务、数字家庭业务、短程通讯业务、互联网语音协议和网络电话业务和普遍性服务提供业务。高速宽带业务主要围绕最后一英里（约合1.61千米）有线和无线接入服务，为移动或固定用户提供高速和高容量便携式互联网服务。随着数字用户线路（xDSL）技术和光纤接入技术的应用，光纤到户（FTTH）将提供更多的最后一英里连接，马来西亚光纤用户从2006年的130万增加到2008年的280万，到2010年，光纤接入将贡献10%的宽带覆盖率。

8个核心基础设施包括多业务综合网络、3G蜂窝网络、卫星网络、下一代互联网协议（IPv6）、家庭互联网普及、信息和网络安全、能力发展以及产品设计与制造。消费者电子控制家庭设备的普及将带动更多IP地址的需求，下一代互联网协议将在推进互联网服务和数字化家庭中扮演重要角色。2006年，马来西亚开始着手下一代互联网协议的试验，并成立国家下一代互联网协议委员会来规范下一代互联网协议的发展方向和市场需求。2006年末ISP首先开始向下一代互联网协议过渡，政府部门则在2008年开始类似过渡。在国家网络的支持下，下一代互联网协议从2010年开始在全国范围推广。

6个成长领域涵盖内容开发、信息通讯技术教育枢纽、数字多媒体接收器、通讯设备、插入式元件和设备以及外国风险投资。为满足持续快速增长的通讯市场，多种新的移动和固定接入服务将陆续面世。从服务的前景分析，终端用户会倾向选择先进的设备以满足他们对方便、可靠和安全的需求。基于此，886战略将充分考虑终端用户的需求，在控制成本的前提下提供相应的通讯设备，使用户能在任何时间和地点使用价格合理、质量上乘的通讯设备，马来西亚制造的通讯设备也有望在2010年占领国内市场。

（四）宽带普及进程

2008年5月15日，马来西亚政府宣布将实行提高全国宽带普及率的策略，主要包括两类：一是在某些区域实现速率为10Mbps的高速宽带；二是面向公众的宽带速率将提高到2Mbps。2008年9月16日，马来西亚电讯有限公司与政府签订协议，共同合作开发价值113亿令吉、历时10年的高速宽带计划。政府在前三年将投入24亿令吉，马来西亚电讯则将在十年内投入89亿令吉。该计划将覆盖马来西亚全国的工业地区，通过高速宽带网络连接近133万座商用和民用楼房。合作双方将通过固定收益分享或剩余收益分享的方式获得回报。马来西亚全国上下都将从这一以"公共—私人"共享为途径的高速宽带服务中获益，互联网将向社会提供包括电子教育、电子商务、电子健康、电子政府、网络电视和电子支付在内的更多更先进的服务，而宽带服务的普及也将有力促进马来西亚社会经济发展。

第二节　教　育

一、教育概况

（一）马来西亚教育发展史

马来西亚的教育发展史可以大体分为三个阶段：传统教育、殖民地教育和独立后教育。

1. 传统教育

马来西亚的传统教育并非广义上的教育，而是以宗教教育为主要内容,并随着佛教、印度教和伊斯兰教的传入得以发展。这一时期并没有真正意义上的学校,所谓学校也就是进行宗教活动的寺庙或者清真寺。随着伊斯兰教的传入和马六甲王国成为伊斯兰教国家,伊斯兰教教育逐渐成为马来各邦最主要的教育形式。马来族儿童从6岁起接受伊斯兰教教育,而早期的伊斯兰教教育仅限于诵读《古兰经》和学习基本宗教教义,场所也只是在清真寺,到了19世纪,才有了宗教学校。马来西亚最早的宗教学校由宗教长老建立,分别设立在登嘉楼、吉兰丹和吉打三个州,其目的在于培养有宗教学识和高尚品格的学生。学校使用马来语授课,设置阿拉伯语课、宗教学、爪威文等课程。到了20世纪,马来西亚的伊斯兰教学校变得更加有体系,建立了现代经学院,与英国殖民者建立的现代学校形成竞争。

2. 殖民时期教育

英国殖民时期,由于殖民当局实行"分而治之"的政策,所以在马来亚出现了四类不同的教育体系,即:马来文教育体系、华文教育体系、英文教育体系和泰米尔语教育体系。这四类体系各自独立,教学内容各不相同。

(1)马来文教育体系

19世纪,英国殖民者采取其惯用的民族分化手段,在马来西亚实行"分而治之"的政策,为了将马来人培养成为英国殖民政府的中下级官员,英国人率先在海峡殖民地建立了以马来文教育体系为主导的马来学校。从1856年到1863年,先后在新加坡、槟城和马六甲建立了5所马来学校,以教授马来文和与马来社会文化相关的课程为主要内容,课程主要包括阅读、写作、初级算术等。由英国人创办的马来文体系学校在初期并未受到马来人的欢迎,因为被认为与宗教学校相抵触。于是,为了吸引更多的马来学生能够入校学习，英国殖民者调整了学校的课程体系，将一些宗教课程，如学习《古兰经》引入了日常课程体系。不过，即使这样，英国殖民者从未打算把马来学校发展至更高层次，而是仅仅发展到小学四年级阶段。在马来小学毕业的学生，如果想继续求学，则只能进入英国人开办的英文体系学校。

（2）华文教育体系

英国殖民时期，马来西亚的华人社会深受中国的影响，华文学校所使用的教材、课程基本效仿中国教育体系。起初，英殖民政府任由华文教育的自由发展。

19世纪初，英国传教士马礼逊在马六甲建立了第一所华人学校——英华书院。随着中国五四运动兴起，反殖民主义和民主进步思潮也在马来西亚的华校中蔓延，于是英国人开始干预华文学校的发展。从1924年到1928年，共有300多所华校被关闭。然而，在华人社会的大力支持下，全国各地依然兴建了许多华文小学和华文中学。

（3）英文教育体系

英国殖民统治时期，殖民政府为培养更多马来人成为政府的中低级官员并能为英国政府服务，开始大力发展英文教育。同时，传教士和教会为了传播基督教，也开始在马来西亚各地大建英文学校。由于接受英文教育是殖民地人民进入殖民政府部门求职的重要渠道之一，这使得英文教育在当时具有强大经济价值，成为封建贵族、上层阶级子弟接受教育的选择。马来西亚最早的英文学校是建于1816年的槟城自由学校，它也是东南亚最早的英文学校。在传教士、教会和英殖民政府的资助下，英文教育在马来西亚迅速发展起来。英文学校的授课内容主要以英国社会文化为中心，倡导效忠英国为"祖国"并传播基督教。

（4）泰米尔文教育体系

早期的印度人，主要都在橡胶、咖啡等庄园工作。英殖民政府规定，若地主聘请的印度工人，其子女年龄介于7至14岁之间的总数超过10人，就必须为工人的子女聘请教师，建立学校。因此，除了一些印度人大量集聚的城市外，印度小学一般建在庄园地带。泰米尔文学校的教学媒介语为泰米尔文，教材一般都来自印度。大多数泰米尔小学课程内容只达到小学四年级程度，而且学校设备相对简陋。

总的来说，英国殖民时期的各种语言体系的学校，其课程内容、教学媒介语和发展程度都各不相同。马来亚独立前夕，联合邦政府通过了《拉扎克报告书》(Penyata Razak, 1956)，提出建立"一种语文，一个源流"，使用马来语作为教学媒介语的教育制度作为国民教育的"最终目标"，这就为其他语种学校的教育发展带来极大冲击。

3. 独立后的教育

根据独立后颁布的《1957年教育法令》，马来文小学被称为国民小学(Sekolah Rendah Kebangsaan)，而华文、英文及泰米尔文小学则被称为国民型小学(Sekolah Rendah Jenis Kebangsaan)。四种语言体系的小学都实行六年制教育，使用由教育部统一编发的课程大纲与教材。随后，《1960年达利报告书》(Penyata Rahman Talib)对《拉扎克报告书》进行了修订，规定了全国范围实行9年义务教育，学生在接受6年小学教育后，参加"小学评估考试"。

在政府的大力发展下，马来西亚国民小学迅速发展起来，从1957年独立后至今的50余年，从两千多所增加到近六千所。而另一方面，国民型小学，即华文和泰米尔文学校则逐年减少。国民型英文小学更是由于《1961年教育法令》的颁布被改制为国民小学而最终在马来西亚的国家教育体系中完全消失。国民型中学的命运与小学类似,在1957年独立后,政府所实施的一系列政策造成英文中学被彻底消灭,华文中学被排除在国家教育体系外成为华文独立中学,泰米尔文中学则是因其发展局限在独立前尚未发展起来。

随着知识时代的来临,接受高等教育成为马来西亚人民的普遍需求。20世纪60—70年代,马来亚大学、马来西亚国民大学及马来西亚理工大学等著名大学相继成立,马来西亚高等教育相对滞后的局面得到了改变。按照1971年公布的《伊斯迈尔报告书》内容,马来西亚大学入学施行"固打制",即在大学入学名额中"55%保留给土著,45%保留给非土著",实际执行却是"保留给土著的高于70%,保留给非土著的少于30%"。固打制的实施造成许多优秀的非马来族学生不能跨进国立大学和大专院校门槛,直到2002年,马来西亚政府才彻底废除这一制度,取而代之的是以马来西亚高等教育文凭(STPM)和大学预科班成绩(MATRIKULASI)作为国立大学录取学生的标准。

(二)马来西亚教育现状

马来西亚拥有一套比较完善的教育体制,包括学前教育、小学教育、中等教育(中学教育)及高等教育(大专院校)。

1. 学前教育

马来西亚的学前教育出现在第二次世界大战以后,基本都是由一些私人或社团在本地区创办的。直到20世纪60年代,随着学前教育越来越受到广大家长的重视,幼儿园才在马来西亚各地得以建立起来。这一时期的幼儿园多是私人开办,以华语和英语为主要媒介语。此后,一些以马来语为媒介语,由马来西亚一些大企业及集团创办的官方或半官方幼儿园也相继出现。马来西亚教育部直到1992年才开始规定设立幼儿园,并且是附属在其选定的小学校之下。

据马来西亚教育部统计，在2000年只有64%的适龄儿童（4~6岁）有机会接受学前教育，其中只有一小部分就读于教育部管理下的小学附属幼儿园，其余多数儿童在官方及非官方，甚至是私立幼儿园就读。从2003年至2007年，教育部在全国各地的小学兴建7 700所幼儿园，旨在到2010年，能有95%的儿童可以接受学前教育。教育部希望能够通过培养儿童的独立意识、优良品德与价值观，正确使用马来语，建立文明卫生习惯及开发创造力与审美能力，使得儿童在进入小学之前即能掌握一些基础技能，并树立积极向上的性格。

2. 小学教育

2000年，政府修订了《教育法令》，强制家长将适龄（7岁）的儿童送入学校，接受6年小学基本教育，其目标是全面开发儿童在读、写、算三方面的基本技能，竭力培养学生的思考能力和价值观。在马来西亚，绝大多数的小学都是国立小学，只有一小部分是私立小学。国立小学又分为国民小学和国民型小学。国民小学以马来语为教学媒介语，同时还教授英语，国民型小学则是以华语为媒介语教学的华文小学和以泰米尔文为媒介的泰米尔文小学。这三类学校都采取教育部编发的相同的课程大纲，而且马来语和英语也是华小和泰小的必修与必考课程。除语言学习外，马来西亚的小学课程还包括数学、地理、历史、艺术、体育等课程。国民小学生在三年级末，可以参加教育部举行的"小学生成绩测评考试"（PTS），成绩突出的学生，可以选择跳过四年级并直接进入五年级。其他学生则是修完六年课程后，参加"小学评估考试"（UPSR）后，自动升到中学。国民型华文小学和泰米尔小学学生需根据UPSR成绩，决定是否进入预备班修读一年，才正式开始中学课程。因此，国民型小学的学生一般需要7年才能完成小学教育。在政策和教育拨款上，政府也更偏重国民小学的发展，而忽视华小和泰小的需求。教育贷款一项，国民小学学生的父母也比国民型小学的父母具有更多的优惠。马来西亚政府及学生家长都十分重视小学教育，据马来西亚教育部统计，2000年时小学的入学率达到96.8%，2010年更是达到99%。

3. 中等教育

在1957年独立后，政府所实施的一系列政策造成英文中学的消亡，华文中学则被排除在国家教育体系外，成为华文独立中学。另一方面，国民中学却在政府大力推动下得以迅速发展，在2002年达到1604所。国民中学以马来文为教学媒介语，英语作为所有学校必须的第二外语。泰米尔文小学和华文小学学生进入国民中学就读时，必须适应教学媒介语上的转变。

国民学校的学生从小学毕业后一般自动升入中学接受5年的中学教育。中学教育的教学大纲由教育部统一制定，中学教育目标是促进学生的全面发展，使学生获取知识，扩大视野，提高生活技能。学校着力培养学生具有民族意识的价值观，并最终为学生个人未来终身教育打下坚实的基础。

在马来西亚，中学大致可以分成两个等级：三年初中（学生年龄13~15岁）和两年高中（学生年龄16~17岁）。学生在初三考取初中评估考试（PMR）后，根据成绩优劣分配到理科组、人文组或技术职业组。在修完两年课程后，学生须考取马来西亚教育文凭考试（SPM）。若要进一步升读国内大学，必须再修读两年大学先修班，考取马来西亚高等教育文凭（STPM）。

除了国民中学，政府也开设了其他类型的中学以符合国家需求，如寄宿学校、宗教中学、工艺学校、职业学校、体育学校和为残障学生专设的特殊学校。

4. 高等教育

独立后的马来西亚高等教育得到了快速发展。在马来西亚的教育制度下，这一阶段的教育是指中学毕业后到高等教育阶段的各种教育，涵盖范围包括了社区学院、工艺学院、政府或私办的训练学院、国立大学及私立大专院校。高等教育肩负着培养学生在知识、技能、处世、性格等方面综合工作能力和竞争能力的重任。当前，马来西亚高等教育界正不断努力扩大与加强在基础科学、信息技术、电子技术、制造技术及通讯技术等领域的基础课程和实用课程。高等教育机构也为各领域的科研开发及咨询顾问服务，提供硬体设施和高学术资历的科技人才。同时，本地高等教育机构为实现其科研开发及咨询服务"卓越中心"的目标，都纷纷加强在信息技术、微电子技术、新材料技术、新制造技术、生物技术、航空技术、能源技术、环境科学与技术以及通讯技术等领域的科研开发活动。

根据马来西亚高教部公布的数字，截至2011年，马来西亚共有20所公立大学（IPTA），其中有5所研究型大学、4所综合性大学和11所专门大学。除此以外，还有460所备案的私立高校（IPTS），72所社区学院（Kolej Komuniti）和近20所工艺学院。公立大学一般以招收本地学生为主，近几年也将个别科系及课程开放给外国留学生。私立大学则是多与欧美的高校联合办学，开办"2+1"或"3+0"的教学模式，即学生可以选择在马来西亚先读两年，而后一年转入相互合作的国外大学并拿取国外大学的文凭，或是选择在马来西亚直接读完3年的学士学位课程，而最终获得国外合作大学的相关文凭。

根据马来西亚教育部的统计，2000年只有25%年龄介于17~23

岁的青年接受大专教育，政府计划在2020年，实现至少50%的青年接受大专教育的目标。

二、华文教育

华文教育在马来西亚扎根，迄今已有近200年的历史。马来西亚的华人通过群众力量，努力建设了一个从小学、中学到大学的完备华文教育体系。可以这样说，在海外的华文教育中，马来西亚的华文教育水平最高，发展也最为繁盛。

据2008年统计数字，在马来西亚共有1 290所华文小学（学生64万人）、60所华文独立中学（学生6万人）和3所华社民办学院（学生4 000人），学生总数超过70万人。

（一）华文教育领导机构

董、教总是领导马来西亚华文教育运动、维护和发展华文教育的全国领导机构。1950年，英殖民政府通过《1951年巴恩斯报告书》和《1952年教育法令》，企图消灭华文教育，在华教处于生死存亡的时刻，教总和董总应运而生。

马来西亚华校教师会总会，简称教总，成立于1951年12月25日。教总的成员为州一级华校教师联合会和地区性的华校教师会，各分会成员主要为华文小学和华文独立中学的教师。马来西亚华校董事联合会总会，简称董总，成立于1954年8月22日。董总的成员来自13个州属的华校董事联合会和董教联合会。11个州董联会的成员是州内的华文小学和华文独立中学的董事会，2个州董教联合会（柔佛州和吉兰丹州）的成员是州内的华文小学和华文独立中学的董教代表。全国各地华人社区，通过学校董事会创办、管理、维护和发展学校。

自成立以来，教总和董总共同协作与奋斗，抗衡种族中心主义，反对不利华教的法令、政策和措施，以维护和发展华教，争取民族权益和平等地位。经过数十年的严峻考验，董、教总已树立起作为马来西亚华文教育发言人和民间教育部的鲜明形象，并与政府商讨有关华教事宜。

(二) 华文小学

华文小学（国民型小学）以华语作为主要教学媒介，即除了马来语和英语的语文科目外，其他各个科目都以华语进行教学和考试。华小实施6年小学义务教育，根据教育部规定的课程纲要和课本进行教学。教育部也为华小编纂课本，举办公共考试，培训教师。2008年，全国1290所华小有63.9万名学生和3.3万名教师，超过90%华人子女在华小就读。随着华文经济价值的提升以及华小良好的校风和突出的学术表现，近20年来也有越来越多非华族家长如马来族家长将孩子送往华小接受教育。

马来西亚的华文小学绝大部分是在国家独立前由华人社会出钱出力创办的。在《1996年教育法令》下，华小是政府资助学校，政府虽为华小提供行政拨款，以支付教师薪金和水电费等开销，但是政府给予华小的发展拨款仍十分不足。在第九个马来西亚五年计划中，华小学生占总学生人数的21%，但所得发展拨款只占小学总发展拨款的3.6%。长期以来，各华小董事会和华社都不断筹集资金和土地，以发展华小。

(三) 华文独立中学

《1961年教育法令》实施后，有一部分的华文中学坚持以华文为主要教学媒介，拒绝接受政府津贴改制为英文中学，而成为华文独立中学。华文独中实行6年中等教育，分别以三年初中、三年高中两阶段完成，并规定马来语、华语和英语为学生的必修必考科，要求学生掌握三种语文基础。

董、教总独中工委会为独中编纂高初中统一课本,举办统一考试,培训教师等。独中课本是根据独中工委会拟订的课程纲要,配合教育部的课程纲要以及独中学生在国内外升学的需求而编纂出版,以符合独中办学方针和发展需求。

除了参加董、教总独中工委会举办的独中统一考试,部分独中学生也有报考政府举办的公共考试。长期以来,董、教总独中工委会都有举办教师培训课程,邀请国内外讲师讲学,或组织教师到国外上课或考察,以提高独中教师的教学水平。随着独中教育改革的推进,董教总独中工委会正向国内外寻找更多教育资源,以增强独中教师队伍的建设工作,提高独中师资专业水平。

目前,独中已有一定的发展规模和学术水平。董教总独中工委会颁发的独中统考证书广受欢迎,被国外许多大学和国内私立学院及大学接受为入学资格之一,但是政府至今仍不承认独中统考证书。近年来,全国独中学生人数不断增加,每年约有1万名或10%左右的华小毕业生,进入华文独中就读,高三毕业生的升学率高达70%以上。截至2009年,全国60所华文独中有60 481名学生和3 462名教师。

(四)民办学院

根据马来西亚高等教育部统计,截至2009年6月30日,全国有452所私立学院。其中,有3所是华社民办非营利学院,即于1990年创立的南方学院、1997年创办的新纪元学院和1999年创办的韩江学院,学生总数4 000人。目前,这3所采用多语教学的学院,不断加强其办学条件和质量,以迈向升格为大学的目标。新纪元学院和南方学院还开办了教育系,为华文独中提供教师专业课程,以提高华文独中师资专业水平。

第三节 文化事业

一、新闻出版业

马来西亚新闻出版业的发端可以上溯到19世纪初，1805年，英国殖民者在槟城出版了第一份英文报纸《政治公报》，100多年后，第一份中文报纸《光华日报》也于1910年在槟城面世。1939年，第一份马来文报纸《马来亚前锋报》在吉隆坡发行。经过两个世纪的发展，目前马来西亚发行报纸近50种，每天发行量300万份左右，主要使用马来文、英文、中文和泰米尔文。马来西亚国家新闻社（以下简称"马新社"）为马来西亚官方通讯社，新闻、通讯与文化部下属的新闻局为马来西亚国内主要新闻出版管理机构。20世纪90年代以后，随着互联网的快速发展，马新社及马来西亚国内各主要报刊也陆续建立官方网站，向广大读者提供及时、全面的国内、国际新闻和综合资讯。

（一）主要新闻机构与新闻出版公司

1. 马新社（BERNAMA）

马新社成立于1968年，是马来西亚官方通讯社和最大新闻机构，在亚太地区设有33家分社，与澳大利亚、印尼、日本、中国、新西兰、巴基斯坦、菲律宾、印度、孟加拉、越南、韩国和中国香港特别行政区等13个国家和地区的新闻通讯社有着密切联系，涵盖亚太国家政治、经济的最新消息，负责向马来西亚各大报社和新闻社以及外国使馆、银行、学校、公司等各种机构提供新闻服务，同时也为发送商业新闻、股市、金融服务、图片等提供通讯便利。

2. 前锋报集团

前锋报集团1938年在新加坡成立，1958年2月迁往吉隆坡，并在1967年改制为集团有限公司。前锋报集团主要业务为出版、印刷、广告和多媒体，拥有20多家分公司，从事多种商业活动，1997年，该集团还成为马来西亚国内网络服务供应商。旗下主要报刊为 *Utusan Malaysia*、*Mingguan Malaysia*、*Kosmo!* 和 *Utusan Melayu* 四份报纸以及 *Wanita*、*Saji*、*Pemikir*、*Mastika*、*Mangga*、*Hai*、*Harmoni*、*Al Islam*、*Kawan*、*URTV* 和 *Infiniti* 杂志。

3. 新海峡时报（马来西亚）有限公司

新海峡时报（马来西亚）有限公司是马来西亚官方国营企业控股公司，1973年1月31日成为上市公司，全资拥有新海峡时报私人有限公司、每日新闻私人有限公司、新海峡时报电子媒体私人有限公司和新海峡时报产业私人有限公司，拥有马来西亚新闻纸工业私人有限公司21.4%的股权。该公司旗下报纸包括 *New Straits Times*、*New Sunday Times*、*Berita Harian*、*Berita Minggu*、*Harian Metro* 和 *Metro Ahad*。

（二）主要马来文报刊

1.《马来西亚前锋报》（*Utusan Malaysia*）

《马来西亚前锋报》1967年5月7日创刊，是前锋报集团旗下发行的报纸之一，也是马来西亚国内具有重要影响力的报纸，拥有较强的政府背景，被视为是亲执政党的报纸。1996年，前锋报集团致力于多媒体发展，成立了前锋报多媒体有限公司，推出在线网络版前锋报，是马来西亚最早在互联网上刊载报道的马来文报纸。

2.《每日新闻》（*Berita Harian*）

《每日新闻》在1957年创刊，由新海峡时报（马来西亚）有限公司旗下的每日新闻私人有限公司出版发行，50多年来，以"新闻来源于民众，服务于民众"为宗旨，提供主要新闻、国内新闻和主题新闻三大栏目内容，范围覆盖马来西亚全国，主要读者为15周岁以上年龄段人士,发行量超过140万份。

此外,其他主要的马来文报刊还有:《世界报》(KOSMO!)、《大都会日报》(Harian Metro)、《曙光日报》(Sinar Harian)、《今日马六甲》(Melaka Hari Ini)、《头条报星期刊》(Mingguan Warta Perdana)、《每日议程》(Agenda Daily)等。

(三)主要英文报刊

1.《星报》(The Star)

《星报》1971年9月9日创刊,原为北马地方性英文报纸,1976年开始向全国发行,1995年成为亚洲地区第三家在互联网发行电子版的报纸。作为马来西亚发行量最大的英文日报,《星报》为执政党联盟国民阵线成员党马华公会所有,并在一定程度上反映该党的声音。

2.《新海峡时报》(New Straits Times)

《新海峡时报》前身是1845年7月15日创刊的新加坡《海峡时报》马来亚版,1965年更名为《新海峡时报》,1972年8月开始在马来西亚国内独立出版,是马来西亚历史最悠久的英文报纸,目前为执政党联盟国民阵线成员党巫统所掌控。

其他主要的英文报刊还有:《太阳报》(The Sun)、《马来邮报》(Malay Mail)、《财经日报》(The Edge Daily)、《商业时报》(Business Times)、《马来西亚储备报》(The Malaysia Reserve)、《婆罗洲邮报》(The Borneo Post)、《新沙巴时报》(New Sabah Times)、《每日快报》(The Daily Express)、《东方时报》(Eastern Times)、《砂拉越论坛报》(Sarawak Tribune)等。

(四)主要中文报刊

1.《南洋商报》

《南洋商报》1923年9月6日由著名教育家和企业家陈嘉庚在新加坡创办,是马来西亚最资深的中文报纸。1958年,南洋报业控股有限公司成立后,在1969年开始出版马来西亚版和新加坡版的《南洋商报》,并在1972年率先使用简体中文出版发行。1975年,马来西亚版《南洋商报》与新加坡版分离,成为马来西亚本土化的中文报纸。

2.《星洲日报》

《星洲日报》由胡文虎和胡文豹兄弟于1929年1月15日在新加坡创刊,新马分离后,《星洲日报》脱离新加坡总社,成为马来西亚发行量最大的中文报纸,发行范围遍布马来西亚各地。《星洲日报》也是马来西亚第一家在互联网上设立完整网站的报纸。

其他主要的中文报刊还包括:《中国报》、《光华日报》、《光明日报》、《诗华日报》、《亚洲时报》、《风云时报》、《华侨日报》、《国际时报》、《联合日报》等。

二、广播电视业

1921年,柔佛州政府的电力工程师阿尔·伯奇(Al Birch)带来了马来西亚历史上第一台无线电台设备,随后组建柔佛无线电协会并以300米波长的波段发送广播,由此揭开马来西亚无线电广播的序幕。1957年马来西亚独立后,无线电广播有了较大发展,各地陆续建立广播电台,1960年,商业广播首次出现在电台节目中。1963年9月16日,马来西亚正式宣布成立,"Inilah Radio Malaysia"("这是马来西亚广播电台")通过播音员之口响彻马来西亚,成为马来西亚广播业发展新的里程碑。1969年10月6日广播大厦(Angkasapuri)开始对外广播,广播与电视合并为马来西亚广播电视台,由马来西亚新闻部管辖。

马来西亚广播电台主要包括政府所有的官方广播电台和私营的广播电台,官方广播电台由马来西亚广播电视台经营和管理,私营广播电台则主要以音乐和娱乐节目为主。电台节目除以调频波段播出外，各电台通过网站进行网络实时直播也逐渐成为与传统广播模式并重的新型模式。

马来西亚电视台主要分为有线电视台、无线电视台和卫星电视台，除马来西亚广播电视台下属的两个电视台，其余均为私营电视台。目前已有多家电视台在官方网站中提供电视节目的在线直播和点播功能，虽然在线直播功能通常只向马来西亚国内互联网用户开放，国外用户仍然可通过在线点播功能收看各档电视节目。

（一）主要广播电视机构

1. 马来西亚广播电视台（RTM）

马来西亚广播电视台是受马来西亚新闻部广播局领导的政府传播机构，由政府提供经费，同时也依靠广告费收入和社会赞助。目前马来西亚广播电视台经营两家电视台和九家广播电台。两家电视台为马来西亚第一电视台（TV1）和马来西亚第二电视台（TV2），其中第一电视台播放马来语和英语节目，主要面向马来人观众；第二电视台播放含马来语字幕的汉语和泰米尔语节目，主要面向华人和印度人观众。九家广播电台分别为 AI FM、Asyik FM、Klasik Nasional、KL FM、Minnal FM、Muzik FM、Suara Islam、Suara Malaysia 和 Traxx FM，广播语言包括马来语、汉语、泰米尔语和伊班语等。

2. 首要媒体有限公司（Media Prima Berhad）

首要媒体有限公司成立于2003年9月23日，是在马来西亚股票交易所上市的媒体集团公司，被视为亲巫统的媒体。除拥有新海峡时报（马来西亚）有限公司43%的股权，首要媒体垄断了马来西亚所有私营免费电视台的经营权，即八度空间（8TV）、国民电视7台（NTV7）、第三电视台（TV3）、第九电视台（TV9），同时还经营Hot

FM、Fly FM和One FM三家私营电台。此外，首要集团还拥有Big Tree和UPD两家户外广告公司。

3. 寰宇电视公司（ASTRO）

寰宇电视公司成立于1996年，是马来西亚领先的提供直接到户（DTH）电视服务和商业广播的跨媒体集团，向马来西亚和文莱地区200多万用户提供超过100套付费电视频道。其独资子公司东亚卫星广播网络系统私人有限公司（MBNS）是马来西亚国内唯一拥有卫星直接到户传播20年许可证的媒体公司。寰宇电视公司积极参与马来语、汉语、英语和泰米尔语节目的制作、综合与发行，在马来西亚收视率排行前十名的电视频道中，有六个频道是寰宇电视公司平台制作的。该公司还经营八个地面调频广播电台，每周听众人数达到1100万。

（二）主要广播电台

1. 民族经典广播（Klasik Nasional）

"民族经典广播"是由马来西亚广播电视台经营的国家广播，其前身是1946年在新加坡成立的马来亚广播。1957年马来亚取得独立之后，马来亚广播一分为二：留在当地的更名为"新加坡广播"，迁往吉隆坡的则继续沿用"马来亚广播"这一名称，并于1959年1月1日正式开始广播。1963年9月16日马来西亚联邦成立后，马来亚广播更名为"马来西亚广播"。1971年1月19日开始，该广播成为马来西亚第二个全天24小时播出的广播。2006年8月12日，马来西亚广播的民族频道和经典频道正式合并成为今天的民族经典广播，主要播出20世纪40年代到80年代的马来经典歌曲，向全社会传播和弘扬马来西亚独特的音乐节奏和旋律。民族经典广播于2006年获得国家艺术贡献奖。

2. 音乐调频（Muzik FM）

音乐调频是马来西亚广播电视台经营的马来语音乐广播调频。该广播拥有独特的历史，其前身是1975年6月20日成立的马来西亚第一个提供立体声音乐直播的调频。1989年，立体调频改名为广播二台。为了更大范围地吸引听众，该调频于1994年8月1日更名为"音乐调频"，并进行了一些改进，如播出时间改为全天24小时，并引进英语内容以吸引更多的听众。随后，该调频收听范围扩大到全马来西亚、新加坡、文莱、加里曼丹、廖内群岛、印尼和泰国南部等地区。从2002年7月15日开始，音乐调频已经改为播放50%的马来文歌曲和50%的英文等外文歌曲。通过与多媒体大学的合作，音乐调频目前已经实现了网络实时广播功能。

3. 热播调频（Hot FM）

热播调频是首要媒体有限公司旗下的一个马来语广播。热播调频于2006年1月15日接受广播资格审查，2月5日正式开始运营。该调频主要播出20世纪90年代歌曲、最新马来歌曲、印尼歌曲、国际歌曲以及一些关于音乐方面的信息，深受广大马来西亚青少年的喜爱。2009年，热播调频创造了周听众达到380万人的记录，处于同时段同类型节目的收听之冠，一举击败时代调频。近年来，由于过多播放印尼歌曲，热播调频受到了马来听众的批评，认为此举违背了广大马来人民的喜好。

4. 时代调频（ERA FM）

时代调频是马来西亚网络广播AMP公司旗下的广播电台，是马来西亚最受听众欢迎的调频之一。时代调频在2008年8月1日开始试播，两个月后的10月正式开播。该调频使用了古典摇滚电台的频率，播出的歌曲精选自世界各国，最受欢迎的两档节目是时代略图和时代之晨。时代调频还是第一个以马来语为媒介语言的私人广播电台，其播出完全实现了数字化技术。

(三)主要电视台

1. 电视一台(TV1)

马来西亚广播电视一台是由马来西亚广播电视台经营的一档电视频道，于1963年12月28日开始播出，内容包括马来语和英语的教育节目、本地新闻、短讯和娱乐节目等。电视一台是马来西亚第一个电视频道，属于国有非盈利性的电视频道，既是政府向公众传播时事信息的平台，也是政府大力提倡使用马来语的平台，受到广大马来西亚人民的关注和喜爱。

2. 第三电视台(TV3)

第三电视台在1983年成立，是马来西亚第一家商业电视台，以提供最新鲜的娱乐和资讯信息为主题，于1984年6月1日在巴生河谷实现首播，并很快覆盖全国。成立伊始，第三电视台就成为第一个现场直播1984年洛杉矶奥运会的马来西亚电视台。在收视率方面，第三电视台也遥遥领先马来西亚其他电视台，成功吸引了全国41%的观众，超过以往最高收视率电视台的两倍，因此其广告收入也一直处于马来西亚各大电视台之首。第三电视台有着独特的经营模式，其播出节目包括新闻、时事、杂志、论坛、体育、戏剧和电影等。为提高节目质量，第三电视台还加大投入制作本地电视节目，并引进国外高收视率的节目。

3. 国民电视7台(NTV7)

国民电视7台原是马来西亚的一家私营电视台，于1998年4月7日在全国首播，播出英语、华语和马来语节目。2005年10月28日，首要媒体有限公司以9 000万令吉的价格成功收购该电视台。国民电视7台的节目内容包括戏剧、电影、娱乐节目、游戏秀、儿童节目等，新闻节目以马、华、英三语播报。国民电视7台定位于"为城市居民提供高质量的电视节目",因此其目标观众集中在广大城市观众和英语使用者。据统计,国民电视7台是拥有华人观众最多的马来西亚电视台,拥有25岁以上大约36%的华人观众。2009年,该台节目实现全面改版,以健康的生活方式、娱乐、时事新闻和体育等最受城市市民和华人青睐的节目为主题。

4. 八度空间(8TV)

八度空间也是首要媒体有限公司旗下的一档电视频道,在2004年1月8日开播。为了不影响第三电视台的收视率,八度空间将电视节目的目标人群定位在青少年和儿童,并提出"一个电视频道,两种途径"的概念,播出以华话和英语为媒介语言的节目。八度空间的格言是"我们是不同的",主要针对年轻人、城市居民和华人,提供不同的流行电影和系列电视节目。

5. 第九电视台(TV9)

第九电视台前身是国有的第9频道,于2003年9月9日首播,主要播出华语、英语和印尼语节目以及一些本地节目。2005年2月1日停播后,该电视频道被首要媒体有限公司收购,并改名为第九电视台。2006年1月1日,第九电视台开始实行免费播出,范围覆盖全马来半岛,目标人群主要为马来人、青少年和儿童,节目内容包括新闻、娱乐和教育等。

三、创意产业

马来西亚政府于2009年成立了创意产业基金(Dana Industri Kreatif),并于2010年通过了作为此项基金延伸与发展的"创意产业政策"(Dasar Industri Kreatif Negara),包括国家电影政策、国家音乐建设策略与政策、第九个马来西亚五年计划中期报告、国家内涵建设计划与策略性政策草案、文化艺术传统创意产业建设策略与政策草案，以及各电影出品人协会针对国家内涵与电影工业建设事项呈提的备忘录。出台"创意产业政策"的宗旨在于使国家创意产业更具竞争力，并对国家经济发展与奠定民族文化作出贡献。其具体目标可以简单概括为：提高国民生产总值；支援创意产业在国内外的建设；为创意产业提供设施、便利与良好的发展条件；提供培训，加速知识产权意识的成长与认证；充分利用科技发展创意产业；向世界推出能够代表国民身份与地方文化的象征。

在此项政策下，马来西亚政府在2010年度财政预算案中拨款2亿令吉以发展创意产业，如资助电影、音乐与动画工业等。由于认识到创意产业将在马来西亚迈向发达国家行列的过程中扮演重要角色，马来西亚新闻、通讯与文化部还特别设立了3000万令吉的基金用以推广创意产业，并设立一站式委员会处理该产业的申请。据统计，2010年马来西亚创意产业收益为98亿令吉，仅占马来西亚国内生产总值的1.9%，与一般发达国家创意产业平均贡献6%至12%的经济增长率相比，马来西亚的创意产业尚有很大的发展空间。

与马来西亚社会一样，马来西亚的创意产业也具有多元族群和多元文化的特色。以动漫产业为例，在政府的不断支持下，马来西亚的民族动画发展呈现出一个新局面，越来越多的国产系列动画片得以制作和问世。更重要的是，在动画教育方面，马来西亚已经意识到民族性的重要价值，很多导演都开始研究其民族自身的艺术特色，而不再仅仅作为日本动画的附庸而存在。例如，马来西亚的本土动画作品 *Les Copaque* 及 *Upin & Ipin* 在推出时即受到了热烈追捧和高度评价，其动画制作及创意已达到国际水平。而其他一些具有当地特色的文化活动也成为马来西亚创意产业的重要组成部分，同时也推动了旅游业的发展。如根据吉兰丹州人民善于制作风筝这一特点发展起来的"吉兰丹国际风筝节"，是一项极具马来文化特色的活动，目前已举办了27届，每年都吸引大量外国游客前来观赏。由马来西亚的云顶娱乐城和雪隆龙狮联合总会联合主办的世界狮王争霸赛自1994年开办以来，每两年举行一次，来自美国、印尼、泰国、中国、澳门、香港、新加坡等世界各地的华人团体都踊跃参赛，同时也吸引了众多游客前来观赏。2010年在马来西亚砂拉越州举办的世界热带雨林音乐节，吸引了19个国家共20支音乐团体参与，各国著名音乐家齐聚砂拉越，与来自世界各地的数万名游客共同分享了这一音乐盛宴。

第七章 政治制度

第一节 政治发展进程

世界上被殖民过的国家很多，大多在殖民者离开之后都遗留下了一定的政治制度，但是这些政治制度大多都没能保持太长时间，总的来说还是因为它不能解决国家遇到的实际问题而失去了存在的价值。马来西亚的民主体制是英国殖民者遗留下来的产物，但是如何成功应用这个政治体制比建立它更需要国家的智慧。所以，马来西亚的民主体制能否生存下去，也取决于它能否解决马来西亚面临的各种社会经济问题，促进国家的发展。作为一个典型的多民族国家，马来西亚各民族之间并没有因为国家的建立和社会的发展而逐渐和谐，反而是由于在政治、经济等方面的不同诉求使得特定民族之间差距越来越大，矛盾越来越突出。因此，政府所有的政策都必须考虑到各民族的利益与感情，这也造成马来西亚的政治在自由权威主义与有限的民主之间摇摆。这种近乎矛盾的政治发展根源上还是由其民族问题决定的，因此马来西亚的政治与民族问题几乎无法分开。但是，由于存在民主的选举制度，作为主体民族的马来族，为了保持自己在政治方面的优势和竞争力，又不得不考虑到其他民族特别是华人和印度人的感情，以获取他们的支持。这就使得所有的政治措施都需要深思熟虑，既要保证马来人的特权，同时又不能让其他民族失去太多的利益，因此，政府决策层经常需要在民主和权威之间做出抉择，换言之民主和权威任何一方在这样一个国家都不能长期处于优势地位，必须要在之间找到一个和谐点。在权威与民主的交替演变中，马来西亚的政治发展大体经历了四个阶段。

一、第一阶段(1957—1969年)

第一阶段从独立到1969年为止,主要内容是探索联合民主执政的方法。作为马来西亚最主要的政党,也是一个为争取马来人特权而奋斗的马来人政党,巫统在马来西亚的政治发展进程中起着举足轻重的作用。当时社会的各种特点,尤其是极为特殊的民族构成使得巫统领导人很快认识到,要想长期取得国家政权,与非马来民族及其领导人建立良好的关系是非常必要的。1951年,东姑·拉赫曼就任巫统主席,采取了同华人政党马华公会和印度人国大党合作的基本政策,并于1952年在吉隆坡市议会选举中获得了胜利。在之后的多次大选中,由马华公会、巫统和印度人国大党组成的联盟党都取得了令人满意的成绩。

独立后,联盟党的持续执政代表着马来西亚的民主制度在逐步向前发展。但是,1969年5月13日在吉隆坡发生的严重骚乱事件却使已有的民主体制在这个国家第一次面临严峻的考验。在此次大选中,选举结果对于联盟党来说是一次沉重的打击,尽管在国会当中还是占据优势,但是其议席却从1964年的89席下降为66席,选民票数比例从原来的58.4%下降为48.8%。作为反对党的民主行动党和人民进步党联合获得了25个议席,同时泛马来亚伊斯兰教党也获得了12个议席。这就使联盟党失去了三分之二的国会多数,从而丧失了过去所具有的绝对优势。因此,当大量支持民主行动党的华人青年在吉隆坡举行庆祝游行时,其过于欢乐的气氛刺激了马来人愤怒的神经,种族之间发生了严重的骚乱,紧接着全城、全国也陷入一片混乱当中,联盟党政府随即宣布国家进入紧急状态。这次骚乱反映出国家的民主制度还不够成熟,关于民主的探索还需要继续。同时,它也显示出种族之间的矛盾是如此的突出,任何的民族问题都很可能会演变成为无法控制的暴力冲突。

二、第二阶段（1970—1980年）

在马来西亚政治发展的第二阶段，政府开始了进行权威主义统治的尝试。带有独裁色彩的权威政府一直统治到1971年2月19日才宣布结束紧急状态，恢复国会。马华印联盟的领导人在控制局势、平息骚乱的同时，也为某些政治领导人巩固其权力提供了机会。骚乱之后，拉扎克动用了《紧急法令》，将很多所谓参与骚乱的人都抓了起来，并根据《紧急法令》可以无需审判而直接将嫌疑人送入监狱的原则，逮捕了很多反对党的领导人。这场骚乱使得国民对于拉赫曼政府的信任度逐渐降低，政府中逐渐出现质疑的声音，认为就是他过于软弱的政策才导致联盟党大选的失利以及社会的动乱，最终拉赫曼下台。1971年，拉扎克正式当选为巫统主席和联盟党主席。因此，1969年是马来西亚政治发展史上的一个转折点，它标志着马来西亚由一个温和的民主政治转向了一种权威主义的形式，在这种政治形式中，一个精英集团采取了必要的措施以保证其继续控制政府。

"5·13事件"从本质上来说，主要是马来人对其在国家的地位不满意，马来人仅仅是参与到政治领域，却让非马来人控制了最重要的经济命脉，并且非马来人还在通过各种方式参与到政治领域当中，这在马来人中间产生了极大的危机感。而对于非马来人来说，他们也对马来人所享有的特权表示不满，感觉受到了歧视，认为相比于对于国家作出的贡献，他们得到的太少，同时还希望自己能够更多地投身到政治领域，获得跟马来人相当的政治权力。随着巫统领导人的更替，国家总理也是巫统主席的拉扎克决定扩大联盟党，打算吸收大约10个政党加入联盟党，扩大联盟党影响的同时又削弱了马华工会在联盟党中的作用，从而巩固巫统在党派中的决定性地位，最终拉扎克实现了自己的目标，成功拉拢了14个政党组成"国民阵线",其中还一度包括了后来因为理念不合而退出的泛马来亚伊斯兰教党。在1974年的大选中,国民阵线取得了意想不到的胜利,在全部124个议席当中获得了104个议席,而作为国民阵线的领袖政党,巫统获得了其中的62个议席。

此后的1975至1977年间,巫统内部再次发生危机,原来拉赫曼的支持者逐渐感到被权力中心所排斥,因而慢慢与拉扎克集团疏远。同时,由于拉扎克的健康状况恶化,关于拉扎克接班人的问题在巫统内部引起了分歧,一些拉扎克的支持者成为了挑战者,从而引发了政局的不稳定。1976年1月14日,拉扎克去世,副总理奥恩接任总理。奥恩总理继续坚持拉扎克政府的新经济政策等一系列政策,将加强国家的经济发展作为国家发展的主要目标。1981年奥恩总理因为身体原因辞职,马哈蒂尔在巫统内部的权力博弈中获得胜利,当选巫统主席,成为马来西亚新的领导人。

三、第三阶段(1981—2003年)

马哈蒂尔的上台标志着马来西亚的政治发展进入到第三个阶段,是权威主义的继续发展,而巫统的发展也呈现出前所未有的特点,那就是内部矛盾越来越突出。马哈蒂尔上台之后,马来西亚的政治逐渐由民主又转向了权威,同时由于巫统的内部斗争,马来西亚的政治充满了变数,各方都开始利用各种政治斗争手段来实现自己的利益。这一斗争让更多的非马来人拥有参与其中的机遇,也正是他们的参与意愿使得巫统内部产生了分裂。

由于巫统在国民阵线中的绝对优势地位,从20世纪70年代中期开始,马来西亚政府的权威主义倾向越来越严重。80年代中期以后,马哈蒂尔的领导地位遭到不少人的质疑,这种质疑随后引起巫统内部的斗争,导致巫统这个拥有几十年历史的政党分裂成为两个政党。虽然从表面上看,分裂的原因是政治理念的不同,而实际原因是由于巫统内部两个派别在马哈蒂尔接班人的问题上陷入不可调和的矛盾。1988年,巫统被吉隆坡法院宣布为非法政党。马哈蒂尔体现了铁腕政治的一面,他脱离巫统成立了一个新的政党——新巫统,而其他留守巫统的成员最终将政党改名成为"四六精神党",意思是仍然继承着巫统1946年成立时所提出的理念与政策。

在1990年大选中,以四六精神党为首的反对党结成反对党联盟——人民阵线参选,取得不小的胜利,但并未从根本上动摇国民阵线的统治地位,国民阵线获得了180个议席中的127个,仍然占有三分之二的优势。1990年的大选是马来西亚政治发展的又一个转折,虽然说新巫统仍然保持优势,但是反对党却在逐渐壮大,具有对执政党构成威胁的潜力,尽管还不具备执政的实力,但在促进国家的民主发展中发挥了不可替代的作用。

20世纪90年代,国民阵线实行"新发展政策",国家经济实现了平稳较快发展,这一时期国内政局相对稳定,直到1997年金融危机爆发,马来西亚的伊斯兰极端势力再次活跃。由于"安瓦尔事件"的发生让部分马来人对巫统不满,转而支持泛马来亚伊斯兰教党,马哈蒂尔的威望有所降低。2003年,马哈蒂尔宣布辞职,马来西亚的马哈蒂尔时代正式结束。马哈蒂尔执政的三十多年里,马来西亚政治发展的主要特点之一就是权威主义在马来西亚的广泛蔓延,民主在一定程度上也发生了倒退。

四、第四阶段(2004年至今)

马来西亚政治发展的第四个阶段可以称之为"后马哈蒂尔时期",这主要是因为巴达维和纳吉两位总理并没能在任期内较前几位总理有更突出的贡献或者具有更鲜明的特点。

在这一时期,马来西亚国内政治呈现出风云变幻的特点,首先是巴达维领导的国民阵线在2004年的大选中取得了空前的胜利,赢得了全部219个席位当中的198个，更加巩固了巫统在国民阵线当中的绝对领导地位，巴达维也在接下来的几年里充分发挥了巫统的优势，在国家建设中提出了很多富有建设性的决议，提倡改革，国家取得了较快的发展。经受了2004年大选失利的反对党则在总结经验和调整战略后，在2008年的大选中组成"人民联盟"参选，结果取得大胜，在222个国会议席中取得了82席，使国民阵线自建国以来第一次在国会中的议席未超过三分之二，丧失了通过重大法案和修改宪法的权力。大选的失利造成了时任总理巴达维的信任危机，巫统党内再次引发动荡，最后导致巴达维在2009年3月黯然下台，并将总理大权移交给现任总理纳吉。

纳吉是前总理拉扎克的儿子，23岁时就已当选议员，在马来西亚政界中具有较高的威望。纳吉秉承马哈蒂尔的"2020年宏愿"，加强国内各项建设，注重改善民生，提出了"一个马来西亚"的理念，以马来西亚多元民族之间的相互理解为基础，希望各族人民消除隔阂，相互视对方为马来西亚人，从而增强民族的团结和发展。

纵观马来西亚的政治发展进程，无非是民主与权威之间的交替，是以巫统为首的国民阵线与反对党联盟之间在各个不同时期的博弈。虽然各个时期由于领导人的不同政策有所不同，但是政府一直掌握在以巫统为首的国民阵线当中。国民阵线把握着马来西亚的发展与政局的稳定，而国家也正是在这种相互博弈中不断前进与发展。

第二节　国家标志

一、国旗

马来西亚的国旗呈横长方形，长与宽之比为2∶1。主体部分由14道红白相间、宽度相等的横条组成。左上方有一深蓝色的长方形，

第七章　政治制度

图7-1　马来西亚联邦国旗

上有一弯黄色新月和一颗14个尖角的黄色星。14道红白横条和14个角星象征马来西亚的13个州和政府。蓝色象征人民的团结及马来西亚属于王室统治政权，黄色象征国家元首，新月象征马来西亚的官方宗教伊斯兰教。

二、国徽

图7-2　马来西亚联邦国徽

马来西亚的国徽中间为盾形徽，上面绘有一弯黄色新月和一颗14个尖角的黄色星，盾面上的图案和颜色象征马来西亚的组成及其行政区划。盾面上部列有5把入鞘的克里斯短剑，它们分别代表柔佛州、吉打州、玻璃市州、吉兰丹州和登嘉楼州。盾面中间部绘有红、黑、白、黄4条色带，分别代表雪兰莪州、彭亨州、霹雳州和森美兰州。盾面左侧绘有蓝、白波纹的海水和槟榔树，这一图案代表槟城州。盾面右侧的马六甲树代表马六甲州。盾面下端左边代表沙巴州，图案中绘有强健的褐色双臂，双手紧握沙巴州州旗。盾面下端右边绘有一只红、黑、蓝3色飞禽，代表砂拉越州。盾面下部中间的图案为马来西亚的国花——木槿，当地人称"班加拉亚"。盾徽两侧各站着一头红舌马来虎，两虎后肢踩着金色饰带，饰带上书写着格言"团结就是力量"。

三、国歌

马来西亚国歌的前身是霹雳州的州歌《月光曲》，曲子优美动听，在马来西亚广为流传，后来还成为流行于印尼的一首民歌。1968年，在配上新的歌词后，这首歌曲改名为《我的国家》，成为马来西亚的国歌，节奏也从原来的较慢节奏变为较快节奏，表达了马来西亚人民加快建设国家的步伐和促进国家快速发展的决心。歌词的中文大意如下：

> 生我养我的地方
>
> 民族团结，前途无可限量；
>
> 但愿上苍，福佑万民安康；
>
> 祝我君王，国强万寿无疆；
>
> 但愿上苍，福佑万民安康；
>
> 祝我君王，国强万寿无疆。

四、国花

马来西亚的国花扶桑，学名木槿花，俗称"大红花"，又名朱槿、朱槿牡丹、赤槿、花上花、日及、佛桑、佛槿、桑槿等，马来语名为"班加拉亚"（Bunga Raya）。扶桑在植物分类学中分属锦葵科，落叶灌木或小乔木，高可以生长到6米以上，一般温室栽培高约1米。叶宽卵形或狭卵形，花下垂，边缘有波浪形状，吐出长长的花蕊，给人秀气、高雅、别致的感觉。花柄长3~5厘米，花冠漏斗形，呈淡红色或玫瑰红色，喜温暖湿润的气候，其根、叶、花都可以入药，具有清热解毒的功效。马来西亚的盾形国徽上也有扶桑的图案，马来西亚人民用其红彤彤的花朵，或比喻为热爱祖国的烈火般激情，或比喻为革命的火种洒满大地而燃起熊熊大火，使殖民主义者相继后退。

第三节 宪 法

一、宪法的历史沿革

在马来亚联合邦独立之前，英国已经通过了有关宪法的相关文件，旨在加强对马来半岛的殖民统治。第二次世界大战结束后，日本撤出东南亚，东南亚各国掀起了史无前例的民族独立解放热潮，但是英国却在此时重新进驻马来亚。作为战胜国的英国为了重新掌握马来亚的实际控制权，于1946年提出了马来亚联邦的计划，这一计划的主要内容是将以前的"海峡殖民地"、"马来联邦"、"马来属邦"的行政权力集中起来，组成一个新的英国殖民地"马来亚联邦"，以加强中央集权。这一计划剥夺了苏丹的所有政治权力，各州苏丹只有处理宗教问题和民族习俗方面问题的权力，国家的实际权力掌握在英国派遣到马来亚的总督手中。此外，为拉拢华人，这一计划还决定授予所有在新加坡和马来亚出生的人以公民权。计划初次提出之时，受到了全体马来人的强烈反对，他们认为自己失去了特权，感受到了危机，就连各州苏丹也都加入了反对建立马来亚联邦的计划当中。为了安抚马来人，缓和种族矛盾，避免发生不必要的变故，英政府又抛出了马来亚联合邦计划，重新规定苏丹为各州的元首，英国另派高级专员来统治马来亚，新加坡仍然属于英国的殖民之下，同时马来族统治者的权力和地位有了明显的提高，马来人的特权也得到承认，而非马来族的政治地位被相应地削弱。事实上，马来亚联合邦计划是联邦计划的翻版，同样遭到了各族人民的反对。1947年初，英国人不顾马来人民的反对，通过了《马来亚联合邦法案》，次年，英国总督和各州苏丹在法案上签字通过，马来亚联合邦在一片动荡中于1948年2月正式成立，总督改为最高专员。

20世纪50年代，马来亚人民在国际形势的影响下，民族独立意识日趋强烈。1951年4月，马来亚联合邦开始实行部长制，地方选举日益活跃。1955年，在联合邦立法会议选举中，由巫统、马华工会和印度人国大党组成的联盟获得胜利，成为联合邦执政党。这次大选的胜利，使马来人民进一步坚定了争取独立的信心。

1955年12月至1957年5月，联盟主席东姑·拉赫曼率领代表团多次前往伦敦与英国政府谈判有关独立以及独立后宪制的问题。1956年3月6日，马英签订协议，准许双方指派一个宪法委员会负责草拟马来亚独立后的新宪法。联合宪法草案在先后经过各州苏丹会议及联合邦行政会议的批准之后，又在英国国会两院中通过。1957年8月27日，《马来亚联合邦宪法》即《独立宪法》正式公布。8月31日，宪法生效，马来亚联合邦获得独立。宪法规定最高元首为国家首脑、伊斯兰教领袖兼武装部队统帅，由统治者会议选举产生，任期5年。最高元首拥有立法、司法和行政的最高权力，以及任命总理、拒绝解散国会等权力。

1963年9月16日，马来西亚联邦成立，联邦宪法沿用至今。期间，联邦宪法在1963年、1970年、1971年、1984年、1987年、1993年、1994年、2007年经过多次修改。在其1993年的修改中，取消了各州苏丹的法律豁免等特权；1994年通过宪法修正案，主要内容是最高元首必须接受及根据政府的建议执行公务。2005年马议会再次通过修宪法案，决定将各州的水供事务管理权和文化遗产管理权移交中央政府。

二、现行宪法的主要内容和特点

马来西亚现行宪法最新的一次修订时间为2007年。宪法共分为14章（共181条）和13个附表，各附表中分别包括若干小章。

宪法确认了马来西亚国家制度和社会制度的基本原则，规定了马来西亚的政体、国家结构形式、国家机关的组织形式与活动的基本原则、公民基本权利和义务等，具有最高的法律效力，是一般立法的基础。宪法确定了国家政府机构的任务和形式，如元首、国会、内阁、法院、大选和公共服务等，确定了公民权、官方宗教和官方语言等，赋予了国家特殊民族特殊的地位，如马来人的特权。联邦宪法第一章概述了联邦的领土、宗教和州；第二章主要阐释公民的基本权利，如享有言论、集会、结社等自由；第三章规定公民权如何取得和丧失的条件；第四章是关于各个国家机构的规定；第五章和第六章是关于联邦与各州关系的规定；其余章节是关于财政、选举、司法机关等的规定。同时宪法还规定，东马的沙巴、砂拉越两州享有教育、移民和劳工等的自主权，各州政府拥有州宪法和立法机构，但联邦政府在立法权力和行政权力方面大于州政府。

由于该宪法的前身即马来亚联合邦宪法是独立前由英国政府与马华印联盟代表以及各州苏丹协商制定的，所以宪法受英国宪政的影响非常深。宪法中有关内阁制、国会两院权力分配以及多数党组阁等重要内容均效仿英国的制度。由于马来西亚是联邦制国家，在联邦与各州权力的划分上多受美国宪法的影响，比如上院代表各州，与英国上院代表贵族有所不同。

第四节　国家机构

一、中央国家机构

（一）最高权力机构

马来西亚实行的是君主立宪制，最高元首和各州苏丹分别是国家和各州的立宪君主,但是最高元首和苏丹的权力不仅受到联邦宪法及各州宪法的限制,而且受到议会制定的法律以及议会权力的限制,法律赋予君主权力实际都由议会和内阁行使。

1. 最高元首

马来西亚实行君主立宪制,最高元首是国家首脑,名义上拥有最高行政、立法和司法权,而且是伊斯兰教领袖兼武装部队统帅,是最高国家权力的执行者,对内对外是国家的最高代表。最高元首虽然是国会的重要组成部分,但是他不出席国会会议,只是在国会举行会议时下达命令。最高元首有权召集、取消和解散国会,但在行使上述权力时,需要向内阁征求意见。根据联邦宪法第32(1)条规定,最高元首是地位高于所有人的马来西亚主要领导人,有权在任何法院发表任意言论而享有司法豁免权。

最高元首由统治者会议选举产生,玻璃市、吉打、霹雳、雪兰莪、森美兰、柔佛、吉兰丹、登嘉楼和彭亨9个州的世袭苏丹拥有选举和被选举权。正、副最高元首由统治者会议秘密投票选出,任期5年,不得连任。如果最高元首在任期间过世,或者因为其他原因不能继续担任时,下一任最高元首不能接任,必须从头算起,任期5年。最高元首选举出来之后,按照惯例依据相同方式选举出副最高元首辅佐最高元首的工作,并且在最高元首告假或者是其他特殊情况不能任职时代理其职位。一般情况下,最高元首由上述9个州世袭苏丹按照年龄及就任各州苏丹年代先后轮流担任。任何一名马来西亚的苏丹都有权利被选为最高元首,但具有下列三种情况者除外:年龄不够;本人拒绝被选举为最高元首;由于各种原因思维不健全。作为国家的最高领导人,最高元首拥有行政权,可以执行行政权或者将行政权交由内阁或内阁指定的部门代为行使。根据联邦宪法规定,最高元首可以根据自己的判断决定三项事务,即任命总理，拒绝解散国会的请求，召开统治者会议研究关于苏丹的特殊地位。

最高元首还是马来西亚武装部队的最高首长，有权赦免或者推迟军事法庭审理的各项案件，有权赦免所有在联邦区域内发生的案件或者是国家安全法范畴内的特定案件。最高元首有权任命总理、联邦法院的首席大法官、大法官及最高法院的法官，有权委任武装部队参谋长、警察总长及武装部队委员会成员，有权任命审计长、总检察长及马六甲、槟城、沙巴、砂拉越四个州的州长，有权下令召开国会、接受或拒绝解散国会的要求，有权要求召开专门涉及统治者特权、地位、荣誉和称号的统治者会议，有权批准国会通过的法案。最高元首还拥有最高赦免权。

最高元首还是其原属州、联邦直辖区以及马六甲、槟城、沙巴和砂拉越四个州的宗教领袖（其他各州为本州苏丹）。此外，联邦宪法第153条也赋予了最高元首特权以保护马来人和沙巴、砂拉越土著居民的特殊地位；联邦宪法第150条赋予最高元首宣布紧急状态的权力，假如最高元首觉得正在发生的紧急状况对安全以及经济生活或者联邦内的公共安全造成了威胁，那么他有权力宣布实施紧急状态。

最高元首虽然拥有国家最高权力，任何法院都不能对其提起诉讼，但是仍然受到宪法有关规定的限制。如宪法第40条规定："最高元首在根据宪法或联邦法律行使职能时，除本宪法另有规定外，应按照内阁或在内阁部长的咨询下行事。"国家元首任命总理只能任命下院多数党领袖担任，任命高级官员时应采纳总理和内阁的意见。最高元首不得担任营利性职位，不得从事商业活动，除进行国事访问外，未经统治者会议许可，离开马来西亚不得超过15天。

最高元首居住在吉隆坡的国家皇宫之中。这里风景优美，常常因为其传统的民族特色以及高贵的皇室特点吸引着来往的游客。在最高元首诞辰日，国家一般要举行盛大的庆典仪式和册封仪式，册封那些对国家的建设发展作出特殊或者杰出贡献的国人。对于每个公民而言，受到最高元首册封都是非常荣耀的事。

各州苏丹是州最高统治者，居住在金壁辉煌的皇宫里，他们的服饰、用具和日常用品都为金黄色，因为金黄色代表高贵，是专属于皇宫的颜色。每年苏丹的诞辰日都是全州的大事，属于全州的公共假日，而州政府还要为苏丹举行隆重的庆祝仪式。

2. 统治者会议

统治者会议包括了各州苏丹和州元首。历史上，在马来西亚国土范围内是若干个独立的苏丹国，在政治、经济和军事等方面都享有极高的独立性，1963年，由9个原苏丹国和4个州组成现在的马来西亚联邦。鉴于上述原因，马来西亚的君主制采取了集体君主制这种特殊的形式。

统治者会议是马来西亚实行集体君主制的集中体现。1948年，《马来亚联合邦协议》颁布，同年，统治者会议成立，由玻璃市、吉打、霹雳、雪兰莪、森美兰、柔佛、吉兰丹、登嘉楼和彭亨9个州的世袭苏丹以及马六甲、槟城两州州长组成。马来西亚成立后，沙巴和砂拉越两个州的州长也成为统治者会议成员。会议没有固定的时间，只要最高元首或会议成员3人以上请求，掌玺大臣应即刻召集会议。

根据联邦宪法第38条规定，统治者会议的主要职权是：选举产生正、副最高元首（马六甲、槟城、沙巴和砂拉越4个州的州长因为是最高元首任命，所以没有选举权和被选举权）；决定是否将任何宗教活动、仪式、典礼推广至全联邦；就政府高级官员的任免提出建议。最高元首任命最高法院院长及大法官、审计长、选举委员会委员、公务委员会委员等职位时，须与统治者会议商议；有关代行最高元首职务的法律，须经统治者会议同意；批准任何变更疆界的法律等。统治者会议行使职权的方式，原则上是以会议成员过半数以上的出席者同意以后，由掌玺大臣加盖御玺完成。统治者会议每年召开3~4次，统治者会议可以审议国家的政策（例如关于移民的政策）和其他被认为应该审议的问题。当统治者会议审议国家的政策事务时，最高元首需要有总理陪同，其他苏丹和地区行政长官需要由其相应州的州务大臣或首席部长陪同。审议政府政策是最高元首在内阁的建议下需要行使的职责，也是其他苏丹和地区行政长官根据州政府会议委员会的建议需要行使的职责。统治者会议需要审议任何一条关于苏丹特殊性、地位、尊贵性和崇高性的法律。联邦宪法第153条规定，在修改政府行政权力分配时，必须向统治者会议征求意见。

统治者会议成员可以在下列任务中根据自己的判断来采取措施：选举或者革除最高元首的职务，或者是选举副最高元首；对于各项任命给予建议；同意或者否定任何一条修改边界的法律或者涉及苏丹特殊性、地位、尊贵性和崇高性的法律；同意或者否定是否将某一种宗教仪式普及至全联邦。

统治者会议决议须经半数以上票数通过，决议制定后须加盖御玺方可生效。如果就某一项任命，会议多数成员已达成一致同意并致信掌玺大臣，此时会议就无须再召开。

(二)议会

受到英国的影响，马来西亚议会实行立法权、司法权和行政权三权分立。议会也称为国会，是国家的立法机构，由上议院和下议院组成，其功能各不相同，国会下议院享有立法权，但下议院制定法律草案之后必须交由上议院审核，假如审核通过则交与最高元首签署并发布，如果上议院不予通过法律草案，则将该草案直接发回下议院重新修改，修改之后再交由上议院审核，但是下议院也可以绕过上议院将该法律草案直接交由最高元首审理并签署发表。根据联邦宪法第73条规定，为了更好地行使宪法赋予的立法权，国会需要制定联邦内涉及以下所有领域的法律以及对外的法律，包括外交事务、国防、国家安全、国内和犯罪法律、公民权、船运、航海、渔业、通信和交通运输、公共事务、教育、卫生、工人事务、土著居民事务等；州立法机构则制定有关州内各项事务的法律，包括风俗习惯、伊斯兰教事务、土地、农业、当地政府、给水工程、州政府行政体制、州历史等。通过被赋予的各项权利，国会可以制定联邦事务目录里面涉及的所有事项的法律，州立法机构可以就上述州事务目录和共同事务目录当中包含的各项事务制定法律。如果州某一法律与宪法精神相违背，则执行宪法并废除该法律。国会可以针对州事务目录中包含的事务进行立法，但是仅限于下列情况：执行联邦政府与州政府签订的协议、条约，或者由联邦政府参与的国际组织作出的决定；维护两个或多个州之间法律的平等；进行立法。

马来西亚实行议会民主制，其政府首脑的权力来自议会的支持，而这种支持通过两种途径落实：第一是议会选举中获得多数议席，第二是赢得国会的信任投票。因此，如果政府首脑所属政党未能赢得议会大选，政府首脑连同其内阁必须提出辞职。未能通过议会信任投票的政府首脑，也必须连同其内阁辞职。马来西亚有联邦议会和州议会。联邦议会分上议院和下议院，各州只设立法议会。

在马来西亚的政府体制之下，国会有权制定各项法律，联邦宪法赋予联邦议会制定各项联邦法律和各州法律的权力。联邦议会是马来西亚的最高立法机构。1909年成立的马来联邦议会是马来西亚历史上最早的议会形式,它由英国驻扎官及霹雳、雪兰莪、森美兰和彭亨4个州的苏丹和参政司组成。1948年,在英国政府倡导下成立了立法议会,议员75名,1955年扩大为98人(其中52名由民选产生,其余46名由英国殖民政府委任,包括5名政党代表)。1959年以后,议会改为两院制,由上议院和下议院组成。

议会的主要职权为:修改宪法、制定法律法令,讨论通过财政预算和追加案,对政府各部门工作提出质询等。修改宪法须经下议院三分之二以上议员投票赞成、经最高元首批准后方能生效。立法权主要集中在下议院。议会议员享有豁免权。

议会用语曾为马来语和英语,1975年取消英语,马来语为唯一用语。议员在表述专门问题时,在得到议长的允许后也可以使用英语。

1. 上议院

上议院为马来西亚国会当中第二重要组成部分,上议院的主要职责是更加详细地讨论下议院通过的某项法案或者有关民众利益的事项,以及负责讨论涉及公众利益的事务。法案经上议院讨论通过后须呈最高元首批准。上院对法案无否决权,但可以通过提出修改案推迟法案的实施,但如果下议院将法案在国会闭会期前一个月交予上议院审核,而上议院在此期间内没有通过也没有提出修改案,那么下议院则有权直接将法律草案交由最高元首审核并签署。如果法律草案发回下议院,在一年之内下议院没有按照上议院的建议修改,但草案又经过了下议院的投票通过,那么下议院有权直接将法律草案交由最高元首审核和签署。

上议院共设有70个议席,其中26个由13个州的立法议会选举产生,每州2名。其余的44个由最高元首根据总理的建议委任,其中联邦直辖区吉隆坡2名,纳闽及布城各1名。由最高元首任命的上议院议员一般是在公共服务方面或职业、商业、企业、农业、文化活动、社会服务领域作出卓越贡献，或者是代表少数民族或代表少数民族利益的能力得到褒奖的人士。上议员须为居住在联邦境内的马来西亚公民，年龄大于30周岁。上议员任期3年，不受议会解散的影响，任期不能超过两届。

宪法赋予了上议院一定的权力，所有下议院通过的法案都要送达上议院，经过上议院的批准再送呈最高元首予以通过，但是上议院没有权力否决下议院的提案，只能提出修改意见并发还下议院进行重新考虑制定，而下议院也有权直接跳过上议院而将法案交于最高元首签署。上议院议员也没有对内阁投不信任票的权力。由于上议院议员一般由总理推荐，来自执政党，很少对下议院提出的法案提出异议，因此自从马来西亚建国以来，大部分下议院提交的法案都得以顺利实施，并未受到上议院的阻碍。

上议院设正、副议长各一名，从上议院的议员中选举产生。另外上议院还设一名秘书，由最高元首委任。如果议长和副议长都没出席上议院会议，那么议长的任务将由一名临时按照规定选出的临时议长来执行。任何一名上议员都可以向上议院议长写信提出辞职，上议员若在未得到允许的情况下连续6个月未出席议会或当选3个月内未上任，议长有权宣布该席位空缺，并按照联邦宪法规定选举具有相当条件的人员来补缺。

2. 下议院

下议院是国会的重要组成部分，是人民表达意见和意愿的专门委员会，是马来西亚最主要的立法机构。议员由选民直接选举产生，采取选区制，每个选区10万人，产生1名议员，议员不能同时代表两个选区参选，也不能同时成为上议员和下议员。议员年龄须在21周岁以上，任期5年。议员如在任期内死亡、辞职或被解职，该议员所在选区须随时进行补选。

下议院是国会权力的主要来源，它的主要职权包括立法权、对政府及财政的监督权、干预经济活动权等。下议院共有219个议席，设议长1名，副议长2名。下议院议员必须在就职之前宣布对宪法和国家的忠诚。宣誓之前，下议院议员都有权参选下议院议长。议长可从议员或非议员中选举产生，但副议长只能从议员中选举产生，如果议长为非议员，则被追认为议会增补议员，但无权担任正、副总理以及各部的正、副部长和政务次长的职务，议长也无权参加议会投票。如果下议院议长和副议长都没能出席下议院会议，其职责将由依法临时选举的人员来执行。与上议院一样，下议院也设有一名由最高元首委任的秘书。

一项法案在下议院获得通过后，须交上议院审议通过，然后呈最高元首批准。但如果上议院要对某项法案加以修正，须将法案交回下议院重新考虑，如果下议院不接纳上议院的修正案，可以不再经过上议院而直接呈交最高元首批准，上议院对法案无否决权。

3. 参选议员的限制

任何一名居住在马来西亚联邦的公民都有资格参选国会议员，条件是年满21周岁，除非根据宪法第48条的规定，他不具备相关的资格。

当国会解散时，下议院议员的任期随即结束，他们还可以通过致信下议院议长提出辞呈辞去议员资格。根据联邦宪法第48条规定，有下列情况之一者无权参选上下两院任一院议员：心智不健全者；未清偿债务的破产者；担任营利性质的职位者；被联邦各法院宣判有罪，且被判刑1年以上或者罚款2 000令吉以上未获得赦免者；曾在外国取得公民资格或行使外国公民权力或已向外国宣誓效忠者。如果议员在未经允许的情况下连续6个月没有出席议会会议，议长有权宣布该席位空缺。如果议员被允许在一段时期内不出席国会会议，那么在这段时间内他将无权参加该时期内国会的会议。根据联邦宪法和法律规定，国会委员会应该制定会议议程规则，即使席位有空缺，国会委员会仍然可以正常执行任务，国会会议议程不因任何非议员的参加而受到影响，未出席国会的议员没有投票权。

4. 立法程序

国会两院都在立法的过程中发挥巨大的作用。法律的制定必须按照一定的程序来完成，如果某位部长想要在国会上阐述某项法律草案，首先他需要整理收集与上述法案相关的政策，其次还需要提前与律政司署、财政部以及相关政府机构交换意见，律政司署负责制定准备相关法律草案，当法律草案通过内阁的审定，即可以在国会两院由该部长做出陈述。法律草案在通过之前必须经过四次审核，即第一次审核、第二次审核、委员会审议和第四次审核。

根据联邦法律规定，国会在行使立法权的时候需要履行以下义务：国会制定的法律草案必须由两院同时通过（宪法第68条包含的事务则只需由下议院通过），经最高元首批准；根据宪法规定，宪法草案可以由两院任意一方提出；法律草案由国会一个委员会通过之后须交由另一个委员会审议，当双方对于法律草案达成一致意见之后再交由最高元首审议并通过；最高元首需要在提交草案之后30天之内给予答复，同意发布则由掌玺大臣加盖御玺予以通过，如果不同意通过并且该草案不是财政法律草案则将草案发回提出的委员会，并附录驳回的原因以及存在的问题；如果按照上述程序将草案发回了提出该草案的委员会，该委员会应该尽快重新审议该草案，假如在重新审定之后，国会三分之二的委员同意对该草案作出修正，则将该法案发回进行修改，经过相同的程序之后再提交最高元首审核并通过，最高元首必须在草案提出30天之内给出答复；如果草案在提交30天之后未收到最高元首的答复，该法律草案则自动通过成为法律；法律草案通过成为法律之后并非在公布当天生效，国会有权推迟该法律的生效日期；只表达联邦政府意愿的法律草案不得交由最高元首审核通过。

5. 大选

大选是国家民主政治的重要组成部分，是产生国家各级代表机关和某些公职人员的原则、方法和组织的总和。在马来西亚，联邦议会选举及州立法会议选举是最重要的选举。根据联邦宪法和州宪法规定，联邦议会和州立法议会的选举最迟必须5年举行一次，国家设独立的选举机构——选举委员会。选举委员会设正、副主席各一名，另设5名委员（沙巴和砂拉越州须各有一名）。所有人选均由最高元首与统治者会议协商后委任，年龄不得超过65周岁。

马来西亚采取选区制，按照人口的多少，在各州划分出若干个选区。全国共分219个国会选区，每个选区选出一名下议院议员。州立法会议选举共分505个选区，在各州划分出若干个选区。凡在选举登记日年满21周岁且在某选区注册的公民都有权参加选举投票，心智不健康或仍处于服刑期间的公民则被剥夺其选民资格。

国会在最高元首召集的时候举行会议。国会休会期不得超过6个月，国会任期5年，5年期满则立即解散或者也可在未满5年时被最高元首解散。国会解散之后，马来半岛地区的大选必须在解散之日起60天内举行，沙巴和砂拉越地区则在90天内举行大选，国会解散后的120天内必须选出新的国会成员并召开新的国会会议。所有的下议院会议均根据国会日程进行安排，分为五个阶段，每个阶段时间为一年，每一阶段一般召开三或四次会议，每次会议历时两周。而对于上议院来说，除了审核财政预算的会议历时五至六周之外，每次会议历时一周。总理可向最高元首要求提前解散国会，举行大选,也可因国会对总理投不信任票而导致解散国会。各州州务大臣或首席部长也可向本州苏丹或州长要求提前解散州立法会议,举行州选举。国会及州立法会议的选举可以同时或分别进行。按选举法规定,在同一次选举中,一人只能参加一个选区的选举,但可同时进行国会和州立法会议的竞选。

国会选举中获多数席位的党派或党派联盟有权进行组阁,政府总理从该党派或联盟中产生。由于马来西亚历届大选均由国民阵线取得多数席位,所以国民阵线的最大党巫统主席即当选为内阁总理。

(三) **联邦政府**

马来西亚政府实行内阁制,即内阁总揽国家行政权力并向议会负责。内阁制政府又称为议会制政府或责任内阁制政府。

内阁为马来西亚最高行政机构,由总理、副总理和各部部长、副部长及政务次长组成,总理为政府首脑。最高元首任命下议院多数党领袖担任总理,并根据总理的提名任命各部部长及副部长。政府内阁成员必须是议会议员,内阁集体对议会负责。为了协助内阁协调和监督各部的工作,政府设立了3个理事会:国家行政理事会、国家经济理事会和国家安全理事会,均由总理直接领导。

内阁的主要职能是:制订和执行政策、法律,统领全国性的公共行政事务;参与立法和司法工作;决定和实施国家内、外政策,任免高级官员;掌管和指挥军队、警察、法院、监狱等暴力机关;干预乃至参与活动,发展国家资本主义;其他如组织选举、建议解散议会等。

根据联邦宪法第80条规定,政府行政权力的分配如下:联邦政府对联邦法律涉及的所有方面行使行政权力,地方政府则对州立法会议所制定法律所涉及的事务行使权力;联邦政府的行政权力不覆盖州事务目录里包含的事务,联邦宪法在第93~95条里规定的内容

第七章 政治制度

除外；不得覆盖共同事务目录里包含的事务，联邦法律和州法律里的相关规定除外；只有在联邦法律和州法律中针对某项事务都赋予联邦行政权，那么法律才可以将权力赋予联邦政府而并非州政府；根据联邦宪法第76(4)条规定，如果某一法律要求州将所拥有的关于某项事务的权力上交给联邦政府，除非能够在州议会中通过，否则该法律将不能够实施；联邦法律可以指定州政府行使其权力，执行联邦政府管辖下的事务；按照联邦法律或者州法律，联邦政府可以和州政府之间制定某项协议以便决定让联邦处理州政府事务或者州政府处理联邦事务，但是在此之前协议必须决定费用问题；如果州政府替联邦政府执行某项事务之后，联邦政府必须要按照协议支付州政府相关费用，如果在之前没有制定相关协议则由最高法院院长作为仲裁人决定需要支付费用的数额。

在独立初期，马来西亚政府机构的设置比较简单。随着政治、经济、文化的发展，以及为适应新形势的需求，原来的政府机构也进行了相应的调整和增加。2008年第12届大选之后，内阁也进行了相应的改组，最新的内阁共设25个部级机构，共有部长职位33人，副部长职位39个及22个政务次长职位。现任总理纳吉并兼任国内安全部和财政部部长，副总理兼任国防部部长。

1. 总理署

马来西亚总理署是政府执行各项政策的中枢机构，主要职能是计划、执行和协调国家政策和目标，维护国家的安全；按规定执行所有在行政、财政、服务、风俗习惯等方面政府部门计划实施的事务；为总理有效地处理国家各项事务提供有力的保障。

2. 财政部

马来西亚财政部的主要职能是保证国家财政状况处于较好水平，促进经济的发展，管理国家金融机构，使其为经济的发展提供积极的动力,下辖部门机构包括马来西亚国家银行、证券委员会、马来西亚股票、国家储蓄银行、浮罗交怡发展局等。

3. 国防部

马来西亚国防部主要负责执行国家防务政策和处理国防事务,指挥马来西亚武装部队保护国家安全。国防部由国防部长领导,副部长协助部长履行职务。

4. 内政部

内政部是主要负责国内事务的部门,主要职能是制定各项政策,并随着国家的发展为公民提供高质量的服务;连续有效地为政府计划和实施各项政策,包括移民、选民登记、公民权、电影审查和国家安全等政策,以保证国家的安全和稳定。

5. 国际贸易与工业部(贸工部)

马来西亚国际贸易与工业部主要任务是监督国家的各项国际商业活动,例如进口和出口,使之适应国家的工业和商业活动政策。

6. 教育部

教育部的主要目标是在马来西亚建立具有世界级高水平的国家教育体系,充分发挥个人潜力和满足国家对于教育和人才的需求,建设忠诚团结的马来西亚民族,培养有信仰、高素质、有文化的人才,为国家的发展进步提供人才资源支持,为全国人民提供教育机会。

7. 高等教育部(高教部)

高等教育部由高等教育管理局、社区学院和工艺学院管理局两个子部门构成,下辖20所公立大学。高教部主要职能是确保全国有2所高校处于世界大学前200强之列,1所处于前50强之列;建设至少10所具备国际水平的教育中心,在教育、创作权、出版和联合教育等方面做出重大成果;促进政府和学校共同努力提高国家的教育水平。

8. 外交部

外交部的主要职能是执行国家的各项外交政策；时刻关注复杂多变的世界政治环境，针对不同的国际事务做出迅速有效的回应，保证国家的独立和利益不受侵犯。

9. 房屋与地方政府部（房地部）

房屋与地方政府部主要职能是通过房屋建设项目、发展计划和监督、城市化服务以及快速有效的救援和消防服务来执行、计划和协调政府各项社会计划安排和人口安置。

10. 公共工程部（工程部）

公共工程部的主要职能是使国家的各级组织在基础设施发展、工业建设和专业服务方面具有世界级水平；为国家提供适应其发展的公共基础设施；发展国家工业设施使其在全球范围内具有竞争力；培养各项专业性人才。

11. 交通部

交通部的主要职能是负责保障和维修国内城市和乡村地区的各项交通运输设施；发展交通运输设施并使其与国际接轨；方便全国人民的日常出行和交通运输。

12. 种植与原产业部（原产部）

种植与原产业部的主要职能是通过高附加值的原产品出口使马来西亚获得丰厚的利润；保持马来西亚的原产品在世界市场的竞争力和促进国内的发展；提高原产品的质量并巩固和开拓国内和国际市场等等。

13. 农业与农基工业部（农业部）

农业与农基工业部主要负责与国家农业有关的事务，旨在帮助农业人口改进技术、提高收入，使全体人民同享国家发展的成果，同时促进国家农业与农基工业的迅速发展。

14. 卫生部

卫生部主要致力于向全民提供方便、快捷和高质量的卫生服务，推动卫生设施、卫生发展技术等国家卫生事业的发展。

15. 新闻通讯与文化部

新闻通讯与文化部的主要职能是使马来西亚的公共通信和信息处理机构为马来西亚人民和国际社会提供快速、准确和最新的新闻资讯。

16. 科学工艺与革新部（科艺部）

科学工艺与革新部的主要职能是营造富有竞争力的国际环境以促进科学技术的发展，通过持久的发展提高国民的生活质量；把马来西亚建设成为在科学技术领域具有世界性竞争力的国家，促进国家长久的发展；运用科学、技术和创新来提高农业和工业的附加值，运用信息技术、通讯和生物技术来发展新的经济领域。

17. 人力资源部（人资部）

人力资源部的主要职能是通过人力资源环境的改变建设富有生产力、信息化、有纪律和负责任的工业社会，以提高经济的增长和促进就业；营造并保持企业主、工人和工会之间和谐的关系来促进经济的增长和人民的幸福；通过解决企业主和工人之间的矛盾来推动社会的公平和保持和谐的工业联系。

18. 国内贸易与消费部（贸消部）

国内贸易与消费部旨在鼓励国内商业的发展和加强对消费者权益的保护，主要职能是确定生活必需品的价格；负责生活必需品的销售、运输和生产监管；维护消费者权益；负责签发石油和石油化工商品的运输和销售执照等。

19. 旅游部

马来西亚旅游部旨在以旅游业的发展推动国家经济的发展，提高马来西亚的国际地位和知名度，提高旅游业对于国民生产总值的贡献，保护马来西亚优美的自然环境，创造良好的人文环境，主要职能包括制定各项旅游法令，保障游客的合法权益等。

20. 天然资源与环境部（环境部）

天然资源与环境部的主要职能是在开采天然资源促进经济发展的同时，注重环境的保护和可持续性发展。

21. 青年与体育部（青体部）

青年与体育部的主要职能是培养有个性、团结、负责任和富有爱国奉献精神的青年，以保证国家的繁荣与发展；建设积极、健康、有活力的社会和培养具有世界级高水平的运动员。

22. 妇女、家庭与社会发展部（妇女社会部）

妇女、家庭与社会发展部的主要职能是通过提高社会、家庭、妇女对于社会事务的参与度来促进社会的发展，使他们享受社会发展带来的成果；保障社会、家庭与妇女的权利和利益不受歧视；在政治、经济和社会领域为妇女创造更多的参与机会。

23. 能源、水务与绿色工艺部

能源、水务与绿色工艺部的主要职能是推动能源、水务和绿色工业持久活跃地发展；制定各项政策和发展战略以形成先进高效的工作体系等。

24. 联邦直辖区部（直辖部）

联邦直辖区部的主要职能是实施各项促进联邦直辖区发展的计划，从政治、经济、社会、文化和思想方面促进联邦直辖区的发展。

25. 乡村与区域发展部（乡区部）

乡村与区域发展部致力于促进乡村地区的发展，宗旨是通过乡村地区城市化来改善乡村地区的贫困与落后状况，其主要职能是根据国家的宏愿政策，以土地和市场资源为核心，全面发展乡村地区。

二、司法

马来西亚法律制度属于英美法系。虽然先后经历了葡萄牙和荷兰的殖民统治，但是殖民者并没有将法律带进马来亚，只有英国殖民者到来之后，才将法律比较完整地引入马来亚，1855年，英国法律制度被比较完整地在马来亚推广。由于国情的不同，英国法律并不能完全适应马来亚地区的需求，因此对法律进行了一定的修改，以便与当地的风俗习惯相融合。与正统的英国法律制度相比较，马来西亚的法律制度带有一定的宗教色彩，并兼顾了马来西亚三大民族马来人、华人、印度人的传统文化习俗。

马来西亚的司法系统，基本上沿用了英国的普通法，《马来西亚联邦宪法》为国家最高法律。此外，还引用了一套伊斯兰法律，以处理涉及伊斯兰事务的法律诉讼。马来西亚的司法机关包括司法行政机关和检察机关，法院和检察机关是代表国家进行审判和追究刑事责任并提起公诉的机关。

除了上述职能之外，以下职能只能由最高法院来行使：裁决国会和立法机构制定的法律有效或者失效，因为在某些事务上按照法律规定，国会和州立法会议不具有制定相关法律的权力；裁决州与州之间或者联邦政府与州之间的矛盾和分歧；按照联邦宪法的规定裁决高等法院或者是某一位高等法院法官的建议；裁决在法院（最高法院除外）审理当中出现的关于联邦宪法规定的权力的问题；根据联邦宪法规定向最高元首提供咨询建议。

（一）法院

马来西亚的法院按审级大体分为两个部分，即高等法院和低等法院。高等法院由联邦法院、上诉法院、马来亚高等法院(负责西马)与婆罗洲高等法院(负责东马)组成。此外,还设有审理各种特殊案件的专门法院,如伊斯兰教法庭、特别法庭、少年法庭、原住民法庭等。

马来西亚的高等法院和低等法院拥有司法权,司法机构的作用通过上述法院来实现。法院通过宪法赋予的权力来行使下列职能:根据法律赋予的权力审判和宣判该法律管辖下的案件,此职能由低级法院开始逐级执行,也可以由高等法院来执行;审判和宣判关于大选意见的案件,该类案件由管辖该大选区域的高级法院审理;审理和宣判关于藐视法庭的案件,此类案件必须由联邦法院和高等法院来审理,只有上述法院有权力判罚。

1. 联邦法院(最高法院)

联邦法院是马来西亚最高司法机构,可以审理各类案件,具有终审权。联邦法院成立于1994年6月,前身是1985年成立的马来西亚最高法院,在此之前马来西亚并没有类似的法院,所有案件都须上诉到英国枢密院。

联邦法院由联邦法院院长(首席大法官)、上诉法院院长、马来亚高级法院院长、婆罗洲高级法院院长和另外7名法官及若干名候补法官组成,实行终身制,年满65岁退休。联邦法院受理对上诉法院或高级法院判决不服的刑事或民事案件,裁决各州之间或州与联邦政府之间就宪法问题所引起的争端,对宪法进行解释,受理各高级法院提出的任何涉及公众利益的案件等。联邦法院一般行使下列职权:审理下级法院审理宣判之后的上诉案件;认定州与议会制定的法律是否有效;裁决州与州之间或者联邦政府与州之间的争端;审议有关的宪法问题并且对于最高元首提交的宪法给予建议。

2. 高等法院

马来西亚有三家管辖权并列的高等法院,即马来亚高等法院、沙巴高等法院和砂拉越高等法院，各由一名首席法官主持。高等法院一般审理一般法院无法审理的刑事和民事案件，并且有权审理判罚死刑的案件。对下级法院判罚不满的刑事、民事案件也可以上诉至联邦法院。

3. 上诉法院

上诉法院由一名院长和不超过10名法官组成。目前马来西亚的上诉法院有10名法官（不包括上诉法院院长在内），主要职责是审理对高级法院判决不服的刑事或民事案件以及起诉高级法院法官的案件，给予诉讼当事人更多的上诉权利。

4. 低等法院

马来半岛的低等法院由下列法院构成：

（1）地方法院。地方法院处于低等法院体系中最高的一级，由一名法官主持，拥有判罚除死刑外的其他任何罪行的权力。

（2）推事庭。推事庭处理各项国内的犯罪案件，一般由一级推事和二级推事主持。一级推事有权审判和量刑不超过10年或只处以罚款的案件；二级推事有权审判和量刑不超过1年或只处以罚款的案件。对推事庭审判不服的判决，可以上诉至最高法院。

（3）少年法庭。少年法庭由一级推事长主持，有权审理和判决与少年有关的案件，审判通常都是秘密进行并且将嫌疑人移交给保释机构。

（4）县官庭。县官庭属于最低级别的法庭，法官由政府任命村长或者部落首领担任。此类法庭虽然被赋予审判犯罪案件的权力，但是很少开庭审理。

5. 法官任命

最高法院院长、高等法院大法官以及联邦宪法第122条规定的最高法院和高等法院的其他法官需要由最高元首任命，总理在和统治者会议商议之后向最高元首提供任命建议。在给予任意一名法官的任命建议前，除了法院院长之外，总理都需要征求法院院长的建议。在给予高等法院大法官的任命建议前，总理需要向高等法院的每一名大法官征求建议，如果是任命沙巴和砂拉越州的高等法院大法官，总理还须向上述两州的首席部长征求建议。在给予法官的任命建议前，除了法院院长和大法官，如果是任命最高法院法官，总理需要向高等法院的每一名大法官征求建议；如果是任命沙巴和砂拉越两州的法官，总理需要向该法院的每一名大法官征求建议。

（二）检察机关

马来西亚中央检察机关设总检察长1名，检察长若干名，副主控官若干名。总检察长由最高元首根据总理的建议从联邦法院的法官中任命一名适合人选担任。总检察长依法掌握并指导所有刑事案件的公诉工作，有权任命适当的人选为检察官，以便他们在法院进行公诉。另外，总检察长也可以指定不低于探长级的警官或者政府部门的官员进行刑事起诉。

第五节　政党制度

政党制度是指国家法律规定或实际生活中形成的有关政党社会地位和作用，特别是政党执掌、参与或影响国家政权的具体体制和运行机制。

一、政党发展简史

与西方国家相比，马来西亚的政党发展较晚，大多政党都与种族相关，各自代表一部分人或者一个种族的政治利益诉求。成立于1930年的马来亚共产党是马来西亚历史上第一个政党。日本在占领马来亚和北婆罗洲后，采取安抚马来人的政策，目的是维护稳定，以免军队受到治安混乱的牵制。当时，马来亚共产党组建了马来亚人民抗日军，致力于抗击日本侵略者，以此呼应中国国内的抗日运动。日本对马共实施坚决打击，为了减少马共对于日本军事力量的牵制，日本还鼓吹"马来亚人的马来亚"，企图唤起马来亚人民的共鸣，协助其打击马来亚共产党。日本的这一策略取得了效果，由于与华人的长期积怨，一部分马来人组成了专门的分队，帮助日本打击马来亚共产党领导的抗日运动。马来亚共产党和一些马来人的左翼组织领导了马来亚的抗日运动，尽管曾与盟军的特种部队联合作战，但在更多的时候，他们还是独立作战。

日本宣布投降之后，英国迅速重返马来亚，1946年代表马来人权益的政党——马来民族统一机构成立，马来半岛上第一次出现代表全体马来人的政党，迅速得到大多数马来人的拥护。同年，代表马来亚印度人权益的印度人国大党成立。为了防止共产主义思想在马来亚的蔓延而影响到英国殖民统治，英国随即宣布马来亚共产党为非法组织，抓捕共产党人，随后共产党转入地下活动。随着亚洲各国民族解放运动的兴起，英国意识到殖民统治难以继续下去，在拉赫曼等人的争取下，英国最终同意马来亚独立，但前提是保证英国在马来亚的经济活动不受到影响，并同意英国在马来亚驻军。在各方的努力之下，马来亚联合邦于1957年8月31日独立，由巫统、马华工会和印度人国大党组成联盟党联合执政。

随着马来亚的独立，政党活动日益活跃，各个政党如雨后春笋般蓬勃发展。这是因为在这个推行民主政治的新兴国家，资产阶级各派势力想要表达自己的政治愿望，实现自己的政治抱负，必须以政党为平台。联邦议会和州议会都是由获得选票较多的政党来组织，因此要想争取国会或者政府中的一个位置，前提条件就是他们必须是某一个政党的成员。联盟党赢得选举胜利后组建了政府,由于巫统是联盟党中最大的党派,巫统也就实际掌握了国家的政权,巫统主席任国家总理。联盟党分别代表三大族群,三大族群之间由于各种利益的不平衡也充斥着各种矛盾和冲突,但是作为执政党联盟,又必须要对外保持团结,维护自己的统治,因此,联盟党内部虽各自代表着不同的种族和利益,但是总的来说还是保持团结,维护政府统治的。

马来西亚成立后,各种政党相继建立,在马来西亚政坛中发挥着或大或小的作用。1965年,因为李光耀领导的人民行动党与政府的政治理念不同,新加坡退出马来西亚。在1969年的大选中,继承了人民行动党政策的民主行动党在选举中取得胜利,而联盟党只取得了48.5%的选票,刺激了马来人的神经,因而爆发了"5·13"种族骚乱。1970年拉扎克任总理之后,为了扩大联盟党的实力,巩固政治地位和统治,同时削弱马华工会和印度人国大党在联盟党中的力量,将较大的反对党拉入联盟党,组成国民阵线。这一时期,泛马来亚伊斯兰教党、民主行动党是较为强大的反对党,常常在大选中给国民阵线造成威胁,反对党也曾夺得吉兰丹州的执政权,但由于执政联盟常常对反对党采取较严厉的措施,使得联邦政府与反对党之间时有摩擦,在执政党的控制下,反对党的声势逐渐减弱。

马哈蒂尔执政后,国民阵线继续扩大成为包含十多个政党的联合政党,其中包括东马的部分政党,因此国民阵线在随后的历次大选中都取得胜利,继续保持执政地位。20世纪80年代,吉隆坡高等法院曾宣布巫统为非法组织,马哈蒂尔及其支持者迅速成立新巫统,而反对者则将原巫统改名为"四六精神党",并注册成为合法政党,加入"人民阵线",参加1990年的大选,虽然反对党在这次大选中取得了一定的成绩,但是由于反对党并没有结成同盟,因此并没有撼动国民阵线的执政地位。20世纪90年代初期，马哈蒂尔政府给予了反对党严厉的打击，使其处境日益被动。马哈蒂尔曾阻止反对党执政的吉兰丹州政府加入中央与州政府的联席会议，拒绝对该州进行财政补贴，并劝阻外资停止向该州投资。由于国民阵线势力强大，随着国家经济的发展，大多数人民坚决支持政府，政府地位得到了巩固。1997年亚洲经济危机爆发，伊斯兰教极端势力活动再度活跃，由于马哈蒂尔处置了挑战他权威的副总理安瓦尔，使得一部分人转而支持伊斯兰教党，政府威望有所降低。

从1999年起，反对党效仿国民阵线，开始结盟，不再单打独斗，给国民阵线造成了巨大的压力。由安瓦尔的妻子与伊斯兰教党和民主行动党组成的"替代阵线"在1999年的大选中成绩斐然，共赢得国会193个席位中的42个，伊斯兰教党更是夺去了石油资源丰富的登嘉楼州。

随后，马哈蒂尔加强了对反对党的打击力度，马哈蒂尔指责伊斯兰教党与宗教恐怖主义分子有联系，特别是"9·11事件"之后，马哈蒂尔认为他们支持"基地"组织的运动，使其在民众中的威望迅速下降，组织内部分化，反对党的势力似乎失去了东山再起的可能。

在2004年的大选中，反对党的结盟遭到了严重的挫败，国民阵线在此次选举中取得了空前的成功，赢得国会219个席位中的198个。在这次选举中，民主行动党并没有加入反对党联盟，原因是对于伊斯兰教党建立伊斯兰教国的主张持不同意见。在此后的2008年大选中，反对党组成的"人民联盟"取得空前胜利，获得了222个议席中的82席，国民阵线则遭受惨败，独立以来首次在国会中的席位未超过三分之二，丧失了修改宪法和通过重大法案的权力。

二、政党制度特点

由于历史和社会发展的原因,马来西亚的政党制度在东南亚国家中显示出了自身的特点。

(一)非典型化的一党制或多党制

在马来西亚,实行的既不是典型意义上的一党制,也不是典型意义上的多党制,而是一种特殊形式的一党制或多党制。执政党并不是一个单一的政党,而是由几个独立政党组成的联合体,这个联合体又不是暂时性的、松散的简单聚合,而是存在着一定组织形式的统一政治实体。1969年"5·13事件"以前,这个政党联合体叫"联盟党",1974年以后称为"国民阵线"。国民阵线的最高领导机关是最高执行委员会,每个成员党至少有三名代表。巫统主席为国民阵线领导,也是联邦总理。委员会的职权同联盟党全国执行委员会相类似,但各成员党仍维持相对的独立性。

(二)政党的种族性质突出

一般来说,政党的分类有两种方法:一是以社会阶级为基础,二是以政治意识形态(包括宗教文化信仰)为基础。马来西亚的几个主要政党则是以种族为基础的(当然也包含一定文化因素),联盟党或国民阵线中的三大政党巫统、马华工会、印度人国大党均以种族为基础。三个政党既是各自种族的代言人和利益的保护者,也是他们的政治代表和权力的载体和工具,政党纲领中的首要政治目标往往都带有浓厚的种族色彩。在马来西亚也曾有过建立多种族政党的尝试,以模糊种族界限,淡化种族偏见,但结局都以失败告终。多种族政党尝试的失败证明,在马来西亚这个多元种族社会,其政治和政党不可能不具有浓厚的种族色彩。这里有其深刻的历史、文化和经济的根源,其中有些是客观的种族疏远,有些则是人为的种族隔阂和偏见。种族的观念超越了阶级和其他的一切政治观念，种族利益成为一切政治活动至高无上的原则，这也是马来西亚政党种族性质如此突出的根本原因。

三、主要政党、政党联盟简介

马来西亚目前共有注册政党27个，其中14个政党组成"国民阵线"联合执政，同时还有反对党团体"人民联盟"。

（一）国民阵线

国民阵线于1974年6月1日成立，前身是马来亚联盟党。国民阵线实质上就是一个执政党联盟，成立时由9个政党组成，后来数目有增有减，目前由14个政党组成，分别为：巫统、马华工会、印度人国大党、马来亚民政运动党、马来西亚人民进步党、砂拉越土著保守统一党、砂拉越人民联合党、砂拉越民主进步党、砂拉越人民党、自由民主党、沙巴进步党、沙巴人民团结党、沙巴团结党和卡达山土著团结党。

国民阵线的成员党相对独立。大选时国民阵线各党采取统一的竞选标志和宣言，候选人议席由内部协调分配。国民阵线强调消除贫困，协调各政党利益，在种族和谐、团结的基础上建立一个和平、廉洁、公正和繁荣的社会。

1. 巫统

巫统成立于1946年，独立以来一直是马来西亚的执政党，同时也是执政党联盟"国民阵线"的领导党派。巫统首任主席为达图·奥恩·宾·贾法尔，现任主席为纳吉。

巫统拥有非常广泛的马来族群众基础，现有党员334万人，是马来西亚最大的政党。在西马，每个州都有巫统的组织。巫统的最高权力机构为最高理事会，由25人组成，设主席、署理主席和5个副主席，均由每三年举行一次的全国党代表大会选举产生。巫统每年召开一次代表会议，通常最高理事会成员也是联邦内阁成员，在大选中负责挑选本党的议会候选人，在国民阵线内部分配内阁席位时也享有主要发言权。巫统的决策机构和权力中心是最高执行委员会，由主席任命和代表大会选举，2名副主席由"巫统青年"组织主席和"巫统妇女"组织主席兼任，其他3名副主席由代表大会选举产生。巫统的地方机构分别为州联络委员会、区部（按议会选区划分）和支部三级。附属于该巫统的青年组织和妇女组织是两个半自治的团体，前者较后者的影响更大。

2. 马华工会

马华工会是最大的马来西亚华人政党，于1949年2月27日成立，首任总会长为陈祯禄。马华工会现有成员约100万人，人数仅次于巫统，为马来西亚第二大党。该党的最高权力机构是中央委员会，另外还有州联络委员会、区分会和分会共4级机构。中央委员会由总会长、署理总会长、总秘书、副总会长、总财政、组织秘书、25名票选中央委员以及不超过8名由总会长委任的委员组成。马华工会的政治目标是捍卫自由民主；争取民族平等地位；伸张社会正义；促进种族和谐与国民团结；促进国家经济发展与社会繁荣；维护华族的合法权益。通过种族谅解与合作，维护各民族的共同利益是其争取民族权益的主要方式。马华工会由于在政策上对巫统的依赖性较大，领导层改组频繁。近年来该党在华人中的号召力不断下降，然而由于巫统的庇护，特别是依靠参加国民阵线，仍属于执政党之一。

3. 印度人国大党

印度人国大党于1946年8月2日成立，是马来西亚第三大政党，也是代表印度族群的政党。党员约有59万人，均为马来西亚的印度人。印度人国大党中央设有政治、经济、教育、组织及纪律等14个委员会，每年召开一次全国代表大会，中央机构每两年改选一次。

4. 砂拉越达雅克族党

砂拉越达雅克族党在1983年砂拉越国民党遭遇危机时崛起，领导人多为前砂拉越国民党领导人，在当年12月举行的州选举中赢得了14个席位中的6个。1984年1月8日，该党加入国民阵线成为其第12个政党。1987年3月，砂拉越三个国民阵线成员党宣布把达雅克族党开除出该州的国民阵线，使得达雅克族党成为该州的反对党，但它仍为国民阵线的一个成员党。

5. 沙巴团结党

沙巴团结党成立于1985年3月，成员以卡达山人为主，多数为人民党退党人士。该党成立50天后即在沙巴州大选中取得辉煌的成绩。虽然沙巴民族统一机构领导人极力阻挠，但因为在选举中赢取了多数席位，沙巴团结党在1985年4月22日成功组建了州政府。在后来历届国会及地方议会普选中，该党都取得了胜利，沙巴团结党在1986年申请加入国民阵线被吸纳，但是在1990年因为与马哈蒂尔政府存在严重的政治经济矛盾，在当年大选前夕退出国民阵线，加入反对党。1994年该党以微弱的优势赢得选举并组建了政府，但由于该党日益激烈的内部矛盾，多数成员退党自组政党或者加入其他政党，而该党也在1999年的大选中失利并失去沙巴州的执政地位。2001年，团结党内部通过决议申请重新加入国民阵线。

6. 砂拉越土著保守统一党

砂拉越土著保守统一党由土著党与另一个以伊斯兰教为基础的政党联合而成，于1973年建党，之后加入国民阵线，党内主要包括达雅克族人和一些其他的土著民族居民。砂拉越土著保守统一党强调保护土著居民的利益，促进砂拉越各民族之间的和谐。

第七章 政治制度

7. 砂拉越国民党

砂拉越国民党为多元民族组成的政党,但达雅克族党员占据最大比重。该党在1961年成立之初,反对砂拉越加入马来西亚,但在1962年突然改变态度,表示支持马来西亚计划。1963年,该党与砂拉越联盟党联合,并带领砂拉越加入了马来西亚。在1963年至1966年之间,砂拉越国民党的领导人成为了砂拉越州的首席部长和副部长。1966年,由于时任首席部长被迫下台,该党成为反对党,并随后在1974年的大选当中赢得了48个州立法会议席位中的18个议席以及下议院中的9个议席。1976年,砂拉越国民党加入国民阵线。

8. 砂拉越人民联合党

砂拉越人民联合党在1959年成立,其成员是由各民族人民构成,包括华人和其他土著民族。该党于1976年加入国民阵线,是砂拉越地区第三个加入国民阵线的政党,此前的两个政党分别是砂拉越土著保守统一党、砂拉越国民党。

9. 沙巴民族统一党

沙巴民族统一党于1961年成立,党员多由穆斯林组成,其宗旨是通过加入马来西亚来捍卫沙巴土著居民的特殊地位,通过各民族的交流,促进州内各民族的团结。1963年沙巴在其带领下加入了马来西亚,1976年由该党主持的州政府由于选举失败被人民团结党代替。1984年4月因为违反政党宪法而被开除出国民阵线,但在1986年6月又重新加入。

10. 人民团结党

人民团结党成员以沙巴团结党退党领导人为基础,于1976年加入国民阵线,当年沙巴民族统一机构在州选举中失利,人民团结党执政。该党在1985年沙巴州选举中被沙巴团结党打败而退出执政。

（二）主要反对党

1. 伊斯兰教党（也称泛马伊斯兰教党）

1950年，为了抵消两个已遭英国政府压制但势力犹存的伊斯兰团体的影响，巫统主办了一场伊斯兰教学者大会。1951年11月24日，伊斯兰教学者协会在北海巫统区部成立，此后发展成为现今独立于巫统与国民阵线之外的伊斯兰教党。

伊斯兰教党的主要政治主张是为马来人或土著族群争取更多的权力，宗教色彩浓厚，规定党员必须为伊斯兰教徒。该党极力扩大伊斯兰教在社会、政治和经济事务中的作用并希望最终将马来西亚建成一个伊斯兰教国家，但是其政治主张比较激进，与巫统执政理念有较大的差别。伊斯兰教党多次以反对党身份参加全国大选，曾于1974~1977年之间加入国民阵线，后来由于内部出现矛盾，也由于执政理念的不合，被开除出国民阵线，此后一直是国民阵线最大的反对党。1990年至今，伊斯兰教党一直是吉兰丹州的执政党，期间也曾在登嘉楼短暂执政。

2. 民主行动党

民主行动党前身是现今新加坡执政党人民行动党，于1965年新加坡退出马来西亚之后成立，继承了李光耀人民行动党的政治理念，党员多以华人为主。该党的执政主张是：建立马来西亚人的马来西亚，为所有马来西亚人创建一个民主、公平、和谐、进步的马来西亚社会，建议消灭种族差别。由于该党成员大多数为华人，所以其主要支持者集中在吉隆坡、雪兰莪、槟城等华人较多的城市。1969年，该党第一次参加大选就取得了大胜，因此引发了极端马来人的不满并导致"5·13事件"的发生，严重影响了国家的正常秩序与发展。虽然在此后的一段时间内，联邦政府执政党采取各种手段压制反对党的发展，但其仍然坚持反对党的地位，并在2008年的大选中取得辉煌的胜利。

3. 四六精神党

四六精神党成立于1987年，成员主要为巫统分裂派成员，由前巫统领导人拉扎利、达图·拉益士耶汀等人筹组，在1989年5月5日正式注册成立。该党与伊斯兰教党联合成立反对党联盟，共同对抗国民阵线，1996年，四六精神党解散，该党领导人回归巫统。

上述伊斯兰教党与民主行动党为马来西亚主要反对党，势力强大，在反对党派中处于领导地位，其余反对党还包括砂拉越工人团结党、马来西亚民族主义党等。他们在马来西亚的政坛中发出不同的声音，促进马来西亚民主政治不断向前发展。其余已经登记但却没有参加联邦大选的反对党还有工人党、沙巴土著人民团结党、沙巴人民行动统一机构、华人团结党、沙巴华人党等。

第八章　国民经济

第一节　概　况

一、经济发展简史

独立之前，马来西亚经济更多的是受到殖民者的影响。殖民者专注于发展能够带来直接经济利益的领域，但是只给予马来人少量的发展机会，这造成马来人经济一直处于相对落后地位，也引发了一系列的社会问题。根据马来西亚经济发展的阶段特点，其历史大致可以分为前殖民时期、殖民地时期、独立初期和经济发展新时期四个时期。

15世纪初，拜里米苏拉开放马六甲成为了马来亚商业贸易发展的开端，马六甲也成为东西方的货物集散地。随着马六甲王国的建立和发展壮大，马来半岛的经济活动日益繁荣，当时有很多来自中国、印度和东亚国家的船只前来此地经商。马六甲王国的经济成就使得西方殖民国家产生了想要控制其贸易的念头，16世纪以后，马六甲王国相继被葡萄牙、荷兰和英国所殖民。

长达400多年的殖民历史对马来西亚经济产生了深远的影响。在葡萄牙和荷兰殖民时期，由于殖民者并没有大量开采资源，只是集中于香料贸易，当地经济并没有发生太大的变化。英国殖民时期，矿业和橡胶种植业被引进马来半岛，英国政府开始对马来亚地区的经济进行改革，引进华人移民、印度移民分别进行开矿和橡胶种植，当地的经济活动逐渐活跃起来。日本的殖民时间相对较短，并没有对马来亚的经济造成明显的影响，他们更多地投入到政治领域当中。

独立之后，马来亚联合邦政府开始推行其既定的发展计划，这一计划被称为"经济发展计划"或"第一个马来亚计划"。此外，政府还制定了土地发展计划以解决缺少土地的问题，帮助农民提高收入和生活水平。1961年，第二个经济发展计划得以实施。由于前两个经济发展计划的发展重心都集中在农业领域，农业成为国家经济的基础产业。

原住民和非原住民在经济领域的不平衡性导致了1969年5月13日种族骚乱的发生。此后，马来西亚政府从制定和实行新经济政策、国家发展政策着手，推出多项政策，如国家工业政策、国家农业政策、马来西亚集会政策、私营化政策等，以平衡各民族之间的经济地位。从这一时期开始，马来西亚的经济发展正式进入新时期，并在随后的40年间经历了经济的快速发展。

以独立为界线，殖民地时期和独立后的马来西亚经济经历了不同的发展历程，呈现了不同的发展特点。

（一）殖民地时期的经济概览

众所周知，每一个殖民国家都有着各自的利益诉求，他们只开发资源丰富并且能够带来实际利益的地区，不能给他们带来经济利益的地区则任由其落后，这也导致了马来亚地区经济发展的几个特有现象，园林式橡胶种植、锡矿和基础设施建设等方面取得了快速的发展。矿业活动特别是锡矿的开采开始于英国殖民马来亚之前。1820年以前，锡矿业都是由以各州苏丹为代表的马来人所领导。1820年开始，华人参与到了锡矿业当中，他们引进新的方法来代替马来人传统的开矿方式，如1877年在太平和雪兰莪地区率先引进了蒸汽机进行采矿，矿业获得快速发展。马来亚的橡胶产业在发展初期相对落后，只有极少数人懂得橡胶种植的知识以及割胶的方法。

1888年，英国人亨德利·雷德利在被任命为"新加坡花园"橡胶园的园主后，对橡胶产业的发展产生了深远的影响。20世纪初，马来亚的橡胶种植开始实现大型化，橡胶在国际市场的价格也相应提高了4倍。独立前夕，英殖民者在霹雳、槟城、雪兰莪、巴生河谷和柔佛约80万公顷的区域进行了大型园林式的橡胶种植，而小型的橡胶种植园面积也达到70万公顷，橡胶出口占马来亚地区商品总出口量的50%。

长期的殖民统治也使马来亚的经济发展存在不少问题，如对材料出口的过度依赖、贫穷率和失业率不断上升等。20世纪初期，马来亚的经济完全依靠原材料的出口，橡胶和锡矿大约占当时出口总额的70%。在乡村地区，由于殖民者认为其传统产业结构只能够满足自身的需要，因此并没有对传统经济进行改革，这直接导致实行传统经济的乡村地区一直处于落后状态。由于乡村地区缺乏发展，因此就鲜有就业机会，从而又增加了失业率。此外，殖民者针对不同种族从事不同经济活动的政策也造成了各族人民间收入分配的不平衡，社会矛盾日益尖锐。

（二）独立后的经济发展

国家经济的发展与转型更多是依靠政府经济部门为了维护国家的经济体系而实施的经济策略和计划。在现代国家经济体系中，如果国家能够制定详尽的目标和计划来落实几项政策，经济的发展与人民生活的繁荣程度就能得到相应的提高。

迄今为止，农业都属于支持马来西亚经济发展与转型的领域之一。在马来西亚，农业在发展国家经济方面拥有巨大的潜力，因为国家不能长期依赖于外国粮食商品的进口，因此，农业在经济中始终居于主导地位。独立初期，农业一直作为国家经济的支柱或者说是催化剂而取得了新的发展，政府也推行了一些新的农业发展政

第八章 国民经济

策，例如通过开垦新的土地以及采取新的农业发展理念等。因此，农业对经济发展的贡献不断提高，在GDP中所占比重从1960年的1.6%上升到1980年的8.9%。

一个国家经济的发展取决于国家制定和实施的经济政策，而经济的转型和发展或多或少会对社会产生积极的影响。1970年提出的新经济政策使马来西亚的经济发生了质的飞跃，也使得各民族的经济鸿沟不断缩小，从能源的利用方式、产值的增加，以及出口的形式与增长等方面促进了国家的发展。从人力资源使用角度来说，马来西亚已经达到较高的水平，到20世纪90年代为止，全国年平均失业率已经低于5%，同时国内生产总值也实现了8%的增长。1990年，马来西亚根据国内经济的发展提出了国家发展政策，希望提高国家经济发展的质量，转变经济发展的方式。

跨入21世纪，马来西亚经历了经济的转型，虽然说这种转型还不明显，但是马来西亚的经济确实已经迈向了信息技术时代，与先前以农业、制造业和出口为基础的经济有着巨大的区别。知识经济的普及预示着马来西亚将会从各个领域经历转型，与此同时，当地区自由贸易区体系建成之后，马来西亚将会向一个更加自由的国度迈进。这一情况预示着马来西亚需要在经济的各个方面做好准备，以便能够在与亚洲国家例如日本、韩国、新加坡的竞争当中占一席之地。

贸易自由化与全球化的影响加速了技术的快速转型以及知识经济的进程，马来西亚的企业将迎来更大的挑战，很多的经济问题也将涌现，包括资金和人力资源短缺、技术水平低、产品质量差和工业设施落后以及缺少政府帮助，等等。以汽车工业为例，马来西亚前总理马哈蒂尔曾对2003年建成的自由贸易区体系表示出了担忧，为了保护国家的汽车工业，他将自由贸易区体系协定当中关于汽车产业的协议执行时间从原本的2003年推迟到2005年。这是因为与其他国家高产量的合资企业相比，马来西亚的汽车工业还很脆弱，如果不加以保护，马来西亚汽车工业相对于国外的大型汽车工业将不具备竞争力。虽然自由贸易区体系能使马来西亚的汽车生产企业获得更为丰厚的利润，但同时也会导致汽车领域的竞争越来越大。面对21世纪的经济发展，马来西亚需要有足够的竞争力来应对贸易自由化和全球化的挑战。

作为发展中国家，马来西亚必须要发展科学技术并将其应用到竞争日益激烈的经济领域当中。政府在2001年度财政预算中提出，要建设以对知识或者知识经济的掌握为基础的新的马来西亚社会。只有掌握了具有世界级水平的知识以及在信息技术与交流方面拥有高超的技术之后，才能解决在迈向经济全球化和自由化过程中所遇到的挑战和阻碍。马来西亚的经济正在由传统的商业贸易经济逐渐转变成为知识型新经济，信息和通讯技术也有力地促进知识型经济的发展。马来西亚经济的转型已经不可避免，政府正在继续提高国家的竞争力以保证经济发展更有活力。

（三）经济发展中存在的问题

20世纪初期，马来亚的经济主要依靠农业和矿产业等基础领域的发展。例如，橡胶和锡矿大约占当时全国出口总额的70%，国家经济依靠这些国际市场重要原材料的出口而迅速发展，但同时也导致马来亚经济发展比较脆弱，没有多样化的产业来保证经济的平稳发展。贫穷和失业率在乡村地区不断扩大，单一的产业结构直接导致实行传统经济的乡村地区一直处于落后状态，乡村地区缺乏发展，就鲜有就业机会，从而又增加了失业率。

贫困问题、收入和财产分配问题、收入不平衡问题是各国政府和人民都共同面临的问题，解决这些问题是所有既定政策最终的目标。马来西亚在1971年和1990年之间实行的新经济政策就是为了消灭各族人民的贫困和稳定社会秩序，随后的国家发展政策又延续了新经济政策中的战略，也就是消灭贫穷和重塑社会秩序，以便能够改善种族之间社会和经济的不平衡状态，促进国家团结统一。

1. 贫困问题

贫困是指所有家庭成员的生活在食品、服装、住房、健康和其他基本需求方面低于最低需求的一种生活状态。贫困标准是将满足最低的生活需求的收入或者是贫困线收入作为标杆，再将家庭成员收入的绝对水平来与之相比较，如果没有达到贫困线收入以上则被认为是贫困家庭。为了消灭贫困，马来西亚政府采取的措施之一就是实施新经济政策，这个政策从1971年延续到1990年。1969年的"5·13事件"发生后，政府意识到经济的不平衡会阻碍民族的团结统一并威胁国家的稳定，因此新经济政策是作为一项长期的政策制定和实施的，是多元民族国家的经济发展计划和民族团结统一计划，同时，新经济政策还包括进一步加快社会和经济发展的政策和策略，最终目标是消灭各族人民的贫困和重新稳定社会秩序。

随着新经济政策的实行，贫困比例得以从1970年的49.3%降低到1990年的16.7%，再由1995年的8.7%降低到1997年的6.1%，然后接着降低到2000年的5.5%，直到2009年的3.8%。从1995年到2009年之间，城市地区与非城市地区贫困家庭的减少也取得了令人鼓舞的成绩。城市地区的家庭贫困比例从3.7%降低到2.1%，但在2000年又稍有回升达到2.2%，2009年则降到了1.7%。在非城市地区，贫困比例也由1995年的15.3%降低到1997年的10.9%，然后又降低到2000年的10.3%，以及2009年的8.4%。由于受到世界金融危机的影响，2009年国内生产总值实现了负增长，但是随后在2010年国家经济又实现了强势反弹，增长率达到6%。减少贫困的成功源于经济快速发展的速率的提高,同时还提供了更多的就业机会。

2. 收入分配问题

收入的分配是指经济体中特定的个人或者团体之间分配所有的收入,通常可以从两个角度来看待这种分配,即根据家庭、个人和团体所拥有的劳动多少(按劳分配)或者是根据各个生产要素例如工人、资金和土地的贡献(按生产要素分配)。这种分配是指社会中各个群体得到的收入的百分率,一个方式就是按收入水平从最贫困人口到最富裕人口的分配。例如,在1976年的西马,大约占20%的最富裕家庭拥有全国大约60%的财富,相反40%的最贫困家庭只拥有国家财富的10%。

第七个国家发展计划期间,马来西亚通过地区发展战略例如经济基础多元化战略和现代化基础设施建设战略来刺激国家经济的发展。这一发展提高了收入水平、生活水平和质量,并缩小了地区之间经济的差距。同时,就业机会的增多和政府提高收入采取的措施缩小了欠发达州与发达州之间的收入差距。在此期间,发展的核心是实现所有地区经济和社会发展的平衡性以及提高居民的生活水平与质量。制造业和服务业在促进欠发达州的经济结构多样化的进程中作出了重大的贡献。东走廊发展战略的实施也提高了私人投资和刺激了经济活动,社会各项基础设施的建设也更好地提高了人民的生活水平。

"七五"计划期间,马来西亚国家人均生产总值以平均6.3%的比率增长,发达州平均每年的人均国民生产总值增长率达到了6.1%,从1995年的12 940令吉提高到2000年的17 410令吉。吉隆坡联邦地区人均国民生产总值最高,达到30 727令吉,是国家平均国民生产总值14 548令吉的两倍多,其他超过人均国民生产总值的发达州分别是槟城、雪兰莪和马六甲。欠发达州的人均国民生产总值也由1995年的8 027令吉提高到2000年的10 893令吉。同时，从人均国民生产总值的年增长率来看，欠发达州达到了6.3%，超过了发达州的增长率，这显示出发达州和欠发达州之间的收入分配差距逐渐减小。总的来说，制造业、服务业以及欣欣向荣的棕榈油出口、小食品行业是促进欠发达州经济明显增长的因素。登嘉楼州因为油气开采增多，其人均国民生产总值超过了全国的人均国民生产总值，但由于发展综合指数较低，该州还是被归为欠发达州之列。此外，马来西亚的经济结构也发生了重大变化。以农业和矿业为主要经济活动的欠发达州因为制造业和服务业的发展，其国民生产总值的年增长率达到了3%~5%，而木材工业和以木材为基础的工业以及以农业和石油化工为基础的工业发展也提高了制造业对经济的贡献。

根据政府发布的2009年国家财富比例数据，马来西亚财富分配还呈现出不均衡的状态，20%的高收入人群占有国家收入的49.6%，40%中等收入人群占有国家收入的36.1%，而40%的低收入人群则只占有国家收入的14.3%。虽然相比80年代经济差距有所缓和，但是贫富差距问题、财富分配问题仍然是马来西亚政府需要面对的问题。同时各州之间人均月收入差距较大，雪兰莪州的布城和吉隆坡的人均月收入最高，分别达到6 747令吉和5 488令吉，其余各州都低于5 000令吉，其中人均月收入最少的州是吉兰丹州，为2 536令吉。由此可见，马来西亚国内贫富差距依然较大，这也将是马来西亚在第十个五年计划里要设法解决的问题。

二、经济发展概况

1957年独立后，马来西亚政府开始强调经济发展计划，国家经济也发生了翻天覆地的变化，各项建设都取得了长足的发展。建国初期，由于殖民和战争的影响，国家亟需重建基础设施和经济，同时政府也非常地重视农业这一传统领域的发展，由于独立之前造成的国家发展不平衡，加快经济的发展成为政府的主要任务。殖民时期，国家处于二元经济时期，外资企业的现代化经济程度快速发展，而由本国居民经营的公司却还是遵循传统的经济模式。这种二元经济造成的结果就是一小部分现代化经济领域飞速发展，生产力和盈利都达到了较高水平，其他的传统经济领域却只拥有有限的生产力水平和较低的盈利。针对这一情况，马来西亚政府实行了一系列卓有成效的经济发展计划。

（一）马来西亚国家发展计划（the Malaysia Plan）

五年发展计划是马来西亚政府通过对经济中某些特定领域的创新来完善经济结构而采取的某项措施。这一计划分析了过去五年来国家取得的经济成果，同时集中精力指导未来五年经济的发展。1956年，这一计划被采纳，当时被称为第一个马来亚五年计划，紧接着又是第二个马来亚五年计划。马来西亚成立后，这一计划更名为第一个马来西亚五年计划（1966—1970年），接着是第二个马来西亚五年计划（1971—1975年），第三个马来西亚五年计划（1976—1980年），第四个马来西亚五年计划（1981—1985年），第五个马来西亚五年计划（1986—1990年），第六个马来西亚五年计划（1991—1995年），第七个马来西亚五年计划（1996—2000年），第八个马来西亚五年计划（2001—2005年），第九个马来西亚五年计划（2006—2010年）。第八个马来西亚五年计划同第三个远景计划一起在2001年开始实施。

马来西亚五年计划是简述在未来五年时间里将要实行的经济政策的文件，同时也讨论了国家在过去五年里取得的成就，包括了在农业、工业和通讯等领域发展和计划的政策和目标。除此之外，五年计划还包括建设公共基础设施的计划,这些基础设施将成为经济快速发展的催化剂。

早期的马来西亚五年计划重点强调国家在农业领域的发展,第一、第二个马来亚五年计划和第一个马来西亚五年计划都具有相似的目标,那就是提高农业产品的产量以及完善农村和农业领域的社会经济水平。第一个马来西亚五年计划强调经济多样化和建立以农业为基础的企业和工业的计划,橡胶在国际市场价格的降低以及农产品价格的不稳定使得政府实施了一系列政策来减少经济对于农业领域的依赖。第二个马来西亚五年计划强调努力消灭穷困和重塑社会秩序,包括新经济政策里面计划的一系列目标。

除了原来经济计划里包含的目标,第三、第四个马来西亚五年计划是新经济政策计划的延续,更加强调消灭穷困和重塑社会秩序的目标,政府采取了各种措施来降低乡村居民的贫困率并同时增加了原住民群体对于现代化领域的参与。这些计划突出强调农业领域的协调发展,为此政府投入大部分的精力建设给水系统、运输系统等基础设施。

第五个马来西亚五年计划是第一个远景计划和新经济政策里的最后一个五年计划。计划里包含的几个重要的项目除了种植其他的商业性经济型作物以外,还包括要在农业领域集中种植椰子和可可。在发展农业领域特别是出口农作物以及延续新经济政策的成果方面,政府采取了多项新的举措,例如开垦新的耕地、荒废耕地的再耕作和有计划的大面积种植等。

第六个马来西亚五年计划是第二个远景计划实施中的第一个五年计划,阐释了为达到国家发展政策的目标所采取的策略。计划的核心是保持经济最高水平的增长,这有助于恢复在20世纪80年代末遭受过衰落的经济。"六五"计划和国家发展计划所包含的策略是平衡发展、建立多样化的工业基础、开发人力资源、鼓励技术的改革与创新并且同时改善马来西亚各领域、各地区经济结构的不平衡。

第七个马来西亚五年计划于1996年开始实施，当时国家经济达到了自1988年以来的飞速增长，增长率达到了8.9%，这项计划是第二个远景计划内的第二个五年计划。为了应对1997年亚洲金融危机对国家经济的冲击和破坏，马来西亚政府在1998年1月7日成立了国家经济协调委员会（MTEN），并在当年的7月23日实施了国家经济恢复计划。在"七五"中期，马来西亚政府又重新制定计划，采取了新的策略来稳定宏观经济基础，提高有经验的人力资源的数量和稳定金融业，此外，政府还采取了其他的策略来应对经济危机。

第八个马来西亚五年计划是国家宏愿政策和第三个远景计划实施以来的第一个五年计划。国家宏愿政策制定的目的就在于实现经济实力稳定的增长并且建立团结统一和公正的社会。在经历了由经济危机导致的几年经济收缩之后，马来西亚的经济开始经历更为快速的发展。在"八五"计划中，政府需要面对的挑战有自由化和全球化的提高、通讯和信息技术的发展以及人力资源的发展。"八五"计划的一个重要策略就是控制和使用信息技术以及发展有知识、有经验的工人，提高马来西亚对其他国家的竞争力。

第九个马来西亚五年计划由马来西亚第五任总理巴达维在2006年提出，主要规划马来西亚从2006年至2010年未来五年的发展。"九五"计划是在马哈蒂尔"2020年宏愿"提出15年的背景下制定的，因此延续了推进国家往发达国家迈进的目标，同时也分析了国家所面对的新挑战，例如亚洲金融危机以及全球油价上涨等。"九五"的主要目标包括提高国家的经济增长水平和改善增长方式，调节区域经济的不平衡，提高马来西亚人民的生活质量，等等。

(二)马来西亚远景计划（Outline Perspective Plan，OPP）

马来西亚远景计划是根据五年计划制定实施的，相比于五年计划时间较长，每一个远景计划都包含了若干个具有时间上连续性的五年计划，主要是确定在一个较长时间段内国家经济发展的目标和采取的策略。远景计划根据世界以及国家经济发展的阶段和水平来制定，时间长短不一，旨在通过相对于五年计划更长的计划来实现发展的连贯性，保证经济健康快速地发展。

1. 第一个远景计划（1971—1990年）

第一个远景计划从1971年开始实施，是马来西亚第一个长期计划，包括四个五年发展计划，即第一个至第四个马来西亚五年计划。第一个远景计划作为社会经济计划，其目的在于实现1970年提出的新经济政策的目标。

第一个远景计划的目标是以新经济政策的目标为基础确立的，主要是争取国家的团结和统一并实现民族的崛起，消灭贫困和重塑社会秩序。该计划的首要目的就是解决贫困问题，因为在计划实施期间，全国大约有49.3%的家庭处于贫困线以下，因此既定的目标就是在计划实施的末期将这一比例降到16.7%。计划的第二个目的就是重塑社会秩序来消除不同种族之间经济活动的差异，通过改革人力资源的运用，让所有民族的人民都享受国家的富裕，创造马来西亚社会的和谐。影响重塑社会秩序的重要因素是建立原住民工业和商业社会，也就是确定要让原住民参加到现代化领域中，因此政府的目标是让原住民群体能够拥有和经营至少30%的工业和商业活动。

通过政府和非政府机构的努力以及一系列计划和项目的实施，总的来说，减少贫困这一目标基本在第一个远景计划期间实现，马来西亚居民的贫困率得以下降，由计划实施之初的42.4%降低到17.1%，国家既定的将贫困率由49.3%降低到16.7%的计划在1990

年实现15%的贫困率后圆满完成,乡村地区的贫困率也由原来的50.9%降低到21.8%。乡村地区的贫困通常与农业领域的贫困有关,这类问题也因为多项农业项目的实施而减少,例如出口农作物的种植、新耕地的开垦和给水工程建设等等。

在人力资源配置方面,原住民人力资源的使用率(在农业领域)减少了一半多,这是因为这个领域人力资源流向了其他的领域,例如第二产业和第三产业,原住民在第二产业和第三产业的比率超过了预定的目标。在非原住民身上同样存在相同的倾向,人力资源在第一产业的比例降低,同时在其他领域的比例升高。因此,总体来说,人力资源的重新分配显示出在原住民和非原住民群体内出现了同样的现象。原住民股票拥有权的重新分配也显示出计划末期原住民拥有权的提高,但是并没有达到期待的目标,这是因为在20世纪80年代发生的经济大萧条,政府改变政策放宽外商对资金拥有权对此产生了影响。尽管如此,原住民手中拥有的资金还是得到了较大幅度的提高。

建立原住民工业和商业社区的目标也受到了经济大萧条的影响。虽然大多数的原住民投身到商业和企业领域,但大多数却没有竞争力,很多都在经济大萧条当中破产,因此政府不得不帮助建立企业家恢复基金,给予那些有能力恢复的原住民公司借款,同时支援一些半途停止的工程。原住民公司的倒闭显示出原住民企业家资金和经验的缺乏,还不能与经验丰富的外资公司相竞争。半途废止的工程破坏了原计划的发展进程和人民的生活,在经济大萧条期间企业家恢复基金的建立帮助了原住民公司的重新崛起并恢复了那些长期工程,对刺激经济增长和增加就业起到了重要作用。

2. 第二个远景计划(1991—2000年)

马来西亚从1991年6月7日开始实施的第二个远景计划,2000

年结束。该远景计划以新发展政策为基础制定的,旨在让马来西亚到2020年时在经济、政治和社会等方面达到发达国家水平。

新发展政策延续了新经济政策的目标和策略,同时还增加了几个方面新的内容:关注最贫困的群体,消灭贫困同时减少相对贫困;提高原住民在现代化领域中的参与程度,通过人力资源的使用促进原住民工业和商业社会的发展;开放更为广阔的领域,通过私人资金更加有效地参与以保证该领域的持续发展;通过合适的培训以促进人力资源的发展,在现代化领域中创造更多的机会。第二个远景计划吸取了第一个远景计划的经验,政府通过实施私营化政策,使几个政府机构私营化并且将更多的职能赋予私营经济,不仅减少了政府的财政负担,还提高了资源管理和经济建设的灵活性。

在第二个远景计划期间,马来西亚经济以每年7%的速率增长,达到了预期的目标。从需求、私人消费、商品出口角度来看,私营经济对经济的增长起了很大的促进作用,成为经济增长的主要贡献因素,这也符合政府寄予此类领域发挥更大作用的愿望。由于在计划末期的1997年爆发金融危机,私人投资的平均量有所降低,私营企业与预期目标7.2%相比只增长了5.5%,而国营企业增长了大约5.5%,基本实现了预定的5.8%的目标。公共投资增长率较高,达到了10.5%,这主要是因为几个非金融公共工业现代化发展项目的拉动,例如马来西亚石油公司、国家能源有限公司和马来西亚电信公司以及政府的一揽子发展计划,对疲软的经济都产生了积极的影响,除此之外,通过较高的平均年增长率,出口也在经济增长中发挥了重要的作用。消除贫困和重塑社会秩序的目标,即在前一计划期内新经济政策的初始目标,也实现了,贫困率由1990年的16.5%降低到1999年的7.5%。

3. 第三个远景计划（2001—2010年）

第三个远景计划从遭遇新挑战的21世纪开始。随着信息化时代的到来以及全球化和自由化的提高，国际市场面临着新的竞争形势，国家经济的发展不再仅仅依靠工人、原材料和土地，而是需要运用新兴技术来应对更富挑战的竞争。

第三个远景计划列举了国家长期发展所要面临的几个挑战：国际市场自由化和全球化年代的竞争和挑战；由于税率的降低，贸易自由化造成了各国生产成本的降低，国家商业实体需要最优化地运用其潜力来应对各种竞争；输入型发展转变成为生产力推动型发展；对微型电子市场产品的依赖。

与前两个远景计划相比，第三个远景计划包含了几项新的内容：发展拥有知识型社会的国家；通过巩固投资和人力资源而不是直接依靠外部投资来加强当地资源的使用；运用知识来提高第一、第二和第三产业的质量；消除内陆地区居民的贫困，提高30%最低收入群体的收入；到2010年，通过对30%的股权拥有来提高原住民对于经济活动的参与；重新规划人力资源的发展来培养出知识型的熟练工人。

第三个远景计划的成功主要依赖于全社会的投入、国家的经济状况以及稳定的国际环境。在全球化浪潮中，任何国家发生的任何事都会直接或间接地对其他国家产生影响，因此社会需要运用现有的资源来稳固基础，需要最优化地使用信息资源以便将发展的负面影响降到最低。

（三）2020年宏愿计划（Vision 2020）

从20世纪80年代开始，马来西亚就通过大量投资来发展工业领域，提高发展水平。通过工业发展大蓝图，政府计划和实施了多项政策来稳定工业领域。1991年，马来西亚政府宣布要在2020年达到发达国家水平，这就是"2020年宏愿"。为了实现2020年宏愿，马来西亚在工业领域做出了重大的转变，首先致力于建设国家先进的工业化水平，其次逐步将制造业经济转变成为知识型经济，达到国民生产总值年均7%的增长。在市场自由化和全球化的"威胁"下，国家不能再固守旧的工业领域，需要与其他高速发展的国家竞争，新世纪的发展需要高技术工业和信息技术稳定的发展作支持。

在实现2020年宏愿的过程中，马来西亚有9个主要的目标：建设一个基于马来西亚各民族的团结统一的国家，消除种族之间的矛盾；建设精神自由、平等、安全的马来西亚社会；促进马来西亚社会民主的发展；建设多元民族和道德高尚的社会；建设自由和包容性强的社会；建设科技发达的社会；建设充满爱的社会；保证社会经济的平衡和财富分配的公正合理；建设富有竞争力、充满活力的社会经济。

知识是知识型经济中重要的生产要素，也是实现2020年宏愿政策的重要保障。这些与依赖传统的生产要素例如土地、工人和资金的生产型经济相比有很大的差别。在马来西亚的计划里，知识型经济被定义为知识、创造和创新，在促进和保持发展中发挥重要作用的经济。

根据马来西亚知识型经济发展大蓝图，向知识型经济方向转变是实现2020年宏愿的重要因素。因为与相当一部分发达国家相比，特别是发展知识型经济的国家，马来西亚的产品不具备竞争力，同时一部分发展中国家也因为廉价原材料和较低的工资，生产的产品更加价廉物美，更受世界消费者的喜爱，马来西亚面临着自身竞争力逐渐降低的困境。如今自由化和全球化的浪潮不断蔓延到各领域，这对于马来西亚的产品提出了更高的要求，传统的生产方式生产的产品附加值太低，无法适应激烈的竞争，终将被知识型经济所代替，马来西亚必须生产出能与其他国家相媲美的商品才能够在国际贸易中占有一席之地。马来西亚还需要往更加先进的生产方式转变，实现精细化的生产，在产品的生产包装全过程中改进技术节约成本，采用新的能源和材料，提高生产力，真正实现往知识型经济的转变。

第二节 主要经济部门

马来西亚是一个中等收入国家。2010年马来西亚国内生产总值为2 189亿美元，增长率达到6%，全球排第38位。马来西亚现为世界第十八大贸易国，主要出口电子器材、石油、液化天然气、木材及木制品、棕榈油、橡胶、纺织品、化学制品等，主要出口市场为美国、新加坡、日本、中国、泰国、中国香港；主要进口产品有电子仪器、机械、石油产品、塑料制品、汽车、钢铁产品等，主要进口国家和地区为日本、美国、中国、新加坡、泰国、中国台湾、韩国和德国。

一、农、林、渔业

农业产值在马来西亚国民经济中占主要地位，被国家视为基础性产业。政府历来十分重视农业的发展，并将其与国内稳定发展紧密联系起来，从独立初期开始，政府就在农业发展上投入较大精力，确保农业发展和国家粮食供应充足，同时农民富裕问题也是政府一直致力解决的问题。一直以来马来西亚的农业发展特色在于其将经济作物作为农业发展的主要推动力，通过经济作物的种植来实现农业稳定的发展。马来西亚现有耕地面积414平方千米，占可耕地面积的30.6%，同时沙巴、砂拉越地区还有大量未开垦的荒地，这些荒地都很适合农作物的生长，因此国家具有较大的农业发展潜力。马来西亚有丰富的热带林业资源，是世界上热带硬木的主要生产国和出口国，曾提供世界硬木消费量的25%。20世纪70年代初，马来西亚林地面积约为2 343万公顷，由于大量的采伐使森林资源遭受严重破坏，为此国家出台了一系列保护措施，鼓励植树造林和保护森林资源，但是森林面积仍然锐减，2010年马来西亚森林总面积为1 808万公顷。作为沿海国家，马来西亚政府十分重视渔业的发展，采取了多项发展措施，如低息贷款供渔民购买设备，因此近年来深海捕捞和养殖业有了相当的发展。

马来西亚的农业以发展经济作物为主，经济作物主要有棕榈油、橡胶、热带水果等，大量出口棕榈油、天然橡胶、棕榈油仁等农产品。马来西亚的粮食生产比较薄弱，国内生产长期不能自给，水稻的自给率只有65%左右，差额需要进口，政府将大米生产作为确保国家粮食安全的重要保障之一，其目标是实现83%的大米自给率。此外，马来西亚每年还需要进口大量的农产品以满足国内生活需要，其中鱼类及海产品进口数量较多，其次为乳制品和新鲜冷藏牛羊肉，再者为新鲜的和加工过的蔬菜、水果等。在进口粮食作物中，玉米主要从中国、泰国、缅甸、阿根廷等国家进口，小麦主要从澳大利亚、加拿大、印度和美国等国进口，大米主要从泰国、日本、澳大利亚、中国台湾和柬埔寨等地进口。

1997年，由于亚洲经济危机，马来西亚农业受到较为严重的冲击，出现了负增长。从1998年开始，国家鼓励农业的发展，充分利用国家资源促进经济的恢复，但是由于农业产品的价格不断下跌，其中棕榈油、大豆、橡胶等农产品价格下跌较多，给农民带来了较大的损失。随后，政府通过一系列刺激计划，到1999年农业实现了正增长，农业秩序恢复稳定。21世纪以来，各项农产品的价格都实现了正增长，且涨幅较大，因此农业有力地促进了国民经济的增长。

（一）橡胶

从20世纪初开始，橡胶种植就受到政府的关注。1910年，马来亚地区的橡胶园面积为20万公顷，1914年种植面积翻倍，其后每年以4万公顷的速度递增，到1930年，橡胶园面积占全国可耕地面积的三分之二。此后，由于世界大战的爆发，国际市场对橡胶的需求量减弱，橡胶价格降低，但是橡胶种植面积仍然以每年1万公顷的速度增加。二战后，橡胶产业迅速恢复，成为国家经济的支柱性产业。20世纪50年代，橡胶最大出口国的位置由印尼取代，国内橡胶产业受到国际市场猛烈的冲击，因此重点转向保持主要橡胶出口国的地位，以保证橡胶园业主能够通过该行业的发展获得经济利益，同时促进国家经济的发展。20世纪80年代以来，马来西亚橡胶种植范围不断扩大，出口量也持续增大，国家也逐渐加大在技术方面的革新以保证天然橡胶业的发展，并建立橡胶园小业主发展局，以提高小业主们的产量和帮助他们解决实际问题。进入21世纪，橡胶的种植面积逐渐减小，2004年，马来西亚橡胶种植面积为128万公顷，投产面积为119万公顷，产量达117万吨，是世界第三大天然橡胶生产国。橡胶主要种植区位于西马，2004年，西马的橡胶种植面积达到99.6万公顷，占整个马来西亚橡胶种植面积的78%，沙巴和砂拉越两州的种植面积为28.6万公顷，占全国橡胶种植面积的22%。马来西亚橡胶种植有国营和私营两种经营模式，其中以私营种植为主，2004年马来西亚橡胶私营种植面积为116万公顷，占全国总种植面积的90%以上，国营种植面积仅为12.6万公顷，占全国总种植面积的9.8%。2007年种植面积减小到125万公顷，由于干旱和橡胶种植面积的减小，2007年马来西亚天然橡胶的产量下降了6.4%，产量约为120万吨。2010年，马来西亚的橡胶种植面积创历史新低只有102万公顷，相应的产量也减少到93.9万吨。

（二）油棕

油棕产业在马来西亚国家的农业发展中拥有非常辉煌的历史。19世纪末，马来半岛上已经开始尝试种植油棕，并于1917年开始实行商业种植。1930年开始，英国、法国等西方国家在柔佛进行大量的种植，到1947年油棕种植面积达到约3万公顷，1962年种植面积翻了一倍，达到6万公顷。20世纪60年代开始，联邦土地发展局开始制定种植油棕和橡胶的计划。1978年，油棕种植面积提高到85万公顷，产量达到170万吨，占全世界棕榈油产量的46%。在第四个马来西亚计划期间，棕榈油超过橡胶成为国家最大的出口产品，油棕的出口成为国家农业增长的主要推动因素，出口量以每年9.9%的速率增长，从1980年的257万吨到1985年的413万吨。虽然在1987年经历了一段时间的产量降低之后，但随后以10.3%速率增长，产量达到500万吨。柔佛、彭亨、霹雳、雪兰莪和马六甲是当时油棕种植比较发达的州，由于种植面积的不断扩大，各州在产量上都有较大的提高，国家的棕榈油出口也是逐年增加。1988年，由于国家降低出口关税，棕榈油生产力得到进一步的提高。1997年，马来西亚油棕栽种面积达到289万公顷，年产约1000万吨棕榈油，其中超过90%出口国外，当年马来西亚的棕榈油出口占全世界产量的51.9%，成为全球最大的棕榈油出口国。2005年，马来西亚棕榈油产量达1500万吨，占全球产量的44%。2007年，天然棕榈油产量下滑，相比上一年减少了0.4%，但是仍然达到了1580万吨，这也是21世纪以来棕榈油产量的首次下降，主要是由于处于生物产量下降周期，同时也因为年初西马南部区域的洪水泛滥，最终导致西马地区棕榈油产量下降3.9%，但沙巴和砂拉越的产量分别增加了

2.9%和8.8%。2010年马来西亚油棕种植面积达到485万公顷，棕油产量也随之达到1699万吨，其中1666万吨出口国外，创外汇约620亿美元。

（三）水稻

水稻是马来西亚的主要粮食作物。虽然马来西亚国家气候宜人，适合水稻种植，但是长期以来，水稻产量只能满足国内约60%的需求，差额需要从邻国特别是泰国进口。政府为了增加水稻产量，采取了多种措施鼓励农民种植水稻。马来西亚共有8个水稻主产区，西马约占总产量的87%，沙巴和砂拉越分别占5%和8%。目前，虽然马来西亚的水稻产量已经有所提高，但是还须从国外进口才能满足国内需求。

（四）可可

20世纪70年代以后，马来西亚政府开始发展可可的种植。可可的产量在20世纪80年代末期实现了快速的增长，从1986年的7万吨增长到1989年的10万吨。但是进入90年代以后，可可产量急剧下降，主要原因是由于国际市场可可价格的降低导致马来西亚可可种植面积的减少。1994年，马来西亚的可可产量约为7万吨。可可的主要产区在沙巴州，约占总产量的62%，其他地区，西马约占27%，砂拉越约占11%。由于20世纪90年代可可价格大跌，大量可可种植园主改种油棕和橡胶等，21世纪初，马来西亚的可可种植面积急剧减少，已由原来的40万公顷降到2万多公顷，并且还有持续减少的趋势，受此影响可可产量也是急剧下跌。

（五）畜牧业、渔业

20世纪90年代开始，马来西亚政府开始重视畜牧业的发展，畜牧业生产在1994年约增长了10%，达到387万令吉。增长的主要原因是家禽和猪的养殖增加，这两项占畜牧业的70%，约合270万令吉。

马来西亚海岸线长达4 492千米,沿海鱼类1 000多种,其中有使用价值的约250多种,渔民经常捕捞食用的仅100多种,其中海鱼90%,淡水鱼10%,主要是红曹鱼、马鲛鱼、鳗鱼和江鱼等。马来西亚沿岸还盛产虾、螃蟹,沿岸及河口一带产蚝及其他贝类。政府一向十分支持渔业的发展,并向渔民发放低息贷款购买设备,因此渔业在20世纪60年代后期发展很快,产量也由1970年的29.7万吨增至1992年的103万吨以上。20世纪90年代以来,渔业达到了约6.5%的增长,主要原因是深海捕捞技术的创新以及对近海渔业资源的保护。2010年,马来西亚的渔业产量约为142万吨,创造价值约67亿令吉,比2009年增长约2.56%。

二、工业

工业在马来西亚国民经济中比例最大,也最为重要。马来西亚的工业主要集中在全国200多个工业区和工业园区及13个国家自由工业区。自由工业区是为了满足出口导向工业需求而建立的出口产品加工区。自由工业区内的企业被允许免税进口生产过程直接需要的原材料、零配件和机械设备。马来半岛的主要工业有橡胶、油棕加工制造业、轻工制造业、电子工业、锡矿开采和熔炼行业、伐木业和木材加工业。沙巴和砂拉越主要有石油生产和精炼工业以及农产品加工业。

(一)矿产及冶金化工产业

马来西亚的采矿业包括煤矿业、有色金属矿业、铁矿和有色金属矿加工业等小部门和工业原料、石油及天然气开采及加工等大部门。除了石油和天然气,其他矿产开采和加工业由马来西亚的私人公司所有及运营,石油和天然气开采业务由国有油气公司或国有油气公司和外国公司联合经营。

据2007年亚太矿业大会报告称，矿业为马来西亚GDP直接贡献为78.03亿美元，约占国内生产总值的5.3%，其中92.6%来自天然气和石油。生产的其他主要矿产还有煤、锡、金、铝土矿、稀土矿物、铁矿石、钛铁矿、硅砂和高岭土等。在马来西亚矿山生产企业中，只有石油、天然气和工业矿物生产具有较大的规模，煤炭、黑色和有色金属开采均为小规模矿山。

1. 石油和天然气产业

马来西亚国内现有的生产油气田63个，其中油田48个，气田15个。油田主要包括：坦皮亚斯油田，基纳巴卢油田，基卡油田，塞利基油田等。原油生产主要集中在西马近海区域，部分油田位于沙巴和砂拉越的近海地区。马来西亚每年原油日均产量在70万桶左右，其中凝析油占20%。天然气在马来西亚比石油更加重要，当原油产量下降时，天然气产量稳步上升，2005年产量为772亿立方米，比上一年增长10.1%。石油和天然气生产的长期可靠性和安全性保证了国家石化工业的持续发展。

埃克森美孚马来西亚勘探生产公司（EMEPMI）是马来西亚最大的原油生产企业，产量约占到全国产量的一半。该公司在马来西亚半岛近海经营着7个作业油田，约三分之一的产量来自于塞利基油田。EMEPMI对塞利基油田拥有78%的股份，其余的22%为马来西亚国家石油天然气公司的勘探公司（Carigali）拥有。2002年EMEPMI公司对区块PM5中的拉律海上油田进行开发，该油田的峰值日产量可达14万桶，在一定程度上弥补了后来马来西亚一些老油田出现的减产。

皇家荷兰壳牌集团是马来西亚另一个重要的油气生产商，目前该公司所属的沙巴壳牌石油公司经营着位于东部沙巴州纳闽岛区块

SB-1中的基纳巴卢气田。该油田自1997年12月投产以来，油、气日产量已经分别提高到了3.6万桶和79万立方米。作为区块SB-1的作业者，壳牌公司拥有80%的股份，马来西亚国家石油天然气公司拥有其余20%。

美国的墨菲石油公司也是在马来西亚进行油气勘查和开发的重要公司之一，目前正在勘查和开发沙巴州K区块的石油，该公司是在2002年在该区块发现石油的，也是马来西亚发现的第一个深水油田，可得储量估计在4亿桶到7亿桶之间。该区块面积约32 389平方千米，墨菲石油公司拥有80%的权益，马来西亚国家石油天然气公司拥有其余的20%。墨菲石油公司计划该油田在2007年实现商业开采。

马来西亚进行天然气勘探和开发最重要的区域之一是马来西亚—泰国联合开发区（JDA），联合开发区位于下泰国湾地区，由马来西亚—泰国联合管理机构（MTJA）共同管理。马来西亚—泰国联合开发区包括区块A-18、B-17和C-19。马来西亚国家石油天然气公司与阿美拉达赫斯公司以均股的形式参与区块A-18的开发，泰国石油管理局（PTT）与马来西亚国家石油天然气公司以等额权益开发其余区块。

目前，马来西亚是原油和天然气的净出口国，是世界第三大天然气出口国，生产的油气主要出口到日本、印度、泰国和中国。

2. 石油化工工业

石油化工工业是马来西亚重要的工业部门，近年来在政府支持下取得长足发展，马来西亚也从一个石化产品进口国变为主要石化产品的出口国。截至2008年底，全国共有炼油厂6座，加工能力约为56.2万桶/日，年产乙烯178万吨。马来西亚生产的石化产品范围广，有石蜡、聚烯烃、芳香物族化合物、乙烯氧化物、乙二醇、丙烯酸、邻苯二甲酰胺、乙酸、苯乙烯、聚苯乙烯、乙苯、氯乙烯共聚物和聚氯乙烯。原油和天然气供应的长期可靠性和安全性保证了国家石化工业的持续发展，为合成橡胶、合成塑料、合成纤维的生产打下了基础。

3. 煤矿业

马来西亚的煤炭勘探和开采均集中在砂拉越州，生产煤田集中在砂拉越州的民都鲁、摩力特—比拉、西兰特和图多几个地区，其中摩力特—比拉是马来西亚最大的煤田。马来西亚的煤炭产量远远不能满足国内的需要，90%以上的煤炭需求依靠进口，进口煤炭主要来自澳大利亚、中国和印尼。2009年煤炭产量为212.2万吨，但是仍需要进口煤炭528万吨。马来西亚国内煤炭需求的70%（国内产量加上进口量）用于电力生产，其余部分主要用于水泥和钢铁生产。

4. 铁矿及钢铁工业

国家缺少优质的铁矿资源，只能生产少量的低品位铁矿石，主要产自霹雳州、彭亨州和登嘉楼州，每年要从巴林、巴西、加拿大和智利等国进口大量高品位的铁矿石用于炼钢。马来西亚拥有1 620万吨的钢铁生产能力，但实际利用率很低。

马来西亚的冶金工业包括钢铁产品子部门和有色金属产品子部门。目前，约有290家公司从事钢铁产品制造，行业雇佣工人达到2.94万人，年产值达到49.5亿美元。由于该部门为马来西亚的其他经济部门，尤其是建筑业、电子电气工业、汽车制造业、家具制造业、机械和工程制造业提供了基础原材料和零配件，因此作用十分重要。然而，马来西亚钢铁行业主要集中在小型轧钢厂上，几乎每个州都有小型轧钢厂，有些甚至是手工操作，技术水平与自动化程度低。作为钢铁工业的源头工业，即铁矿和煤矿工业，在马来西亚几乎为零。在马来西亚东北部的登嘉楼州有一处铁矿厂，现由中国的鞍钢集团同登嘉楼州政府合作进行选矿，品位不理想，数量也太少。其他地方的几个铁矿小且品位不够理想，未进行开采。炼铁工业没有高炉，只有一家直接还原铁和一家热煤还原铁。总的来说，马来西亚的炼钢业规模小、产量低，平时也无法满足国内其他经济部门的需求。

5. 其他有色金属产业

有色金属制品工业包括铝、锡、铜、锌和铅产品的生产，主要是基于本土锡矿的熔炼和基于进口金属原料的半成品铝和铜产品的生产，现有48家公司从事有色金属产品制造，年产值达4亿美元，雇佣工人总数达8 600人。该部门与建筑业、电子电气业、汽车制造业以及食品和包装业联系紧密。

马来西亚铝土矿生产集中在柔佛州，有2个正生产的铝土矿山位于柔佛州的四湾岛地区，近年来由于资源的耗竭，铝土矿产量大幅度下降。马来西亚国内没有铝的精炼和冶炼厂，因此生产的全部铝土矿均出口到邻近的东南亚国家。近年来，马来西亚政府正试图通过引进外资来改变没有原铝生产的现状。

锡矿是马来西亚的重要矿产，锡矿产量在世界上曾经占有重要地位，经过100多年的开采活动，马来西亚的优质锡矿资源大幅减少，品位降低，锡矿产量连年下降。目前正运营的锡矿山约30多个，主要集中在西马地区，2010年锡矿山产量为3.3万吨。马来西亚冶炼公司（MSC）是马来西亚唯一的精炼锡生产商。马来西亚精炼锡国内消费仅占一小部分，大部分出口到新加坡、韩国、日本和台湾。

马来西亚金矿主要产自彭亨州的卑槟绒金矿，该矿山的所有者是英国的阿沃赛特公司，其经营者是该公司的子公司——马来西亚特种资源公司。此外，在吉兰丹州、彭亨州和登嘉楼州有一些较小的金矿。

（二）交通设备工业

马来西亚的交通设备工业包括汽车、航空、造船、船只修理等子部门，其中汽车部门是最大的子部门。

1. 汽车工业

马来西亚的汽车工业基础较好，生产能力较强。当前马来西亚仍进口相当数量的机动车零配件，如发动机、传动装置和机动车电子器件等。随着马来西亚机动车装配和生产工业的快速发展，马来西亚的国家汽车企业、组装生产线以及跑车合成车身生产商能够生产、组装各种车型的汽车，同时，还有超过590家的当地和国外零部件生产商，支持汽车工业的需求。2010年，马来西亚共生产和组装车辆56.8万辆，销售车辆60.5万辆。

2. 航空航天工业

航空航天工业是一个战略子部门，是世界上最大的技术和知识密集型工业，是衡量一个国家国防实力和经济实力的重要标志。该子部门的发展在马来西亚国家工业化计划和技术发展中具有巨大的潜力，行业的主要活动包括组装轻型航天器、生产零部件、保养和修理航天器以及改进转换服务。目前主要集中在生产航空电子设备、合成材料部件，以及设计、研发、组装或生产轻型航天器。

马来西亚还致力于成为保养、修理、检查以及改进转换服务的地区航天中心。马来西亚强有力的国家支持、受过培训的熟练劳动力以及具有设计和研发能力的良好基础设施吸引了诸如波音、通用电气、霍尼维尔航空航天部、派克汉尼汾公司、MTU航空发动机公司、汉密尔顿标准公司和欧洲直升机公司在马来西亚建立公司。

3. 船舶工业

马来西亚造船和船只修理子部门包括制造和修理所有型号的船只，包括休闲船只，如游艇、喷气式滑水机、帆船、快艇、轻舟、悬外挂/内置机艇等，以及特殊用途的船只，如驳船、托捞船、渡船以及水泥运输船等。

马来西亚的休闲船、水翼船和气垫船的生产得到税收鼓励，而马来半岛东部走廊各州、沙巴州和砂拉越则鼓励造船和船只修理活动。此外，马来西亚的工业联系计划也鼓励零部件生产以及船只附件的保养、修理、检查、改进和测试。

马来西亚的造船业主要生产各类民用船舶，为发展该国的内河、沿海、远洋航运事业作出了一定贡献。

(三) 电力及电气电子工业

1. 电力工业

电力工业能够为各类工业发展创造有利条件。近年来，马来西亚的水电工业也发展迅速，而东马的电力工业更是以水电站为主。建有巴甘水电站、丁明歌水电站、柏西亚水电站、格勒林水电站、肯益河水电站、河巴当艾水电站等大型水电站。

马来西亚的发电能源主要有油、天然气、水力和煤炭4种。能源利用政策是逐步减少燃油，促进利用天然气、水力和煤炭。目前天然气是一种最为廉价和清洁的发电能源，随着燃气轮机技术的不断完善，得到了愈来愈广泛的应用。2005年，2个容量分别为650兆瓦和330兆瓦的燃气蒸汽联合循环电厂和一个2×110兆瓦的燃气轮机电厂建成。煤炭是仅次于天然气的发电能源，现有巴生港口电厂装机2×300兆瓦，另外2×500兆瓦燃煤电厂正在同一厂址上建设。在2000至2004年间新增容量分别为2 100兆瓦、1 400兆瓦和1 000兆瓦的燃煤火电厂。

目前马来西亚输电电压有6.6万伏、13.2万伏和27.5万伏。从南部到北部的50万伏输电系统正在建设，从砂拉越的巴坤水电厂到马来半岛地区将采用40万伏直流输电方式。配电系统采用的电压为

3.3万伏、1.1万伏和240伏。

2. 电气电子工业

电气电子工业是马来西亚的龙头工业部门,对国家制造业的生产、出口和就业贡献极大。如今,马来西亚的电子产业已经在宽领域的半导体装置生产、高端消费性电子产品和信息通信技术产品生产方面具备相当强的能力。马来西亚电子电气工业下面有三个子部门,分别为消费性电子工业部门、电子零附件生产部门、工业电子部门。

消费性电子工业部门主要制造彩色电视接收产品,CD、VCD、DVD播放器,家庭影院,便携式数字音乐播放器等视听产品以及手提摄像机和数码相机等产品,正向平面显示技术的应用和多功能视听产品的生产方向发展。

电子零附件生产部门主要生产半导体装置、无源配件和其他配件,电路板及金属和塑料的电子和电气零部件。目前,马来西亚是发展中国家中的第二大半导体装置输出国。

工业电子部门生产信息通信技术产品,如计算机和计算机外围设备,无线电通讯设备,光学设备,还有其他工业电子产品,如办公设备(复印机、传真机、打字机、自动数据处理机)和工业控制设备。这一子部门的企业已经能够生产高端电子产品,如计算机网络设备、新一代数字视听设备和存储设备。

三、交通运输业

马来西亚的交通设施比较发达,以吉隆坡为核心已形成了由铁路、公路、海运及航空组成的完备的交通网络,呈现出四通八达的格局,吉隆坡也在朝着成为连接亚、欧、澳等大洲重要交通枢纽的方向努力。2010年,马来西亚交通运输业实现产值508.02亿令吉,约占国民生产总值的6.6%。

(一)铁路运输系统

马来西亚最早的铁路是锡矿业兴旺时期兴建的，当时为了将开采出的锡矿沙运出去，而修建了一些铁路专线，所以铁路主要穿行于各矿区到港口之间。现有的主要铁路线有国际线和东海岸铁路线。国际线以北赖为中心，南端连接新加坡，北端经玻璃市州直通泰国，是一条沿着西海岸纵贯南北的大铁路，途经新山、吉隆坡、太平、怡保等主要城市。东海岸铁路从金马士到北端港口城市亚庇，另有亚庇至道北和巴西马至兰斗班让两条支线。截至2009年，马来西亚铁路总长度为2 418千米，铁路干线贯穿马来半岛南北，年客运量540万人次。

(二)公路运输系统

马来西亚的公路交通发达，与铁路相比，人们更多的选择是使用公路交通，因此无论客运量还是货运量，公路交通运输都占着极大的比重，成为国内交通运输的主要方式。马来西亚的公路主要分布在西马，几条纵横西马的联邦大道连接着500多条州属公路和600多条乡村公路，形成了一个纵横交错、四通八达的公路交通网。20世纪90年代修通了连接西马南北的高速公路(亦称"南北大道")和穿越中央山脉的一大段东西高速公路，把东西海岸的公路衔接起来。这两条高速公路的使用，大大缩短了纵贯西马南北和横穿西马东西的时间。南北大道全长达848千米，可说是西马交通的主动脉。

此外，1998年3月底全面竣工的莎阿南大道是一条长34.5千米，耗资约3亿多美元的高速公路，采用现代化系统管理，每个交通枢纽都设有闭路电视，以便有效地监督和控制交通，并设有摩托车专用道，每隔1 500米设有一台紧急电话，并有24小时巡逻车服务、停车场和休息室，是东南亚最先进的大道之一。莎阿南大道经过吉隆坡外围及巴生地区众多的交通枢纽,直达多个城镇、发展区、住宅区和工业区,这条大道的启用不仅在平时刺激了各项经济活动的兴起,而且加强了吉隆坡商业中心与这些地区的联系。

马来西亚大多数公路质量不错,道路指示牌设立较为明显、清晰、科学,一般道路指示牌以马来文书写,也有的是以马来文、英文书写。虽然多数公路是在丘陵和山地上修筑的,路面弯曲,但路面质量较好,平整、光洁,通行能力强。

(三)航空运输系统

马来西亚目前共有117个机场。其中铺设了砖石跑道的有37个,没有铺设砖石跑道的机场为80个;其中跑道长度超过3 047米的有5个,跑道长度为2 438米至3 047米的有9个,1 524米至2 437米的有8个。直升飞机场有2个。

马来西亚现有的5个国际机场中,三个在西马,分别为吉隆坡国际机场(KLIA)、槟城国际机场、浮罗交怡国际机场;两个在东马,分别为沙巴的亚庇国际机场和砂拉越的古晋国际机场。这些机场都拥有发展完备的空运货柜设备。近几年,航空货运取得了较快的发展,目前,航空货运量已经超过总货运的32%。

(四)水路运输系统

马来西亚内河运输不发达,主要集中在东马地区的沙巴和砂拉越两州。全马最长、最宽、流量最大及河水最深的河流,大多在这两州内,这里盛产的热带木材可以顺河而下,运往沿海各港口。

马来西亚濒临马六甲海峡,具有得天独厚的海运优势,而马六甲海峡又是世界上最繁忙、通航船只数量最多、航运量最大的航线之一。马来西亚大部分进出口货物依靠海上运输,所以港口在国家的经济发展中占有重要地位。马来西亚的13个州都有临海港口,共19个港口。马来西亚在马六甲海峡沿岸有多个城市,如槟城、巴生、波德申、马六甲、新山等，都有良好的港口，关丹是东海岸的主要港口。此外，在东马的沙巴州和砂拉越州，有美里和古晋等多个港口。

近年来马来西亚大力发展远洋运输和港口建设，共有各类船只1008艘，其中100吨位以上的注册商船508艘，注册总吨位175.5万吨；远洋船只50艘。现在，世界上95%的国家的海上贸易经过马来西亚的7个国际港口：西马的槟城港、巴生港、柔佛港、丹戎帕拉帕斯港、关丹港和甘马挽港以及砂拉越的民都鲁港。主要航运公司为马来西亚国际船务公司。

四、建筑业

1997年亚洲金融危机爆发之前，由于私人机构和公共部门的强大需求、对经济增长的良好预期以及房地产行业的高利润和贷款相对容易等因素导致了建筑业的快速膨胀，1994~1996年之间，房地产业年平均增长率为15.2%，1997年由于修建过剩，基础设施停建，只增长了约10%。随后爆发的金融危机使建筑部门处于衰退状况，降幅达到23%，此后由于私人投资的增加，该行业又出现了一定的正增长。

2001年，马来西亚房地产业中低价住宅需求旺盛，政府在第八个五年计划期间修建了61.5万套低价房以缓冲低价房严重不足的矛盾。2007年，在房地产市场经历了连续三年的负增长之后，建筑业又实现了4.6%的正增长，这主要是受到国内工程次部门以及住宅和非住宅次部门扩张的影响。2007年政府投入406亿令吉以支持建设新的项目并升级已有的基础设施，比如学校、道路、医院和其他公共设施。除了政府的投入之外，私人的消费和投资也是该行业增长的主要原因，因为其刺激了非住宅建筑的升值，从而促进了建筑业的兴旺。例如在2007年，马来西亚总共建设了31处大型商铺，这些商铺多为高端设施，极大拉动了国内经济的增长。2010年，马来西亚建筑业实现产值247.73亿令吉，约占国民生产总值的3.3%。

五、旅游业

马来西亚政府非常重视旅游业的发展，不仅成立了旅游发展局，各州还成立了旅游协会和各种旅行机构。20世纪80年代后期以来，马来西亚采取了多种措施以发展旅游业，如加强组织管理、增加财政拨款、扩大税务优惠、展开强大的促销攻势、改善客运交通系统、培训导游和酒店服务人员、增加旅游景点和活动项目等。在政府的大力推动下，马来西亚旅游业得以迅速地发展，1990年旅客人数达到750万人，创汇收入45亿令吉，占国家外汇收入的5%。

马来西亚游客大多来自东盟国家，约占总数的70%，虽然1997年的金融危机对马来西亚的旅游业影响较大，游客人数从1997年的620万人次减少到1998年的550万人次，收入同比减少93亿令吉，但旅游业仍是国家收入的第三大来源，仅次于制造业和油棕业。旅游业同时也拉动了酒店、商店和饮食业的发展。进入21世纪，由于全球化的程度不断加深，越来越多的国外游客前往马来西亚旅游，一方面是由于马来西亚优美的自然风景和丰富的旅游景点，另一方面也因为马来西亚政府的各项旅游优惠政策，这使得马来西亚的旅游业逐渐发展，国际地位和国际声誉也逐渐提高。2009年，到马来西亚旅游的外国游客达2 350万人次，创汇收入510亿令吉，旅游业占全国GDP的19%。

六、财政金融

（一）财政

为了刺激经济的发展，马来西亚政府一直采取赤字预算政策。

从1964年至1982年国家财政收入从14.58亿令吉增至166.9亿令吉，总支出从18.82亿令吉增至278.6亿令吉，赤字从4.24亿令吉上升到111.7亿令吉。政府从1983年起开始实施各种紧缩措施改变财政政策，财政支出逐年减少，从1983年的94亿令吉减少到1988年的41亿令吉，财政赤字也由1982年的111.7亿令吉减少到1988年的39亿令吉。1989年之后，财政赤字一直维持在53亿~56亿令吉之间。1997年金融危机发生之后，政府为了刺激经济的增长又重新采用了赤字预算案，1998年的财政赤字是100亿令吉，1999年为160亿令吉，占当时国内生产总值的5.5%。随着21世纪初经济的发展，国家继续实行财政赤字政策，2006年及2007年的财政赤字分别达到191亿令吉和206亿令吉，分别占当年国内生产总值的3.5%和4.1%。

马来西亚主要通过借内外债的方式来弥补财政赤字，其外债主要借自美国、英国、日本等国以及世界银行和亚洲开发银行等。相比于东南亚其他国家，20世纪90年代初马来西亚对于外债的借取较有节制，因此在亚洲金融危机中并没有像其他国家那样遭受沉重的打击。截至2008年3月，马来西亚的国家外汇储备为1 163亿美元，能够支付9.6个月的进口或者偿还7.1次外部短期债务。

马来西亚的财政收入主要来自税收，税收占财政收入的70%左右。2010年，马来西亚联邦政府收入为1 596.53亿令吉，政府运营支出1 516.33亿令吉。财政支出包含经常费和发展费两种，主要用于经济、社会服务、行政开支和国防等部门。马来西亚除了联邦议会对财政实施立法监督管理外，财政管理权限主要集中在财政部手里。财政部负责制定贯彻财政和预算的政策，以促进经济的持续增长，提高国民经济的风险承受能力，确保公平目标的实现。

（二）金融

马来西亚的金融体系由传统金融体系和伊斯兰金融体系组成。

1. 传统金融体系

马来西亚的传统金融体系中包括三个分支，分别是银行体系、证券市场体系和外汇管理体系。其中银行体系主要包括四大法定机构，即中央银行、国家储蓄银行、雇员准备基金及评判委员会，它们都处于财政部的管辖之下。证券市场体系主要由五大部分组成，分别是吉隆坡股票交易所、中央存保系统、证券委员会、马来西亚证券交易及自动报价公司、马来西亚商品交易中心。外汇管理体系主要由中央银行、商业银行等负责外汇业务。

2. 伊斯兰金融体系

20世纪80年代风靡马来西亚的伊斯兰复兴运动与中东地区伊斯兰银行的兴起和发展是伊斯兰理念进入马来西亚金融领域的两大推动因素。马来西亚伊斯兰金融体系的建立和发展大概经历了三个历史阶段：初期阶段（1983—1992年）、发展阶段（1993—2000年）和起飞阶段（2001—2010年）。在初期阶段，马来西亚政府参照他国伊斯兰银行经验并以本国实际情况为依据，制定并颁布相关法规，为马来西亚伊斯兰金融体系的诞生做好了制度准备，同时开始建立和发展伊斯兰政府基金。此外，在这一阶段马来西亚成功建立了第一个伊斯兰银行和首家伊斯兰保险公司。在发展阶段，马来西亚的伊斯兰金融制度在政府扶持下逐渐完善，金融活动逐渐增多并开始市场探索。国家伊斯兰咨询理事会正式成立，更多的具有伊斯兰特色的产品和服务相继推出。伊斯兰银行开始接受窗口业务，资金可在伊斯兰银行间相互流动，伊斯兰金融服务逐渐步入人们的生活领域。在起飞阶段，马来西亚伊斯兰金融体系确定步入现代体系的战略计划，其中包括规范伊斯兰银行业务、完善伊斯兰金融立法工作框架、增加银行服务产品项目以及引入知识与专家经济管理体系等。此外，马国内伊斯兰金融服务管理委员会成立，旨在进一步规

第八章 国民经济

范围内的伊斯兰银行和金融业务。同时,马政府逐步开放国内伊斯兰金融体系,允许国外企业的加盟,以与国际接轨。目前,马来西亚已经建立起了相对完善的伊斯兰金融体系,其中包括伊斯兰银行市场、伊斯兰保险市场和伊斯兰资本市场。

马哈蒂尔在1981年上台之后就积极推动马来西亚伊斯兰银行的建立,并于1981年7月30日成立"国家伊斯兰银行指导委员会",对伊斯兰银行的创建问题展开研究,最终规定了马来西亚伊斯兰银行的基本规则。1983年,《伊斯兰银行法案》正式出台,规定马来西亚中央银行将对伊斯兰银行的开设、业务经营进行规范和监督。同年,马来西亚第一家伊斯兰银行"马来西亚伊斯兰银行有限公司"成立。该银行运行的宗旨是"公司所有业务将依据伊斯兰教原则、法规和实践运作"。马来西亚伊斯兰银行不向客户支付存款利息,而是以7:3的比例与储户分享投资利润。伊斯兰银行在最初的十年里发展相对缓慢,最初的业务也比较简单。政府是其主要的投资机构,其他的投资者包括"朝觐管理和基金委员会"、各个州属的伊斯兰委员会以及帕克姆组织等与伊斯兰教相关的团体。1989年,马来西亚《银行和金融机构法案》出台,国家银行允许现有银行机构从事伊斯兰银行服务,为伊斯兰银行的进一步发展壮大创造了良好的条件。20世纪90年代,随着马来西亚经济的迅速发展,伊斯兰银行也逐渐步入其成长期。1992年,马来西亚伊斯兰银行成功上市,1994年底已经在全国范围内建立52家分行,拥有雇员1280人,储户47.7万名。同时,伊斯兰经营理念也被全面应用于金融领域,伊斯兰银行的服务项目大大增加,对客户的吸引力以及自身的竞争能力都相应得以提升。1994年,马来西亚伊斯兰内部金融市场正式建立。1999年,随着马来西亚第二家伊斯兰银行成立,国家银行对伊斯兰银行系统中的商业银行和金融公司的组成结构进行了调整,提升了业务规格，同时增设了分行，在全国范围内扩大了伊斯兰金融的规模，这标志着马来西亚伊斯兰金融体系已基本建立。截至2006年3月，马来西亚国内已有正规的伊斯兰银行2家，分行达136家。伊斯兰银行系统的资产总额达1 180亿令吉，占全国银行系统资产总额的11.6%，存款额和贷款额分别高达11.6%和15.7%。经过将近20年的飞速发展，马来西亚伊斯兰银行已经自成体系，成为该国金融体系中非常重要的组成部分。

伊斯兰保险是伊斯兰教的道德要求与现代经济理念相结合的产物。1984年马来西亚政府正式颁布《伊斯兰保险法》。该保险法并不禁止非伊斯兰保险公司的开设和成立，但规定了在马来西亚援引此项法案注册的伊斯兰保险公司必须严格遵守伊斯兰教法，并建立伊斯兰教监督委员会以对公司业务进行监督和指导。1985年7月，隶属于马来西亚伊斯兰银行的首家伊斯兰保险责任有限公司正式投入营业。"国民马来西亚伊斯兰私人保险有限公司"是马来西亚另一家著名的伊斯兰保险公司。截至1999年，两家伊斯兰保险公司在全国共开有113家分公司，净资产达2.05亿令吉。2000年以来，马来西亚国内伊斯兰保险业的年增长率高达20%。至2005年，伊斯兰保险业占据了该国保险业5.4%的市场份额。2006年，马来西亚国内注册的伊斯兰保险公司就多达8家，资产总额在国内保险业中所占的比重上升至5.6%，业务量占全国市场的6.7%，显示了马来西亚伊斯兰保险市场的强大潜力。

伊斯兰资本市场是马来西亚国内整体资本市场的重要组成部分，是在政府的关注和支持之下，随着马来西亚国内伊斯兰金融体系的完善而逐渐成长起来的。目前，马来西亚国内伊斯兰资本市场能向国内外民众提供多种投资和交易产品，主要包括伊斯兰债券、伊斯兰基金和伊斯兰股票。

伊斯兰债券是一种特殊的债券，是符合伊斯兰教法的信托凭证。马来西亚是世界上首个发行伊斯兰债券的国家。1990年，壳牌马来西亚公司率先发行了价值1.2亿令吉的债券，标志着马来西亚伊斯兰债券业的正式开端。截至2006年，马国内发行的116家债券中有64家为伊斯兰债券，资产总额达420.2亿令吉，占债券发行总量的55.4%。2006年，马来西亚国有投资机构发行了价值27.5亿令吉的可转换伊斯兰债券，这成为世界上首例可转换的伊斯兰债券，不管是在马来西亚还是在世界伊斯兰债券市场都具有里程碑式的意义。债券作为一种风险低、受益稳定的投资方式，目前也是马来西亚民众尤其是马来西亚穆斯林重要的投资渠道。根据马来西亚国际伊斯兰金融中心2010年公布的数据显示，截至2010年国内58%的优秀债券为伊斯兰债券。

马来西亚伊斯兰信托基金在20世纪90年代末期有很大的发展，从1997年至2006年的10年间，伊斯兰单位信托基金的复合增长率高达33.8%，远远高于国内基金产业15.4%的整体增长速度。截至2006年，马来西亚国内伊斯兰信托基金已达100家，占据该国基金总数的24%。

马来西亚伊斯兰股票市场发展迅速，到2006年底，共有886只伊斯兰股票在马来西亚股票交易所挂牌交易，占据交易股票总量的86.1%。2007年1月，马来西亚股票交易所构建了一个新的伊斯兰基准指数，为马来西亚国内伊斯兰股票市场赢得了更广泛的国际认同。

第三节　经济发展前景

在2008年金融危机影响尚未完全消退的情况下，马来西亚的经济也面临着前所未有的考验。马来西亚政府以第十个马来西亚五年计划为指导，以"2020年宏愿"为目标，继续加强国家的经济建设，促进国家经济的发展。

一、面临的国际经济形势

全球金融危机余温未退，马来西亚的经济逐渐从危机中恢复，2010年第一季度国民生产总值的增长率已经达到10.1%，到达了近十年来最高的水平。因此要实现2020年达到高收入水平国家的计划，马来西亚面临的最迫切的问题还是如何保持经济高速率的增长。为了实现"2020年宏愿"，国家需要在第十个五年计划期间保持平均6%的经济增长率以及实现一体化的经济转型。目前，马来西亚经济的发展比较稳定，但是国际经济形势还不明朗，实现长期繁荣的目标受两个因素的制约：一是全球竞争环境的变化，二是现有战略与国际环境的不协调。

马来西亚正处于发展的十字路口，面临十分艰巨的挑战，在吸引外资和促进出口方面与同一地区的国家相比已经逐渐落后，例如在20世纪80年代，同一地区很少有国家在工业领域实施投资和贸易的开放政策，但如今，开放政策在全球范围内已经十分普遍，全球化也导致新的竞争越来越激烈。在吸引外资方面，马来西亚不仅要与本地区国家竞争，甚至还要与南美和东欧地区的国家竞争。世界的经济前景仍然具有不确定性，全球经济正面临一系列结构性问题，例如发达国家的高失业、期货价格的不稳定和欧洲南部地区的金融危机等。因此，当今国际环境不仅竞争日趋激烈，全球经济增长的不确定性更加剧了发达国家对发展中国家投资和贸易的减少。

全球经济危机加速了亚洲各经济力量中心的转型，这种转型对马来西亚经济来说具有两面性，对国家发展的影响具有不确定性。

这些经济力量中心主要包括中国、印度和印尼等,相对于马来西亚,这些国家具有低耗费和国内市场较大的优势。由于不能与那些低耗费的出口国相竞争,同时与高度创新的发达国家相比又不具备竞争力,收入水平只能算作中等的马来西亚经济陷入两难的境地。马来西亚已经通过以往的经济政策成为了中等收入国家,但这些政策对于建设更加发达的国家已经不再适应。与马来西亚相比,韩国率先实现了经济的转型,1970年,韩国的人均国民生产总值与马来西亚的380美元相比,仅为260美元,但是到2009年,已经是马来西亚6760美元的3倍多,达到21530美元。

马来西亚作为地区经济领导者的地位已经受到动摇,这一情况的主要原因是,私人领域的投资由20世纪90年代占国民生产总值的25%降低到21世纪头10年的10%。为了实现2020年建成高收入水平国家这一目标,需要在今后一段时间在私人投资领域达到两位数的增长。这一目标与第九个国家发展计划期间的2%相比有很大提高,对国家提出了更高的要求,也是一个十分艰巨的挑战。

21世纪头10年,马来西亚经历了资本的流出,包括金融资本和人才资本。人才资本对于建设知识型、创新型经济的作用是显而易见的,但是马来西亚如今却经历着不同程度的人才流失,导致生产力增长的严重滞后,生产力水平也已经远远低于亚洲的一些高收入水平国家。

不可否认,马来西亚在由低收入水平国家转型为中等收入水平国家这一过程中取得了骄人的成果,但是距离发达国家水平还有一段很大的距离。虽然世界上有几个国家已经顺利地实现了高收入这一目标,但是大部分的中等收入国家却失去了经济增长的潜力,因为其经济政策不能够适应当今时代经济的发展与经济结构的转型,因此马来西亚必须从中吸取教训,适当调整国内发展政策。马来西亚如今面临着十分艰巨的困难，其他国家正在缩短与马来西亚的差距，同时发达国家又加紧进行地区经济的渗透。马来西亚需要新的经济模式来继续发展并加入到高收入国家的行列，其中最重要的还是依靠国家的经济政策、经济的转型以及全体人民的努力。

二、经济发展策略

马来西亚在促进经济转型过程当中面临着各种问题，只有将所有的资源和力量都整合到这一方向，经济建设才能够成功。因此，第十个马来西亚五年计划规划了实现"2020年宏愿"的道路，其中包括十项策略来实现国家成为高收入水平国家这一目标。

（一）充分利用国内外的积极因素促进经济的发展

马来西亚已经认识到，暂时的经济保护政策，不能为国家带来长久的发展，国家需要适当地利用各项经济资源来应对全球经济危机的挑战，未来马来西亚将充分融入到全球发展浪潮，积极地面对期货价格的上涨、激烈的竞争以及经济发展周期等全球性经济问题。

马来西亚的发展很大一部分要依赖出口，但是国际化潮流又对这一领域提出了更高的要求，因此马来西亚必须要巩固已有资源并继续努力，以使国家能够在国际市场上保持持续的竞争力，这就是充分利用国内外资源促进经济增长的关键性因素，需要协调国家政策来保持国家竞争力的提高和经济的增长。

"一个马来西亚"的理念包含了在经济领域团结国家力量以保持国家竞争力，要实现向高收入国家的转型这一目标需要各方面暂时的牺牲，这样才能够实现稳定长久的发展并最终实现"2020年宏愿"。"2020年宏愿"的成功不仅是收入和生活水平的提高，同时还是国家文化价值的提高。

(二)充分利用国家的民族多样性促进经济的发展

马来西亚拥有三个主要民族，同时这三个主要民族又分别与印尼、中国和印度这三个地区发展强国联系紧密。作为伊斯兰国家，伊斯兰教将马来西亚与伊斯兰会议组织联系了起来，其中包括很多石油大国。"一个马来西亚"战略不仅包含了民族的团结，还包括将民族的差异性和不同的文化遗产整合起来促进国家的发展。马来西亚旨在通过文化的多样性与各世界性强国建立良好的关系以促进经济的发展，同时还鼓励居住在外国的马来人参与到国家的建设当中，协助开拓国外市场。

马来西亚地处亚洲大陆中部，毗邻发展的国际市场，在地理上具有良好的战略地位，因此全球和地区经济一体化是作为马来西亚这样一个小型开放的经济体保持自己国际竞争力的主要途径。在"十五"期间，马来西亚将致力于加强与东盟乃至亚洲的新兴经济体的合作，包括加强地区贸易、提高区域航空联系、加强交流和促进区域经济一体化，同时还与传统的出口大国市场保持密切的联系，例如澳大利亚、欧盟和美国。

马来西亚鼓励本国公司成为地区同行业的领头羊并协助其开拓新的市场，通过建立马来西亚投资发展局和马来西亚贸易发展局来吸引外资和创造新的贸易机会，同时通过国家间的合作来加强基础设施建设，如马来西亚企业帮助印度修筑公路，中国企业参与到马来西亚的铁路建设当中等，以此来促进同地区性大国的合作，从而加快国内经济的发展。

(三)提高国家的专业化水平

独立初期，马来西亚还是依靠锡矿和橡胶业发展的低收入水平国家，主要通过较低的耗费来提高各领域的竞争力，但是如今的转型需要各项发展战略的推动，已经不能将较低的耗费作为竞争优势，因此逐渐广泛的产业链和一体化水平需要国家提高专业化水平。

马来西亚国家的发展需要加强建设高附加值和知识型经济，高附加值的经济活动需要专业化的知识水平作为支撑，因此，马来西亚需要借鉴其他亚洲国家和地区从早期的多领域时期转变成为专业化领域阶段的经验。

马来西亚还需要削减那些不具备竞争力的工业，因为在资源有限的情况下，这些工业部门会阻碍更具有竞争力的经济领域的发展。在一个充斥着竞争的市场经济环境中，有竞争力的企业会快速发展，没有竞争力的企业则会被时代所摒弃。那些没有竞争力的企业往往都是粗放型经济，不具备适应时代的专业化水平，因此随着知识型经济的发展，各行业专业化水平的提高，必然会被历史所淘汰。

马来西亚十分重视电子和电力工业的发展，这一领域作为具有专业化水平的代表领域，受到了马来西亚政府的高度重视，也为马来西亚的经济发展作出了较大的贡献，提高了国家的知识化水平。在"十五"期间，马来西亚将一如既往地加强该领域的发展，并将其应用到医疗、教育和公共设施等领域，帮助国家实现经济发展成为发达国家的目标。

（四）促进国家由创新和生产力引领的发展

由于各生产要素例如资金、能源和人力资源等的增长，马来西亚已经由低收入国家成为中等收入国家，如今这些生产要素已经不能承担更加高水平的发展，只有通过持续地提高生产力才能实现更为长久和稳定的发展，才能激发国家经济的潜力。因此在"十五"期间，马来西亚在生产力方面将给予高度的重视并采取一系列计划，包括：重点发展熟练工人，提高专业技能，使国家工业更具竞争力；集中发展专业化的国家工业链；引进高质量的投资，促进高附加值产品的生产和高新技术的传播；增加创新领域的公共投资；等等。

马来西亚政府准备通过提高国家的创造力来促进国家经济的发展，并为此采取了各种措施，包括：提高企业家的地位；在学校课程里添加具有创新性的内容；聚焦国家的研究和发展；等等。此外，政府还决定将要建立庞大的基金会加强与私人资金的合作，提高在研究和发展领域的资金投入，为创新提供适宜的环境，鼓励不同思想的碰撞，以及为企业家提供二次创业的机会等一系列措施促进国家创造力的发展。

(五) 培养、吸引和使用优秀人才

要加强在国际上的竞争力，促进经济的转型，人才是关键。为了促进以创新为牵引的经济的发展，马来西亚政府将致力于培养和造就一大批优秀人才，这要求政府首先应该重视教育，只有良好的教育和优秀的教师才能促进这一目标的实现。其次，政府还极其重视工人熟练性的培养，在"十五"期间为了满足工业的需求和促进生产力的提高，政府将要创办一系列技术教育学校，以鼓励个人各展所长，充分发挥个人优势和潜力。

马来西亚教育部提出要保证每一个孩子都有实现理想的机会，培养出各行各业的精英以促进国家高附加值和知识型经济的发展，同时还包括建立高水平的大学以及培养优秀的大学生。除了培养优秀人才之外，还将致力于吸引和留住国外的优秀人才。首先在政策上实施优才计划给予国外优秀人才以便利，鼓励他们到马来西亚工作；其次还要创造良好的城市环境和人文环境，以达到吸引人才的目的。

（六）保持机会均等和照顾弱势群体

马来西亚政府将继续采取以分配的增长为尺度的发展理念，在面对各项经济新挑战的同时，政府需要适时地采取新的分配方式。马来西亚政府提出的"一个马来西亚"理念的核心是社会公平，它将保证在国家发展的过程中每一个群体都会享受到发展的成果而不被排挤，并且社会公平还会考虑到每一个社会群体的实际生活情况，对于那些相对来说欠富裕的群体，政府将会在分配的过程中考虑到他们的利益，并给予适当的照顾，让他们充分享受到社会经济发展的成果。政府实行这一政策的最终目的是为全国每一位公民创造均等的机会，使他们参与到社会建设中来并享受发展成果。

通过马来西亚的努力，国家的贫困率已经由1970年的49.3%降低到2009年的3.8%，同时赤贫比例也降低到了0.7%。但是在不同地区的特定群体之间还存在一定的贫困现象，马来西亚政府也下决心要保护这些弱势贫困群体，为此实施了专门的项目来为贫困人口提供就业机会，如实行城镇化进程，对于城市里居住的贫穷人口也采取了例如小额贷款计划等来促进城市贫困人口的发展。

在减少贫困人口取得显著成效的同时，马来西亚政府在"十五"期间将要着手解决全国40%贫困人口的经济问题，据统计这一群体的人口数约为240万。政府将要致力于提高他们的生活水平，针对这一目标，政府着重强调培养他们的工作能力，使他们成为熟练的技术工人。

马来西亚曾经在新经济政策当中提出，要消除以经济作用区分种族这一理念，如今还没有完全实现。政府注意到必须要采取新的方法来促进土著居民广泛地参加到经济活动中，特别是沙巴、砂拉越的土著居民，同时也包括西马的土著。政府通过实施土著居民工业和商业社会发展计划来促进土著居民的发展，相比于40年前，如今的马来西亚土著居民已经完全具备全面、有效地参与国家经济活动的能力。

（七）聚焦国内发展

竞争不仅仅存在于国家之间，马来西亚各个城市之间也存在激烈的竞争，因此在建设高收入国家的同时，马来西亚政府将采取各种举措来降低部分城市的人口稠密度，以及提高高附加值产业的专业化水平，这需要政府提高社会生产力和国家的创新能力。政府鼓励形成各种产业链，这有助于提高居民的收入和就业率。到2020年，马来西亚将会有70%的人口居住在城市地区，政府需要面对的挑战是，随着人口的增多、犯罪率的提高、污染和交通堵塞等社会问题的出现，如何提供良好的基础设施来保障人们的日常生活。

舒适的生活环境是人们选择城市的主要原因，这也是吸引高素质人才的主要原因，但是也受到例如工作机会等各种因素的影响。因此，在"十五"期间，马来西亚政府提出建造宜居城市的口号，首先需要解决的是犯罪和公共运输问题，此外，宜居的概念还包括适合工作、娱乐和休闲。只有实现了上述目标，国家才能吸引高素质人才为国家建设出力。

作为国际化大都市，吉隆坡将进行一系列的建设，包括吉隆坡金融区域的建设，新街场机场的重建，布洛河城市化的建设，大使路国际化会议设施的建设，公共运输系统的建设，吉隆坡历史文化遗产的保护，等等。除此之外，马来西亚还强调其他城市的建设，例如乔治城、新山、古晋和亚庇，重点建设成为宜居城市，根据各自的特点建设产业链，例如在槟城建立电子与电器产业链，在亚庇建立旅游业产业链。

马来西亚将经济活动普及到全国这一目标是不现实的，因为大多的公司和有知识的工人都在市区，因此这就需要政府根据各地的特点建设适合当地的产业链。虽然说增长最主要集中在城市地区，但是发展必须惠及乡村地区，因此在"十五"期间，马来西亚政府将高度重视乡村地区的发展，特别是发展乡村的教育、医疗和公路。政府将推行城市乡村一体化的发展，这对于乡村地区居民提高就业率以及销售他们的农产品意义是重大的。

（八）支持优秀的联合公司

联合公司计划在发展传统经济中具有显著的作用，因此在马来西亚第十个国家发展计划中，政府专门制定了发展联合公司的计划，包括加速促进私人投资，鼓励工业以及公共服务业的联合公司。关于私人投资方面，政府投入约200亿令吉鼓励私人领域的投资，以加速经济的转型，政府开放了一些领域鼓励私人资金的流入，例如教育、医疗和旅游等，同时还将大力建设工业园区。马来西亚政府将会在一些高端领域与私人资金合作，提高生产效率和技术水平。

政府通过公私合营鼓励私人工业的发展，特别是在合作培养熟练工人领域更是达到双赢的局面，一方面满足了政府提高就业水平的要求，另一方面又解决了企业实行技术转型的困难。马来西亚促进政府与私人企业的合作来支持公共服务业的发展，通过引进私人资本加速公共设施的发展和公共事业的进步。

（九）保护自然环境

马来西亚政府十分重视保护自然，提出只有一个自然，为了子孙后代要努力保护环境，现实的发展绝不能以损害子孙后代赖以生存的环境为基础。针对全球气候变化，马来西亚强调在保持发展的同时一定要减少温室气体的排放。马来西亚自然资源丰富，例如森林、石油、天然气和水等，经济的发展必须以保护环境为前提。如今马来西亚遇到的主要问题是自然资源价格相比于国际市场价格较低，因此在未来几年，政府提出要将天然气价格与国际接轨。

鉴于此，马来西亚政府采取了一系列措施保证在发展经济的同时保护自然资源，其中包括鼓励私人投资到环境保护产业；鼓励亲自然型企业的发展；鼓励发展生态旅游；鼓励当地居民在发展经济的同时参加到环境保护当中；鼓励政府和非政府组织保护国家的珍贵野生动物。马来西亚政府强调，只有保护环境才可能实现持续健康的发展，才能让人们充分享受到经济发展的成果。

（十）**实现政府的转型**

马来西亚政府意识到，要达到经济的发展首先必须进行政府的转型，这样才能够满足社会经济发展的需求。为了成为全球具有竞争力的国家，马来西亚十分强调政府的转型。

政府在实现转型的过程中必须要以四个主要的原则为基础，即文化创造力和创新、快速反应能力、实际价值以及一体化。只有实现政府的转型，政府才能够在经济发展中起到很好的引领作用，为马来西亚的经济发展注入强大的活力。

第九章　军事与国防

第一节　军队简史

现代马来西亚武装部队是从英国殖民政府统治马来亚时期建立的"皇家马来军团"发展而来的,当时就已确立的三个主要分支成为现今马来西亚陆、海、空三军编制的前身。

一、马来西亚陆军简史

马来西亚陆军(TDM)的历史可以追溯到1902年组建的一支由马来人组成的保安队。马来亚苏丹及统治者在与英国殖民者进行多次协商后,于1913年提出组建马来军团,希望尝试组建一支由纯马来人组成的部队来保家卫国。由于英国对殖民地土著的消极态度,这支部队的组建过程耗费了相当长的时间。在苏丹及族长们的强烈要求和敦促下,英国在马来亚的管理者们才同意这一计划。1933年1月23日,联邦会议以11号法律文件的形式通过马来军团法律草案。为响应保卫国家的号召,来自马来亚各地超过一千名的马来青年报名参军。1933年3月1日,英国殖民政府挑选了25名马来青年组成"皇家马来军团实验班"。1935年1月,由于各成员在训练中取得的优异成绩以及所体现出来的良好品质,该实验班扩充为装备完善的"皇家马来军团"第一营,其中4名成员更在1936年11月被授予少校军衔。1941年12月1日,第二次世界大战马来亚战争爆发的前六天,"皇家马来军团"第二营组建。随后,这两个营投入了对日本军队的战斗,成为与日军正面对抗的最前线单位。由于日军兵力不断扩充,马来军团被迫撤退到瓜拉吉赖(Kuala Krai)后又辗转撤

第九章　军事与国防

退到新加坡，与驻扎当地的英国军队一起抵抗日军的进攻。

二战后，由于马来亚共产党力量迅速壮大，大有星火燎原之势，为此，1948年6月8日，英国殖民政府宣布马来亚进入"紧急状态"。当时，马来军团仅扩充到3个营，他们与英国军队及联合邦警察部队共同对付马来亚共产党武装力量。1956年，马来军团扩充到7个营，装甲兵、通信兵、工程兵、宪兵部队也相继组建。随着各支部队的逐步建立，马来西亚陆军也改变了风格，成为各民族成员并肩保卫国家的军事力量。

1957年8月31日，马来亚联合邦独立。为了对付"内乱"，马来亚陆军的力量迅速壮大，装备日趋先进。到1961年，马来军团已经扩充到11个营，成为一支足以应对国内武装斗争需要的正规军。

二、马来西亚皇家海军简史

马来西亚皇家海军（TLDM）的前身是1934年4月27日在新加坡成立的"海峡殖民地海军志愿者预备部队"，建立这支部队的目的是帮助马来亚在政治动荡时期进行海上防御。1938年在槟城岛建立了这支部队的分支，并且更名为"马来亚皇家海军志愿者部队"。第二次世界大战爆发，英国政府于1939年开始招募新兵以增强在马来半岛的防御。同时，"马来亚皇家海军志愿者部队"也不断从马来亚的年轻人中招募新兵，成立了"英国皇家海军马来亚部"，又名"皇家马来亚海军"，或被直接称为"马来亚海军"。这支部队在建立初期仅有400人，全部在英国海军基地受训。到1941年，这支部队的人数达到1 430人。1942年新加坡沦陷之后，150名马来亚海军随英军撤退到锡兰、印度和东非，战后这支部队又回到了马来亚。在整个二战时期，马来亚海军都是悬挂英国国旗在印度洋和太平洋进行活动，有很多官兵在这场战争中牺牲。二战结束后，有650名人员继续在马来亚海军服役。因为战后的和平状况以及经济萧条，迫使英国于1947年解散了这支部队。1948年，为了对付马来亚共产党武装的"颠覆"活动，加强马来亚半岛海域安全，马来亚海军在1949年3月4日重新组建。1952年，英国女皇伊丽莎白二世正式授予马来亚海军"皇家"称号，从此"马来亚皇家海军"正式成为英国皇家海军的一员。1957年8月31日马来亚独立后，英国政府将这支皇家海军交与马来亚政府，正式交与时间是1958年7月2日。此后，所有马来亚皇家海军军舰都换下英国国旗，挂上了真正属于自己的马来亚国旗。1963年9月16日，马来西亚联邦成立，马来亚皇家海军正式更名为马来西亚皇家海军。

三、马来西亚皇家空军简史

马来西亚皇家空军（TUDM）的前身是1936年由英国殖民政府成立的"海峡殖民地空军志愿者部队"。1940年这支部队更名为"马来亚空军预备部队"，第二次世界大战结束之后解散。1950年这支部队重新组建并且更名为"英国皇家空军马来亚分部"。1958年6月1日，马来亚联合邦国会通过决议决定组建空中武装力量，成立初期被命名为联合邦皇家空军。马来亚联合邦政府任命英国皇家空军准将A. V. R. 乔恩斯通为第一任空军参谋长，负责空军的组织序列、人事、部队结构、服役条件等多方面工作。由于空军是马来西亚武装部队中成立时间最短的部队，初期它的人员大部分是从英国皇家空军的军官和士兵中借调过来。1958年6月2日，"双锋"飞机第一次在吉隆坡马来亚皇家空军基地着陆。1958年11月，一批联合邦皇家空军的马来亚精英分子开始替换借调过来的英国空军官兵。作为一支年轻的部队，皇家空军初期的任务是进行空中联络运输服务以及援助安全部队执行打击马来亚共产党的作战任务。1963年9月16日,马来亚联合邦皇家空军正式更名为马来西亚皇家空军。

第二节 当前军情概述

一、国防体制

马来西亚宪法规定,国家元首为武装力量最高统帅。最高决策机构为国家安全委员会,决定国防的战略、政策、规划及措施,总理兼任国家安全委员会主席,成员包括内阁相关部长及三军司令。内阁设国防部,为最高军事机关,负责武装部队的建设和运转,由国防部长主持相关工作。武装力量由正规军和预备役两部分组成。正规军分陆、海、空三军,最高军事指挥机构为武装部队司令部,武装部队总司令是最高军事官员,下设各军种司令。司令部下设若干办事处,包括:秘书处、军人事务处、防卫演习和行动处、防卫补给处、防卫策划处、电子防卫和通讯处、公共事务处、后备部队处、卫生处等。武装部队委员会由国防部设立,其职责是对武装部队的纪律、条令、条例及与此有关的一切事务负责。司令员委员会由武装部队司令任主席,成员包括三军司令员、陆军诸兵种司令员、三军参谋长等,其职责是进行武装部队的战略决策,指挥军事行动及与之有关的一切事务。

马来西亚实行志愿兵役制,服役期10年,每年招收2000名新兵。军官军衔设置为3等10级:将官4级(上将、中将、少将、准将),校官3级(上校、中校、少校),尉官3级(上尉、中尉、少尉)。每年3月1日为陆军节,6月1日为空军节,7月2日为海军节。

马来西亚的军费开支逐年上涨。1978年为21亿令吉,1980年为35亿令吉，1990年增加到48.42亿令吉，1991年再增加到58.69亿令吉，占当年国家财政预算的15.59%。1997年亚洲金融风暴使东南亚各国经济均受到沉重打击，各项经济指标也明显下滑，政府用于国防的开支锐减。1998年马来西亚国防预算被削减一成，但马来西亚在东南亚国家中经济恢复速度相对较快，随着马来西亚经济的复苏，国防预算也呈上升的趋势。1999年国防安全总开支为25.29亿美元，2000年国防安全预算27.65亿美元，2001年的国防安全预算为30亿美元。由于2008年爆发金融危机，2010年国防安全预算被削减了10%。

二、国防政策

为维护国家的战略利益和国家安全，维护国家战略利益环境的稳定与和平，马来西亚制定了以国防自主、区域合作和外来援助为原则的国防政策。该政策以维护国家的战略利益及维护国家安全为主要目的，以国家战略利益、国防原则及国防概念为主要关注点，强调维护国家战略利益环境的稳定及和平。

马来西亚将国家战略利益分为临近地点、区域地点和全球地点三个层面。临近地点包括陆地区域、国家海域、国家航空区域、专属经济区、马六甲海峡、新柔海峡、衔接半岛以及沙巴州和砂拉越州的海、空领域。区域地点覆盖东南亚地区，包括安达曼群岛及南海。全球地点指全球范围内除临近地点和区域地点以外的地区。

国防政策指出，马来西亚作为一个独立的国家，建立本身的防御能力是维护国家利益和安全的根本原则，是国家国防政策的核心目标。武装部队应在国家能力架构下实现自主发展，军事与工业的合作关系也应在国家发展计划下得到优先发展。国防自主的实现，不仅需要依靠武装部队的努力，也必须依靠政府机构和人民的支

第九章 军事与国防

持。在现有条件的限制下,马来西亚的国防自主将着重两个基础:一是拥有在不依靠外来援助的情况下,依靠本身的能力,维护国内安全;二是拥有维护领土完整及安全利益、应付来自邻近地区的低或中等外来威胁的独立能力。

由于地处东南亚区域,马来西亚的战略利益与本区域其他国家特别是东盟成员国密切相关,因此马来西亚注重本区域各国间的合作。而在区域合作的前提下,马来西亚支持在东盟成员国之间设立双边国防合作关系。马来西亚相信,坚固的双边国防合作将有助于信心建设的发展以及透明度的提高,马来西亚将致力于推动发展更加坚固和有效的东盟共同体,为打造一个安全的东南亚作出贡献。同时,马来西亚也认为,东盟地区论坛将有利于区域的和平稳定,能够提供各成员国交流和分享针对共同安全问题看法的平台,是促进信心建设的重要机制,促进各参与国建立更加密切的合作和谅解关系。

来自区域外的援助则是区域合作的重要补充,相关援助包括精神和物质援助、训练设施、技术转移及装备供应等。为此,马来西亚已采取措施加强与本区域外国家的国防关系。尽管马来西亚有责任维护"和平、自由及中立区"的原则,但这并不与接受区域外援助相矛盾。

《五国防御条约》是马来西亚与东南亚区域外国家签订的唯一军事条约,是马来西亚在传统盟国协助下发展国防力量的重要途径。马来西亚视《五国防御条约》为自力更生的国防政策的一个补充。1957年,以东姑·拉赫曼为首的马来西亚第一代领导人成功谋求了马来亚联合邦的独立,但鉴于这个新生国家的国防力量薄弱,防御能力有限,且此前安全主要由英国负责,马来亚当局仍然希望在国防问题上与英国保持某种形式的安全合作,通过双边防务关系的确立来增强马来亚的国防安全。独立当年,马来亚与英国签署了《英马对外防御和互助协议》。1963年,马来西亚联邦成立后,该协议更名为《英马防务协定》,英国、澳大利亚和新西兰军队被允许驻扎在马来西亚北海和新加坡。由于英国在20世纪60年代末期的战略撤退,马来西亚和新加坡的空军力量又相对薄弱,使两国的防空出现了真空。又因为当时正处于冷战的高潮时期,所以马来西亚等国积极谋求建立一个多国防空组织以稳固马来西亚和新加坡地区的防空力量。1971年4月16日,英国、澳大利亚、新西兰、新加坡和马来西亚五国外交部长在伦敦举行会议,签署《五国防御条约》,"旨在责成所有各方,一旦马来西亚或新加坡受到任何外来侵略或攻击的威胁,就必须立即互相协商,'以便决定共同或各自采取什么措施来对付这种攻击或威胁'",五国联防体系正式形成,成为马来西亚在传统盟国协助下发展本国防御能力的重要途径。随着马来西亚武装部队能力的提升以及战略环境的改变,五国联防正重组其职能,以满足最新的防御需求。

马来西亚实行防卫性的国防政策。国防政策阐明了实施威慑及全民防卫为最基本的原则,指出了预防在马来西亚国土内发生冲突的重要性。威慑是指阻遏潜在敌人使用非和平手段解决纠纷,这需要执行阻遏性策略及发展可靠的武装力量,具备威慑敌人放弃进行任何敌对或侵略性行动的能力。全民防卫则是依靠政府、非政府组织、私人机构以及全体人民共同努力保卫国家,维护马来西亚主权及领土完整。

马来西亚了解区域合作及外来援助的重要性,但马来西亚认为,国防自主才是国防的坚实基础。因此,马来西亚致力于加强和发展武装部队的能力,同时,也鼓励人民加深对国防的认识,培养爱国主义精神。

三、军事战略

马来西亚独立之初，政府制定的防务政策核心是维护国内的稳定和安全，这一任务主要由陆军担当，警察、海军及空军起辅助配合作用，此后30多年都是如此。尽管期间出现了一些外来威胁，如20世纪60年代前期印尼因反对建立马来西亚联邦而发动"对抗运动"，两国处于战争状态的边缘，也未使马来西亚改变其军事战略。70年代后期越南入侵柬埔寨，引起了马来西亚的警惕，国防开支急剧增加。马来西亚政府认为，越南的行动并不直接构成对马来西亚的威胁，但会鼓舞泰马边境一带的马共加强其反政府活动。因此，马来西亚政府把马共视为直接威胁，继续采取"平叛反暴"的防务战略。在这种长期保持不变的战略方针的指导下，马来西亚军队经过多年的训练和实战，已经在丛林战和制止内乱等方面积累了相当丰富的经验。

进入20世纪80年代以来，随着国际、国内形势的变化，马来西亚开始逐步调整防务战略，把重点由"平息内乱"转向"抵御外敌入侵"，尤其是应付来自海上的军事侵入，加强海上防御。马来西亚政府制定的长远防务战略的基本方针是，以南海为主要战略目标，优先考虑海军和空军的建设和发展，加强这两个军种在南海的机动作战能力。为此，自90年代初开始马来西亚政府花费巨资购买各种武器装备，其中主要是先进战斗机和军舰，用于海空武器系统的更新换代。与此同时，马来西亚还抓紧扩建海空军基地，加强海、空军的协同作战能力。

1997年亚洲金融危机以来，马来西亚重新调整了武装部队现代化发展的政策，突出军队建设的高素质、高技术、高效率。马来西亚政府所制定的新时期建军方针是：建立一支"少而精"的现代化军队，坚决走精兵之路。同时奉行"独立防卫与加强多边军事合作相结合"的国防政策，推行积极防御军事战略，以有效地保卫陆地和海洋国土安全，并积极发展同东盟国家、美国和五国联防组织成员国的军事合作，提高联保能力。2001年初马来西亚国防部决定对国防安全政策进行部分调整，在原有的基础上再强调对加强电子作战能力的关注，使国防事务趋向电子化以适应东南亚地区及整个国际军事环境的发展趋势。

2001年美国"9·11事件"爆发，恐怖主义活动在全球达到高潮，反恐形势也日趋严峻。增加国防预算、加速军队建设、维护国家安全成为世界潮流，马来西亚概莫能外。马来西亚力图建立一个均衡军事体系，来应对国家安全可能面临的任何威胁，包括恐怖主义和能够携带生化武器的导弹袭击等。

近年来，马来西亚主要从三个方面推动国防建设的发展。

第一，突出加强海军建设。马来西亚皇家海军的建设发展是马来西亚武装部队未来建设的重中之重。马来西亚海岸线全长4 492千米，与南海相邻，控制着马六甲海峡，战略利益和经济利益不言而喻。马来西亚国防部已明确指出未来海军将是其发展的重点。马来西亚皇家海军的指导思想是以先进的理论指导军队，培养高素质复合型人才，提高武器装备的高科技含量，加强对外的军事交流活动。

第二，大规模精简陆军。马来西亚政府提出了"知识军人"的概念，在第八个五年计划中，将提高军队的综合素质放在首位，鼓励军人继续进修，参与研究和发展，贡献新的理念及学识。提高陆军的行政透明度和公信力，包括主办更多适合的课程及研讨会，拟定参考资料，强调整体品质管理概念，领取ISO9002规格认证，实施军人训练及评估计划，公开及透明处理军人晋级手续、军备采购等事务，让各级别军人积极参与，实现知识武装全军。实行减员提效，增强武装装备，进行大规模的精简整编和结构重组，强调"多功能战斗"能力,增加军队机动性以及加强武器威力。马来西亚政府还加大人员培训力度,开发人力资源,通过互相挂钩及多功能技术培训等计划,增加军人各方面的知识。通过机动化、高效能管理,在部队组织中建立完善的网络联系中心,克服裁员后可能引起的问题。马来西亚皇家陆军实行"一位军人,一项专才,一间房屋"的"三个一"计划,力争实现每位军人都拥有自身专长。

第三,加强装备电子化,安装改进通讯系统。马来西亚皇家海军从1997年开始使用国际海事卫星系统,终端用于舰与舰、舰与岸之间通信联络。1999年,马海军还购买了15套国际海事卫星终端,用于装备护卫舰和岸上基地等单位,2001年陆续在支援舰"马哈旺萨号"、海岸扫雷艇"须弥山号"、导弹快艇"勇敢号"、"首先号"等多艘舰艇上安装了国际海事卫星系统,开通卫星电话、传真、数据等基本业务。从1995年8月至2001年5月,马占中国固有领土南沙群岛的弹丸礁、南海礁、光星仔礁海军站先后开通了国际海事卫星电话,其中弹丸礁还开通了传真及数据传输。2001年11月21日马海军与马电信公司联合召开"使用国际海事卫星电话研讨会"。2002年,马海军完成其全部舰艇上国际海事卫星"Mini-Inmarsat"系统的安装工作。另外,马来西亚政府还斥巨资用于更新部队的电子对抗系统、作战数据系统、雷达系统等高科技装备。

第三节 军种与兵种

根据马来西亚国防部长在2008年7月7日公布的数据显示,马来西亚三军现役总兵力约为101 679人,其中陆军70 173人,海军18 057人,空军13 449人。

一、陆军

1933年3月皇家马来军团开始组建，根据当时的形势发展及需要，随后在二战期间、紧急状态时期和1969年"5·13事件"中又相继组建了另外几个兵种。陆军成立的时间最早，发展最快，因而规模也最大。其兵力1967年有2万多人，1980年发展到5.4万多人，1991年达到10.5万人，随着国防战略的调整，到2008年末，陆军兵力削减至不到8万人。

马来西亚陆军编有3个军区，第一军区负责防守联邦直辖区、雪兰莪州、霹雳州、吉打州、玻璃市州及槟城州，军区司令部设在吉隆坡新街场；第二军区驻守砂拉越州和沙巴州，司令部设在砂拉越的古晋；第三军区负责守卫马六甲州、柔佛州、森美兰州、登嘉楼州、吉兰丹州和彭亨州，军区司令部设在马六甲。

陆军军力包括1个军、4个师、1个机步旅、11个步兵旅（含36个步兵营、4个装甲团、5个野战炮团、2个高炮团、5个工兵团、1个特种勤务团）、1个空降旅（包括3个空降营、1个轻型炮兵团、1个轻型坦克中队）、1个陆航直升机中队、1支快速反应部队。主要装备包括：PT-91主战坦克，FV101型"蝎子"轻型坦克，SIBMAS式、AML-60/90型、"白鼬"型装甲侦察车，KIFV式、"突击队员"型、"攻击者"型、"神鹰"型、M-3型装甲输送车，105毫米、155毫米牵引炮，81毫米迫击炮，SS-Ⅱ型反坦克导弹，89毫米、92毫米火箭炮，84毫米、106毫米无坐力炮，35毫米、40毫米高射炮，"标枪"型、"轻剑"型地对空导弹，SA-316B、AW109直升机。

（一）司令部序列

马来西亚陆军司令部全面负责陆军的计划、领导和管理事宜，其组织序列主要分为以下几个部门。

1. （安全）调查支部

（安全）调查支部负责所有军事行动领域的调查，包括战术、战略、心理战和电子战等方面。此外，该支部还负责计划和管理所有反调查、战场安全方面的事务，以及安全研究和检查、情报信息采集以及与此相关的事务。

2. 作战和训练支部

作战和训练支部负责执行和协调陆军各种军事行动以及与海、空军联合实施的各种军事行动，同时也负责陆军参加联合国维和部队和观察部队的各种军事行动。此外，该支部还负责制定陆军官兵在国内外的各种培训学习计划。

3. 人事支部

人事支部负责陆军所有行政管理方面的事务，包括政策、条令、条例、人事等，以及负责协调与武装部队委员会有关的一切事务。

4. 监督支部

监督支部的主要职责是对陆军系统各部门进行纪律监督，组织纪律检查，纠正各部门存在的不足和缺点。

5. 计划和建设支部

计划和建设支部负责陆军计划和建设方面的所有事务，包括陆军的组织结构的调整、基础设施建设、装备以及土地和财务管理等，并负责管理陆军的航空兵工程队、梅尔辛工程队和格马斯工程队等三个工程队。

6. 勤务支部

勤务支部负责陆军物资和后勤方面的所有事务，包括制定与后勤补给有关的政策并进行指导。

7. 预备役部队支部

预备役部队支部负责对预备役部队的训练、管理和完善工作，使之在战争、紧急时期或国家需要时能执行任务。

（二）兵种

马来西亚陆军分为18个兵种，其中皇家马来军团、皇家突击团、皇家装甲兵、边防团属于作战部队，皇家炮兵、皇家通讯兵、皇家宪兵、皇家工程兵、皇家电力工程和机械兵、皇家（安全）调查部队属作战支援部队，皇家军械兵、勤务兵、皇家卫生兵、皇家后勤兵、武装部队宗教部队属支援部队，近卫军属后备部队，精英部队、陆军航空兵属特殊部队。

1. 皇家马来军团（Rejimen Askar Melayu Diraja）

皇家马来军团是马来西亚陆军历史最悠久的步兵团，其官兵全部为马来人。成立初期，这支部队只有一个班的编制，如今已经扩展到31个营，军事基地遍布全国。

作为马来西亚武装部队中的老牌军团，皇家马来军团参与了所有作战任务，在1941年抗击日军侵略、1948年至1960年的紧急状态、1960年的"刚果"事件以及1963年的印马对峙中，均表现出了顽强的战斗精神和善战的军事特点。1958年，该军团被正式授予皇家称号。

2000年，马来西亚陆军对皇家马来军团进行了结构重调，其主要思想是按普通步兵、摩步化兵和快速反应部队相结合来建设部队，并将其中一个营改编成礼兵营，以实现部队多元化。这次结构重调是在陆军全面提高机动性和作战能力的大环境下实施的。目前，已经有3个营全面建设成为摩步化营，此外还成立了1个礼兵营，1个快速反应营。

皇家马来军团的口号是"忠诚"，象征着古往今来的马来英雄们的忠勇。肩章上标识"皇家马来军队"字样，图案为两只相争的狮子，上面是皇冠，中间是匕首和刀鞘交错的圆形，下面是"忠诚"二字。皇家马来军团的标志有三种颜色，其中黄色代表皇家，绿色代表伊斯兰教，红色代表陆军。军团的纪律和传统包括：保持皇家马来军团的同一性；在每一级官兵里培养归属感；培养奉献和勇敢精神；培养所有官兵的主人翁精神；加强全体军人的纪律性。

皇家马来军团的主要任务可以分为战争时期的主要任务以及和平时期的主要任务。在战争时期，皇家马来军团负责在进攻时对抗敌军目标，在防御时保卫阵地，在撤退时有效拖延敌军行动，争取时间，并承担全天候不间断的侦察、监视和巡逻任务。在和平时期，皇家马来军团主要负责做好战备工作，维护公共安全，在出现紧急状态或自然灾害时，支援地方政府及有关部门，此外还承担一定的礼仪任务。

2. 皇家突击团（Rejimen Renjer Diraja）

皇家突击团始于英国殖民统治时期由英军管辖的砂拉越和沙巴女童子军，初期成员均来自以勇敢著称的砂拉越和沙巴的伊班族人。1965年10月4日，该突击团由马来西亚武装部队正式接收，并在怡保建立正式基地。目前，皇家突击团的成员由马来西亚各族人员组成，其主要任务与皇家马来军团相同，口号是"活着就要战斗"。

3. 皇家装甲兵（Kor Armor Diraja）

皇家装甲兵始于1952年9月1日成立的马来亚联合邦装甲中队，该中队在1957年扩大成为联合邦装甲兵部队，在1960年与一个步兵营合并成为侦察团后，于1972年5月20日被授予"皇家称号"。1979年12月22日，皇家侦察团更名为皇家骑兵团，装备各型装甲车、运兵车、坦克、机动火炮等，为陆军提供装甲防护，支援其实施进攻和防御行动。

皇家装甲兵的口号是"团结"，其在战争时期的主要任务包括在没有步兵团和其他兵团的帮助下实施进攻和防御行动，为步兵团和其他辅助兵团提供装甲防护；在和平时期的主要任务则包括各种仪仗任务、装甲护卫、预防分裂和暴乱、侦察、维护公共安全等。

4. 边防团（Rejimen Sempadan）

边防团成立于2008年1月12日，前身是负责驻守边境的近卫军部队。边防团的主要任务是保卫马来西亚边境地区的和平与安宁，捍卫马来西亚的主权和利益，其日常行动包括防范外来入侵、打击边境犯罪活动等。

5. 皇家炮兵（Rejimen Artileri Diraja）

皇家炮兵于1957年8月15日在雪兰莪州加影成立，当时只有一个炮兵连的编制，成员大部分来自二战时曾在新加坡圣淘沙岛战斗过的前英国皇家炮兵部队。当时，一名来自马来亚司令部的军官被派往新加坡去邀请在皇家炮兵部队第一新加坡团中的马来亚官兵回马来亚为联合邦军队炮兵连服役，有89名成员同意回来，他们也成为第一野战炮兵连的首批成员。25磅榴弹炮成为该炮兵连主要战斗装备。

皇家炮兵的口号是"快速、明确、精密"，装备有大炮和导弹，以及先进的电子技术、雷达和计算机系统，可以对地面和空中敌人进行跟踪定位并予以打击。在战争时期，皇家炮兵主要任务是在战场上给予己方作战部队有效的炮火支援，清除对方障碍，阻碍其进行有效的行动部署。在和平时期，皇家炮兵主要进行训练和战备，维护和平，执行仪仗任务，在紧急时期或发生自然灾害时协助相关部门进行抢险救灾。

6. 皇家通讯兵（Rejimen Semboyan Diraja）

皇家通讯兵始于1949年在波德申建立的一支通讯部队。1952年成立武装部队联合旅后，该通讯部队成为联合步兵旅通讯中队，并在此后作为马来西亚通讯团而广为公众所认知。通讯兵的任务非常繁重，是陆军管理运作的核心部分。

皇家通讯兵的口号是"迅速和准确"，主要负责计划、准备、管理和执行所有信息系统和多媒体技术，使陆军在所有管控范围内的控制和管理职责能够顺利开展。皇家通讯兵肩负的主要任务和职能范围包括：为陆军的行动和训练需要提供战术通讯、C4ISR系统等装备；管理陆军所有的通讯和电子设备，并对其进行包括通讯专家检查在内的技术管控；加强和保障陆军通讯设施、密码破译系统的信息安全；计划、协调和保障陆军行动与训练所需的信息系统和多媒体技术；计划和协调皇家通讯兵人力资源的管理与发展；通过研究改进所有装配的信息系统与多媒体技术；协调和管理陆军信息系统与多媒体技术设备的接收、改进、保养和维修；等等。

7. 皇家宪兵（Kor Polis Tentera Diraja）

皇家宪兵的前身是1953年11月12日成立、由英国陆军皇家宪兵领导的联合邦宪兵，主要负责维护陆军的纪律和各军营的安全。皇家宪兵的口号是"准备服务"，主要职责包括：成为陆军作战支援单位，执行军事条令和规章制度，预防、追踪和调查犯罪行为，保障武装部队固定设施的安全，执行仪仗任务以及与公共职能部门进行合作。

8. 皇家工程兵（Rejimen Askar Jurutera Diraja）

皇家工程兵始于1953年4月12日在柔佛州居銮县成立的第76联合邦野战中队联合工兵部队。在战争时期，皇家工程兵负责提高部队的机动性，同时设置障碍，阻碍对方行动，其主要任务包括：提升军队的机动能力；修建、改进与维护保养机场和直升机停机坪、道路、桥梁等设施；架设桥梁，协助部队的渡河行动；设置或清除障碍、雷区和陷阱；协助作战和后勤部队的行动，准备战场防御工事和伪装目标；提供临时宿营、营区建设和供水等工程服务；在特殊时期可作为步兵投入战斗。在和平时期，皇家工程兵主要负责协助一些重要勤务工作的管理，如重要港口、铁路交通网、电力控制、滤水站和输水管道等设施的管理，在发生自然灾害时还将协助公共部门进行搜索和救援工作。

9. 皇家电力工程和机械兵（Kor Jurutera Letrik dan Jentera Diraja）

皇家电力工程和机械兵组建于1965年，但其历史可以追溯到1957年成立的陆军后勤部队。该兵种的主要职能包括：负责对除皇家工程兵所有的重型车辆以外的陆军装备进行维修、管理和检查，确保所有装备能够正常使用；向陆军司令部提供适合陆军使用的相关器械、车辆、科技和武器的最新信息；等等。

10. 皇家（安全）调查部队（Kor Risik Diraja）

皇家（安全）调查部队主要职责是保证各部队内部的纯洁和安全，并与马来西亚皇家警察在安全和调查等事务中进行合作。该部队于1969年11月7日正式成立，但它的历史可以追溯到1953年，当时军号为8878的新兵哈辛·罗夫调到英国情报部队HQ355战地警戒科，随后几名皇家马来军团、联合邦装甲兵、联合邦军队和联合邦工程兵也作为非正式委任军官调到该部队工作。1957年，上述几名人员由355战地警戒科调到联邦战地警戒科（FFSS），并与联邦宪兵、特别调查科、PROBOS科并在一起。由于联邦宪兵与联邦战地警戒科在职能和任务上相冲突，1959年联邦战地警戒科从联邦宪兵中分离，其组织结构归到马来亚综合勤务部队情报处，但在业务上受国防部指导。之后，随着武装部队和陆军的发展和建设，这支部队也在不断地发展。1963年9月16日，部队重新改编，更名为国防部情报分队。1963年11月，当国家面临马来亚共产党武装暴动的威胁时，该部队再次改编，命名为联合（安全）调查办公室。自此，开始吸纳海军和陆军军官加入该部队。

1969年"5·13事件"后,该部队的职能被重新进行深入的评估。7月25日,组建武装部队(安全)调查部队的会议召开。同年11月7日,时任武装部队总参谋长奥斯曼上将正式宣布武装部队(安全)调查部队成立。此后,出于形势需要,这支部队多次进行了结构重组,但其成员大部分还是来自陆军(安全)调查部队。1997年6月7日,该部队被授予皇家称号。

11. 皇家军械兵(Kor Ordnans Diraja)

皇家军械兵部队前身是1954年7月17日在波德申成立的马来兵团补给站,1957年4月与其他后勤队合并后组成陆军后勤部队。在海军和空军部队相继建立之后,1958年5月27日,陆军后勤部队更名为武装部队养护大队。1965年4月9日,大队解散后,马来西亚装备部队成立,随后正式更名为皇家军械兵部队。

皇家军械兵部队的口号是"服务援助",其主要职能包括:满足陆军的后勤需求;管理军械、车辆和弹药仓库的供给、接收、储存、管理和支出;履行陆军部队军械事务方面的检查;为国防部及各相关部门首长提供军械事务方面的建议;等等。

12. 勤务兵(Kor Perkhidmatan Am)

勤务兵成立于1954年,当时全称为"联合邦综合后勤服务部队",主要包括薪饷、资料、医疗、教育和调查部门,1958年7月1日正式使用"综合后勤服务部队"这一名称。此后,由于医疗和调查部门先后独立成为新的部队,该部队在1972年5月1日正式使用现名"勤务兵部队"。勤务兵下设薪饷、文书、教育和公共关系四个部门,其口号是"忠诚"。

13. 皇家卫生兵(Kor Kesihatan Diraja)

1940年,马来亚陆军从英国皇家陆军医疗队中借调了一名军官,医疗服务正式开始在军中提供。1960年,医疗和牙科分部作为综合后勤服务部队的下属部门正式成立。1967年5月11日,该分部脱离勤务兵部队,独立组建成为皇家卫生兵部队。

皇家卫生兵的口号为"专注服务",主要负责在和平时期和战争时期维护马来西亚武装部队成员的战斗力,包括保障部队官兵的健康、预防疾病、照顾伤病员和实施康复治疗。在和平时期,该部队的主要职责是向武装部队官兵或军属提供医疗和牙科服务、支援公共医疗服务、提供医疗和牙科药品以及为武装部队培训相关医疗人员。

14. 皇家后勤兵(Kor Perkhidmatan Diraja)

皇家后勤兵前身是陆军后勤部队在1957年4月成立的供给和运输分部。此后,为与向武装部队后勤部门提供后勤支援这一职能相匹配,陆军后勤部队更名为武装部队养护大队。1965年4月9日,大队解散,军队供给和运输队成立,并在之后更名为皇家后勤兵部队。

皇家后勤兵的口号是"服务全军",其职能可以分为8个方面:①公路运输,为马来西亚陆军、皇家海军和皇家空军提供第二至四线的车辆支援;②粮食、汽油和润滑油供应,采购并向陆军发放粮食、汽油和润滑油;③空中供给,提供设备和人员形式的援助,与马来西亚皇家空军合作提供空中供给;④行动服务,组织实施陆军或武装部队的常规行动计划;⑤饮食服务,为陆军提供饮食专家及科学的饮食建议服务;⑥营房服务,向陆军官兵住房供应燃料、电、水和液化天然气;⑦消防工作,管理陆军的消防事务;⑧训练,为后勤人员以及武装部队驾驶员提供培训。

15. 武装部队宗教部队(Kor Agama Angkatan Tentera)

武装部队宗教部队组建于1985年4月19日,是马来西亚陆军成立的第16个兵种,其职能范围覆盖三军。宗教部队的建立是马来西亚政府在武装部队内部弘扬伊斯兰教这一决策的具体体现。宗教部队的主要职责包括：向武装部队官兵宣扬伊斯兰教；向官兵传授伊斯兰教知识，着重提高官兵的品格，从伊斯兰教义的角度阐释在部队服役的真谛；执行由联邦和州伊斯兰教委员会决议通过的伊斯兰教法规；提供宗教辅导；等等。

16. 近卫军（Rejimen Askar Wataniah）

近卫军是由各志愿组织组成的志愿部队，是陆军的预备役部队，保卫国家的第二梯队。1902年，英国政府在马来联邦建立了马来联邦志愿部队，在非马来联邦州属建立了非马来联邦志愿部队，在海峡殖民地建立了海峡殖民地志愿部队。这三支志愿部队成为马来亚人民参加志愿部队的开端。在1948年至1960年的二战和紧急状态以及后来的印马对峙期间，志愿部队发挥了重要的作用。特别是在紧急状态时期，志愿部队被视为是"家园的保护者"。1958年，志愿部队重组为地区防御部队，并在之后命名为马来西亚近卫军。

17. 精英部队（Kor Pasukan Elit）

精英部队是陆军最精锐的部队，专门执行各种特种军事任务，由第10空降旅（10 Briged Para）和陆军特种部队（Rejimen Gerak Khas）两个作战单位组成。

第10空降旅由武装部队多个作战单位组成，包括：皇家马来兵团第9营和第17营、皇家突击团第8营、皇家炮兵第1营，基地分布在特仁达（Terendak）、高渊港口（Sungai Udang）和马六甲等地。第10空降旅作为陆军的精英部队，是马来西亚武装部队的第一道防线，具备在第一时间内对侵犯国家主权及领土、领空的任何威胁作出快速反应的能力。

陆军特种部队于1965年8月1日在柔佛州新山的美芝里（Majidee）军营组建，初期以马来西亚特别勤务队命名，1969年扩编成为团级编制，更名为马来西亚特种部队第一团，其任务是自主选择陆、海、空途径实施特定的行动。

18. 陆军航空兵（Pasukan Udara Tentera Darat）

陆军航空兵的组建是由于陆军需要有相对独立的制空能力，该部队的主要任务是作战运输和配合作战。1994年7月1日，马来西亚陆军组建了航空兵中队工程队，这其实也是航空兵中队的雏形，它承担了所有航空兵中队的任务并被称为陆军司令部的"空军支部"。1995年3月1日，陆军航空兵中队在柔佛州格鲁昂空军基地皇冠军营正式组建。组建伊始，其第一支飞行中队命名为881飞行中队，马来西亚皇家空军交付10架SA316B阿洛特MK3型直升机以及格鲁昂基地部分使用权给陆航中队。1996年10月，皇家空军将格鲁昂基地全部使用权交与陆军。组建陆航中队的目的是进一步提高陆军执行军事作战行动的能力，并提供空中作战平台和空中火力支援。陆航中队目前已具备了技术熟练的直升机飞行员和机械、空中交通管制及后勤管理等方面的专业人才。1997年3月2日，时任马来西亚国防部长谢·哈密德·阿尔巴正式宣布陆军航空兵中队已具有军事作战专业水平。马来西亚陆军计划扩建航空兵中队，将之扩编成一个团的编制，下编数个飞行中队。此外，陆军还将购进一批侦察型直升机、辅助支援型和攻击直升机装备给陆航中队。

（三）院校和训练中心

1. 陆军通讯和电子技术学院（IKED）

陆军通讯和电子技术学院前身是1958年成立的联合邦陆军通信兵中队训练大队，任务是对通信兵中队进行通信联络方面的训练。1964年，训练大队更名为通信兵学校分部，由武装部队通信团管理。1973年通信兵学校归武装部队通信团管理。1981年2月3日，武装部队通信团进行结构调整，改为司令部制。1991年，通信兵被授予皇家称号，通信兵学校也改名为皇家通信兵学校。

1994年12月21日，该校被选为陆军技术发展中心，更名为陆军通信和电子学院。陆军技术发展中心建设计划分为3个阶段，第一阶段已经完成，包括计算机实验室、模拟及数字通信实验室、模拟及数字电子实验室以及TV/VCR计算机管理实验室。第二和第三阶段还在建设之中。此外，学院还大力进行基础设施建设，兴建了电教室、体育馆等场地。

2. 陆军工程学院（IJED）

陆军工程学院的前身为1967年在巴图肯通门成立的电力工程和机械学校（JLJ）。1967年，该校迁往波德申的西罗莎军营。一年之后，武装部队青年机械工艺学校（AFATS）并归电力工程和机械学校管辖。为配合80年代初武装部队扩编的特别计划，电力工程和机械学校也加快发展，并新增了两个军营：沙瓦角军营和赛云顶军营。沙瓦角军营最开始是机械和电力分部驻地，现在驻扎了训练部，包括训练司令部，而第1修配所也从1983年开始驻扎在该军营。赛云顶军营为陆军青年机械工艺学校驻地。1992年，该军营交与陆军士兵训练中心（现称为陆军基础训练中心）。1995年初，在陆军提高建军水平、加强教育建设方针的指导下，电力工程和机械学校更名为陆军工程学院。

3. 马来西亚陆军作战训练中心（PULADA）

陆军作战训练中心于1948年在柔佛州成立，当时称为"远东训练中心"，1951年更名为"远东陆军训练中心"。1952年，时任马来亚司令部作战部长的格兰德·特姆普勒上将根据当时陆军以丛林战为主的特点，将该中心更名为"丛林战学校"。之后，该学校又成为英国步兵学校的分部。1970年英国从东南亚撤退，1971年12月8日丛林战学校结束其任务并被移交给马来西亚武装部队。1972年1月14日，陆军参谋长正式宣布在丛林战学校的基础上成立陆军作战训练中心。

4. 特种作战训练中心（PULPAK）

马来西亚陆军于1976年8月1日成立特别作战训练中心（PLPK），目的在于训练特种部队、陆军各兵种及武装部队官兵，训练高质量军事人材，使其具备执行空降、两栖作战、地面作战等特种军事行动的能力。1994年，中心更名为特种作战训练中心。

5. 装甲兵训练中心（PULAMOR）

装甲兵训练中心前身为1980年成立的装甲车队训练中心，即装甲车学校。1986年，装甲车联队改称为装甲兵，该校也更名为装甲兵学校。1994年12月，装甲兵学校正式更名为装甲兵训练中心，并赋予以下任务：训练装甲兵和其他兵种官兵进行武装作战；为装甲兵研究、发展武器装备和作战理论；对装甲兵新兵和年轻军官进行基础训练。

二、海军

马来西亚海军是在1958年7月2日从英国人手中接管的，1963年被命名为"马来西亚皇家海军"。与其他国家的海军一样，马来西亚皇家海军担负着捍卫国家和领海的主权、保卫国家和人民财产安全的职责。在和平时期，皇家海军的主要任务是加强训练，时刻准备面对战争的威胁，保护海上资源，进行水文勘测，帮助国家其他机构消灭海盗，在"专属经济区"内执行马来西亚法律。除此之外，皇家海军也需要在皇家空军和陆军的行动中提供援助，派遣军舰赴国外访问，巩固马来西亚与其他国家之间的军事关系。在局部战争时期，马来西亚皇家海军的任务包括消灭敌军，保卫海上通道的安全，保护友方船只，保卫港口，监视和保护输油管道等。

马来西亚皇家海军的主要舰艇包括："莱库"级导弹护卫舰、"卡斯图里"级护卫舰、"海军上将"级护卫舰、"吉打"级新一代近岸巡逻舰、"首先"级导弹快艇、"信赖"级导弹快艇、"鲛鱼"级快速攻击艇、"总理"级常规动力潜艇、"须弥山"级扫雷艇、"主神州"级支援舰、坦克登陆舰、拖船、远洋训练船、海军辅助船、补给舰、测量船、高速运兵船、巡逻艇等；空中装备包括六架超级大山猫反潜艇直升机和六架AS 550 Fennec海上侦察直升机。20世纪90年代以来，马来西亚政府调整了国防战略，特别重视加强海军的战斗力，因此海军装备的数量和更新速度都得到较快增长。

（一）司令部序列

马来西亚皇家海军司令部下设作战计划部、人力资源部、后勤部、管理部、监察部和海军调查（安全）局以及海军供应部、海运局、训练教育部、机动车辆局等各部局。

马来西亚皇家海军司令部原名为海军部，是马来西亚皇家海军最高指挥部，设海军司令及副司令各1名。海军司令是马来西亚皇家海军的最高指挥官，负责包括海军预备役部队在内的海军一切事务，海军司令不在位时，海军副司令员自动成为海军最高指挥官。

海军司令负责执行海军一系列政策，海军副司令员兼任海军参谋长，负责海军行政管理以及司令部的日常事务。经过重新调整后的海军司令部可以更有效地管理海军，能够在"修正预算案"的原则下更有效地管理政策并且协调好各海军机构的运作。

1. 作战计划部

作战计划部包括5个分部：战略规划部、演习行动部、通信部、作战部和水文勘测部。战略规划部负责皇家海军结构调整、所有发展计划的制定，并对与海上防御战略有关的所有事务进行研究；演习行动部负责执行海军的一切行动以及演习，包括海军各部门的各类行动计划；通信部负责海军所有通信方面的事务；作战部负责制定所有的作战策略，包括联合作战；水文勘测部负责进行水文勘测，并就与水文勘测有关的一切事务向海军司令提供建议和意见。

2. 人力资源部

人力资源部包括人力资源服务部、人力资源建设部、人力资源研究和政策部、预备役部4个部门。人力资源服务部主要管理、规划所有海军的人员需求，制定服役条件，协调海军人员的使用，制订所有海军征兵计划以及海军成员的培训计划。人力资源建设部负责人力资源的建设，包括精神教育、体育、科学、征兵、训练、考试和实验等方面。人力资源研究和政策部负责制定征兵计划，协调与征兵有关的各单位之间的关系，对教育、训练、组织等方面有关的人力资源进行管理，并制定和阐述整个人力资源部的政策。预备役部除负责动员达到国防部政策规定年龄的公民参加海军现役外，还负责志愿部队的发展建设和有关职位的调整以及动员公民参加海军预备役。

3. 后勤部

后勤部包括4个部门：工程建设部、工程部、物资部和信息技术部。工程建设部主要负责现役舰艇、部队和新舰艇的建设和现代化；工程部主要负责执行工程标准、工程法则、消防以及进行工程的建设和研究；物资部主要负责弹药、物资的合同、购买、后勤补给以及管理；信息技术部负责收集海军的信息和数据，研究当前和未来的计算机技术。

4. 管理部

管理部由秘书部、财务部、军法处、海军驻吉隆坡管理处、普查处和海军调查处等6个部门组成，人员包括负责日常事务管理的参谋以及负责海军司令部行政管理工作并直接向海军副司令员报告的特别参谋。

第九章 军事与国防

秘书部由秘书处、公共管理处和纪律处三个单位组成,负责所有的公共管理和与法律有关的事务,并负责接待来访马来西亚皇家海军司令部的贵宾和来访马来西亚的外国军舰,以及车辆管理、出国活动、观摩、外联、薪饷、档案和印刷出版等日常事务。秘书部作为信息中心和公共事务管理部门,还负责处理上报到海军司令部的各方面信息,协调海军司令部与外部联系中的各项关系以及处理上报各种情况,发布关于皇家海军的各种官方信息。

其他5个部门的职责分别是:财务部负责海军建设预算和财政开支,使海军各项财政开支合理、有效地利用;军法处主要负责执行皇家海军的纪律和法规;海军驻吉隆坡管理处是海军驻吉隆坡联邦直属区机构,负责管理该地区的海军人员;普查处和海军调查处直接对海军司令负责,工作对象涵括整个皇家海军;普查处作为"调查官员舞弊情况的部门",专门负责调查海军各类特定案件;海军调查处负责海军事务调查,着重于战略调查。

(二)作战序列

海军分设三个军区,以东经109°线为界,分界线以西的海域由海军第一军区驻守,其司令部设在彭亨州关丹;分界线以东的海域由海军第二军区驻守,司令部设在沙巴州亚庇。海军第三军区司令部设在浮罗交怡,主要负责西马西部海域和马六甲海峡水域的安全。

1. 舰队司令部

马来西亚皇家海军舰队司令部位于霹雳州红土坎,下设作战司令部、系统司令部、后勤司令部、装备司令部、后勤支援司令部、训练勤务部、演习训练司令部、马来亚舰部、红土坎两栖登陆作战部队、海军航空兵中队、舰队管理局等。舰队作战实力由18个舰艇中队组成,包括导弹艇中队、巡逻艇中队、快速攻击艇中队、轻型护卫舰中队、导弹护卫舰中队、护卫舰中队、指挥支援舰中队、扫雷艇中队、海上运输大队、测量船中队、供应船中队、两栖舰船中队等。

2. 海军第一军区

海军第一军区司令部前身是马来亚海军时代向马来西亚皇家海军时代过渡时期于1950年在新加坡兀兰成立的司令部。1975年，由于印支战争引发的非法移民潮，马来西亚皇家海军直接参与防止战争难民涌入马来西亚的行动。参与行动的皇家海军部队部署在关丹县的丹戎哥朗，被称为"拔除行动支援大队"，主要负责阻止战争难民涌入并监管马来半岛东部海域特别是作为难民临时安置点的比东岛。中南半岛的政治动荡也促使国家安全委员会权衡在马来半岛西海岸建立海军基地的必要性。在"武装部队特别发展规划"的指引下，马来西亚政府决定在丹绒哥朗建立海军基地以应对中南半岛的紧张局势。20世纪70年代开始的基地建设工作在1980年完成，虽然海军第一军区司令部在1981年1月1日就已开始运作，但直到1985年8月28日司令部才由彭亨州苏丹宣告正式成立。与马来西亚皇家海军其他基地相比，丹绒哥朗基地的基础设施目前也趋于陈旧，海军第一军区司令部已着手制定建设计划以适应未来国防战略的需要。

海军第一军区司令部下辖关丹、红土坎、新山、波德申、丹绒本厄利、格路果尔等8个海军基地、军港，红土坎、关丹等4个海军中队以及槟城、佩兰多克等4个海军站。

3. 海军第二军区

海军第二军区司令部驻地原位于东马的纳闽海军基地。纳闽东南岸的维多利亚是重要深水海港，可避东北和西南季风，是附近各港的转运中心和船舶燃料油供应站。港区内建有船坞，有3个主要码头泊位，岸线总长335米，码头前沿最大水深9.5米，可靠泊万吨级舰船。2003年7月开始，马海军开始启动海军第二军区司令部搬迁计划，首阶段至2006年7月，主要实施小规模搬迁。2006年7月20日，海军第二军区司令部所在地纳闽海军基地正式搬迁，新基地位于亚庇以北25千米的瑟邦伽湾（Teluk Sepanggar），占地390公顷，耗资6.9亿马币，于该年8月31日正式开始运作。瑟邦伽湾海军基地濒临南海，紧靠马菲交界海域，具有较高的军事战略战术地位，是马海军发展的重点。2009年5月30日，位于瑟邦伽湾的潜艇基地完成修建工程并移交给海军使用，正式名称为"亚庇皇家海军潜艇基地"，设有潜艇司令部和潜艇训练中心。目前，海军第二军区司令部下辖纳闽、斗湖、山打更、古晋、亚庇、森波纳等7个海军基地，纳闽、山打更、斗湖等4个海军中队以及纳闽、古晋、拉让、利卡斯和马来西亚在南沙群岛所占领五礁（弹丸礁、簸箕礁、光星仔礁、南海礁、榆亚暗沙）的海军站等12个海军站。

4. 海军第三军区

在第八个五年计划（2001—2005年）中，马来西亚把加强马六甲海峡水域的安全体系纳入为皇家海军海上防御的重点目标，实施了浮罗交怡海军基地的建设计划，并将此基地作为海军第三军区的司令部。该司令部占地19公顷，拥有一个长200米、能容纳最大型舰船停泊的码头，将驻扎多艘海军上将级巡洋舰。司令部在2007年10月开始运转，并在2009年12月下达了正式的人事任命。维护西马西部领海主权完整和海域安全，与各级政府机构及海事执法单位合作，参与马六甲海峡水域的执法行动，确保马六甲海峡水域的安全，为国际贸易提供安全的海上航道将成为海军第三军区的主要任务。

皇家海军第三军区司令受皇家海军舰队司令直接领导，就辖区内所有相关的行动和管理事务对舰队司令负责。皇家海军第三军区司令还是吉打州、玻璃市州和槟城州安全会议的代表。皇家海军第三军区司令管辖的单位包括：皇家海军第三军区司令部、浮罗交怡海军基地、皇家海军第三军区后勤仓库、驻扎槟城海军部队和其他负责及接管的舰艇。

2009年8月12日至15日，海军第三军区司令部统筹指挥了2009年度"昂沙"海陆空演习。此次演习以马六甲海峡为焦点，涉及220名海陆空三军官兵，分为非作战军事行动演习和作战军事行动演习，其中非作战军事行动演习包括人道援助和救灾行动、非作战撤退行动、反海盗和反恐行动，作战军事行动演习包括两栖和海上战场的海上行动、空中战场、机动和海事行动的空中行动、空降和两栖行动的陆地行动。演习还纳入网络战元素，重点是演练如何确保演习期间电脑系统的资料和防卫能力不受破坏。与往年"昂沙"演习以应付南海海上威胁为目标不同，此次演习显示了马来西亚当局维护马六甲海峡安全的坚定决心，反映了海军第三军区在马六甲海峡维稳方面的核心地位。

（三）海军特种部队

2009年4月15日，马来西亚皇家海军在霹雳州红土坎海军基地举行"黑将军"海军特战队（KD Panglima Hitam）命名及授权仪式，马来西亚皇家海军司令拿督斯里阿都拉阿其兹上将、副司令拿督威拉莫哈末诺尔丁中将、舰队司令拿督阿末卡马鲁扎曼中将及海军各部门负责人出席了仪式。

"黑将军"海军特战队前身是1982年10月1日在霹雳州卢木正式成立的马来西亚皇家海军特种部队（PASKAL），目的是配合马来西亚扩大其专属经济区至200海里，巩固马来西亚政府对南沙岛礁主权的主张。为适应海上反恐的要求，马来西亚政府于1991年通过第18号国家安全理事会命令，赋予海军特种部队执行海上反恐的职能。海军特种部队日常作战行动和行政管理归舰队司令部管辖,但在执行特种作战行动时,必须获得海军司令的批准。

作为马来西亚皇家海军最精锐的部队和马来西亚政府用于捍卫其"领海主权"的先锋部队,海军特种部队先后参加过多次重要行动:80年代在中国固有领土南沙群岛执行占领岛礁的任务,先后占领弹丸礁、光星仔礁和南海礁;1987年马尔代夫发生政变后,前往该国执行搜救任务;1989年成功完成前总理马哈蒂尔赴菲律宾参加英联邦首脑会议期间的安保任务;1995年在联合国索马里行动II中成功完成"马哈旺萨号"护卫舰、"主神州号"指挥支援舰的护卫任务;1996年成功完成"主神城市号"巡逻艇遣返越南难民时的安全护卫任务;1999年在执行斯里八打灵任务中成功在榆亚暗沙和簸箕礁上放置可供海军特种部队队员长期占领该岛礁的生活舱;2000年通过巴丹行动成功解决阿布沙耶夫在诗巴丹岛和班达南岛实施的绑架事件;长期在沙巴州海域执行"巴西行动"打击海盗和非法移民;2003年成立斯里仙本那分部以应付诗巴丹岛、林吉丹岛和沙巴东海岸的边界安全问题;2005年执行收集朗乌纳朗礁资料的任务,马来西亚在该海域与印尼存在领土纠纷;2008年参加"法加1号"行动,成功解救被索马里海盗劫持的马来西亚人质;2009年参加"法加2号"行动,为马来西亚国际航运(MISC)商船护航,避免被海盗攻击。此外,海军特种部队还以维和部队和观察员身份参加了联合国组织的国际行动,如联合国索马里行动(UNOSOM)、联合国安哥拉核查团(UNIVEM)、联合国在东帝汶的行动和联合国驻黎巴嫩临时部队(UNIFIL)等。

2009年4月15日,马来西亚皇家海军特种部队正式更名为"黑将军"海军特战队。"黑将军"名字来自雪兰莪州苏丹兼海军上校沙拉夫丁的创意。"黑将军"是赋予英勇善战、对苏丹和政府忠贞不二的马来勇士的称号,历史上曾在柔佛州麻坡和昔加末、霹雳州太平、雪兰莪州的朱格拉和瓜拉雪兰莪等地区使用过。海军特种部队更名为"黑将军"海军特战队的寓意即希望其成员能继承和学习古代"黑将军"忠诚、勇敢的特质。

"黑将军"海军特战队总部位于霹雳州卢木海军基地，其战斗序列包括：①阿尔法排：反恐小组，专门实行船上和钻油台反劫持人质行动；②不授卜排：氧气作战小组和特别空降小组，实行秘密渗透进敌方的行动，也负责执行和收集情报协助作战行动；③查里排：辅助小组，在后方负责加强特种行动能力；④得儿塔排：常规作战小组，狙击攻击能力强，主导两栖突击行动。该小组涉及许多马来西亚参与的联合国维和行动，包括正在黎巴嫩执行的维和行动。

三、空军

马来西亚皇家空军在1958年6月1日成立，是武装部队中最年轻的军种。马空军的主要任务是使用有效的空中力量保护国家的独立、领土完整和国家利益，其担负的主要职责包括：

监视领空，保证领空的和平使用，阻止敌方使用，并进行空中防御、空中打击和防御反击作战；使用空中力量应付地面、空中的威胁，包括战略攻击、作战行动和海上攻击；执行空中加油、监控、侦察、运输、电子侦察和空中救援任务；提供基地防御、后勤支援和基地支援。

马来西亚皇家空军也以东经109°线为界，分设东部军区和西部军区。空军基地分别设在吉隆坡、北海、关丹、纳闽、古晋、亚罗士打和吉打。空军现有兵力不到1.4万人，下设4个师，编为2个攻击战斗机中队、1个战斗机中队、1个侦察机中队、1个海上侦察机中队、8个运输机中队、4个教练机中队、1个地空导弹中队和1个机场护卫队。主要武器装备包括："鹰"式、MB-339型、F/A-18D

型攻击战斗机，F-5型、米格-29型战斗机，B-200T型武装侦察机，以及若干加油机、运输机、运输直升机、教练机等。

（一）组织序列

马来西亚皇家空军组织序列包括空军司令部和空军各师部。

1. 空军司令部

马来西亚皇家空军司令部是马来西亚皇家空军最高指挥机构，总部设在吉隆坡国防部。司令部分为计划及建设部和作战部。计划及建设部负责制定方针政策，制定空军未来的建设计划等。作战部负责制定理论和训练计划，管理空军所有装备的使用及基地的秩序等。空军司令有最高行政指挥权，副司令辅助其执行。

2. 空军各师部

马来西亚皇家空军现有4个师，负责实施演习和执行各项战备任务。第一师负责执行战备、装备保养以及空中防御；第二师负责空中机动战备，控制皇家空军运输机和直升机的行动；第三师负责为航空系统包括管理、配给系统等提供后勤支援；第四师作为前方部队空军司令部，负责特别作战行动以及沙巴和砂拉越州的空域监视。

（二）院校和训练中心

1. 空军见习军官学校

空军见习军官学校负责对预备役军官的基础训练。完成各训练课程并通过训练后，见习军官将被委任为空军正式军官。所有的见习军官、院校毕业生、特种任务军官和短期委任军官都必须在该学校进行训练。

2. 空军飞行课程训练学院

空军飞行课程训练学院位于亚罗士打空军基地，是皇家空军的飞行教练员训练中心，通过训练培训具有军事飞行实践经验和理论的新教练员。

3. 空军学院

空军学院位于怡保空军基地，主要对新兵进行基础训练教育，使新兵具备一定的空军军事知识和理论。有一部分空军官兵也在这里学习。

4. 空军弹药和武器学校

空军弹药和武器学校位于北海空军基地，主要培训空军官兵关于弹药和武器的知识。

5. 空军职业学校

空军职业学校位于槟城岛，主要接收来此进行专业和技术课程深造的空军官兵。

6. 空军后勤学校

空军后勤学校位于苏邦空军基地，设立有后勤基础课程，专门培养空军的后勤管理人才。

7. 空军管理和军事学校

空军管理和军事学校位于苏邦空军基地，主要对空军军官进行管理及军事方面的教学。

8. 空军训练中心

马来西亚皇家空军拥有的三个空军训练中心，主要负责对空军官兵进行基础训练及各种进阶课程培训，由驻亚罗士打的空军大学进行管理。第一飞行训练中心位于亚罗士打，主要负责航空基础训练，此外，还为马来西亚皇家海军和陆军训练飞行员；第二飞行训练中心同样位于亚罗士打，主要进行直升机飞行训练，受训者通过在第一训练中心的基础课程后，在此进行直升机飞行训练，然后可以学习操纵固定翼飞机；第三飞行训练中心作用与第一飞行训练中心相同。

第九章 军事与国防

9. 空军特种车辆训练中心

空军特种车辆训练中心位于苏邦空军基地,主要训练军用车辆及特种军用车辆的驾驶员。

10. 空军通讯、管制和呈报训练中心

空军通讯、管制和呈报训练中心位于关丹空军基地,主要培训空军官兵掌握空中防御和空中交通管制的基础知识。

四、预备役和准军事部队

预备役部队 除现役部队以外,马来西亚还拥有三军预备役部队45 775人(2007年),其中陆军后备队40 835人,海军志愿队4 074人,空军志愿队866人。

准军事部队 马来西亚准军事部队约29万人,由野战警察部队(2.48万人)、陆上警察(1.8万人,编制为5个旅)、海上警察(2 100人)、地区治安警察(3 500人)、边境侦察部队(1 200人)和人民志愿团(24万人)组成。其中野战警察部队是一支半机械化部队,1954年从警察中分出,现隶属国防部,装备有装甲运输车、巡逻艇等,其总部设在西马北部的怡保附近。

第四节 对外军事关系

马来西亚与东盟国家、五国联防组织成员国、美国、印度、中国、欧盟国家都建立了军事合作关系。近年来,马来西亚与区域内外国家的双边和多边军事交流和军事演习逐步增多,规模有所扩大,希望以此提高武装部队的战斗力,增强维护国家和地区安全的军事能力。

一、与东盟国家的军事关系

马来西亚作为东盟的一个成员，十分重视同其他东盟成员国的军事合作。

自1982年以来，马来西亚同泰国每年都进行联合军事演习。两国每年还举行一次泰马边界委员会年会，以商讨、解决两国的安全问题，并制订共同战略，年会通常由两国的国防部长主持。马来西亚同印尼的军事合作日益加强，双方不仅举行军事演习，而且制订了共同巡逻马六甲海峡的计划。马来西亚同文莱签有防务合作协定，由马来西亚为文莱培训士兵，并让文莱空军飞机进入马来西亚领空进行飞行练习，此外，两国还定期举行军事演习。

马来西亚、新加坡和印尼三个马六甲海峡沿岸国家在海峡安全维护方面还建立了合作机制。1971年11月16日，马来西亚与马六甲海峡其他两个沿岸国家印尼和新加坡发表联合声明，反对海峡"国际化"，宣布共管马六甲海峡和新加坡海峡事务。声明指出马六甲和新加坡海峡的航行安全是有关沿岸国的共同义务，三国将在两海峡的安全方面进行三边合作，两海峡不是国际海峡，在国际海运上应用无害通过原则。在此后的20多年里，三个海峡共管国与国际海事组织合作对马六甲海峡的安全问题采取了多项措施，如实行分道航行制、深水路线规则和船舶通过规则，扩大分道通航范围，引入强制船舶报告体系，提高了航道航行的便利和安全。20世纪90年代以后，三国加强了交流与协调，建立情报交流网络，展开一系列海上联合巡逻，共同维护马六甲海峡的航行安全。2001年"9·11事件"发生后，美国以"恐怖分子可能会在马六甲海峡内发动袭击以切断全球经济生命线"为由，屡次提出派兵进驻马六甲海峡，均遭到马来西亚和印尼的拒绝。马来西亚政府公开表示，马六甲海峡的控制是马来西亚和印尼的主权，不欢迎美国的军事力量介入。为避免美军直接卷入马六甲海峡安全事务，2004年6月17日，印尼提议海峡共管国合作组建海军巡逻部队，在马六甲海峡执行巡逻任务，得到马来西亚的积极响应。7月20日，三个马六甲海峡共管国签署合作协议以加强马六甲海峡航道的巡逻。根据协议，三国将设立24小时通讯系统进行信息交换，印尼派出7艘军舰、马来西亚和新加坡各派出5艘军舰共同开展全年海上联合巡逻。为克服弊端、提高效率，从2005年9月13日开始，海峡共管国在马六甲海峡海域开展名为"空中之眼"的空中联合巡逻，巡逻范围包括从新加坡到苏门答腊北部沙璜（Sabang）的四个部分。海上和空中联合巡逻对打击海上犯罪、维护海峡航道安全作用明显，马六甲海峡海域的海盗案件大幅减少。

二、与五国联防组织的军事关系

《五国防御条约》签定的初衷是为了保卫马来西亚和新加坡的领空安全，如该协议成员国在1971年9月1日同意组建的"统一防空系统"就是以此为目标的。20世纪80年代初，协议成员国领导人一致同意举行定期的陆上和海上军事演习，使五国的安全合作领域从单纯的空防扩展到陆防和海防。从1981年开始，马来西亚和新加坡定期在南海举办代号为"Bersama Lima"的军事演习，作战指挥权由马来西亚和新加坡轮流掌握。进入20世纪90年代，联合军事演习成为五国开展军事演习的新方向。1991年首次举行了代号为"Stardex"的陆、海、空联合军事演习，成员涵括五国各军种人员。而1997年首次举行的"Ex Flying Fish"多军种联合演习的科目更是包含有联合防空、联合反潜、特种作战、海上集结、编队航行、电子侦察、空中攻击与支援等，演习以检验和提高成员国协同保卫马来西亚和新加坡海域、空域的作战能力为目的，旨在加强成员国之间的防务合作。

进入21世纪，马来西亚与《五国防御条约》成员国的军事合作主要体现在联合军事演习上，日益受到关注的海上安全成为军事演习的重点。2000年7月，五国联防组织的国防部长在举行会议后重申了对《五国防御条约》的承诺以及《五国防御条约》对成员国和地区安全的重要性，并同意进一步加强各国海军、空军和陆军之间的联合军事演习。"9·11事件"发生后，为了充分重视对非传统威胁的认识和防范，以及防止马六甲海峡这一重要的国际航道发生恐怖主义活动，打击此消彼涨的海盗活动，在2003年6月举行的会议中，各成员国国防部长一致认为，五国联防组织应该考虑到"在预定的《五国防御条约》军事演习中对海上安全造成的非传统威胁，并举行另外一些着重于海上安全的军事演习，在这些军事演习中逐步包含一些非军事手段，定期进行关于恐怖主义和其他共同安全问题的情报交流"。2004年6月7日，五国联防组织各成员国国防部长在新加坡召开的第二次非正式会议上发表申明，重申五国联防组织的重要性，确认五国联防组织必须适应地区安全环境的新挑战，包括恐怖主义的威胁和其他各种非传统威胁。在同年9月10日举行的"Bersama Lima 2004"军事演习中，首次包含了旨在针对海上恐怖活动、提高相互协同反恐作战能力的"海上反恐演习"，并举行了"海上封锁系列军事演习"。此后，五国联防组织还于2006年9月7日、2009年10月9日、2010年4月26日在马来半岛及附近海域举行了联合军事演习。通过参加一系列的演习，马来西亚应对非传统安全威胁的能力进一步提高，各军种协同合作处置海上突发事件、维护海事航运安全的能力有了显著增强。

三、与美国的军事关系

马来西亚未同美国订立军事条约,但派遣过军人到美国训练,并接受美国提供的小额军事贷款,以购买美国军事装备。1950—1986年,美国向马来西亚提供的军事贷款总计达1.824亿美元。1987年以来,美国未再贷款给马来西亚购买武器。20世纪90年代初美国从菲律宾基地撤军后,想在东南亚寻求新的军事基地,便表示愿向马来西亚使用的美制武器提供维修技术和零配件,并恢复向马来西亚提供160万美元的国际军事教育和训练援助。

从1995年开始,美国定期在南海与马来西亚等东南亚国家举行"卡拉特联合军演",旨在加强美国与东南亚国家间的军事合作,强化部队协同作战能力。近年来,马来西亚与美国的军事交流与合作得到进一步发展。2010年11月9日,美国国防部长盖茨专程赶赴吉隆坡与马来西亚总理及国防部长举行会晤,肯定马来西亚在反扩散、反恐和海事安全领域的贡献,共同探讨如何扩大两国军方之间的联系。

2011年,马来西亚派出800名武装部队官兵、3艘军舰参加与美国海军在登加楼州甘马挽,彭亨州关丹、北根,柔佛州丰盛港和南海等地区举行的2011"卡拉特"联合军事演习。美军方面除派出"华盛顿"号航母和3艘军舰外,潜艇也首次参与演习。此外,马来西亚武装部队还参加了由美军主导的2011"环太平洋"军事演习和"金色眼镜蛇"军事演习。一年中3次参加与美国的联合军演,在两军关系史上尚属首次。

四、与中国的军事关系

20世纪90年代以来,中马两国军事交往稳步开展,特别是1995年两国在驻对方使馆互设武官处后,军事交流日益增多。进入21世纪，中马两军高层互访频繁，各方面交流取得丰硕成果。秉着进一步加强与马来西亚军队之间的了解与互信，使中马两军关系朝着全方位、深层次、多领域的方向发展的目标，中国军方高层多次访问马来西亚。中国国防部长迟浩田、总参谋长梁光烈、军委副主席郭伯雄、国防部长曹刚川分别于2002年、2003年、2004年、2006年访问马来西亚。2006年5月，总参谋长助理章沁生少将率团访问马来西亚，并与马方举行了首次防务磋商。马来西亚军方高层也积极看待马中两军关系的发展，愿意加强马来西亚武装部队与中国军队的交往，密切合作，促进两军关系朝务实性合作的方向发展，为维护地区和平与稳定发挥积极作用。马来西亚国防部长纳吉、皇家空军司令阿兹赞以及武装部队司令阿齐兹分别于2005年、2008年和2009年访问中国。此外，马来西亚还与中国建立了军事留学人员交流的机制，已经有6名军事人员曾在中国的国防大学和参谋学院就读，而中国也在2010年向马来西亚国防学院派遣了首个留学生。

  中马海军互访则是两国加强军事交流的直接体现，1997年以来，中国海军军舰先后三次访问马来西亚。1997年3月15日，南京军区副司令员兼海军东海舰队司令员杨玉书中将率领的由海军"青岛"号新型导弹驱逐舰和"铜陵"号导弹护卫舰组成的舰艇编队抵达位于西马的红土坎海军基地，成为首批到访马来西亚的中国海军军舰；2000年7月，海军南海舰队参谋长黄江少将率领由"深圳"号导弹驱逐舰和"南仓"号综合补给舰组成的舰艇编队出访马来西亚；2009年12月6日至9日，在亚丁湾完成护航任务的"徐州"号530导弹护卫舰在回国途中抵达马六甲海峡巴生港对马来西亚进行访问。马来西亚军舰也从2002年始，先后三次到访中国上海。2002年8月9日，马来西亚皇家海军"因德拉普拉"号登陆舰抵达上海外虹桥码头，对上海进行了为期5天的友好访问；2004年7月，马来西亚皇家海军由"杰巴特"号导弹护卫舰和"英德拉·萨克蒂"号多用途支援舰组成的海军舰艇编队到访上海；2007年8月1日，马来西亚皇家海军新一代近岸巡逻舰"吉打"号驶抵上海扬子江码头，开始对上海进行为期3天的友好访问。

此外，中马双方还签署和发表一系列双边文件，同意要积极推进两国战略合作，加强两国的安全合作。例如在2005年12月发表的《中马联合公报》中，中马两国就开展传统安全和非传统安全领域的合作达成了以下共识："推进两国国防安全领域的磋商与合作，扩大两军交流。双方积极评价两国国防部今年(2005年)9月签署的《防务合作谅解备忘录》，同意在此谅解备忘录框架下尽早启动中马防务安全磋商机制。双方还表示愿积极探讨军工军贸合作"，"积极开展两国在打击跨国犯罪等非传统安全领域的信息交流与合作，共同维护本地区的安宁"。近年来，中国与马来西亚在维护马六甲海峡安全的问题上也达成不少共识，马来西亚认同中国提出的在不侵犯马六甲海峡沿岸国家主权的情况下，以交换信息和派遣专家培训马来西亚海事人员等形式，为加强马六甲海峡的保安提供帮助。2005年中马两国签署的《防务合作谅解备忘录》就对中国协防马六甲海峡以确保海道航行安全等问题进行了探讨，而在同年12月发表的《中华人民共和国和马来西亚联合公报》中，两国对马六甲海峡的安全合作也达成了共识，"马方欢迎中方参与马六甲海峡安全合作，同意讨论合作形式，如情报信息的交换与分享。中方承认包括马来西亚在内的海峡沿岸国依照《联合国宪章》和其他公认的国际法维护海峡主权和安全。马方欢迎中方作为海峡主要使用国为海峡的安全作出积极贡献"。2006年，中马两国再度签署《中马海上合作谅解备忘录》，涵盖马六甲海峡海运海事、隧道航运、安全救援、行业协会等内容,并在共同维护有关海域安全的信息共享、人员培训等方面展开合作。

近几年,马来西亚还开始考虑从中国采购一些武器装备,并希望中方能在苏式战机的维修和飞行员培训方面提供帮助,目前双方正对相关事宜进行磋商。

五、武器贸易情况

美国过去曾是马来西亚最大的武器供应国。1950—1990年,马来西亚通过美国的"国外武器销售项目",定购了总额为1.924亿美元的美国武器,实际付额为1.705亿美元。此外,这一时期马来西亚还通过特许的商业出口渠道向美国购买4.953亿美元的武器装备。英国也是马来西亚的武器供应国。1972年,英国亚罗公司(现英国航空航天系统公司)为马来西亚皇家海军专门设计制造的"神恩"号轻型护卫舰成军服役,成为皇家海军第一艘装备海猫防空导弹系统的军舰。1977年,马来西亚皇家海军将从英国皇家海军获得的装备102毫米双管舰炮的"美人鱼"号护卫舰更名为"杭都亚"号护卫舰,以代替此前退出现役的同名护卫舰。根据两国1988年9月达成的意向性协议,马来西亚计划在10年内分批向英国购买总额为16亿美元的先进的军事装备,其中包括28架"鹰式"喷气战斗机,20枚"长剑"防空导弹、40枚"标枪"防空导弹、两艘导弹护卫舰、一艘常规潜艇及舰载武器系统。俄罗斯是马来西亚的一个新的武器供应国,1992年两国签订协议,俄罗斯向马来西亚出售18架"米格-29"战斗机,价值约6亿美元。

20世纪90年代以来,马来西亚政府非常重视海军和空军武器装备的现代化建设。在1991年至1995年,马来西亚政府向皇家海军拨款32亿美元用于采购大型装备。1992年3月31日,马来西亚皇家海军与英国亚罗公司签署协议，购买两艘导弹护卫舰。两艘被称为"莱库"级的导弹护卫舰为"莱库"号和"杰巴特"号，分别于1999年3月和5月成军服役。该舰以德国F2000型护卫舰为蓝本，配备现代化作战系统和自动控制系统，具备制海、防空和反潜作战能力，是马来西亚皇家海军舰队中排水量最大、性能最先进和火力最猛的作战舰艇，也是东南亚地区技术和战术性能最先进的海军舰艇。1994年至1997年亚洲金融风暴期间，马来西亚政府为皇家空军购买了8架"鹰"式战斗机，18架米格-29N"支点"战斗机和8架F-18D"大黄蜂"战斗机，以及5架新式C-130H运输机，4架山毛榉"空中霸王"和2架S-70"黑鹰"直升机。此外，还订购了6架多用途直升机，以及1架米格-29传感器/武器改进机。

1997年亚洲经济危机给马来西亚造成一定影响，马来西亚政府将防务开支削减一成，但是严格保障主要的武器采购计划。随着经济的复苏，近年来马来西亚的军费持续增长，马来西亚加快了实现武器装备现代化的步伐，继续从国际武器市场上大量采购先进的武器装备，一线部队已进入了重新装备。2000年2月，马来西亚与巴基斯坦签署协议，购入价值为2090万美元的"巴克塔·施坎"（Baktar Shikan）反坦克导弹和"安扎"（Anza）MK-1型肩射式低空防空导弹，其中反坦克导弹价值约811万美元，防空导弹价值约为1279万美元；4月，马来西亚购买了6架法制非洲小狐直升机以替代过时的黄蜂式直升机；8月，马来西亚向俄罗斯订购了一批新型Metis-2反坦克制导武器系统；10月，马来西亚国防部在浮罗交怡国际海事航空展上与多家武器生产商签订了大量军事采购合同，价值约2.28亿令吉。2002年3月，马来西亚与俄罗斯达成协议购入10架"米-17"型直升机，向美国购买E-2C鹰眼式空中预警机，向波兰购买价值2.5亿美元的63辆T-91型坦克；4月，马来西亚政府和英国MBDA公司签订了一项2.2亿英镑的合同，采购"杰纳斯"近程防空系统，马来西亚陆军将用这些系统组建一个新的防空团；6~9月，巴基斯坦向马来西亚交付2.57万具40毫米反坦克火箭筒。

马来西亚皇家海军的舰队作战能力有限，虽然能够应付中小规模的海上武装冲突，但处置大规模的常规海上纠纷时仍然存在兵力不足等困难。因此，马来西亚皇家海军计划采购一种机动性能好、作战能力强的现代化高速巡逻艇来提高作战舰艇数量，增强舰队作战能力。新一代近岸巡逻舰MEKO 100成为马来西亚皇家海军的最终选择。在1998年9月5日与主承包商德国PSC-NDSB公司签订了价值高达14亿美元的建造合同后，首批共6艘新型巡逻舰从2006年开始列装马来西亚皇家海军。按照计划，1号舰"吉打"号和2号舰"彭亨"号部署在海军第一军区司令部，3号舰"霹雳"号和4号舰"登嘉楼"号部署在海军第二军区司令部，共同负责维护南海的安全事务；5号舰"吉兰丹"号和6号舰"雪兰莪"号将部署在海军第三军区司令部，主要负责维护马六甲海峡安全事务。这样，除舰队司令部以外，每个海军军区司令部都有两艘新一代近岸巡逻舰。

早在马来西亚第五个国家发展计划（1986—1990年）期间，马来西亚皇家海军就有了采购潜艇的计划，直到2002年6月5日马来西亚国防部与法国DCNS公司和西班牙纳万蒂亚公司签署合约采购2艘"鲉鱼"级（马来西亚称"总理"级）潜艇和一体化训练与支援配套系统后，这一计划才正式实现。两艘柴油潜艇总造价高达10亿8411万欧元，配备水下导弹、鱼雷和水雷等武器以及SUBTICS战斗管理系统，能够执行的作战任务包括"执行监控水域、收集情报、封锁海上交通线、进行鱼雷和导弹攻击、放置和部署水雷，以及涉及'黑将军'海军特战队的特种作战行动"。第一艘潜艇"东姑阿都拉曼"号在2009年1月27日成军服役，并于同年9月3日驶抵马来西亚巴生港，第二艘潜艇"敦拉萨"号也已在2009年11月5日成军，并在2010年7月2日抵达红土坎海军基地。

第十章　对外关系

第一节　对外政策

一、独立初期到70年代末的外交政策

（一）"亲西方、比较消极"的外交政策（1957—1969年）

马来亚联合邦的独立是通过与英国谈判取得的，这对马来亚与西方国家之间的关系具有相当重要的影响。马来亚联合邦及后来马来西亚领导人在20世纪50年代末至60年代末、70年代初的很长一段时期内，执行与英国结盟的"亲西方"政策，主要体现就是《马英防务协定》和《五国防御条约》的签订。

《马英防务协定》签订于1957年，在同年的10月12日生效，是关于马来亚联合邦安全与英国相互支援的防务协定。根据协定，英国负责马来亚联合邦的防务事务，作为回报，马来西亚为了加强国家的防御力量则允许英国在马来亚驻军和使用马来亚联合邦的基地和军事设施，以履行其作为英联邦国家的国际义务。这表明，一旦马来亚联合邦遭遇任何外来攻击，英国军队有义务和责任作出保护马来亚国家安全的反应，并采取相应的政策。借助这一协定，澳大利亚和新西兰作为英联邦国家通过书信的方式加入了有关允许英联邦部队驻军的条款。1961年11月，英国、澳大利亚、新西兰和马来亚联合邦签订协议，规定原有《马英防务协定》的相关条款在马来西亚联邦成立后继续适用于其全部领土范围。《五国防御条约》签订于1971年4月，同年11月生效，在本质上是《马英防务协定》的替代和延续。该协定涉及英国、澳大利亚、新西兰、马来西亚和

第十章 对外关系

新加坡五个国家,规定五个国家将在防务上继续合作,对任何形式的"外部组织及其支持的"对马来西亚或新加坡的武装进攻或威胁予以立即磋商,以及英联邦军队仍可在马来西亚和新加坡驻军。

由于马来亚联合邦和后来的马来西亚联邦在安全方面受保护于英联邦,在经济方面也延续了与英国在内等英联邦国家的紧密联系,以及国内事务的重重压力,马来亚联合邦及之后的马来西亚在开展对外交往之时表现得相对消极。

1957年9月13日,马来亚苏丹曾直言:"我们的政府打算集中精力于国内事务,不打算花费许多国家资源建立一个职司细致的外交队伍或规模庞大的军事力量。我的政府将保持与所有国家的友好关系,而不会在外交方面出现令人难以预料的政策。"随后这一态度在马来亚联合邦和马来西亚对待"东南亚条约组织"(SEATO)和不结盟运动的政策中得到了充分体现。马来亚联合邦和之后的马来西亚在安全上得益于英联邦在地区的军事存在,对加入"东南亚条约组织"缺乏动力;同时,其还认为应从国家经济利益出发灵活地开展与其他国家的外交关系,不愿意成为"不结盟运动"的一员。尽管在20世纪60年,马来西亚先后参与建立了"东南亚联盟"(ASA)和"东盟"(ASEAN),试图开始扩展地区外交,然而马来西亚领导人拉赫曼的初衷仅仅是经济与文化方面,而不包括政治。由此足见,马来亚联合邦和马来西亚对外政策在相当长的时期内表现出"相对消极"的特征。

毫无疑问,马来亚联合邦及后来的马来西亚所奉行的"亲西方、相对消极"的对外政策给马来西亚及地区环境等多方面都产生了深重影响。

首先,亲西方对外政策的直接结果是马来西亚与包括中国在内的社会主义国家接触较少,视中国为共产主义威胁,这促使国内马来西亚共产党及支持者——下层华人民众对政府采取的对华政策不满。马来亚联合邦及随后的马来西亚巫统、马华公会和马来印度国大党组成的联盟统治无可避免地面临着"被颠覆"的危险。

其次,《马英防务协定》和《五国防御条约》的签订使马来西亚对英国等英联邦国家在国防安全方面有着深重的依赖,这导致马来西亚在相当长的时期内对发展独立的防务力量持有消极的态度,深远地影响着当今马来西亚防务力量的发展。

最后,包括英国在内的英联邦国家驻军于马来亚联合邦及后来的马来西亚和新加坡,直接为其提供了军事上和心理层面的安全保障,并有效地遏制了菲律宾和印度尼西亚对马来西亚的"敌视"态度,相对缓和了东南亚国家之间的关系。

总体来看,"亲西方、相对消极"的对外政策适合这一时期马来亚联合邦/马来西亚国内、外的形势与环境的需要,对这一时期马来亚联合邦和随后的马来西亚对外政策最重要的目标——维护新生国家的安全与生存,有着非常重要的意义。

(二)和平、"中立化"与"不结盟"的对外政策(1970—1980年)

1970年9月,拉扎克接任为马来西亚联邦总理。在国际形势和地区安全环境骤变的情势下,拉扎克政府重新审视了以往的"亲西方"和"相对消极"的对外政策,开始转向实行和平、自由、"中立化"与"不结盟"的对外政策。其中,和平、自由与"中立"是这一时期马来西亚对外政策的主要基调,"不结盟"则是马来西亚在实行和平、"中立"对外政策后形成的对西方国家和社会主义国家的"相对"等距离外交的结果。

作为地区重要的国家组织,东盟的成立为马来西亚提出和在地区贯彻"和平、自由和中立"的对外政策和思想奠定了基础和创造了条件。早在20世纪50年代末60年代，马来西亚已多次尝试在东南亚地区建立区域合作组织。1959年1月，东姑·拉赫曼在访问菲律宾之际提出"东南亚友好和经济条约"（SEAFET）；1960年6月马来西亚又提出建立"东南亚诸国联盟"（ASAS）；1963年，拉赫曼、印度尼西亚总统苏加诺和菲律宾总统麦克帕戈尔在菲律宾首都马尼拉讨论了三国之间的紧张形势，会后三方建立了"马菲印尼联盟"（MAPHILINDO）。然而，由于各方利益差异难以协调，马来西亚在地区组织建立方面始终未能取得实质性的建树和成功，这些地区组织无不以失败告终。到1967年，同样是在马来西亚的力促下，马来西亚、印度尼西亚、菲律宾、泰国和新加坡五国最终达成了成立新的地区国家组织的协定，该组织被命名为"东南亚国家联盟"（简称"东盟"）。虽然如此，马来西亚以"地区合作"为名建立地区合作组织的过程仍表明，东盟国家的国家利益仍有着较大的分歧，也预示着马来西亚推动其"和平、自由和中立"对外政策的努力将面对来自各方面的异议和挑战。

"东南亚和平、自由和中立区"的设想最初源于马来西亚时任外交、内政部长，资深内阁成员敦·伊沙美尔·阿卜杜拉·拉赫曼在1968年1月13日召开的国防辩论会上提出的一项计划，该计划的主要目标就是试图缓解马来西亚在英国撤军后所面临的安全挑战。这一计划包括三个要点：一是东南亚国家签订互不侵犯条约；二是宣布一项以互不干涉内政和自由选择政府形式为基础的和平共处对外政策；三是中美苏三个大国共同为地区安全做保证。随后，马来西亚官方不断致力于推动这一政策的发展。"不结盟"筹备会议1970年4月在达利斯沙拉姆召开。在此次会议上，马来西亚特别代表、常务部长加扎力·莎菲（Ghazali Shafie）宣布"中立化"将成为马来西亚的官方政策。

马来西亚关于"和平、自由和中立区"的设想获得了东盟国家的肯定，并成为1972年11月27日在马来西亚吉隆坡召开的东盟特别外长会议的最重要议题和成果之一，集中表现在会后发表的《和平、自由和中立区宣言》（也被称为《吉隆坡宣言》）中。该宣言强调，"印度尼西亚、马来西亚、菲律宾、新加坡和泰国决定尽一切必要的努力以赢得外国强国对东南亚作为一个和平、自由和中立区的承认和尊重，并摆脱外国强国对东南亚的任何方式和形式的干涉"。可见，在本质上"和平、自由与中立区"的设想不仅要求区域外大国不要干涉东南亚地区事务，而且展现了东盟以"大国平衡"与"等距离"对外政策维护东南亚国家权利和利益的心态。

除"和平、自由和中立区"的设想外，马来西亚在1970—1976年的对外交往方面所取得的成就也展示了这一设想的价值所在。拉扎克政府时期，马来西亚作为伊斯兰会议组织成员，逐步开始重视其作为"穆斯林国家"的身份；同时，随着对外交往的扩展与邦交国家的增多，马来西亚越来越认识到"不结盟运动"在马来西亚对外政策中的重要性。特别值得提出的是，马来西亚政府在拉扎克时期开始主动地与西方国家拉开距离，强调不欢迎英国以外的西方投资，同时致力于扩大与地区国家和社会主义国家的外交往来。1973年，马来西亚完成了与朝鲜、越南等社会主义国家的建交工作；在先前多次磋商和谈判后，1974年5月拉扎克亲率代表团访问中国，促成了马中外交关系的建立。这标志着马来西亚在奉行独立自主的对外政策中，尤其是在外交上坚持以本国利益为重的对外政策上迈出了重要的一步。

第十章 对外关系

1976年，敦·侯赛因·奥恩接替拉扎克成为马来西亚第三任总理。在任期内（1976—1981年），其延续了拉扎克时期的"和平、自由与中立化"与"不结盟"的对外政策。"和平、自由和中立化"的对外政策得到进一步贯彻和发展的同时，却由于国内外政治安全环境发生改变，遭遇到了来自各方面的阻力和挑战，马来西亚"和平、自由与中立"对外政策备受打击。

1976年8月，不结盟国家在科伦坡召开会议。在此次会议上，越南和老挝等国对马来西亚的对外政策进行了猛烈的攻击和批评，将马来西亚"和平、自由与中立"对外政策的标志性文件——《吉隆坡宣言》视为"东盟各国反对民族解放运动的遮羞布"。马来西亚奥恩政府从这一形势出发，对"和平、自由和中立"的对外政策作了些许调整，降低了这一对外政策的调门。以1978年发生的越南入侵柬埔寨事件为例，马来西亚在这一事件上的政策显然有别于以往的中立化政策。1980年，马来西亚总理奥恩与印度尼西亚总统苏哈托在马来西亚关丹就这一事件举行了会谈。在会后发表的联合声明中，马来西亚改变了"中立化"的态度，对越南在地区的安全利益的正当性表示认可，而对柬埔寨的红色高棉政权表达了不支持的立场。尽管马来西亚这一政策转变旨在以"认可"换取越南的撤军和区域外大国的干涉，但在本质上却是对越南地区霸权主义的姑息，偏离了"和平、自由与中立"的对外政策。

然而，从总体来看，这一时期马来西亚的对外政策的整体走向并未发生大的影响或改变。马来西亚在1976年签订《东南亚友好合作条约》后，东盟开始成为马来西亚对外政策的基石。同时，独立自主、不结盟和与大国保持等距离外交等政策仍然在本届政府任期内得到贯彻落实。

二、马哈蒂尔时期的对外政策

1981年7月16日,马哈蒂尔继任为马来西亚第四任总理。在马哈蒂尔任期内(1981—2003年),其根据国内政局形势、地区与国际环境的发展与变化逐渐调整了马来西亚对外政策,使其较之拉扎克、奥恩时期的对外政策更显成熟和务实。

马哈蒂尔政府在对国内外形势的深刻认知基础上,提出了新的综合安全观,推动了马来西亚对外政策的进一步发展和成熟。综合安全观原为澳大利亚人提出,早在20世纪80年代就得到了马来西亚的积极响应和支持。马来西亚认为综合安全应有三大支柱:一是东南亚的安全保障,二是东盟的发展与强大,三是马来西亚内部的稳定、安全与强盛,而经济的增长则是综合安全的必要组成部分。冷战结束后,综合安全观则成为马来西亚制定国家安全战略的思想基础。1994年初,时任国防部长纳吉在一次演讲中全面论述了综合安全观,其认为:综合安全包含两方面的内容:在国内,马来西亚必须得到全面的发展,这包括政治、经济、社会和国防的平衡发展,必须从经济、心理、感情、福利和军事等多方面立体看待安全问题;在国际方面,积极发展和利用马来西亚与诸大国的关系,积极实施区域性合作,将东盟作为马来西亚实现其在政治、经济与安全方面需要的载体。

实现对外政策向"经济重心"转变是马哈蒂尔时期马来西亚对外政策最显著的转变和发展。如马来西亚外交部的报告认为,这一时期马来西亚对外政策立场开始前所未有地给予了经济方面以更大的重视,而且这不仅表现在马来西亚作为发展中国家应有权利、利益和发展愿望的维护,而且还体现在马来西亚对"南南合作"的拥

第十章 对外关系

护和支持。"东盟+3"则成为马来西亚对外经济外交的重要体现。"东盟+3"由"东亚经济合作组织"、"东亚经济合作"发展而来,是在马来西亚积极推动成立的地区经济合作组织。

20世纪80年代中期,马来西亚政府提出"向东看"政策,该政策的主要目标就是向日本、韩国学习经济成功的经验,以推动马来西亚经济的发展。以这一政策为标志,马来西亚对外政策揭开了由西到东转变的序幕。此外,马哈蒂尔还一直强调建立国际经济新秩序,抨击不公平、不公正的国际经济秩序,通过积极参与77国集团活动和不结盟运动,为维护广大发展中国家在环境、经济发展等方面的权益努力。尽管马哈蒂尔政府选择了顺应经济全球化的潮流,但这一时期马来西亚还积极寻求和呼吁广大发展中国家分清经济全球化的正面和负面影响,做好应对经济全球化负面影响的工作。在亚洲金融危机发生之后,马来西亚积极寻求通过东盟组织的合作来化解危机。1997年7月,马来西亚表示希望东盟制定货币法律,以遏制投机集团在本地区开展的投机活动;8月,马来西亚提出应征收外汇交易全球税的建议,试图以此控制本地区的金融投机。

此外,马来西亚政府在这一时期还特别强调主张独立自主和维护弱小国家在国际政治经济格局中的重要利益。"互不干涉"原则是驱动马来西亚对外政策的重要因素之一。以此为基础,马来西亚政府不仅捍卫广大发展中国家社会发展过程中在环境、人权和民主改革方面的权利,而且还就其在联合国安全理事会中担任非常任理事国的角色积极参与南非种族隔离和巴勒斯坦问题的斡旋,在柬埔寨、索马里、波斯尼亚、纳米比亚和东帝汶等国家维和行动中扮演重要角色。特别值得强调的是,马来西亚政府一向反对西方国家惯于采用的"双重标准"和在联合国之外采取行动。同时,作为伊斯兰会议组织的成员,马来西亚成功地主办了第十次伊斯兰会议组织峰会和首届伊斯兰组织会议展览会。在打击恐怖主义方面,马来西亚也表现出积极参与的态度。其反对以宗教和种族来界定恐怖主义,认为应当从根源上消除恐怖主义得以生存的基础。2002年,马来西亚还特别召开了伊斯兰国家会议组织关于"恐怖主义"的会议。

在马哈蒂尔执政时期,马来西亚更为有力地参加到国际事务中,在互不干涉的基础上,与更多的国家建立平等友好关系,为马来西亚的对外交往开拓出新的局面。这集中表现在:第一,在"南南合作"精神的指导下,马来西亚积极拓展了与非洲、拉美和东欧国家的双边关系,包括政治、经贸合作和技术交流等多层面;第二,对外交往中经贸合作和技术交流的地位逐步上升,提出"促邻繁荣"的计划,积极参加"浮罗国际交流"和"南非国际对话";第三,积极主张东亚区域经济合作,推动"东亚经济合作组织"向"东亚经济合作"、再向"东盟+3"的发展;第四,首倡15国集团,为世界各国的经济发展与交流创造新的平台。

三、2003年以来的对外政策

2003年10月31日,马哈蒂尔辞去党政职务,时任副总理阿卜杜拉·艾哈迈德·巴达维继任马来西亚第五任总理及执政党联盟国民阵线和马来民族统一机构(巫统)主席职务。2004年3月,第11届全国大选提前举行,巴达维在选举中蝉联总理一职。在其任期(2003年10月31日—2009年4月2日)内,马来西亚对外政策既保持了一定的延续性,又获得了充分发展,变得更为务实、全面和有活力。在一系列调整和完善的过程中,下述一系列主旨成为巴达维政府对外政策的目标:更务实地根据现有的地缘和政治挑战调整对外政策,以符合实际对外交往的需要;更全面地反映马来西亚国内各种政治

第十章 对外关系

势力的意见；更有活力地发展现有的对外政策。

这一时期，马来西亚对外政策仍然保持了其独立自主和"有原则性"。所谓的"有原则性"对外政策的基点是人权、公平和平等的价值观，它承认国际社会的多样性和多元性，提倡容忍和接纳世界各国的各种不同观点。这主要表现在：反对西方强权政治，反对利用"民主"、"人权"等问题干涉别国内政，主张维护联合国作为国际核心组织的地位，改革不公正、不合理的现有国际政治经济秩序和建立国际政治经济新秩序。此外，2003年，马来西亚作为不结盟运动的主席国期间也实施了一系列具有"原则性"的政策。特别是在针对美国对伊拉克动武的问题上，马来西亚从国际正义和"不干涉"立场出发，先是利用其主席国的身份推动了不结盟国家在同年2月25日结束的首脑会议上发表了"该组织反对任何对伊拉克发动的未经联合国授权的战争"的声明，其后又劝说同样身为不结盟运动成员国的叙利亚、喀麦隆、智利、几内亚、巴基斯坦和安哥拉要根据不结盟运动会议的决议投票。马来西亚在对外政策中所表现出的"有原则"也得到了国际社会的赞誉。2004年5月，马来西亚当选为2005—2007年联合国人权委员会委员，并在2006年3月联合国人权理事会取代人权委员会后，于同年5月当选为人权理事会成员。

同时，马来西亚作为伊斯兰会议组织的成员，还积极扩大与其他伊斯兰国家的关系，关注伊斯兰事务。在伊拉克问题上，马来西亚巴达维政府主张伊拉克战后重建应尊重其主权独立和领土完整，并符合伊拉克国内人民意愿。在中东问题上，巴达维政府认为巴勒斯坦人民的斗争不是宗教对抗，而是捍卫领土主权，独立的巴勒斯坦国应得到国际社会承认。2006年，马来西亚多次以伊斯兰国家会议组织的主席国身份召集会议，并向联合国秘书长和各安理会常任理事国致信，寻求以公正合理的方法解决伊拉克问题和中东问题。

在对外政策实践中，马来西亚以实际行动证明了其"作为一个宽容和进步的伊斯兰国家"，具有带头示范的作用。

东盟是马来西亚对外政策的基石，巴达维政府的对外政策也不例外。在这一时期，马来西亚继续利用东盟平台推动其"东盟+3"设想的实现。"东盟+3"的最初设想是建立一个由东亚国家参加的、以经济合作为核心议题的论坛。在中国提出要将其转变为全面的、由最高国家领导人参加的高层次的地区合作框架和2004年举办第一次东亚峰会后，马来西亚对这一倡议给予了充分的支持。然而，由于印度尼西亚对马来西亚争夺东盟领导权的猜忌，这一倡议并未得到印尼和新加坡的支持。虽然印尼此举主旨在于不希望中国在地区扩大领导权，而使东盟在地区事务中的地位和作用下降，但印尼和马来西亚在东盟领导权上的争夺仍可见一斑。2005年12月14日，首届东亚峰会最终在马来西亚召开。包括东盟10国在内，共有16个国家参加了会议，除中、日、韩以外，印尼所主张邀请的印度、澳大利亚和新西兰也在列。尽管2005年东盟首脑会议强调"确保'东盟+3'将是实现未来东亚共同体的主要渠道"，但是也确认了东亚峰会和"东盟+3"是平行的机制。这无疑冲淡了马来西亚关于"东盟+3"的政策设想。然而，由于东亚峰会是由东盟轮值主席国举办和主持，东盟仍然是地区事务的主导者，东亚峰会仍为东盟外交的一次重要胜利，从长远来看，马来西亚的对外政策需要并没有在本质上受到冲击。

2009年4月2日，纳吉接任巴达维成为马来西亚的第六任总理，也是现任总理。纳吉总理任职以来，马来西亚的对外政策的连贯性越来越强，也能根据形势的变化作出些许调整，这标志着马来西亚的对外政策日渐具有成熟性。可以预见，由于马来西亚工业化发展的加速,其对外市场需求和能源需求将不断上升,马来西亚的对外政策对经济和科技的侧重将更为突出。

第二节 与中国的关系

一、建交以前的中马关系(1949—1974年)

新中国成立时,马来亚仍处于英国殖民统治之下,至1957年8月31日,马来亚联合邦才脱离英国殖民统治获得独立。在这一段时期(1949年10月1日—1957年8月31日),英国殖民统治下的马来亚与新中国不仅没有发展良好的互动关系,甚至连民间的经贸关系也是微乎其微。究其原因,主要有下述两方面:

第一,新中国成立初期没有能力和闲暇关注马来亚半岛事务。由于建国初期,海峡两岸关系紧张对立和对抗,维护新生政权的稳定成为新中国的首要任务。在美苏两大超级大国对立的冷战背景下,海峡两岸分属两大阵营,均希望得到两大阵营的保护,海峡两岸关系因此出现进一步恶化的状况。此外,美国在新中国成立初期对华政策在政治上孤立,在经济上制裁,在军事上包围,对新中国的安全环境构成了重大挑战。

第二,在马来半岛内部,有马来人、华人及印度人组成的联盟忙于与英国殖民统治者就马来亚独立事宜进行交涉,同时英国殖民者一方面忙于应对马来亚精英集团的"独立"请求,一方面疲于应对马来亚共产党对殖民统治构成的挑战。因此,在马来半岛,无论是精英集团,还是英国殖民者都在忙于紧急要务。在英国承认新中国后,马来亚英国殖民者试图通过政府对话缓解马来亚共产党的威胁,但未能如愿。

1957年8月31日，马来亚联合邦在国际冷战达到高潮以及国内社会和种族关系仍处于紧张状态下宣告独立。对于这个新生的民族独立国家，中国政府主动地采取了友好态度，以"睦邻"政策为指导，试图建立中马之间的友好关系。在马来亚联合邦宣告独立的前一天，时任中国国家主席毛泽东和国务院总理、外交部长周恩来分别致电马来亚联合邦最高元首和总理。在贺电中，周恩来总理不仅代表新中国通知拉赫曼"中华人民共和国已经决定承认马来亚联合邦"的事项，还明确地向马来亚领导人表达了"两国之间的友好关系日益加强和发展"的愿望。然而，中国政府的热情和诚意并未得到马来亚联合邦领导人的积极回应，独立后的马来亚联合邦采取了"亲西方"的对外政策，在外交上反共反华。归结起来，这一阶段的中马关系可以用"对抗"来定义。

由于在美苏冷战环境中马来亚联合邦和中国分属两大不同阵营，两大阵营的激烈对抗和意识形态上的对立深深地给这一阶段的中马关系打上了烙印。

从内部安全来看，意识形态的对立和马来亚共产党的反政府行为构成了这一阶段中马对抗关系的主要原因。在马来亚联合邦总理拉赫曼眼中，马来亚国家安全的最大威胁来自于中国。中国不仅是社会主义国家，在意识形态上和社会制度上同马来亚相对抗，而且还是一个"扩张的"、"侵略性的"大国，它一直利用马来亚华人的密切关系以及通过对马来亚共产党的支持，"阴谋"从内部推翻马来亚政府。这一对华思想直接导致了马来亚联合邦一系列反华反共外交行为的发生。1957年，马来亚联合邦加入联合国后，在联合国大会上公开反对中华人民共和国恢复在联合国的合法席位。1958年7月，马来亚政府阻挠中国商品在吉隆坡展出，12月强行关闭了中国银行驻新加坡分行。1959年3月，马来亚政府发表白皮书，指责中国在马来亚进行所谓的颠覆活动。1960年,马来亚政府试图试行"一中一台"、"两个中国"的政策。1962年10月,中印边境战争爆发后,马来亚拉赫曼政府站在印度一边,指责中国对印度实施入侵行动,并筹款100万马元帮助印度抵御中国的"侵略"。

在马来西亚联邦宣告成立后,国内的安全形势因为种族矛盾扩大和马来亚共产党影响的持续存在进一步加剧。特别是在1965年新加坡独立前后,马来西亚联邦内部的种族关系进一步激化。在对抗的环境中,马来西亚领导人却过分地夸大了中国的潜在影响,并试图以此凝聚马来人。

从外部安全来看,冷战背景下中国对马政策也同样出现了转变,由友好转向强硬对抗。随着中国态度的转变,马来亚及后来成立的马来西亚对华政策更加强硬,并在中苏关系紧张对立公开之际与前苏联建立了外交关系。特别是在"马来西亚计划"上,中马对立关系进一步凸显。在"马来西亚计划"提出后,英美表示将大力支持,而印度尼西亚、菲律宾和新加坡内部纷纷表示反对。鉴于此,1961—1962年,中国的《人民日报》等媒体纷纷发表文章,指责"马来西亚计划"是"美帝国主义支持下英国策划的新殖民计划",并声明"中国政府和人民支持北加里曼丹、马来亚和新加坡人民行使民族自决权,反对'马来西亚'新殖民阴谋"。马、印尼发生对抗后,中国政府在道义上也表达了对印尼的全力支持。1963年,时任中国国家主席刘少奇访问雅加达时在两国的联合声明中阐明了中国的立场。声明指出,两国"坚决地支持北加里曼丹人民争取自决和独立权利、不落入以马来西亚为名的新殖民主义陷阱的正义斗争"。1964年8月,印尼举行的国庆晚宴上,中国时任副总理兼外长陈毅表示,中国人民坚决地支持印尼人民反对马来西亚这一"新殖民主义"产物的正义斗争。此外,中国一直在政治、经济与军事上与马来亚共产党保持着密切的联系。1969年11月,"马来亚革命之声"——马来亚共产党的宣传喉舌在中国南方开播后,马来西亚政府对华敌视的情绪更趋高涨。

直到20世纪60年代末,中马的对抗关系因为马来西亚对华奉行对立政策始终未得到改变。然而随着冷战格局和地区环境的演变,马来西亚拉赫曼等所宣传的反共反华政策已经不再令国内民众信服,中马对抗关系的缓和在时机成熟的条件下终在20世纪70年代初实现。

二、步入缓和的中马关系(1974—1981年)

进入20世纪60年代末70年代初,特别是在拉扎克总理主政后,马来西亚对外政策出现重大调整。1968年1月,时任外长、内政部长伊斯梅尔·拉赫曼首先提出了东南亚"中立化"的和平计划,并主张承认中国的国际地位。此后,马来西亚拉扎克等领导人和政府高级官员多次在公开场合表示愿意以"和平共处、互不干涉内政"为原则,发展马中关系。同时,中国政府也根据国际和地区形势的改变重新调整了对马政策。中国的主流媒体开始使用"马来西亚"一词。1971年1月,中国红十字会在马来西亚遭受水灾后捐助了50万元人民币。1971年5月,以马来西亚国家贸易公司董事长东姑·哈扎姆为首的马来西亚贸易代表团访问中国,得到周恩来总理接见,中马两国之间以经贸关系为先锋开始了正式的接触。1972年,在联合国第26届大会上,马来西亚对恢复中华人民共和国的合法席位投了赞成票,在实践中奉行"一个中国"政策。此后,两国的人文和经贸团体在两国尚未建交前来往更加频繁。在这一背景下,中马关系打破对抗、建立关系的时机趋于成熟。

1974年5月28日至6月2日,马来西亚总理拉扎克应邀访华。

同年5月31日，周恩来总理与拉扎克总理共同签署《中华人民共和国政府和马来西亚政府关于两国建立外交关系的联合公报》，宣布互相承认、建立外交关系。马来西亚成为东盟成立后首个与中国正式建立外交关系的东盟国家，中马关系从此进入新的阶段。然而，由于马来西亚政府认为，中国仍然会对马来西亚的安全构成潜在的威胁，对中马双边关系产生阻碍的深层次隔阂未能得到完全消除。因此，在中国改革开放政策提出之前，中马双方仍因恐惧、怀疑的存在及缺乏良好的互动和互信的基础，都比较谨慎地发展双边关系。中马关系在这一段时期内由此并未得到实质性的好转与发展。1976年1月，拉扎克逝世后，奥恩继任马来西亚总理。由于奥恩调整了拉扎克时期的对大国"等距离"对外政策和实施倾向西方的政策，拉扎克的亲信和助手甚至被认为是共产主义分子纷纷受到排挤，中马关系的发展因此一度停滞不前。

在中国改革开放政策出台前后，亚洲地区的安全形势因越南发动对柬埔寨的侵略发生骤变，中马关系随着两国领导人的成功互访得到了进一步发展。1978年9月，时任中国副总理邓小平访问马来西亚，这是中国高层领导人第一次对马来西亚进行正式访问。1979年1月，在中国对越南自卫反击战前夕，马来西亚总理奥恩对中国进行了成功的回访。中马关系以此为开端不断平稳向前发展，逐步开启了以"合作"为主要特征的新时代，但这都是在马哈蒂尔出任总理之后。

三、迈向合作的中马关系（1981—1997年）

1981年7月16日，马哈蒂尔继任为马来西亚第四任总理。平民出身的马哈蒂尔对马来西亚的社会生活、内政外交的诸多方面都产生了深刻的影响，马来西亚在东亚和世界政治经济舞台上也扮演着越来越重要的角色，成为一支不可忽视的重要力量。随着马来西亚所面临的国内外安全环境的改善，新安全观成为指导马来西亚对外政策的基础。同时，由于马哈蒂尔政府认为经济增长是综合安全的必要组成部分，马来西亚的对外政策越来越强调"南南合作"和大力发展与广大发展中国家的关系。在这一背景下，马来西亚对华政策实现了从"经济合作主导"不断向全方位合作的发展变化。

（一）经济安全主导下的中马关系

改革开放政策出台后，中国经济不仅结束了多年的停滞不前，呈现出前所未有的欣欣向荣的局面，这与马来西亚20世纪80年代前期经济不振形成了较为鲜明的对比。为了给马来西亚的经济发展注入新的、更强劲的活力，以进一步推动"新经济政策"的实施，马哈蒂尔政府决定进一步改善和发展马中关系。

1985年11月底，以马哈蒂尔总理为首，一支由203人组成的经贸代表团来华进行访问。在访华期间，马哈蒂尔强调中国是一个发展中国家，对地区的政治与安全以及建立国际经济新秩序可以作出积极贡献，并提出了"求大同、存小异"和以经济关系拉动两国关系发展的新主张，中马两国各自在经济合作方面的利益促使两国的经贸合作关系得到了快速的发展。

然而，由于中马两国政治互信比较匮乏，以及东盟区域安全环境、马来亚共产党及南海争端等因素的影响，马中政治关系的进一步发展还需要克服更多的困难。其中，南海问题则是马中双边关系面临的最大不稳定因素之一。1982年《联合国海洋法公约》出台前后，南海争端进一步加剧，南海安全形势也因此面临着潜在的重大威胁。无论从安全角度来看，抑或从南海海域的油气资源的经济价值考察，马来西亚在南海争端中均有着其切身的利益。这一点在马来西亚国防战略中得到了明显的体现。在马来西亚国防战略中，南海海域属于国家战略利益的临近点和区域地点。由此,从安全的角度出发,马来西亚马哈蒂尔政府在这一时期对发展马中关系持有了比较保留的态度。

(二)全方位合作的中马关系

金融危机前的马中关系被马来西亚传媒誉为"蜜月阶段"。由于20世纪80年代,中马关系基本停留在经贸合作关系领域,政治上互信不足,所谓的"蜜月时期"指的就是20世纪90年代亚洲金融危机爆发前的一段时间。中马全方位合作双边关系在这一段时间内开启,并获得了实质性的发展。总的来看,这一阶段中马全方位合作关系得以全面开启的原因主要有两方面:

第一,国际格局进入后冷战时代,和平与发展逐渐成为世界主题。前苏联解体后,影响世界将近半个世纪的两极格局正式结束,各国无不开始将经济建设视为首要的任务,和平与发展逐渐成为世界的主题。具体谈到东南亚地区,前苏联的解体令越南在地区的霸权主义失去了支持,柬埔寨问题最终得到圆满解决,地区安全形势在美国撤军后大为好转。反映到中马关系上,这构成了双方政治立场接近和互信建立的基础。

第二,马来亚共产党问题的解决和"四六"精神党的回归使马来西亚政局趋向稳定。1989年12月,马共宣布停止武装斗争,长期困扰马来西亚最大的隐患最终消除。马共问题的解决使阻碍中马关系一直停滞不前的最大因素消失,为两国全方位合作关系的开启和发展铺平了道路。

在这一背景下,马来西亚于1990年9月取消了公民来华的限制。以此为标志,中马两国在政治、经济、经贸、文教、体育等方面的全方位的、包括政府和民间两个层面的合作关系正式恢复和发展,中马关系达到了前所未有的最佳状态——蜜月阶段。

以双方高层互访的日渐频繁为标志，中马政治互信关系逐步建立，两国的政治立场逐步接近。1990年10月，应1990年北京亚运会组委会的邀请，马来西亚最高元首苏丹·阿兹兰·沙阿以亚洲曲棍球联合会主席的身份来华观看比赛和参加闭幕式。来华期间，他会见了时任中国国家主席杨尚昆和国务院总理李鹏。1991年9月6~12日，阿兹兰·沙阿又应杨尚昆主席的邀请正式对中国进行访问，并代表马来西亚政府与人民向杨尚昆主席转交了约合600万元人民币的救灾款。1993年6月，马哈蒂尔第二次应邀来华，以其为首的代表团达到了两国建交以来的最大规模。1994年5月10~13日，马哈蒂尔又应中国政府邀请，对华进行了第三次访问。访华期间，马哈蒂尔出席了"1994年中国北京国际高级经济论坛"会议，并受到了李鹏总理的亲切接见。1996年8月，马哈蒂尔第四次访问中国，在与中国领导人会晤中强调"对中马关系的发展前景充满了信心"。除此以外，马来西亚议院议长、外交部长、国防部长、工贸部长、农业部长、交通部长、防务和地方政府部长等高官相继来华。

与之相应，这一段时期中国政府也加强了对中马关系的重视，高层领导人也频繁访问马来西亚。1990年12月10~13日，李鹏总理应邀访问马来西亚。在李鹏总理访马期间，马哈蒂尔总理向李鹏总理第一次提出建立"东亚经济集团"的建议，并得到中国的理解与支持。1993年7月25~29日，时任中国人大常委会委员长乔石对马来西亚进行了为期五天的友好访问。1994年11月，时任中国国家主席江泽民对马来西亚进行友好访问，将中马关系推向新的高潮。1995年，时任中国政协主席李瑞环访马。1997年，李鹏总理再次对马来西亚进行正式访问。

随着中马两国全方位合作关系的恢复和高层领导的频繁互访，两国政治互信建设取得了显著的进展。20世纪90年代，日本和美国先后在东南亚地区和其他国际场合宣扬"中国威胁论",使中国的对外交往面临着重大挑战。马来西亚在这一问题上的态度很好地证明了中马政治互信取得了显著的成效。马来西亚认为,中国是地区能在政治、经济和安全方面发挥建设性作用的大国,应该用友好务实的态度和中国合作。作为回应,中国政府则表达了对马来西亚首倡的"东亚经济集团"的理解和支持。

尽管如此,马来西亚由于南海争端、台湾问题的存在及对中国军费增长的忌惮,仍希望美国、日本及俄罗斯等区域外大国在地区的影响力存在,以寻求"制衡"中国的目标。当然,从总体上,中马关系合作友好是主流,争端分歧是支流。这一特征一直延续至今,仍然是判断中马关系时不可偏废其一的两个方面。

四、金融危机后的中马关系(1997年至今)

(一)背景

在亚洲金融危机爆发前,中马各自均从"蜜月阶段"的全方位合作中获得了一系列成果,这些成果的取得为两国政治互信的建立和双边关系的发展奠定了基础,使中马关系在亚洲金融危机爆发后仍能持续升温,相互欣赏和互信互利、相互支持一度成为金融危机后及新世纪以来中马关系的主流。

1997年爆发的亚洲金融危机打乱了地区经济格局,也沉重地打击了马来西亚的经济,是考量当前中马关系发展不可忽视的重要因素之一。

亚洲金融危机最早源于泰国。1997年2月至7月初,国际投机商谣传泰铢将贬值,导致外汇市场先后两次发生抛售泰铢的浪潮。泰国政府在耗尽了70亿美元外汇储备后仍未能挽救外汇市场。7月2日,泰国中央银行宣布放弃实行13年之久的泰铢联系美元汇率制,转而实行自由浮动汇率制。这一政策宣布后，泰铢全面崩溃，泰国股市大幅急挫。泰国金融市场的动荡随后逐渐波及东盟的主要成员国，波及东南亚各国的金融市场。印度尼西亚、马来西亚、菲律宾、新加坡等国家货币出现了不同幅度的贬值，其中马来西亚则是受到影响最为严重的国家之一。

对于亚洲金融危机的认识，马来西亚马哈蒂尔政府认为危机的原因在于西方国家的阴谋，西方国家试图以货币投机，沽空亚洲国家的外汇市场，搞垮亚洲国家的经济。鉴于此认识，1997年7月，马来西亚表示希望东盟制定货币法律，以遏制投机集团在本地区开展的投机活动。8月，马来西亚提出应征收外汇交易全球税的建议，试图以此控制本地区的金融投机。在东盟尚无能力提出解决危机的有效举措的状况下，马来西亚政府于1998年9月推出了"激进资管措施"，试图以此寻求遏制货币投资。然而，马哈蒂尔此举遭到了美国等国严厉的抨击，马来西亚的对外交往一时间陷入困境。

亚洲金融危机的发生还同时使马来西亚的政局发生了动荡，原本被认为是马哈蒂尔继任者的安瓦尔被解职，这引致"安瓦尔事件"的发生。"安瓦尔事件"发生的根本原因在于安瓦尔在应对金融危机时对美国控制下的国际货币基金组织言听计从，在对美政策上表现得过于友善，这与马哈蒂尔政府处理金融危机的理念截然不同，也与马来西亚历来的"中立化"外交格格不入。在"安瓦尔事件"发生后，美国、澳大利亚、新西兰等国家纷纷表示关注和不悦，认为没有人会欣然应对"安瓦尔事件"。

在金融危机发生后，中国在地区事务和对马来西亚内政的态度赢得了马来西亚政府的高度欣赏，这为马中合作关系的持续深化奠定了政治基础。中国对地区和马来西亚所发生的金融危机的看法与见解和马来西亚基本一致。危机爆发后，中国政府坚持人民币不贬值,并向马来西亚等深受金融危机冲击的东南亚国家提供资金援助。这使马来西亚和东南亚大多数国家认为中国经济是亚太经济的稳定因素,并对中国经济引领东亚经济恢复寄予厚望。对此,马来西亚政府官方报告中认为,没有中国的帮助,东南亚地区国家甚至难以克服此次金融危机。当美国等国在对马哈蒂尔政府推行政策猛烈抨击之时,中国国家主席江泽民在吉隆坡举行的亚太经合峰会上提出了尊重有关国家和地区为克服这场危机自主作出的选择和主张。这被马来西亚视为是其对马来西亚主权的尊重和对马哈蒂尔政府的间接支持。同样,对于"安瓦尔事件",中国政府和领导人不仅没有发表过公开的评论,而且在不同场合强调和重申"不干涉内政"的外交原则。

以金融危机期间建立的政治互信和相互欣赏为基础,中马全方位合作关系在金融危机后有了进一步的深化和发展。

(二)中马合作关系的进一步深化

1999年在中马关系发展历程中具有重要的里程碑意义。1999年5月,马来西亚外长赛义德·哈密德访华,时任中国外长唐家璇与其签署《中华人民共和国政府和马来西亚政府关于未来双边合作框架的联合声明》。同年8月,马哈蒂尔第五次访华;11月,时任中国国务院总理朱镕基对马来西亚进行了回访。两国领导人的互访,特别是"合作框架联合声明"的签署,为两国关系未来的发展指明了方向,描绘了蓝图,在两国关系发展历程中具有十分重要的意义。"合作框架联合声明"认为:"在21世纪即将来临之际,双方同意共同制订一个未来双边合作的框架,从而在相互信任、相互支持的基础上建立全方位的睦邻友好合作关系。"

步入新世纪后,中国政府进一步丰富了"睦邻"政策,提出"继续加强睦邻友好,坚持与邻为善、以邻为伴"的周边外交方针,使之发展成为"睦邻、安邻、富邻"。在这一背景下，以全方位合作为主流特征的中马关系获得了持续发展的新动力。

2002年，时任中国国家副主席胡锦涛对马来西亚进行访问；同年，时任中国人大常委会副委员长姜春云访问马来西亚；2003年，时任中国国务院副总理李岚清成功访马。到2004年5月，中马建交30周年。为此，双方隆重庆祝了中马建交30周年暨"中马友好年"。同年，马来西亚新任总理阿卜杜拉·艾哈迈德·巴达维为纪念中马建交30周年对中国进行正式访问。在访问期间，巴达维总理会见了中国国家主席胡锦涛，与中国国务院总理温家宝举行了会谈。两国领导人在会谈后发表了《中华人民共和国与马来西亚联合公报》。

2005年，马来西亚最高元首西拉杰丁、副总理兼国防部长纳吉先后访华。在纳吉访华期间，中马两国国防部签署了《中马防务合作谅解备忘录》。同年，全国人大常委会委员长吴邦国和国务院总理温家宝分别访马。在温家宝总理访马期间，其与马来西亚总理巴达维举行会谈，并发表了《联合公报》。在公报中，两国领导人为进一步拓展和深化中马战略性合作，达成一系列共识。

2006年3月，全国政协主席贾庆林访马；10月，马来西亚总理巴达维赴南宁出席纪念中国——东盟建立对话伙伴关系15周年峰会，与温家宝总理举行了亲切会见。2007年4月，马来西亚下议院议长拉姆利应吴邦国委员长邀请访华。2008年4月，北京奥运火炬传递在吉隆坡成功举行；6月，马上议院议长阿卜杜尔·哈密德·帕万泰来华出席第五届亚欧议会伙伴会议，与吴邦国委员长举行了会见。8月，马最高元首东姑·米赞·扎伊纳尔·阿比丁出席北京奥运会开幕式，并访问昆明、西安和上海等城市；9月，马来西亚巴达维总理的夫人珍妮出席北京残奥会开幕式；10月，马总理巴达维来华出席第七届亚欧首脑会议。

2009年，纳吉接替巴达维继任为马来西亚第六任总理。同时，2009年是中马建交35周年。这一年，两国不仅举办了一系列建交35周年的庆祝活动，而且以两国高层领导的频繁访问切实推动两国合作关系的深化发展。2009年3月，全国人大常委会副委员长兼秘书长李建国访马；6月，马来西亚新任总理纳吉应温家宝总理邀请对华进行正式访问。在访华期间，其与中国领导人举行了会见，并签署了中马《战略性合作共同行动计划》等合作文件。以此为标志，中马全方位合作关系获得实质性提升。同年11月，中国国家主席胡锦涛对马来西亚进行国事访问，双方签署了多份合作文件；12月，中共中央政治局委员、北京市委书记刘淇访马。2010年3月，中共中央政治局委员、全国人大常委会副委员长王兆国访马；4月，马来西亚上议院议长王莆明访华；同月，前总理巴达维出席博鳌亚洲论坛年会，并当选论坛新一届理事；9月，马旅游部长黄燕燕出席上海世博会马来西亚国家馆日活动；12月，马前总理巴达维出席广州亚洲残疾人运动会开幕式，下议院副议长旺·朱乃迪出席闭幕式。2011年2月，国务委员、公安部部长孟建柱访马；3月，全国人大常委会副委员长华建敏访马；4月，马来西亚副总理穆希丁和外长阿尼法先后访华；同月，温家宝总理应纳吉总理邀请正式对马来西亚进行友好访问。

纵观金融危机后（特别是新世纪以来）的中马关系，政治互信和全方位合作关系是双边关系的主流，这不仅反映在双方高层领导频繁的互访及其签订的一系列双边的、全方位的、多层次性的协定或协议，而且更深层次地反映在两国对地区事务看法的基本一致和对彼此的欣赏与支持。然而，由于南海争端和台湾问题的存在，中马关系新世纪以来也曾出现不和谐的声音，给中马全方位合作关系的进一步深化产生了不利的影响。

第三节 与其他东盟国家的关系

一、与印度尼西亚的关系

印尼与马来西亚领土相连,有共同的边界。1957年印尼与马来亚联合邦建交。20世纪60年代初,印尼反对马来亚联合邦同新加坡、砂拉越、沙巴合并组成马来西亚,认为这是对印尼的包围,是英国殖民主义者的阴谋。马来西亚联邦成立后不久,印尼即与马断交。此后,两国处于对抗状态。苏哈托执政后,马来西亚和印尼关系开始好转。1966年8月,马、印尼两国签署关系正常化协议,1967年复交。1967年东盟成立后,两国关系日趋密切。

进入后冷战时代以来,两国关系比较平稳,领导人接触频繁,各个领域的交往不断,双方经常就地区和东盟内部问题保持联系、协调立场。1999年3月时任马来西亚外长赛阿密和2000年3月时任总理马哈蒂尔对印尼进行工作访问,双方签署了交通、能源、多媒体等8个合作谅解备忘录。1999年11月、2000年10月印尼时任总统瓦希德两度访马。梅加瓦蒂接任总统后曾于2001年8月赴马进行短暂访问。2004年1月,马来西亚新任总理巴达维对印尼进行任职后的首次访问。访问期间,两国领导人就印尼在马劳工、反恐、边界和贸易等问题进行了磋商。会谈中,巴达维建议双方在相互贸易中采用彼此货币进行结算,以减少汇率损失、加快支付速度,并希望双方加快签署印尼劳工在马工作的谅解备忘录。此外,巴达维同时还建议双方建立领导人热线电话,以便随时就重大突发事件进行沟通。梅加瓦蒂则表示,双方同意共同采取措施反恐,解决马六甲海峡的海盗、走私及武器贩运等跨国犯罪问题,并希望尽快解决两国间海、陆、空边界问题。2005年2月,印尼新任总统苏西洛首访马来西亚，双方签署了两国劳工合作条约。

在经济方面，两国经贸合作不断加强，双边贸易额从1990年的7亿美元增至1995年的17.5亿美元，1999年再增长至19.4亿美元。2000年1~7月，双边贸易额大幅跃升，同比增长65%。2004年马、印尼双边贸易额增长了43.5%，从2003年的51亿美元扩大到73亿美元，印尼由此成为马在东盟的第三大贸易伙伴。此外，印尼是马来西亚投资的首选地，马来西亚是印尼的第六大外资来源。2001年3月，印尼与马来西亚签署了一项价值85亿美元的天然气销售合同。根据协议，马来西亚在未来的20年内，每年向印尼购买708万立方米的天然气。从1997—2004年，马来西亚在印尼的投资累计达67亿美元；到2004年，印尼在马来西亚的投资也有所发展，达2 280万美元。同时，马来西亚还是印尼劳工的第二大目的国，仅次于沙特阿拉伯。据统计，在马印尼劳工约40万人，占印尼输出劳工总数的1/3。

马来西亚同印度尼西亚、新加坡合作，在柔南依斯干达经济特区持续推进东盟南部"增长三角"的合作。马来西亚十分重视"增长三角"计划，在柔佛州设立了20多个工业园和自由贸易区，与新加坡和印尼重点开展电子、石油、海洋服务、电讯和商业、基础设施、运输、旅游和农业等行业、产业合作。此外，马来西亚与印尼、泰国合作在东盟北部推进"增长三角"的合作。马来西亚的推动和支持对"增长三角"计划起到了积极的推动作用。马来西亚是"增长三角"商务理事会的成员，积极参与旨在强化印—马—泰"增长三角"经济联系的商界论坛。马来西亚还特别在吉打州亚罗士打市设立了"增长三角"秘书处，为有兴趣到泰国和印尼投资的马来西亚企业家提供资料。在产业合作方面，马来西亚与泰国和印尼合资建立了许多劳动密集型产业、油棕种植园和加工厂。在旅游合作方面，马来西亚公司与印度尼西亚北苏门答腊签订了旅游方面的协议。在交通运输合作方面，马来西亚相继开通了通往泰国南部和印尼的航线。目前，从印尼的棉兰、廖内、西苏门答腊到马来西亚的航班每天不少于7个班次。2007年11月，在新加坡举行的印尼—马—泰"增长三角"峰会上，马来西亚与泰国、印尼共同签署了《"增长三角"2007—2011年发展路线图谅解备忘录》，为该"增长三角"区未来的发展提供了方针和指南。

尽管如此，马、印尼两国之间仍在西巴丹和利吉丹岛屿主权归属问题上有着相当大的争议。这两个岛屿位于印尼的加里曼丹岛与马来西亚的沙巴州之间。1969年，双方在两个岛屿的主权归属问题上发生争执，后经协商，一度就搁置争议达成谅解。20世纪80年代末，马来西亚在两岛进行旅游开发，印尼提出抗议，双方争端再起。1991年，双方达成协议，同意通过友好协商解决争议。为此，双方成立工作组，工作组在1991—1994年共进行5轮工作会谈，但进展寥寥。1994年9月，马方提出交海牙国际法庭仲裁，印尼坚持双边解决或在东盟范围内解决。为此，马哈蒂尔亲赴印尼，与苏哈托总统会谈，双边领导人商定：两国关系不因岛屿主权争议有所改变，并指定部长级阁员进行争端谈判。1996年10月，苏哈托访马时与马哈蒂尔商定，将两岛归属问题提交国际法庭仲裁。2003年12月，第32届共同边境委员会会议举行，双方就两岛海域共同治理、海域边境的划分等一系列问题达成最后协议。为避免在相关地区出现紧张局势，双方同意加强协调，进行共同巡逻。

二、与新加坡的关系

新加坡历来重视同马来西亚的传统关系。新加坡独立后，李光耀马上率团赴马来西亚访问。两国于1965年9月1日正式建立外交关系。基于印尼、马对抗关系，新加坡甚至表示，在马来西亚与印

第十章 对外关系

尼建交后，新加坡才会考虑与印尼建立关系。

新马两国关系在双边高层频繁互访的推动下不断向前发展。拉扎克担任马来西亚总理后，积极推行东南亚"中立化"计划，获得新加坡的大力支持。在马来西亚与印尼关系恢复后，新、马与印尼三国还就马六甲海峡的管理问题达成了共识。1971年11月，新加坡、马来西亚和印尼发表联合声明，宣布马六甲海峡、新加坡海峡的航行安全由沿岸三国共同负责。1977年，三国签订了关于马六甲海峡安全航行协定。

20世纪80年代后，新马关系再上新的台阶。1980年12月，新马两国成立政府级联合委员会，并规定轮流在对方国家举行会议，探讨双方共同关心的问题。1982年8月，李光耀访问马来西亚。访问期间，其与马来西亚总理马哈蒂尔达成多项重要协议。这些协议涉及：新加坡航空公司和马来西亚航空公司的合作协议；探讨从马来西亚东海岸把天然气输送到新加坡的可能性；两国的公务员培训学院和旅游促进局的合作问题；加快双方旅客出入境检查程序；新加坡将在马来西亚投资食品工业，如养虾、养蟹业等。此外，马来西亚还同意由柔佛州向新加坡提供饮用水，双方还就铁路交通合作问题达成谅解。此次访问解决了许多积累已久的双边问题，开拓了新的合作领域，为两国关系大发展注入了新的活力。

冷战后，新马两国关系进一步升温。1990年11月，两国签署关于水和天然气协议。1994年9月，吴作栋总理访问马来西亚，明确表示对马哈蒂尔提出的建立东亚经济核心论坛的建议表示支持。1995年1月，李显龙副总理访问马来西亚，对新马关系给予了积极的评价。

在经济领域，新马两国的合作关系在政治关系升温的状况下获得了实质性的发展。马来西亚是新加坡第二大贸易伙伴，甚至一度在1994年超过美国成为新加坡最大的贸易伙伴。这一年，两国的贸易额为550亿新元。同时，马来西亚也是新加坡的重要投资地之一。为促进对马投资，新加坡政府还以减免税等措施鼓励本国企业前往马来西亚投资。1975年，新加坡在马投资高达1.6亿令吉，在马来西亚的外国投资中居首位。20世纪80年代以来，在国内产业结构调整的推动下，新加坡的劳动密集型产业大量转移至马来西亚。后来，日本等发达国家对马投资不断增加，新加坡在马来西亚外来资本中的比重开始下降。1991年，新加坡对马投资额为10亿令吉，在马来西亚外来投资中居第六位。

新马同为"五国联防"的成员，在防务方面也有着相当紧密的关系，双边联合军事演习不断。新加坡的军工产品部分出口到马来西亚。1995年1月，时任马来西亚国防部长纳吉访问新加坡，与新加坡国防部长李文献共同主持首届新马两国国防论坛，并签署双边国防工业合作谅解备忘录。1998年11月，马来西亚允许新加坡空军执行搜救任务的飞机使用其领空。

亚洲金融危机爆发后，新马关系有所倒退，以至于巴达维出任政府总理后，立即搁置了马哈蒂尔时期确定的马新大桥工程。然而，长期的友好关系还是为两国关系的恢复和发展积累了深厚的基础。在巴达维访新后，两国关系迅速恢复。2004年1月，巴达维访问新加坡，新加坡由此成为巴达维就任总理后出访的第一个东盟国家。期间，巴达维和新加坡政府总理吴作栋都表示出解决纠纷、发展两国关系的诚意。吴作栋总理还特别指出，马来西亚新领导以及带来的诚意是重新建立两国友好关系的契机。

在双边一致推动下，新马关系持续发展。2010年马来西亚和新加坡的关系取得新突破。2010年5月，李显龙总理和马来西亚首相纳吉就马来亚铁道公司迁移丹戎巴葛火车终点站问题达成共识，解决了存在长达20年之久的历史遗留问题。同时，双方还表示加强在其他领域的合作，如增加双边跨境巴士线路、放宽边境出租车服务、建立连接两地的地铁和高铁等。

三、与泰国的关系

马来西亚是唯一与泰国有领土接壤的海岛国家。在历史上，泰国和马来西亚一直存在着陆权势力范围的争端。泰国曾一度以宗主国的身份控制着马来半岛北部各邦，并以武力镇压各邦的反抗。英国入侵东南亚后，执行"分而治之"政策，进一步加深了泰国与马来西亚的矛盾。在这一背景下，马来亚北部吉打、吉兰丹、玻璃市和登嘉楼四州在20世纪上半期几经易手。马来西亚独立后，马泰关系由于历史的原因并不融洽。在印尼的调停下，马泰两国从1973年开始划界，到1985年基本完成。随着边界问题的解决和政治互信的增加，马泰两国关系显著改善。然而，泰国南部穆斯林的分离运动和泰国首先发展中部地区的经济政策使得两国接壤这一优势未能得到充分利用。

20世纪90年代以来，区域合作不断深化，马泰两国关系呈现出升温态势。2000年3月，马来西亚最高元首苏丹访泰，会见了泰国国王普密蓬。同年5月，马来西亚国防部长纳吉访泰，双方修订了边境合作协定；10月，马来西亚贸工部长拉菲达女士访泰，与泰国副总理兼商业部长素帕猜签订了《泰马贸易协定》。同时，马泰两国相邻地区的发展与合作问题也开始进入两国的议程表。2001年他信就任总理后，于同年4月、9月两度访马，商讨泰马两国双边贸易、东盟自由贸易区、边境地区合作等问题。2002年5月，泰—马天然气管道建设计划获得批准，马泰能源合作迈上新的台阶。该计划早在1999年提出，原定于2001年开始铺设，但由于泰南地区环保组织的反对而搁置。计划管道全长352千米,总投资约10亿美元,双方石油公司各占50%的股份。

近年来,马来西亚与泰国的关系有了进一步的发展。2007年12月,跨越马来西亚和泰国边界的第二座大桥正式通车。大桥通车后,两地伊斯兰教徒社区的经济发展获得了强有力的推动。同年,马来西亚同意向东盟国家开放国内汽车市场,马泰两国原来在汽车贸易方面的争执随之得到化解。马泰两国加强合作,无论对两国关系,抑或对东盟国家关系的发展,都有着积极的意义。

四、与菲律宾的关系

马来西亚与菲律宾在关于沙巴地区的领土主权问题上存在争议,并因此两次断交,但都在东盟其他国家的劝解下复交。20世纪60年代初,时任菲律宾总统马加帕卡尔重提对沙巴的领土主张,遭到马来西亚的拒绝,菲方希望把争端提交海牙国际法庭解决。因此,马菲于1963年断绝外交关系,直到1966年才复交。1968年,菲律宾国会通过决议要求沙巴地区的主权,两国因此再度断交。在东盟其他国家的调解下,菲马搁置了这一争议并于1969年再次复交。然而,由于马来西亚曾支持菲律宾南部的伊斯兰分离主义势力,两国的关系时阴时晴。20世纪70年代,沙巴主权问题最终以菲律宾的妥协得到解决。1977年8月4日,时任菲律宾总统马科斯在吉隆坡第二届东盟首脑会议开幕式上宣布,菲律宾将放弃对沙巴主权的要求。会后,马科斯访问了沙巴,并在群众集会上宣布,菲律宾政府及人民都认为沙巴是马来西亚领土的一部分。随后,两国政治互信开始增强,并推动着两国关系走上正轨。1978年,两国决定双方的安全部队将共同防止菲南穆斯林民族的反政府行动。1980年2月,马来西亚外长访问菲律宾。1982年,马菲两国签署了避免双重课税协定。此外，菲马都参加了东南亚木材生产协会和亚洲太平洋共同体，在木材和椰子出口方面对外采取联合行动，以捍卫两国的共同利益。

冷战后，马菲两国政治互信进一步增强。1992年拉莫斯上台后，出访马来西亚，在沙巴领土争端中作出重大让步，提议在沙巴建立菲驻马大使馆的分支机构。拉莫斯此访进一步推动了双边关系的正常化和发展。1993年12月10日，菲律宾外长罗慕洛和马来西亚外长巴达维在两国联合委员会首次部长级会议之后宣布，将在有主权争议（中国拥有主权）的南沙群岛开展渔业合作。

然而，由于"安瓦尔事件"，马菲关系再现龃龉。菲律宾总统埃斯特拉达在安瓦尔被捕后公开对安瓦尔表示同情，并借到吉隆坡出席亚太经合会议之机会见了安瓦尔的夫人和女儿。由此，两国关系陷入低潮。同时，由于马菲在南海水域还存在"领土主权争端"，双方还为此发生了军机对峙事件。随后，马菲领导人积极寻求办法以缓解两国关系。1999年10月4~7日，马菲出动8艘舰艇、两架飞机和200多名官员，在两国的海界上举行海空军联合演习。同年11月14日，马外长赛阿密飞抵马尼拉寻求突破两国间的外交僵局。

进入21世纪，马菲关系在阿罗约夫人就任菲律宾总统后趋于正常化。为促进当地经济和旅游业发展，马菲两国共同维护沙巴州等地区的社会治安。同时，马来西亚政府也积极在菲南反政府武装与菲律宾政府中间斡旋。2001年7月24日，菲政府和反政府武装摩洛伊斯兰解放阵线的代表在吉隆坡进行第二轮秘密谈判，为落实6月份双方在利比亚首都的黎波里签署的停火协定制定一项框架文件。同年8月7日，阿罗约对马来西亚进行了为期三天的国事访问，马来西亚由此成为阿罗约就任总统后的首访国家。访问期间，马菲两国签署了有关在卫生、旅游和投资领域进行合作的备忘，两国的半导体和电子工商业团体同时也签署了合作协议。

"9·11事件"发生后,马菲积极合作,联手打击东南亚的恐怖势力。2001年11月,摩洛民族解放阵线的头目密苏阿里因不满菲政府支持其竞选对手,在南部穆斯林自治区选举前夕发动叛乱,后逃到沙巴境内的一个小岛上,被马警方逮捕。密苏阿里等人试图寻求马来西亚政府的政治庇护,但遭到马来西亚政府的拒绝。2002年1月8日密苏阿里及其助手被遣返回国。同年5月,阿罗约总统再度访马,并出席在马来西亚举行的太平洋盆地经济理事会会议。同年12月末,印尼、菲律宾和马来西亚在马尼拉召开会议并宣布,三国将联手打击地区恐怖主义,三国外长还就交换各国涉嫌参与恐怖活动的人员名单。同月,马来西亚还应菲律宾政府的要求,派出由军方和警方人员组成的观察部队以确保菲政府武装和摩洛伊斯兰解放阵线之间停火协议得到最终实施。

然而2002年下半年,两国关系因马来西亚政府大规模遣返在沙巴州的菲籍非法移民再现波折。20世纪80年代初印尼、菲律宾等邻国的大量劳工进入马来西亚,从事建筑、制造、种植、养殖和服务等行业。外来劳工的进入,既为马来西亚的经济发展作出了重要贡献,又给马来西亚带来了大量社会问题。2002年8月,马来西亚政府开始实行新移民法,将大批来自印尼、菲律宾等国的非法劳工遣返回国,并对一些非法劳工实施监禁和鞭刑。马来西亚境内一些对政府不满的媒体乘机炒作,称菲律宾移民受到马来西亚警方的虐待,3名儿童在拘留期间死于营养不良和脱水等。菲律宾全国性的反马示威活动由此拉开,马尼拉的民众甚至焚烧马来西亚国旗。两国政府迅速通过电话和会面讨论解决办法,阿罗约通过电话和信函与马哈蒂尔交涉。马哈蒂尔政府对"虐待菲非法移民"一说表示否认,同意暂停遣返工作,并邀请菲政府代表团赴马沙巴州三座非法移民拘留营考察。

巴达维就任总理后,马菲关系在经济、安全等领域有所突破。2003年12月,马来西亚派遣观察部队前往棉兰老岛监督菲律宾政府与"摩伊"实施停火事宜。2004年1月,马来西亚总理巴达维对菲律宾进行国事访问。在访问期间,两国国家石油公司签署了一份1440万美元的协议及在民都鲁岛附近共同进行一项近海石油勘探的计划。5月,时任菲外长阿尔韦特赴马出席不结盟运动巴勒斯坦委员会部长级会议。随着地区安全形势的严峻,马菲两国有意加强了在安全方面的合作,两国军队联合演习计划不断出台。2005年7月,马菲举行联合海军演习,并以打击海盗、走私和其他海上犯罪行为为目标。此次演习为两国在1998年以来举行的第8次联合军事演习。2005年9月7日,马菲空军在两国海域的交界处,举行了为期5天的联合军事演习,以加强双方的空中搜索和救援能力。

马来西亚作为东盟重要成员,与菲律宾、文莱、印尼合作,积极推动东盟东部增长区的各项合作,特别是积极致力于东盟自由贸易区建设和东盟次区域合作。2007年1月12日,第三届东盟东部增长区首脑峰会在菲律宾宿务举行,巴达维出席峰会,表示将积极推动东盟次区域合作机制的建立和完善。

五、与文莱的关系

马来西亚和文莱,山水相连,两国在民族、宗教、文化传统等方面均有着紧密的联系。然而,"马来西亚"计划提出后,马文两国关系出现起伏。1963年,文莱加入马来西亚联邦的谈判破裂,双边关系一度紧张,甚至有所恶化。马来西亚撤走了派驻文莱的技术专家,停止为文莱发行货币。作为回应,文莱则取消了马来西亚航空公司在文莱首都的着陆权。1966年,8名文莱人民党领导人越狱逃到马来西亚,得到马来西亚政府的政治避难权,并在吉隆坡开设了一个办事处。不久后,马来西亚政府正式宣布支持文莱人民党,谴责文莱苏丹实行封建专制统治,要求英国给予文莱独立,推动文莱建立民主政府。1975年,文莱人民党试图派代表团前往联合国,向联合国非殖民化委员会提交文莱独立的议案。马来西亚对此给予支持。鉴于此,文莱指责马来西亚干涉文莱的内政,并重新提出林梦地区的主权问题,要求马来西亚把该地区归还给文莱。林梦地区人民起而响应,他们举行效忠苏丹的游行,许多人还举家迁往文莱。马来西亚也发起了一系列反文莱的示威游行。文莱政府禁止马来西亚官方车辆通过文莱领土,召回了文莱在马来西亚的留学生。至此,马文两国关系陷入最低谷。

1978年奥恩担任马来西亚总理后,两国关系出现转机。奥恩总理先是派沙巴首席部长前往文莱讲和,接着他本人又亲自到文莱参加文莱王室成员的婚礼。同时,马来西亚政府还决定终止对文莱人民党的支持。这一系列友好姿态得到了文莱方面的积极响应。随后不久,两国关系开始解冻。20世纪80年代初,马哈蒂尔继任马来西亚总理后,马文双边关系得到全面恢复和发展。1983年,马哈蒂尔访问文莱,宣布恢复对文莱的技术援助和教育培训项目。同时,两国决定互派大使,恢复两国首都之间的航空运输及提出通过谈判解决两国边界问题。

文莱独立后,文莱苏丹外访的首个国家就是马来西亚。1993年,马哈蒂尔访问文莱时与文莱苏丹商定设立"两国联合委员会"。1994年4月24日,"联委会"首次举行会议,双方同意重新讨论搁置已久的林梦地区领土主权问题,表示以协商的途径来解决这一问题,无需交第三国仲裁,决定不交国际法庭。同时,两国决定成立一个陆地与海上边界联委会和一个临时委员会。临时委员会的职责旨在研究加强两国在贸易、投资、运输与旅游等领域的合作。两国外长借机还签订了《谅解备忘录》，希望尽快签订投资保护及免税意向书。

1997年亚洲爆发金融危机后，文莱向马来西亚提供了10亿美元的贷款援助，以帮助马来西亚克服危机带来的重创，马文关系进一步升温。1998年10月，马哈蒂尔总理访问文莱。期间，双方讨论了进一步加强两国间合作的问题，包括简化文莱和马来西亚砂拉越州和沙巴州公民的旅行手续（使用简易旅行证）、增加文莱飞机在马来西亚上空的飞行高度、加大文莱在马来西亚房地产和商业领域投资等问题。同年，马文双方签订了《航空搜救服务协议》，同意根据国际公约在各自的领海和公海搜救责任区域内互为对方提供搜救服务。

随着马文两国政治关系的升温，双边在经贸、防务等方面的合作关系进一步提升。1992年2月，双方签订了成立"防务委员会"的协议，其中包括训练、军事演习、人员交流、侦查、后勤支援和海事研究等。1993年以来，两国间的海军联合演习每年一次，轮流主办。马文的经济关系在新世纪后也有所发展。2000年4月，两国投资200万文元（约合115万美元）在文莱兴建一家水晶加工厂，生产以文莱手工艺设计的高档水晶玻璃产品，其中70%供出口外销。

六、与越南的关系

由于马来西亚在独立后相当长的时期内奉行"一边倒"的亲西方政策，马来西亚与南越西贡政权有着比较密切的关系，与越南民主共和国（北越）则没有建立正式的外交关系。随着20世纪60年代末70年代初国际形势的改变，马来西亚对外政策发生转变，时任总理拉扎克曾明确表示，东盟的方针是同越南建立友好关系，以实现东南亚地区的稳定与繁荣。在此背景下，1973年马来西亚与越南民主共和国的外交关系得以最终建立。继任拉扎克上台的奥恩也强调"马来西亚与东南亚所有国家保持联系，并倡导与印支国家建立起一座桥梁"。由此，马来西亚与越南的关系在南、北越实现统一后总体上向好的方向发展，两国的领导人往来逐渐增多。1978年1月，时任越南副总理兼外交部长阮维桢访问马来西亚，与马来西亚签订了经济和技术合作等多项协定，并为同年10月越南总理范文同的访问作了准备。在范文同访马期间，越南与马来西亚就航空协定达成一致，并签署了这一协定。同时期，马来西亚外长也实现了对越南的访问。简而言之，这一时期马来西亚甚至可以被视为是与越南关系最好的东盟国家之一。

随着1978年越南与苏联签订具有同盟色彩的《友好合作互助条约》和同年12月越南对柬埔寨发动侵略，马越两国的关系骤然生出了波折。引起马越关系动荡的原因主要有两个：一是越南侵略柬埔寨，马来西亚在越南侵略柬埔寨后发表了严正的谴责言词，并强烈要求越南无条件从柬埔寨撤出侵略军队；二是难民问题，越南与苏联结盟后奉行与中国敌对的政策，在国内则排挤大批华人，越南华人和其他难民涌向东南亚其他国家，这一问题在越南侵略柬埔寨后更为严重，到1978年年底，涌入马来西亚的难民共计约7万人。由于这些问题的影响，马来西亚采取了对越相对强硬的政策。1979年3月，马来西亚政府宣布无限期推迟马来西亚经济代表团访问越南的计划，停止对越南的经济和技术援助，并在难民问题上采取强硬举措，动用军队阻止越南难民的涌入。然而，马越关系并未由此完全中断，两国仍时有往来。1985年，马越两国空中运输线正式开通。1988年，马来西亚时任副总理加法尔率团访越，与越南共商遣返越南难民的问题。

第十章 对外关系

1989年，马越关系随着越南宣布从柬埔寨撤军而开始改善。同年，马来西亚恢复了对越南的经济技术援助。1991年柬埔寨问题获得解决，马越关系由此进一步改善。1992年1月，时任越南部长会议主席武文杰率团访问马来西亚。时隔三月，时任马来西亚总理马哈蒂尔率领包括大量的工商界人士在内的人数众多的代表团对越南进行了正式访问。在访问期间，两国就邮电和通信、经济技术合作协定达成一致，并签署了橡胶种植备忘录。同时，两国还就争取签署避免双重关税协定、贸易协定及人文合作的协定达成了共识。由于这是马来西亚政府总理自1973年马越建交后的首次访越，1992年成为马越两国关系史上的里程碑。

21世纪以来，马来西亚与越南的关系在东盟框架内得到进一步的发展。2002年8月，时任越南总理潘文凯对马来西亚进行了正式访问。同年12月，马来西亚最高元首也对越南进行了访问。

在两国良好政治关系的推动下，马越双边经贸关系也呈现出迅速发展的势头。到2005年，马越双边贸易额达22亿美元。目前，马来西亚是越南的第九大外资来源国，投资项目有59个，涉及酒店、服务、建筑、重工业、油气和银行等领域，合同投资额达到将近14亿美元。

在马越关系中，南海问题和泰国湾水域的划分问题有着双重的意义。一则，南海问题和泰国湾水域划分问题的存在使两国纠纷不断。仅2009年上半年，马来西亚就羁押了125名越南渔民和扣留了13艘越南渔船。这些渔民最终不得不面临着马来西亚渔业管理相关法令的制裁。再则，这两个问题的存在也为两国提供了合作的契机。20世纪90年代初，马越两国曾就以和平方式解决领土主权争端达成一致，并同意合作开发地区的油气资源。至今，马来西亚对主权争端海域的开发仍持有这样的观点，认为共同开发将是南沙群众主权声索国可以采取的合作开发该地区资源的一项过渡性措施。

七、与柬埔寨的关系

马来西亚与柬埔寨于1976年正式建立外交关系。1978年12月，越南入侵柬埔寨，马来西亚对越南在柬埔寨扶植的韩桑林政权不予承认，并对柬埔寨的抵抗运动力量给予了大量的支持。因此，马来西亚与柬埔寨的正式交往在越南入侵柬埔寨后步入了非正常化的时期。在这一时期，马来西亚仅与柬埔寨抵抗运动力量保持着联系。1984年，西哈努克亲王和宋双先后访马。1986年8月和1988年9月，柬埔寨西哈努克亲王先后两次访问马来西亚。同时，马来西亚还积极帮助柬埔寨抵抗运动力量，将西哈努克亲王、乔森潘和宋双三股力量整合到一起，促使柬埔寨抗击越南侵略统一战线的形成。这一战线在1982年6月22日《民主柬埔寨联合政府成立宣言》签署后正式建立。

1989年越南从柬埔寨撤军，马来西亚对柬埔寨过渡时期的国内政治与安全问题给予了强烈的关注，并提供了一定的帮助。到1993年5月，马来西亚与柬埔寨的关系在柬埔寨圆满完成大选后实现了关系的正常化。步入21世纪后，马来西亚与柬埔寨的关系再获新的发展。2002年12月，马来西亚最高元首作为柬埔寨国王西哈努克的客人访问了柬埔寨。2008年5月，马来西亚最高元首夫妇访问柬埔寨。2010年5月，马来西亚现任总理纳吉顺利实现了对柬埔寨的首访。

随着两国关系的正常化，马来西亚与柬埔寨的经贸与投资关系、人文交流逐步取得了发展。依据相关资料，从1996年到2009年，马来西亚在柬埔寨的投资就高达21.9亿美元。2010年纳吉访问柬埔寨期间宣布马来西亚已经与柬埔寨达成了价值10亿美元的投资协议。同时期，马来西亚与柬埔寨的贸易往来也十分频繁，马来西亚向柬埔寨出口化学用品、机械和电器，柬埔寨向马来西亚出口纺织品、成衣、原木和生胶。与此同时，柬埔寨还有大量的劳工在马来西亚务工，仅女佣一项每年的人数就超过了20万。

八、与缅甸的关系

马来西亚与缅甸的外交关系始于马来亚独立后不久，两国于1958年即正式建立了外交关系。此后，马来西亚与缅甸的关系虽偶有波折，但总体上一直呈现出向前发展的态势，这与两国官员的频繁往来有着直接的关系。1973年、1974年，时任缅甸总统吴奈温先后两次访问马来西亚。1983年，时任缅甸外长吴漆兰对马来西亚进行了访问。1988年8月，缅甸发生军事政变，苏貌将军为首的军人集团接管政权，并逮捕了昂山素季等人。随后，西方发动了对缅甸实施的经济制裁。马来西亚在这一背景下，不仅继续与缅甸保持着往来，而且对以美国为首的西方势力介入缅甸事务和对缅甸实施经济制裁、外交孤立表示反对。1989年，缅甸军政府的10名飞行员来到马来西亚学习C130型运输机的驾驶技术。1991年，马来西亚国防学院院长率团访问缅甸。

在缅甸加入东盟后，马来西亚与之的往来更为频繁。1998年3月2日，马哈蒂尔总理率领46人的代表团访问缅甸，与缅甸就互免签证和避免双重课税协定达成一致。2000年1月，时任马来西亚外长赛义德·哈米德访问缅甸。2001年2月，马哈蒂尔总理亲率代表团对缅甸进行工作访问。同年，缅甸国家和平与发展委员会主席丹瑞访问马来西亚。2002年8月，马哈蒂尔连续对缅甸进行工作访问。此后，两国关系在东盟架构内获得了进一步发展。

马来西亚与缅甸关系的发展也存在间隙，特别是1997年亚洲金融危机爆发后,包括马来西亚在内的东盟国家普遍认为缅甸对东盟与美国、欧洲的关系造成了负面影响。马哈蒂尔1998年3月访问缅甸期间,就曾对缅甸的人权和民主问题发表了指责性质的批评。同年8月9日,缅甸拘捕了18名外国民主运动人士,这些人士中大部分来自马来西亚、泰国、印尼和菲律宾等东盟国家。此举遭到了包括马来西亚在内的许多东盟国家的强烈抗议。

马来西亚与缅甸的经贸关系在两国领导人的共同推动下也取得了不俗的成绩。据相关资料统计,2000年1~10月,缅甸和马来西亚双边贸易额达到2.14亿美元,比上年同期增长了24.7%。2008—2009年,马来西亚与缅甸的双边贸易总额达到了6.62亿美元。其中,木制品、农产品、矿产品是缅甸出口马来西亚最多的商品,钢材、机电产品、建材、化工品与机械等则是马来西亚销往缅甸的主要商品。马来西亚是缅甸在东盟成员国中的第三大贸易伙伴。同时,马来西亚对缅甸的投资规模也甚为庞大,涉及油气资源开发、制造业、酒店、农渔业等行业。从1989年到1999年10年间,马来西亚对缅甸投资总额达到5.87亿美元,涉及项目25个,投资排名在缅甸外来投资的25个国家和地区占据第四位,仅次于新加坡、英国和泰国。

九、与老挝的关系

马来西亚与老挝外交关系的建立早于马来西亚与越南、柬埔寨的外交关系。然而由于老挝独立后内战频频,马来西亚与老挝的官方关系并未得到显著发展。1975年老挝人民民主共和国建立后,老挝的对外政策在相当长的时期内呈现出"一边倒"的特征,与前苏联和越南保持着密切的关系,而对马来西亚对外政策的转变并未给予太大的关注,甚至对马来西亚所提出的将东盟建立为"和平、自由和中立区"的想法表示反对。1976年8月,老挝代表在第五次不结盟国家会议上就提出了反对讨论东盟"关于建立东南亚和平、自由和中立区的建议"。

从1978年起,老挝开始重视发展与马来西亚等东盟国家的关系,并不断有高层领导来往访问。1978年5月,老挝外长出访马来西亚。1982年,时任老挝外长奔·西巴色代表印支三国致函马来西亚外长,阐明对东南亚局势的看法和建议。1989年12月,老挝部长会议副主席兼国家计委主任沙立·冯坎访问马来西亚,与马来西亚领导人就双边贸易、投资等问题进行了会谈。

进入20世纪90年代后,随着老挝改革开放的深入发展和国际形势的改变,马来西亚与老挝都十分注重双边关系的发展,尤其重视双方的经贸合作关系。此外,马来西亚提出希望老挝加入东盟的看法。对此,老挝虽有顾虑,但仍做出了积极的回应,并于1997年7月正式成为东盟的成员国。随后,两国关系在东盟框架下取得了稳步的发展。1997年12月,老挝总理坎代·西潘敦出席了在马来西亚召开的第二届东盟国家首脑非正式会议。2001年,老挝总理本扬·沃拉基正式对马来西亚进行了国事访问。2005年,马来西亚与老挝建立了双边联合委员会。2007年5月,时任马来西亚外长赛义德·哈米德出席第三届"马来西亚—老挝联合委员会"会议。2008年,马来西亚最高元首夫妇对老挝进行了正式访问。2010年,老挝国家主席朱马利·赛雅贡对马来西亚进行了正式访问,同年马来西亚总理纳吉也对老挝进行了回访。

与两国政治关系相一致,马来西亚与老挝的经贸合作与投资关系也在稳步发展。以投资关系为例,1999年马来西亚是老挝的第九大外来投资国,涉及19个项目,金额也达到2.8亿美元,从2001年到2007年初,马来西亚对老挝的累计投资总额为8 205万美元。此外,马来西亚还对老挝国内的经济建设提供了大量的资金和技术援助。

第四节　与世界主要国家的关系

一、与英国的关系

英国是马来西亚独立前的宗主国,控制着马来西亚的内政、外交和对外经贸活动。独立后,马来(西)亚为了维护自身的安全,不仅继续留在英联邦内,而且在独立初期对外奉行"亲西方"的对外政策。从英国的角度来看,马来地区的重要性是其试图继续控制该地区的关键原因。随着二战后以印度为核心的亚太殖民体系的逐渐瓦解,马来半岛对英国的重要性陡然上升。二战结束到1957年,英国每年的工业增长速度只有2.5%,在资本主义世界的经济地位逐年下降。1946年到1951年是英国战后最为困难的时期,在这一时期马来亚为英国赚取了17.13亿美元的外汇,超过同时期英国工业和贸易所获得美元总和。在这一背景下,马英关系在二战后很长一段时期内得到了快速发展。

(一)马英防务关系

马英防务关系始于马来亚联合邦建立后不久。1957年10月12日生效的《马英防务协定》是马英联盟和防务关系建立的标志性文件。这一文件规定,在马来西亚受到外来威胁时,英国将保证其领土完整;在紧急时刻,为了增强国家防御能力,准许英国军队使用基地及设施。借此,马来西亚将国家安全以一种几近完全托付的形式交给英国,英国则保持了在地区的军事存在,保留了对马来亚地区的影响。然而,二战后英国的综合国力虽有所恢复,但其国际地位却呈现出逐渐下滑的态势。到1970年,《马英防务协定》到期届满。这一时期前后，英国由于国内经济不景气，无力承担对马来西亚单方面的防务承诺，提前五年撤出在马来西亚和新加坡的兵力。

然则，马英防务关系却并未因为《马英防务协定》的届满和英军的撤离而终止。1971年4月，《五国防御条约》签订，在包括马来西亚、新加坡、澳大利亚、新西兰和英国在内的"五国联防"框架内，马英防务关系得以继续。根据该条约的有关规定，英联邦军队在撤出马来西亚和新加坡后仍有为马来西亚和新加坡提供新的安全保障的义务。但是，马来西亚与新加坡不同，虽都比较重视来自英国的防务保证，但马来西亚希望"五国联防"是一种较为松散的联盟而非紧密的军事同盟。马来西亚前国防部长里陶丁认为，把五国联防发展成为一个紧密的军事同盟，不仅没有必要，而且还将产生消极的后果。这种消极后果无非就是在本地区引起马来西亚的邻居的紧张或制造地区恐慌。显然，在这一松散的、成员较多的军事防务合作框架中，马英防务关系相比之前的《马英防务协定》已经大为倒退。

除安全保证外，马英防务关系还体现在武器购买方面，英国是马来西亚政府购买军火的主要供应商。1988年9月，马来西亚与英国签订了一份价值45亿马元的军火采购协议，内含首批10架"鹰"式MK100型战斗机、18架MK200型战斗机和大批雷达和导弹等。冷战后，马英防务关系以军售为载体继续发展。1991年6月，海军又向英国购买了两艘导弹护卫舰。尽管如此，随着20世纪80年代马英政治关系的跌宕起伏，马来西亚对英采购军火大为减少，军火采购多元化趋向越来越显著，特别是物美价廉的俄制武器深受马来西亚防务部门的欢迎。

（二）马英政治关系

独立后，马来亚联合邦与英国在政治上保持了紧密的关系。在拉赫曼提出"马来西亚计划"后，英国对这一计划给予充分的认可和支持。一方面，英国为在地区极力排除美国军事影响力的扩大和确保新加坡军事基地保留在英国控制之下，大力支持这一计划。另一方面，英国与马来亚联合邦还极力地攻击菲律宾等反对这一计划的国家，并试图将澳大利亚、泰国和其他国家拉入自己的阵营。

到20世纪60年代末70年代初，随着马来西亚对外政策的调整，"亲西方"政策被"中立化"政策所取代，对大国则奉行"等距离"外交。在这一政策的影响下，马英政治关系开始出现下降的趋势。到80年代初，为了推行新经济政策，马来西亚政府决定大规模收购英资锡胶公司的股权，这一举措直接导致两国关系趋于冷淡。时任总理马哈蒂尔在澳大利亚出席英联邦国家首脑会议时宣布实行"最后买英国货"的政策，两国关系进一步紧张。在1983年马来西亚取消抵制英国货后，两国关系有所回升。尽管如此，由于两国在南非种族隔离政策等问题上的分歧，两国关系仍时常发生摩擦。1994年初，英国传媒刊发了一篇影射马哈蒂尔的文章，马来西亚政府以此为由宣布禁止英国公司承包马来西亚政府主持和参与的工程项目。马英两国关系因此再现波折，直到马来西亚对这一政策作出解释后方才缓和，并随着领导人的频繁访问有所回升。1995年至1996年间，马哈蒂尔总理曾三度访英，两国关系有了较大改善。2000年10月，马哈蒂尔总理赴英出席马英21世纪联合大会。

二、与美国的关系

（一）马美政治关系

马来亚联合邦在独立后不久即与美国建立了外交关系。在拉赫曼政府"亲西方"对外政策的推动下，马美关系在这一时期得到了一定的发展。1961年，拉赫曼提出"马来西亚计划"，得到了美国的大力支持。1961—1962年，美国甚至派出其在新加坡领事馆的官员到沙巴、砂拉越和文莱进行积极游说活动，试图协助推动"马来西亚计划"的实现。在马来西亚内部处于军事戒严时期，美国还每年拨付300万美元帮助马训练官员和提供武器装备，以示美国对马来西亚的支持。马来西亚与印尼对抗时期，美国甚至于1963年12月派出航空母舰和驱逐舰进入印度洋，扩大第七舰队的巡逻范围，以在客观上达到恫吓印尼的效果。1964年，时任美国总统约翰逊与拉赫曼举行会谈。在会后发布的联合声明中，美国宣布正式支持马来西亚，并提供各类防御型武器和帮助马来西亚训练军官。1967年，约翰逊总统访问马来西亚，推动马美关系进一步发展。然而，直到20世纪70年代前，马美关系一直在马来西亚对外关系中处于第二位，位于马英关系之后。一方面，由于美英关系的特殊性，美国官方也认可马来亚地区是英国的势力范围；另一方面，美国虽在地区建立了"东南亚条约"，但其仍不愿承担英帝国在地区的责任。

到70年代后，英国从地区撤军，马来西亚的对外政策同时在拉扎克执政后发生改变，马美关系因此受到较大影响。在英国撤军后，马来西亚所处的地区安全环境发生改变，因此对美国继续在地区保留军事存在持有支持的意见。70年代中期，马来西亚总理奥恩在访美时就曾向美国明确表达了支持的意见和对地区安全形势的担忧。这甚至可以被认为是美国在战略收缩的政策下仍决定继续保留东南亚菲律宾军事基地的重要原因之一。马来西亚对外政策趋向"中立化"后，马美关系因马来西亚对大国的"等距离"外交虽有发展，但一直保持着有联系、不紧密的状态。

马美关系的这一状态在20世纪80年代被打破。这一时期，马美虽仍保持着双方的高层互访,但由于两国在国际和地区事务上的看法差异太大,双方的纷争和纠葛逐渐增多。1982年9月,马来西亚贸工部长里陶丁访美;1983年10月,马来西亚副总理穆萨访问华盛顿;1984年1月,马哈蒂尔率团访美;同年7月,时任美国国务卿舒尔茨访马;1986年5月,时任美国总统里根的妻子南希到访马来西亚。在高层互访之余,马来西亚由于在国际事务和地区事务上持有与美国截然不同的观点,几乎处处与美国唱反调。马来西亚不仅明确告知美国不要以"世界警察"自居,而且希望美国支持东盟实现"和平、自由和中立区"的目标。在巴勒斯坦问题上,马来西亚同样不乐见美国对以色列的偏袒态度,其站在巴勒斯坦人民的立场上,支持巴勒斯坦人民的合法权益。

冷战结束后,马哈蒂尔政府和美国围绕着人权、自由贸易等问题矛盾显著,在许多领域处于针锋相对的状态。在人权方面,马来西亚马哈蒂尔总理不仅多次在公开场合揭露西方人权和民主的虚伪性,而且提出"亚洲价值观"与之对抗。"安瓦尔事件"发生后,美国对安瓦尔持支持的态度,引致马美关系进一步紧张。基于此,这一时期马美防务安全关系虽有进步,但仍发展有限,马来西亚越来越强调自主防务的重要性。新世纪前后,美国多次在"民主"、"人权"问题上对马提出批评,遭致马方强烈不满和反驳,两国政治关系受到一定影响。

"9·11事件"后,美出于国际反恐合作的需要,重视马在伊斯兰国家中的特殊作用,两国政治关系有所改善,反恐合作加强。2004年1月,美副国务卿博尔顿访马。5月,马来西亚与美国签署《贸易与投资框架协定》。6月,美太平洋司令部司令法戈访马。7月,巴达维总理访美。双方表示尽管两国在一些具体问题上存在分歧,但双边关系的基础十分牢固,愿在经济、教育、防务等领域加强合作。

(二)马美经贸关系

马美经贸关系的发展在马来亚联合邦独立后得到快速发展。1958—1968年,西马的外国投资中美国资本占据了28%,仅次于日本。在马来西亚提出出口导向型战略和实施战略转型后,美国为马来西亚提供了资金、技术和国际市场。到20世纪七八十年代,美国已经成为马来西亚重要的国际市场和投资来源地之一。从1979年到1987年,马美经贸合作关系随着贸易额的逐年攀升得到了进一步的发展。冷战后,美国仍然保持着马来西亚重要贸易伙伴的角色,是马来西亚对外贸易的重要市场,这一趋势在新世纪后仍在延续。2000年1~8月,马美双边贸易额222亿美元,占马外贸总额的18.9%;2003年,马美双边贸易额1 155.7亿令吉,占马外贸总额的16.7%。同时,美国还一直是马主要外来投资者。1996年至2000年7月,美对马累计投资45亿美元。1999至2003年6月,美对马协议投资额累计为50.74亿美元。

三、与日本的关系

(一)马日政治安全关系

马日政治安全关系始于马来亚联合邦独立后不久,两国以经贸关系的建立和发展为纽带,不断推动着双边政治与安全关系的发展与进步。

马日建立外交关系后,马日关系在两国领导人的共同推动下不断向前发展。1959年5月,马来亚联合邦总理东姑·拉赫曼率团访问日本,与时任日本首相岸信介举行双边会谈。在会后发表的联合声明中,马来亚领导人希望马日两国建立更为紧密的经济联系。拉赫曼提出"马来西亚计划"后,日本方面由于在地区有着庞大的经济利益，也表示了颇为关注的姿态。在日本作为"经济大国"崛起后，马日经贸往来不断扩大。

在马日两国紧密经贸关系的推动下，两国政治关系的发展也获得了良好的环境和基础。1977年马来西亚和日本领导人共同商定成立"马—日经济协会"。同年，时任日本首相福田赳夫在菲律宾马尼拉发表题为《我国的东南亚政策》演说，提出日本对东南亚外交的三项原则：和平繁荣、加强交流与对等合作。以此为标志，日本对包括马来西亚在内的东南亚政策开始由经济与政治关系并重转向以政治关系为重。到20世纪80年代初，时任马来西亚总理马哈蒂尔在马—日经济协会发表演说，提出"向东学习"的口号，强调马来西亚人在某些方面应向日本人学习，在理解基础上学习日本人勤奋工作、遵守纪律等一些好的道德品质和文化传统。希望通过学习日本社会的组织原则和日本人的价值观，在全社会范围内提高工作效率，加快经济发展，促进社会的团结和稳定。以此次讲演为基础，马来西亚正式形成"向东看"政策。在这一背景下，马日两国关系在20世纪80年代获得了快速发展。1982年5月，马哈蒂尔以私人身份对日本进行了访问；时隔一个月，日本外相访问马来西亚。第二年年初，马哈蒂尔总理对日本进行正式友好访问，获得了日本方面提供的巨额贷款和特别贷款。从1982年到1984年，短短两年的时间内，马哈蒂尔四访日本。马日关系以经贸关系为基础和纽带，在两国领导人的推动下以前所未有的速度向前发展。

冷战后，日本在政治与安全上重返东南亚的脚步进一步加快。1991年5月，时任日本首相海部俊树在新加坡发表政策演说，认为"在反省过去的基础上，打算在政治方面也作出作为和平国家的我国相符合的贡献"。1993年1月，时任首相宫泽相一在泰国发表演说，提出日本对亚洲的四项基本政策：一是积极参与亚太地区，寻求建立"安全对话机制";二是促进亚太经济实行对外开放;三是致力于民主、人权和环境问题;四是同印支三国进行合作。1997年,时任首相桥本龙太郎在新加坡发表演说,建议双方:在经济领域以加深合作的平等伙伴关系取代援助与被援助的关系;将以经济为中心的关系转向广泛对话;就地区安全问题进行坦率协调;在国际范围就反恐、环保、缉毒、人口、粮食安全和能源问题等进行合作;加强在联合国范围内的磋商。同时期,"向东看"政策仍是马来西亚的对外政策重要组成部分,是马来西亚方面指导马日关系的重要原则。对此,马哈蒂尔曾表示:"我们以前向东学习,现在还是向东学习。"1990年,马哈蒂尔提出建立"东盟经济集团"。在这一主张遭到美国等国反对和异议之时,马哈蒂尔到访日本,得到了日本政府的大力支持。1991年7月,马哈蒂尔在东盟外长会议后曾对记者说:"日本不仅发挥经济作用,而且发挥政治作用。"1993年5月,马哈蒂尔再一次来到日本东京,对日本向柬埔寨派出维和部队表示支持。在马日两国各自的上述一系列政策推动下,马日关系在20世纪90年代一直保持着稳定、快速的发展态势。

21世纪后,马日双边关系在东亚区域合作的大背景下持续稳固和加强。2002年,时任日本首相小泉纯一郎访问东盟,并向东盟提出"日本—东盟全面经济伙伴关系的倡议",得到了马哈蒂尔的全力支持。同年,马哈蒂尔在与小泉纯一郎会晤中表示欢迎日本与马来西亚之间进行"双边经济伙伴关系"的谈判。第二年,马来西亚和日本贸易主管部门举行会谈,讨论"双边经济伙伴关系"的可行性。2004年,巴达维任总理后首次访问日本。2005年,马来西亚最高元首苏丹访问日本;同年,巴达维再次访日。2006年、2007年,巴达维连续对日本进行国事访问。2007年8月,马日两国庆祝建交50周年,并以此为契机寻求建立更为紧密的合作关系,实现"持续友好、长久的伙伴关系"。2008年5月，马总理巴达维对日进行工作访问。2009年12月，马副总理兼教育部长穆希丁访日。2010年4月，马来西亚新任总理纳吉访日。至今，马日在政治、安全方面仍有着相当稳定的关系。

（二）马日经贸关系

马日经贸合作关系在马日建交之初即已建立，经历了初期的建立、20世纪80年代至90年代的快速发展和新世纪后两国经贸关系的巩固和加强三个阶段。

在第一阶段，马日经贸合作关系建立后，一度是马日双边关系的最主要内容。1959年拉赫曼访日后，两国即签订了一项旨在为日本垄断财团对马投资提供方便的经济协定，为发挥马日经贸和投资关系创造了条件。1963年，马来西亚联邦成立后，宣布准许马来西亚商人向日本订购纺织品。此例打开了日本商品源源不断输入马来西亚的先河，直接推动了马日经贸关系的升级。日本崛起为世界"经济大国"后，马来西亚对外政策也发生调整，对外经济交往成为重点，并成为国内经济建设的重要推动力量。这无疑为马日经贸关系的升级奠定了基础和创造了政策条件。

在第二阶段，大致从20世纪80年代到90年代末，马日经贸关系在两国政策的共同推动下获得了前所未有的快速发展。提出"向东看"政策后，马哈蒂尔连续在1982年、1983年访问日本，为马来西亚带来了1982年度贷款210亿日元和特别贷款500亿日元。来马来西亚投资办厂和建立海外基地的日本垄断财团和公司络绎不绝。1992年，马来西亚出口货物中有高达13.2%输往日本，进口货物中也有25.9%来自日本，日本成为马来西亚最大的进口国。1997年，东南亚爆发金融危机，日本不仅对马来西亚的"资金管制"表示理解和支持，并且还为马来西亚克服经济困难提供了大量的经济援助。马日经济关系的稳定成为马来西亚最早从金融危机中复苏的重要原因之一。

进入21世纪后,马日经贸关系在区域合作和两国政策的共同推动下日渐巩固和进一步加强。世纪初,马日就建立"双边经济伙伴关系"的可行性和敏感性进行了谈判和论证,并在2005年完成"经济伙伴协定"的谈判,同年12月31日签署了《日本与马来西亚经济伙伴关系协定》(JMEPA)。2007年,马日两国以"日本—马来西亚友好年"为契机,就马来西亚的"向东看"政策进行讨论。在讨论中,时任日本首相安倍晋三认为,"向东看"政策提高了马日两国经济联系,并表示日本今后将大力支持这一政策的继续实施。到2008年,马日双边贸易额更是高达1367亿令吉,日本也成为马来西亚最大的外来投资国。可以预见,马日经贸关系势必将在两国彼此信任的环境中,在共同的政策推动下,继续稳定向前发展。

第五节 与国际组织的关系

一、与亚太经合组织的关系

亚太经合组织(APEC)成立于1989年11月,在1993年西雅图领导人非正式会议宣言中提出其宗旨,即APEC的"大家庭精神"——为该地区的人民创造稳定和繁荣的未来,建立亚太经济的大家庭,在这个大家庭中要深化开放和伙伴精神,为世界经济作出贡献并支持开放的国际贸易体制。马来西亚是一个对外依赖性较强的国家,其进出口贸易额每年都占国内生产总值的70%以上。基于此,马来西亚认为有必要加强与邻近国家和地区的联系。因此,马来西亚对于亚太经合组织表示欢迎,并于1989年11月加入该组织。

但是,马来西亚加入APEC并不意味着对APEC的完全迎合。

马来西亚意识到，尽管自身是东盟中最发达的国家之一，但凭其实力也难以与亚太地区的大国相抗衡。因此，由于APEC存在被美国等大国控制的可能性，马来西亚对APEC心存疑虑。为防患于未然，马来西亚与其他东盟国家在1990年召开了古晋会议，谈论了东盟在亚太经合组织中的合作方针。在会上，东盟国家达成了"古晋共识"，强调东盟内部的经济合作及APEC不能成为一个高度机制化的机构。这充分表明马来西亚在内的整个东盟试图在合作中维护自己的独立性与主权。在这一背景下，美国在1993年提出将APEC建成"新太平洋共同体"的建议时，马来西亚表示坚决反对。此外，马哈蒂尔曾于1993年11月为表示对美国反对"东亚经济集团"倡议的不满，拒绝出席在西雅图举行的首届APEC首脑非正式会议。可见，APEC被亚太大国操控的可能及APEC对东盟内部经济合作的削弱效应成为马来西亚加入APEC后的主要顾虑。

马来西亚对APEC的贸易自由化计划也存在着一定的顾虑。虽然马来西亚在1994年APEC茂物会议后，积极采取了减免进口税的措施，但是在会上对亚太经合贸易自由化的时限问题，始终持有强烈的反对立场，认为开放市场和关税步伐的快慢应由各成员国自行决定。因此，虽然马来西亚基于自身对世界市场的需要加入了APEC，但其对APEC并非毫无保留。马来西亚对APEC为美国等大国控制的可能性、APEC对东盟内部经济合作的副作用及贸易自由化的时限问题等方面，存在着一些疑虑。简言之，马来西亚与APEC处于"一致与对抗"的关系当中。

二、与东盟的关系

马来西亚是东盟的五大创始国之一，对东盟的创立以及发展起着重要的作用，在马来西亚对外政策当中，东盟也一向都是马来西亚对外政策的基石。

从东盟的建立来看，马来西亚的作用不容忽视。马来西亚成立以来，马来西亚就一直钟情于区域及国际组织。这主要是由于马来西亚与周边国家都有领土或者领海相连，而其自身的武装力量相对较为薄弱及深受种族问题、马共活动等影响。由此，将素来以大国自居的印尼纳入区域秩序中成为马来西亚的心愿。然而，马来西亚向印尼发出的关于建立东南亚联盟的邀请遭到了拒绝。随后，马来西亚与印尼发生对抗。在对抗中，马来西亚获得了最后的胜利。从某种意义上说，正是对抗促进了东盟的诞生，东盟的建立成为马来西亚外交的一大胜利。至此，印尼开始被纳入区域秩序中，避免了以后"对抗"的重演。在东盟成立之后，马来西亚根据国家利益的需求，在对外关系中优先考虑了与东盟的关系。然而，这无法掩盖马来西亚在与东盟的合作中的利己主义取向，这在马来西亚与东盟的经济、政治以及军事合作等方面得到充分体现。

第一，在东盟成立之初，马来西亚就强调要突出东盟组织的经济色彩。早在1982年11月，马哈蒂尔就公开发表了马来西亚对东盟经济合作的立场。事实上，马来西亚的出发点主要在于本国的工业化，对本国利益不利的东盟工业化计划，其兴趣也不大。以在20世纪80年代初的"汽车工业互补计划"为例，由于东盟所推行的汽车工业互补计划影响了马来西亚的汽车生产，马来西亚最终选择了与日本的三菱公司合作，自主生产"宝腾"汽车。东盟的"汽车工业互补计划"由此最终破产。

第二，作为东盟的核心国家，马来西亚历来都积极参与东盟的政治合作，但合作的根本出发点在于马来西亚本国的国家利益。首先，为了为本国的发展创造良好的外部环境，马来西亚将东盟视为消除与东盟国家紧张关系的有力工具。在实践中,马来西亚也积极通过东盟机构解决与东盟国家的争端,如马菲沙巴危机、马新供水争端等。其次,马来西亚对东盟内部政治合作的高度机制化持否定态度。《东南亚友好合作条约》的第十四条和第十五条建议成立一个高级委员会来负责受理缔约国间的争端,马来西亚对此态度较为冷淡,这种委员会由此迟迟未能建成。另外,对于印尼所提出的增强东盟秘书处自主权的方案,马来西亚也表示不支持。无可置疑,马来西亚在与东盟国家的政治合作当中以本国的国家利益为重。

第三,马来西亚冷战后积极推动东盟地区安全合作,支持东盟关于成立"东南亚安全共同体"的决定。马来西亚积极推动军事合作的主要目的在于与东盟国家建立信任关系,为本国的工业化发展创造一个有利的国际环境。

三、与联合国的关系

马来亚联合邦于1957年9月17日加入联合国,1963年9月15日改名为马来西亚。联合国的宗旨是维护国际和平与安全,促进国际合作,它以所有会员国主权平等为基本原则。这对于马来西亚来说,具有十分重要的意义。

从地理上看,马来西亚位于东南亚的中心,与印度尼西亚和新加坡共同管理着世界最重要的海运通道——马六甲海峡。马六甲海峡控制着全球四分之一的海运贸易,它是亚洲联系欧洲和中东地区的桥梁。鉴于其重要性,在历史上马、印、新三国对于其主权曾有过激烈的争执,而这一争执最终在联合国及其国际法庭和《联合国海洋法公约》的作用下得以解决。2002年国际法庭对马来西亚与印尼的安巴拉海域西巴丹岛和利吉丹岛的主权纠纷也作出了判决。可见,联合国对于马来西亚运用和平方式解决与邻国的争端具有十分重要的积极意义。

马来西亚在维护联合国的宗旨方面也作出了一定的贡献，以积极的行动践行着联合国的宗旨。首先，马来西亚维护在联合国会员国的主权资格。2007年11月，马来西亚外交部官员援引该国外交部长赛哈密的话表示，马来西亚反对台湾加入联合国。其次，马来西亚积极支持联合国的维和行动。2001年11月，马来西亚国防部长纳吉表示，如果联合国发出邀请，马来西亚就将向阿富汗派遣维和部队。马来西亚维和部队训练中心（PLPM）还与联合国发展计划署（UNDP）合作，发展新的维护部队训练课程以训练马来西亚及其他亚洲、非洲国家的维和部队。

作为当前全球最重要的国际组织，联合国对于马来西亚的发展具有十分积极的意义，它为马来西亚和平解决与邻国的纠纷作出过重要贡献，而马来西亚也是联合国的宗旨和和平精神的忠实践行者。

第十一章　中马友好关系

第一节　古代中马友好关系

中马两国的民间交往有2000多年的历史，根据考古发掘和史籍记载，早在公元前2世纪到公元前1世纪初，已经有中国人到达马来半岛南部和北婆罗州地区。15世纪以前，马来半岛分立着许多小国，大多为室利佛逝、满者伯夷等当时东南亚强国的藩属国，但在政治上仍属于相对独立和自主自治的国家。15世纪初，以马六甲为中心的马六甲王国首次统一了半岛马来西亚地区，亦即今天马来西亚国家的雏形。1511年，葡萄牙殖民者攻占马六甲，马六甲王国灭亡，半岛马来西亚地区进入西方殖民统治时期，先后被葡萄牙、荷兰、英国殖民统治。根据马来西亚历史发展的进程，古代中马友好关系主要指马来亚被英国殖民统治前中马两地的往来。

一、15世纪以前的中马友好关系

有学者曾指出，"中印两国人民，因为互相仰慕而谋海上交通时，发现了马来亚"。在中印两国开始谋求海上交往的秦汉时期，由于处于二者来往的必经之地，马来半岛开始为国人所认识，在柔佛河流域发掘出许多的秦汉两代的陶器残片也证明当时已有中国人踏足马来半岛。3世纪开始，当时马来半岛的国家已经开始遣使到中国朝贡了。朝贡是指"君主时代藩属国或外国的使臣朝见君主，敬献礼物"。通常认为，古代中国与周边蛮夷和其他国家所建立的朝贡关系及其相关制度，是先秦时代中央与地方之间、天子与诸侯之间朝聘制度的延伸和发展。古代中国帝王"普天之下，莫

第十一章 中马友好关系

非王土；率土之滨，莫非王臣"的观念甚重，将一切对外关系皆视为"来朝"、"来献"、"奉贡"的朝贡关系，视"朝贡"为一种政治归顺的象征。

东汉至魏晋六朝、隋时期，由于朝贡贸易的兴起，中国和马来半岛国家通过南海的交往持续增多。前来朝贡的贡使主要是马来半岛各国的政府官员，有的则本身就是商人，在进行贸易的同时，也成为早期中马文化交流的使者。而前往马来半岛的中国人除朝廷派遣的使臣外，还有一个特殊的群体——僧侣。佛教在东汉传入中国后，发展迅速。很多高僧为探求佛法，瞻仰佛迹，都寻求能亲身前往印度。除从陆路西行外，一部分僧侣还从海路绕道途经马来半岛前往印度，他们在不知不觉中也充当了两地文化交流的使者。

唐、宋、元朝是中国封建社会的成熟阶段，版图辽阔，国力强盛，对外经济文化交往获得极大发展。唐朝时期，随着造船工艺的提高和航路的开辟，加上对南海诸国实行和平交往的政策，中国与马来半岛各国交往逐渐增多，当时从广州通往南海诸国的海道就途经吉打和柔佛一带。由于朝廷推行对外开放政策，朝贡贸易和民间贸易都有了较快发展。位于马来半岛南端（今柔佛州境内）的罗越国，因为濒临马六甲海峡，成为中国与南海国家贸易的重要港埠，同时也是各国进行商业活动的商品集散地和中介地。从马来半岛前往中国进行贸易的民间商贾也取代了朝廷官吏，成为两地交往的主要人员。唐代也是中国最早与北婆罗洲国家有交往记录的时期。出土的陶瓷用具、玻璃器皿和开元通宝铜钱等都是当时的中国商人从中国运来的，犀角、象牙、燕窝、树脂、香料、黄金和宝石则是他们购买运往中国的主要货物。此外，开采铁矿、冶铸生铁也是中国人前往砂拉越等地的一个主要目的，冶铁技术就是在唐代传入砂拉越的。

宋代的造船业非常发达，随着指南针应用于航海，航运业进入繁盛阶段。渤泥国（今文莱一带）与中国建交并两次遣使入贡，开创了中国与北婆罗洲地区经济文化交流的新纪元。市舶贸易是宋代中国与马来半岛国家往来的主要形式，对加强两地的经贸往来和文化交流产生了十分积极的影响。宋朝商人携带金银、瓷器、铁器、漆器、缣绢、酒、米、糖、麦等商品前往各国交易，换回速暂香、降真香、檀香、象牙、犀角等土产。与宋朝进行市舶贸易、今属马来西亚属地的国家主要有佛罗安（位于马来半岛南部）、单马令（今彭亨州一带）、凌牙斯（今柔佛州一带）、蓬丰（今彭亨州一带）。

元朝基本沿袭了宋朝对南海诸国的策略，重视与各国友好交往，实行朝贡贸易、官本贸易（含使臣贸易、斡脱贸易、官本船贸易等）和市舶贸易（含私商经营的海外贸易）。与元朝有贸易往来的马来半岛国家主要有丹马令（今彭亨州一带）、彭坑（今彭亨州一带）、吉兰丹（今吉兰丹州一带）、丁加卢（今登嘉楼州一带）、龙牙犀角（今新加坡一带）、龙牙门（今新加坡一带）、苏洛鬲（今吉打一带）、渤泥。与宋朝相比，元朝与马来半岛国家和北婆罗洲渤泥国的友好往来又有了进一步的发展。

二、马六甲王国时期的中马朝贡关系

马六甲王国（1400—1511年）时期，中马两国交往密切，是古代中马友好关系发展的高潮阶段。马六甲王国与明朝的交往始于永乐元年（1403年），终于正德十六年（1521年），历时119年。由于当时明朝对内厉行海禁政策，严禁中国商民出海贸易，对外则实行政治、经济和文化一体的具有政府垄断性质的朝贡外交。这就决定了中马两国交往的性质只能是官方性质的朝贡关系，而朝贡贸易则是两国交往的主要形式。中马两国朝贡关系的发展，根据马六甲王国八任国王的在位时间，大致分为以下几个阶段。

（一）拜里米苏拉时期（1400—1414年）的中马朝贡关系

拜里米苏拉是马六甲王国的奠基者，也是决定与明朝确立朝贡关系的决策者。马六甲王国建国之初，位于马来半岛北部的暹罗王国正值鼎盛时期，势力遍及马来半岛以北的大部分地区，马六甲亦在其掌控范围之内。拜里米苏拉与暹罗达成协议，愿为暹罗属国，每年向暹罗国王进贡四十两黄金，希望借此避免暹罗的侵犯，为马六甲谋求一个和平安定的发展环境。1402年，明成祖朱棣即位，明朝重新开始重视发展与海外国家的关系，接连派遣使臣前往东南亚各地，宣示明朝大国之威，招徕各国朝贡贸易，促进双边关系的发展。永乐元年（1403年）十月，中官尹庆出使马六甲，赐给拜里米苏拉织金文绮、销金帐幔等物，并表达明朝招徕之意。拜里米苏拉虽然与暹罗有进贡黄金而免遭侵犯的协议，但暹罗对马六甲觊觎已久的事实还是让他内心非常不安。尹庆的到来让拜里米苏拉喜出望外，他深知明朝是周边地区中实力最为强大的国家，认为这是一个可以让马六甲得到强援以摆脱暹罗威胁的大好时机。因此，拜里米苏拉当机决定派遣使臣跟随尹庆赴明朝，在永乐三年九月抵达京师（南京），向明朝朝贡，明成祖诏封拜里米苏拉为马六甲国王。此后，拜里米苏拉先后于永乐五年九月、永乐七年二月、永乐十年六月和永乐十一年八月四次遣使赴明朝朝贡。

尹庆出使马六甲揭开了马六甲王国与明朝朝贡关系的序幕，郑和七下西洋都曾到访马六甲则为两国亲密关系添加了浓重的一笔。永乐三年冬、永乐五年冬、永乐七年冬和永乐十一年冬，郑和四次奉使西洋均到马六甲。永乐九年，郑和在第三次下西洋的回程途中经过马六甲时，马六甲国王拜里米苏拉亲自带领王妃、王子和臣下五百四十余人跟随郑和一起前往明朝，在永乐九年六月抵达明朝，并在同年七月抵达南京。这是马六甲国王对中国的第一次出访，规模尤为庞大，明成祖给予其最隆重的礼仪接待。明成祖与拜里米苏拉相见甚欢，永乐九年九月，在明朝停留两个多月的拜里米苏拉向明成祖告辞回国，明成祖在奉天门设宴为拜里米苏拉饯行，并重赏其一行人。

拜里米苏拉在位期间，中马两国建立并保持了长达12年的朝贡关系，也成为两国关系进入蜜月期的华丽前奏。

（二）梅格·伊斯坎达尔·沙时期（1414—1424年）的中马朝贡关系

1414年，拜里米苏拉逝世，王子艾哈迈德王继位，称号梅格·伊斯坎达尔·沙。梅格·伊斯坎达尔·沙在位11年，先后于永乐十三年九月、永乐十四年十一月、永乐十六年八月、永乐十八年九月、永乐十九年正月、永乐二十一年九月六次遣使入贡，明成祖皆厚待来使。

永乐十二年和永乐十七年，梅格·伊斯坎达尔·沙两次亲赴明朝朝贡，受到明成祖热情款待。梅格·伊斯坎达尔·沙第一次来明朝是在其父拜里米苏拉逝世当年，意在向明朝皇帝请封为王。马六甲愿为明朝属郡、奉明朝正朔后，只有受到明朝天子的册封，才能真正成为世人眼中正统的马六甲国王，得到更多明朝其他藩属国的承认。第二次来朝则是向明成祖奏明暹罗对马六甲屡有侵犯的情况，希望借助明朝之力拒暹罗于国门之外。明成祖再次敕谕暹罗，令其与马六甲和平共处，这使得马六甲再次凭借明朝摆脱了暹罗的威胁。通过两次入明朝贡，梅格·伊斯坎达尔·沙确立了马六甲国王的地位，进一步巩固了作为马六甲统治者的威信，也使马六甲免遭暹罗的入侵。

梅格·伊斯坎达尔·沙在位期间，郑和第五、第六次奉使西洋，皆到访马六甲。永乐十九年，郑和第六次奉使西洋也是永乐年间明朝最后一次大规模遣使西洋各国。郑和把马六甲当作下西洋航程的中转站，在此建立仓库囤积粮食和货物，对船只进行维护和修理，因此郑和与马六甲关系非常紧密。

梅格·伊斯坎达尔·沙时期，中马两国来往频繁，友好关系进一步得到加强。在明朝的庇护下，马六甲继续得以免遭暹罗的威胁和入侵，获得和平安定的发展环境。

（三）苏丹穆罕默德·沙时期（1424—1445年）的中马朝贡关系

苏丹穆罕默德·沙是梅格·伊斯坎达尔·沙的继任者，是马六甲王国的第三任国王。苏丹穆罕默德·沙在马六甲建立苏丹王国，使用苏丹称号。苏丹是阿拉伯语的音译，意思是"君王"或"有权威的人"，是苏丹王国的统治者。从苏丹穆罕默德·沙开始，马六甲王国正式进入马六甲马来苏丹王国时代，其后的历任统治者皆采用苏丹称号。

苏丹穆罕默德·沙在位22年，其间明朝历经永乐、洪熙、宣德、正统四朝，马六甲先后六次遣使朝贡：永乐二十二年十一月遣使向明仁宗朱高炽朝贡；宣德元年六月遣使向明宣宗朱瞻基朝贡；宣德十年三月、正统四年三月、正统九年十一月、正统十年二月遣使向明英宗朱祁镇朝贡。苏丹穆罕默德·沙本人也在永乐二十二年三月、宣德八年十月两次亲赴明朝朝贡。

永乐二十二年三月，苏丹穆罕默德·沙第一次来访明朝。是年其父梅格·伊斯坎达尔·沙逝世，苏丹穆罕默德·沙继位后迫切希望得到明朝皇帝的册封，以求获取认可，巩固地位，加强威信。永乐皇帝热情接待了来访的苏丹穆罕默德·沙，并厚赏苏丹及随行人员。这也是永乐皇帝最后一次接受马六甲王国的朝贡。明成祖在位期间,大力发展对外关系,招徕朝贡贸易,正是这种开明的外交政策才促成了中马两国朝贡关系的建立,也造就了两国交往史的黄金时期。

永乐二十二年,明成祖出征北疆,七月卒于征途榆木川。永乐皇帝逝世不久,郑和的航海活动随即停止。直至宣德五年,明宣宗不满"外番贡使多不至"的冷落景况,命郑和第七次出使西洋。宣德六年十二月,郑和最后一次奉使西洋,此后,明朝统治者对海外国家的兴趣渐淡,也没有再组织规模相当的出访活动,郑和七下西洋终成千古绝唱。

宣德八年,苏丹穆罕默德·沙跟随郑和回航船队第二次赴华朝贡,并在十月抵达南京。由于当时天气转冷,明宣宗安排苏丹穆罕默德·沙一行在南京过冬,等来年春暖时再赴北京朝贡。苏丹穆罕默德·沙是宣德年间唯一来华朝贡的外国国王,加之其祖父、父亲都曾来华朝贡,明宣宗对其是款待有加,给予厚赏。苏丹穆罕默德·沙两次来华朝贡把马中两国关系发展推向了高潮。

1403年至1445年43年间,是马六甲王国与明朝关系最为密切的一段时期,期间马六甲国王十六次遣使来华朝贡,而郑和七下西洋皆访马六甲以及三代马六甲国王五次亲赴明朝朝贡则是两国亲密关系最直接的体现。

(四)苏丹阿布·赛义德时期(1445—1446年)与苏丹穆扎法尔·沙时期(1446—1456年)的中马朝贡关系

1445年,苏丹穆罕默德·沙去世后,马六甲陷入了一场围绕王位争夺的政治危机之中。这场危机源于苏丹穆罕默德·沙的两位王子对王位继承权的争夺。苏丹穆罕默德·沙在位期间曾先后迎娶两位王妃。大王妃敦·瓦蒂是来自苏门答腊岛西北部巴赛国泰米尔族穆斯林富商马尼·普林丹之女,与苏丹婚后育有一子拉惹·卡希姆。二王妃是苏门答腊岛中部罗干国的一位公主,婚后生下二王子拉惹·易卜拉欣。苏丹穆罕默德·沙一改长子继任王位的传统,把具有王室血统的二王子拉惹·易卜拉欣立为太子即王位继承人,立其母亲罗干国公主为苏丹后。苏丹穆罕默德·沙逝世后,二王子拉惹·易卜拉欣继承王位,即苏丹阿布·赛义德。当时罗干国王子已在马六甲定居多年,当外甥拉惹·易卜拉欣继任苏丹后,他一手掌握了国家大权,并把大王子拉惹·卡希姆及其母亲赶出王宫。罗干国王子的种种恶行引起了公众的不满,大王子拉惹·卡希姆则得到了大多数马六甲居民的支持。1446年的一个夜晚,大王子拉惹·卡希姆联合当时的宰相及财相,率领支持者攻入王宫,杀死罗干国王子,而苏丹阿布·赛义德在争斗中先是被罗干国王子挟持为人质并最终被其杀害。事后,大王子拉惹·卡希姆成为马六甲王国第五任国王,即苏丹穆扎法尔·沙。

苏丹穆扎法尔·沙继任王位后,马六甲王国断绝了与中国长达数十年的友好往来,这种情况一直持续到1455年。马六甲王国著名的宰相敦·霹雳上任后,恢复了两国的朝贡关系,希望再次借助明朝镇慑暹罗的野心。景泰六年(1455年)五月、景泰六年(1455年)七月、景泰七年(1456年)五月,马六甲王国三次遣使来华朝贡。中马两国中断了十年的朝贡关系也重新展开。

(五)苏丹曼苏尔·沙时期(1456—1477年)与苏丹阿拉乌丁·黎阿耶特·沙时期(1477—1488年)的中马朝贡关系

苏丹曼苏尔·沙和苏丹阿拉乌丁·黎阿耶特·沙统治时期是马六甲王国国力最为鼎盛的时期。苏丹曼苏尔·沙在位时期,马六甲王国积极向外扩张,到1470年,马六甲王国已经成为东南亚地区实力最强的国家,马六甲海峡也完全处于其掌控之中,马六甲成为东南亚最重要也是商贾最为集中的商业贸易中心。

1456年，苏丹曼苏尔·沙在即位之初就遣使明朝朝贡，行至广东新会县时，由于正贡使奈霭犯法并畏罪自杀，副贡使巫沙随即取消朝贡行程，率使团离开中国。1459年，苏丹曼苏尔·沙再次遣使朝贡。此时马六甲王国国力强盛，明英宗对其也是十分重视，并在天顺三年（1459年）八月遣给事中陈嘉猷为正使、行人彭盛为副使前往马六甲，册封苏丹曼苏尔·沙为马六甲国王。成化四年（1468年）十月、成化五年三月、成化十一年五月，马六甲王国贡使三次抵华朝贡。

1477年，苏丹曼苏尔·沙逝世，其子拉惹·侯赛因继位，即苏丹阿拉乌丁·黎阿耶特·沙。苏丹阿拉乌丁·黎阿耶特·沙被认为是马六甲王国历史上最有能力的一位苏丹。他一方面削弱敦·霹雳的势力，加强手中的权力，一方面在国内推行多项法律和法规，尤为注重对国内治安状况的治理。苏丹阿拉乌丁·黎阿耶特·沙在位11年，在巩固马六甲王国属地统治权的同时，还征服了苏门答腊岛上的阿鲁国，使马六甲王国的领土进一步得到扩大。

苏丹阿拉乌丁·黎阿耶特·沙时期马六甲王国与明朝来往不多，只在成化十七年（1481年）八月遣使朝贡一次。明朝曾在成化十七年七月派遣礼科给事中林荣充为正使，行人司行人黄乾亨为副使，前往册封苏丹阿拉乌丁为国王。然而林荣充在赴马六甲途中遇飓风溺死海上，未能完成出使。

苏丹曼苏尔·沙与苏丹阿拉乌丁·黎阿耶特·沙把发展重点放在了经济建设和对外扩张上，在成功与暹罗修好，彻底解除了长期困扰马六甲王国的外患后，原来明朝所起遏制暹罗的作用也逐渐淡化，所以这一时期中马两国的交往呈现断断续续的局面。

（六）苏丹马哈穆德·沙时期（1488—1511年）的中马朝贡关系

1488年，正值壮年的苏丹阿拉乌丁·黎阿耶特·沙猝死，年仅30岁，死因存疑。其子拉惹·马哈穆德继位，即苏丹马哈穆德·沙。1498年，四朝宰相敦·霹雳逝世，结束了其长达42年的宰相生涯，也预示着马六甲王国走向没落的开始。苏丹马哈穆德·沙并非一名贤能的君主，而是一个嗜鸦片如命的"烟鬼"，是一名"软弱而残忍的暴君"。他每天潜心于虚幻的宗教和灵魂学说之中，而把国家交给宰相和大臣们管理。这使得朝廷上下争权夺利之风盛行一时，贪污受贿现象极为普遍。失去敦·霹雳的马六甲王国再次处于内忧外患之中。

由于国内矛盾重重，苏丹马哈穆德·沙无暇顾及发展与明朝的关系，两国外交往来在其即位后中断了十余年。武宗正德三年（1508年），正当两国恢复交往之际，一件由于中马两国官员贪赃枉法而引发的"使臣案"则使两国的来往再度中断。根据史籍记载，正德三年（1508年）十二月抵华朝贡的马六甲王国使团中有一名叫亚刘的人，原是中国江西万安人萧明举，因在中国境内犯罪而逃往马六甲，并被授予通事的官职。亚刘跟随马六甲王国贡使端亚智前往明朝朝贡，受到明朝廷重赏。亚刘贿赂明朝的大通事王永、序班张字、礼部吏侯永等，伪造了符印，前往渤泥国索要宝物。后来由于与端亚智等二十一人发生纠纷，亚刘便勾结彭万春等人，将端亚智等二十一人杀害并抢夺其财物。事发后，亚刘等被捕并押送至北京，分别被处以凌迟或斩首之刑。这次事件发生后，马六甲王国再次中断了和明朝的外交来往。

1511年，马六甲王国都城马六甲被葡萄牙殖民者攻陷，苏丹马哈穆德·沙被迫出走流亡，希望通过外围努力谋求收复马六甲。1521年，已逃亡至廖内群岛的苏丹马哈穆德·沙遣使来华朝贡，受到明朝接待并给予赏赐。虽然马六甲王国已遭受灭国之灾，但明朝依然只承认苏丹马哈穆德·沙为马六甲王国的正统国王，依然按照国王的待遇对苏丹及王妃进行回赐。但对于苏丹马哈穆德·沙的复国求援，当时已经嗣位的明世宗朱厚熜也是无能为力，此次朝贡也是马六甲王国统治者最后一次向明朝朝贡。

　　明朝的朝贡体系强调"怀远以德"、"协和万邦"，追求的是"共享太平之福"，虽然要求周边各国向明朝称臣纳贡，接受明朝册封，成为明朝藩属，但却并没有干涉他国内政、强占他国土地的企图。以和平方式建立朝贡体系体现的是明朝睦邻安邻的友好外交政策，厚往薄来、怀柔安抚是明朝维系朝贡体系的主要手段。明朝与马六甲王国建立的朝贡关系即是中国传统"和"文化、和平外交的体现。中马两国虽有宗藩之名，但明朝始终把以德睦邻、和平共处作为两国一个多世纪以来朝贡关系发展的前提。稳固发展的马中朝贡关系促进了两国的交往，对马六甲王国的政治、经济和文化产生了深远的影响，对明朝社会的发展也起到了积极的作用。

三、葡萄牙、荷兰殖民时期的中马关系

　　1511年，马六甲成为东南亚第一个被葡萄牙殖民者侵占的地区，开始了长达129年的葡萄牙殖民统治时期。葡萄牙在占领马六甲后，一方面，对马六甲实行贸易垄断政策，完全控制胡椒和香料的贸易；另一方面，则希望借助朝贡的名义，到中国谋取获利的机会。由于马六甲国王是由明朝统治者册封，受到朝廷承认的一国之君，马六甲王国与明朝是有着朝贡关系的藩属，因此，对于侵略马六甲的葡萄牙，明朝政府表示了明确的态度：一是不容许葡萄牙侵占马六甲；二是不接受葡萄牙的封贡请求，并令其归还马六甲领土后才能朝贡；三是希望暹罗等马六甲的邻国能够出兵帮助马六甲；

四是加强海防，防止葡萄牙商船借其他名义侵入中国。退至柔佛的马六甲苏丹马哈穆德·沙建立了柔佛王国，中国与柔佛王国沿续了此前与马六甲王国的友好关系，坚决支持当地人民驱逐侵略者、收复国土的斗争。中国商船更多驶往柔佛和吉兰丹等地贸易，马六甲和东南亚其他地方的华侨也转而前往北大年、吉兰丹、柔佛和文莱等地经商，这些地区的华侨数量因此迅速增加，社会经济也取得快速发展。

在葡萄牙的殖民统治下，马六甲成为殖民者对东南亚进行侵略和掠夺的殖民中心，过往船只都被强迫驶往马六甲缴纳高额赋税，如有不从则要受到严厉惩罚。为了控制马六甲的外侨，葡萄牙殖民当局还设立了"甲必丹"制度，实行"分而治之"的统治策略，即委任各侨居民族的领袖为甲必丹，专门负责处理民族内部事务，定期向殖民当局汇报侨民的情况。居住在马六甲的华侨和到马六甲经商的中国商人受到了葡萄牙殖民者的横征暴敛，不仅中国商船经常被殖民者袭击和拦劫，中国货物也被征收高达10%的课税，因此，马六甲华侨和中国商人都非常痛恨葡萄牙殖民者，在葡萄牙统治时期，中国和马六甲交通贸易长期中断，马六甲的华侨数量也一直有限，到1641年荷兰占领马六甲时，华侨总共只有不到400名。

1641年1月，荷兰殖民者打败葡萄牙殖民者，攻占马六甲，开始对其长达183年的殖民统治。荷兰殖民者继续实行贸易垄断和海盗掠夺的政策，显示出了比葡萄牙殖民者更多的贪婪和凶残。殖民当局规定，任何通过马六甲海峡的船只，不论起货与否，一律征收高额税赋，种类包括进出口税、人头税、停泊税等；南宁（今马六甲州北部地区）属邦应付各项什一税和其他税款；对霹雳、吉打、雪兰莪、宁宜等地的锡实行垄断贸易，控制香料、胡椒、檀香、布匹贸易的专卖权，通过各种途径对各族人民进行压榨和掠夺。在侵占马六甲的同时,对中国觊觎已久的荷兰殖民者还试图从海路打开中国的大门,在福建、澳门沿海多次进犯,但由于中国的海疆守备严固而无法攻入,转而侵占澎湖和台湾,在中国沿海一带进行走私掠夺。由于无法打开与中国的通商门户,荷兰殖民者对中国人非常仇视,对航行至新加坡海峡或柔佛河口的中国商船进行拘捕、没收甚至杀戮,手段残忍、凶暴。1661年,郑成功收复台湾,被驱逐出境的荷兰殖民者更是把中国人视为仇敌,中国大小船舶,只要航至新加坡海峡或柔佛河口附近,都将被拘捕。由于荷兰殖民者专横和残暴的统治,在其殖民马六甲时期,华人数量一直不多,中国商船也都绕道不经过马六甲。

对于荷兰殖民者占领马六甲,中国政府表示反对,中国人民也不顾殖民者的海上封锁,同马来亚各地人民保持友好的通商往来,运来铜铁器具、大米、粗布和瓷器等物品,从经济上支援他们抗击殖民者的斗争。以郑成功为代表的中国人民将荷兰殖民者驱逐出台湾,动摇了其在远东的霸权基础,不仅沉重打击了殖民者,也在政治上、军事上配合了马来亚人民的反殖斗争,鼓舞了马来亚人民的抗敌斗志。马来亚华侨也与各族人民一起,共同抗击荷兰殖民者。1642年,华侨参加了南宁和林茂(今森美兰州南部地区)的武装起义,与米南加保族和马来族人民一起,组成2 000多人的队伍,对荷斗争长达4年;1673年,华侨参加了由巴生、双溪乌绒(今森美兰州首府芙蓉)、南宁、林茂等地区人民组成的3 700多人的武装队伍,进攻马六甲的荷兰殖民者;1784年,柔佛、雪兰莪、林茂地区的华侨与马来人、武吉斯人联合向马六甲的荷兰殖民者发起进攻,几乎攻陷重兵把守的马六甲城堡。虽然上述起义都以失败告终,但是华侨与各族人民并肩反殖的英勇斗争将永载史册。

在葡萄牙和荷兰殖民统治时期,马六甲的华侨数量没有什么增长，但马来亚其他地区的华侨却有了快速发展，华侨足迹遍布吉兰丹、登嘉楼、彭亨、柔佛、雪兰莪、霹雳、吉打等地。由于殖民者的残暴统治，中国和马来亚的友好关系和贸易往来遭到严重破坏，但侨居马来亚的中国人通过自身的努力和艰苦奋斗，逐步在异乡扎根和发展，拥有了自己的社会和宗教中心，甲必丹制度也从马六甲向各地发展。各地华侨主要从事种植、开矿和贸易活动，在长期的工作和生活中，他们逐渐与马来亚各族人民建立了亲密友好的关系。

第二节　近现代中马友好关系

1786年，英国人莱特强占槟城，正式对马来亚和新加坡进行侵略。1824年，英国与荷兰签订条约，调整两国在东南亚的利益分配，荷兰获得香料群岛、班达群岛、爪哇、苏门答腊岛、廖内群岛，印度、锡兰、马来亚、新加坡等地则成为英国的势力范围，马来亚进入英国的殖民时代。此后，又经过92年的扩张，英国终将整个马来亚和北婆罗洲变为殖民地。1840年中英鸦片战争后，中国逐渐沦为半殖民地半封建社会，共同的命运使中马两地人民在长期的反对殖民统治斗争中巩固了传统友谊。从1786年槟城被英国强占到1957年马来亚联合邦独立的170年间，是近代中马关系的发展时期。

一、华侨与英属马来亚、北婆罗洲的建设

英国殖民统治马来亚、北婆罗洲时期，为了开辟和建设殖民地，使用各种手段将中国东南沿海的青壮年引诱到当地充当劳工，这些廉价而又有较高技能的中国劳动者成为开发马来亚和北婆罗洲的主力军，当地华侨的数量也随着大批华工的到来而快速增长。

(一)英属马来亚和北婆罗洲的华工输入

在英国侵占马来亚以前,马来亚各地的矿场和垦殖场已分布着数量不均的华工,他们的勤劳聪慧的品质和开创精神受到当地统治者和人们的认可。英国人侵占槟城时,当地还只是荒芜的原始森林,总共只有58个渔民。为将槟城开辟为新的殖民地,英国人极力吸引华人前来,契约华工成为他们招募华人前来当苦力的制度。1805年,英国殖民者在槟城正式设立招募中国劳工的机构,并以此作为中转站将华工转运到南洋各地。他们在中国招引劳工的方法主要有两种,一是由英国东印度公司驻广州商馆招雇,并用公司船装运;一是委托槟城的华人甲必丹回国代为招雇,利用中国人作为代理人招诱华工出洋,并使用中国船只作为掩护。1805年到1815年的10年间,每年都有约500~1 000名华工被运到槟城,在19世纪三四十年代,每年到达槟城的华工多达2 000~3 000人。1818年,槟城的3.5万人口中,华侨约有8 000人,到1860年,槟城的4万人口中,华侨超过2.8万人,成为人数最多的民族。

英国殖民者从中国输入契约劳工建设槟城殖民地的尝试获得了成功,随着马来亚各地锡矿的大规模开采,马来亚和北婆罗洲各种甘蜜、胡椒、甘蔗、木薯、烟草等的广泛种植,对华工的需求也越来越大。由于清朝政府厉行海禁政策,对国民出境有严格的限制,也禁止各种掠卖人口的行为,极大影响了英国殖民者华工输入的活动。18世纪中期,英国借发动鸦片战争之机打开了清朝闭关自守的大门,1857—1860年,英法发动第二次鸦片战争,强迫清朝政府签订《北京条约》,规定"华人可以出国务工,与英国人或法国人签订契约",使掠夺中国劳工的"猪仔"贸易合法化,香港、澳门、广州、汕头、海口、厦门、上海、宁波等地出现大批的猪仔馆,大量的中国劳工被贩卖至海峡殖民地。据不完全统计,1881年至1930

年的50年间,到达海峡殖民地的华人共830万人次,其中约600万人次为猪仔,占总数的70%。1874年《邦咯条约》签订后,大量猪仔从新加坡或槟城转运至马来亚各邦。从1786年英国占领槟城到1957年马来亚联合邦独立,在170年的英国殖民统治时期,先后约有800~900万名华工被贩运到英属马来亚和北婆罗洲地区。

(二)华侨对开发英属马来亚和北婆罗洲的贡献

在开发英属马来亚和北婆罗洲中,华工的处境非常恶劣,劳动时间长,工作繁重,食物简单,待遇低下,还常常遭到虐待,付出了艰辛的劳动和巨大的牺牲。18世纪在马来亚兴起的胡椒、甘蜜、肉豆蔻、丁香、木薯、甘蔗、咖啡和烟草等种植园,无论是欧籍资本家还是华侨所有,基本是由华工开垦和种植。槟城开埠后,大批华工被招募进岛,广泛应用于城市港口建设和土地的开发。1788年,在英国占领槟城短短两年的时间里,华工已经开辟了40公顷的土地,到1795年,所开发的土地增至240公顷。1790年,胡椒开始在槟城种植,很快即遍布全岛,1810年时胡椒的年产量已经高达400万磅。此后,豆蔻和丁香取代了胡椒,开始在槟城兴起,到1860年,种植园面积达到5 000多公顷。19世纪初,甘蔗种植开始在威斯利区兴起,到50年代,已经成为一个庞大的甘蔗种植场,年产蔗糖达3 750吨。

通过18—19世纪兴起的各类种植园,华工为马来亚创造了大量的财富。在槟城的垦荒种植取得成功后,华工被大批引进到柔佛、马六甲、雪兰莪、森美兰、霹雳、砂拉越和沙巴等地,开辟和种植甘蜜和胡椒。19世纪60年代初,柔佛有华工1.5万名,开辟甘蜜、胡椒种植园1.2万个;80年代,雪兰莪有华工1 000名,种植甘蜜、胡椒121平方千米,年产甘蜜1.2万担;1880年,砂拉越古晋地区有1 760名华工,开辟甘蜜、胡椒种植园229个,年产胡椒、甘蜜24 855担。1860年起,华工被引进到霹雳的吉辇和万珍地区垦荒种植甘蔗,19世纪末20世纪初,马来亚地区的甘蔗种植面积263平方千米,出口蔗糖3.5吨,出口产值在200万元以上。在一个多世纪中,从清除原始丛林、种植甘蔗,到用水牛土法榨糖进而到新式机器榨糖,全部为华工所完成。1840年前后,原产热带美洲的木薯传入马来亚,并在1855年通过招募华工首先在马六甲种植。1862年,华工在双溪乌绒开始种植木薯,到1889年,当地共有木薯粉坊25家,华工近4 000人。19世纪末,马来亚地区的木薯种植面积达到648平方千米,年出口产值达200万元。19世纪末,马来亚各地掀起橡胶种植热,大量华工被招募用于橡胶园的开辟和种植。1911年,马来联邦橡胶园有华工4万人,1917年,海峡殖民地和马来亚等地橡胶园的华工增至13万人以上,橡胶种植面积从1897年的1.4平方千米增至1910年的2 216平方千米,1920年的8 937平方千米,1940年的13 819平方千米,橡胶产量在1914年达到4.8万吨,超过巴西居世界第一位。此外,椰子、硕莪、黄梨等种植园,供应各地的蔬菜,也全部由华侨经营和种植。

早在9世纪的吉打、15世纪的马六甲,就已经有华侨开采锡矿的足迹。18世纪末19世纪初,进入马来亚各邦的契约华工就有专门从事锡矿开采的,但是数量不多。19世纪40年代,马来亚西海岸各邦先后发现了蕴藏丰富的锡矿,当地苏丹和封建王侯大力吸引华人劳工和资金前来开发锡矿,大量华工开始涌入各邦锡矿区,华人商人也开始以海峡殖民地为基地,积极向西海岸各邦投资开发和经营锡矿。1847年,马六甲约有华人锡矿工1 200名,1850年增至4 000名,锡产量增加数十倍;1884年,雪兰莪的华人锡矿工增至2.8万名;1872年,双溪乌绒的华人锡矿工增至1.5万名;1890年,日叻务的华人锡矿工增至1.8万名;1882年,拿律的华人锡矿工增至5万余名；1889年，霹雳近打地区的华人锡矿工增至4.5万名。华人矿工数目的迅速增加带动了锡产量的快速增长。据估计，截至1891年，马来亚地区的华人锡矿工超过10万名，锡产量增至1893年的约4万吨，占世界总产量的51.9%左右，居世界第一位，与橡胶一起成为马来亚的两大经济支柱。1907年，马来联邦出口总值为8060万元，其中锡的产值就达7800万元，占96.7%以上。19世纪末期，马来亚95%的锡产量由华侨贡献，锡矿业几乎全部由华侨经营。此外，马来亚各地的煤矿、金矿、铁矿等也主要由华工开采和冶炼。

华侨在种植业和采矿业的广泛参与和付出的辛勤劳动为马来亚和北婆罗洲地区的经济发展作出了巨大的贡献，同时，一批大大小小的城市也随之发展起来，例如霹雳的怡保、太平、安顺，雪兰莪的巴生，森美兰的芙蓉，柔佛的新山，砂拉越的诗巫、古晋，沙巴的山打根等。1873年以后，华人甲必丹叶德来领导华工在一片废墟上，将吉隆坡建设成为一个繁盛的商业区，奠定了今天马来西亚首都的基础和规模。近代马来亚的铁路、公路、桥梁、港口及城市建设，也都凝集着华工的血汗。英国历史学家米尔斯在其著作中承认："英属马来亚的繁荣是建筑在中国劳工上面，这种说法毫不过分。"另一位英国的马来亚华侨问题权威巴素形象地指出："假如没有华人，就不会有现代的马来亚。"

二、马来亚华侨与中国辛亥革命

中国辛亥革命推翻了清王朝，结束了统治中国两千多年的封建君主专制制度，建立了中国历史上第一个资产阶级共和政府，使中国发生了历史性的巨变。在这场伟大的革命中，海外华侨成为强有力的支持者。东南亚各地的华侨以新加坡和槟城为中心，为辛亥革命作出了巨大的贡献，同时，辛亥革命也对马来亚和新加坡华侨社会的发展产生了重大的影响。

19世纪末，意识到清政府已经成为帝国主义掠夺和统治中国的工具，中国正面临被西方列强瓜分的亡国危险，马来亚的爱国华侨组建了以推翻清政府为目标的革命团体。1897年，在中日《马关条约》签订2年后，18位马六甲华人青年组织了名为"救国十八友"的爱国小团体，发誓要共同拯救中国于沉沦，在马六甲和附近的东甲一带的华侨中宣传革命救国的思想。该团体的领袖是来自马六甲的青年商人沈鸿柏，后来成为了同盟会马六甲分会的领袖。新加坡、马来亚开始有中国革命派的足迹则始于1900年。从1900年到辛亥革命成功，孙中山曾先后7次到过马来亚，其中次数最多的是新加坡和槟城。1906年2月，孙中山前往新加坡亲自主持成立新加坡同盟分会后，又亲自到吉隆坡组织同盟分会，主持首批会员的入会仪式。此后，槟城、芙蓉、怡保、瓜拉庇劳、麻坡、关丹、林明、石叻、马六甲和砂拉越等地也相继设立了同盟分会。1908年秋，孙中山在新加坡设立同盟会南洋支部，管辖南洋各处分会和通讯处，后来由于经济不景气，该支部于1909年5月迁往槟城。新加坡、马来亚和北婆罗洲各地建立的同盟分会和南洋支部成为在南洋华侨中宣传革命的中心，组织和动员了许多南洋华侨积极支持和参加辛亥革命，为中国的革命运动培养了大批的骨干力量。

为了宣传革命，扩大革命思想的影响，从1900年起，马来亚和新加坡的革命派先后共创办了《图南日报》、《中兴日报》、《星洲晨报》、《南侨日报》、《槟城日报》、《吉隆坡日报》、《四洲周报》、《光华日报》、《国民日报》和《新国民日报》等革命报刊，与当地的保皇派进行论战，清除保皇派的思想毒流。此外，革命派还通过发行革命书籍、组织书报社、创办学校、举行演讲、表演戏剧等各种形式，努力占领宣传阵地,充分发动和组织华侨起来支持和参加中国的革命运动。由于马来亚和新加坡等地华侨革命派的努力,中国革命党人撰写的各种革命书籍在东南亚各地广为流传。马来亚和新加坡各地华侨开办的百余处书报社成为革命派宣传革命的重要阵地,他们通过举行公开演讲和发表演说,宣传民族主义和革命思想,有的书报社本身就是同盟分会,不少华侨通过书报社而加入同盟会,投身革命运动。孙中山等同盟会主要领导人还亲自前往马来亚和新加坡各地作公开演讲,受到广大华侨群众的热烈欢迎。

马来亚和新加坡的华侨还为辛亥革命提供了巨大的经济支持,孙中山的革命活动的经济支援主要来自南洋华侨的捐助。1907年5月至1908年4月,同盟会在广东、广西和云南发动的5次起义总开支20万港币,其中一半由南洋华侨捐助。其中,1907年的两次潮州起义所需的5万元完全由马来亚和新加坡华侨捐助,而黄花岗起义所获世界各地华侨捐款总额的四分之一也是由马、新两地华侨贡献的。因此,华侨在经济上的大力支持是辛亥革命取得成功的重要因素。

马来亚和新加坡华侨支持辛亥革命的活动最为热烈活跃,这也促进了东南亚其他地区华侨对中国革命的支持,1906年以后,上述两地区成为东南亚华侨支援中国革命的中心,也成为此后革命党人多次发动国内武装起义的策划地,不少华侨更是积极回国亲身投入到革命的战斗当中。1907年爆发的同盟会第一次武装起义——黄冈起义策划地在新加坡,领导者和主要骨干均为马来亚和新加坡的华侨。1910年11月,孙中山在马来亚槟榔屿召开秘密会议,决定在华侨中募集巨资,集中全党力量,再发动一次大规模的广州起义,新马华侨纷纷报名参加,而新加坡和槟城等地回国准备参加起义的华侨也不少于500人。在1911年4月27日爆发的"三二九"黄花岗起义中，殉难烈士中共有华侨30人，其中马、新华侨16人。1911年10月10日，武昌起义爆发，马来亚和新加坡各地华侨纷纷回国参加武装斗争。在此后的两个星期内，霹雳州约有2 000名华人锡矿工回国参加革命。华侨们舍身报国、为革命捐躯的大无畏精神则是辛亥革命最终成功的另一重要因素。

马来亚和新加坡华人参与中国的革命活动是史无前例的，而辛亥革命也对马、新的华侨社会产生了深远的影响。孙中山到马来亚和新加坡地区展开革命后，原本不团结的各籍贯和使用不同方言的华人为了革命而联合在一起，帮派界限被打破，华侨们互相合作，团结精神和国民意识不断加强和发展。孙中山的革命思潮也给马来亚和新加坡带来了新的思想，冲击了华侨传统的旧社会和旧传统，各种旧思想、旧观念受到严厉批判，民主、平等、自由等新思想、新观念在华侨中广为传播。革命派领导人把教育视为唤起广大华侨支持辛亥革命的重要工具，并在马来亚和新加坡各地广泛开展各种宣传活动，开办新式学校，有力地促进了当地华侨文化教育事业的发展。通过辛亥革命，马、新华侨的民族意识和爱国观念极大提高，反殖、反封建的斗争精神大大增强，这对今后华侨进行反对英国殖民统治、反抗日本侵略、争取民族解放和国家独立的斗争都产生了巨大的影响。

三、马来亚华侨与反殖民、反侵略斗争

从一开始，英国殖民者对马来亚的侵占就是以暴力为手段，通过武力开辟殖民地和建立殖民政权，这也遭到了马来亚各族人民的顽强抵抗。华侨与当地人民一道，奋起抵抗英国殖民者的侵略。1875年，霹雳州爆发了马来亚第一次反英武装起义。霹雳、雪兰莪和森美兰等地的华侨，特别是华人矿工参加了这次起义，他们通过

在丛林沼泽中设伏，对敌人发动攻击，但终因力量单薄，起义失败。当年12月，马六甲的华侨爆发了响应霹雳起义的反英武装起义，经过一个星期的英勇奋战，终因寡不敌众而被英殖民者镇压。1887年，上彭亨的华人矿工与当地马来农民一起袭击了槟榔的英国公司办事处。从1887年到1890年，马来亚各个矿山的华人矿工反对英殖民者的斗争源源不断。1891年，彭亨人民发动反英起义，华人矿工群起响应，起义者一举夺回了彭亨境内大部分的英国租借地，焚烧英国公司的建筑物，破坏英国公司的设备。这次起义直接影响到了吉兰丹和登嘉楼的反英起义，一直坚持到1895年才被英殖民者镇压下去。此外，在北婆罗洲，华侨也多次进行反英的斗争。1857年2月，砂拉越石隆门的华人矿工举行起义，600名华工在王甲的率领下，夜袭砂拉越首府古晋，捣毁了英国殖民政府机构。后来由于实力悬殊，起义被英殖民者镇压，被杀害或驱逐出境的华侨达3 500多人。这些起义显示了华侨与当地各族人民团结战斗，奋起反抗的斗争精神，对英国殖民者造成了沉重的打击。

20世纪初开始，针对日本对中国实施的逐步侵略，马来亚华侨也展开了轰轰烈烈的抗日救国运动。1915年，袁世凯为复辟称帝，接受日本提出的"二十一条"，受到马来亚各地华侨的强烈反对，他们展开了一系列揭露日本侵华野心的宣传活动和对日本进行经济制裁的活动，这也成为马来亚华侨抗日救国运动的先声。1919年，五四运动爆发，对马来亚华侨，尤其是华侨社会的中下层群众和青年学生产生较大影响，为此后抗日救国运动的全面开展奠定了坚实的群众基础。1928年，日军制造了"济南惨案"，马来亚华侨义愤填膺，爱国热情被极大激发，马来亚各地主要埠镇相继成立筹赈组织，在华人领袖陈嘉庚领导的"山东惨案筹赈会"带动下，筹赈活动开展得热火朝天，取得前所未有的成就，为马来亚华侨抗日救国运动的高涨打下了铺垫。在这场运动中，陈嘉庚在马、新华侨抗日救国运动中的领导地位也初步确立。

1931年，日本发动"九一八事变"，马来亚和新加坡华侨迅速开展了各种反对日本侵略中国的斗争，各地华侨报刊纷纷发表文章谴责日军的侵略罪行，华校则开展"雪耻日"活动，师生们走上街头宣传抗日，新加坡、雪兰莪、霹雳等地相继成立筹赈组织，开展筹赈活动。此外，广大华侨还开展抵制日货运动，使日本输往马来亚和新加坡的商品出口额大幅下降。1932年上海的"一·二八事件"在马来亚和新加坡又掀起一股反日怒潮，2月初新加坡成立"救济上海伤兵难民筹赈委员会"，在8个月的时间里，马、新华侨捐款多达100万银元，并悉数汇往上海和东北义勇军，用以赈济难民，支持抗战。面对日本侵略中国的步步加深，马来亚和新加坡华侨要求成立联合统一战线、集中各阶层力量支援中国抗战的呼声也日渐高涨。1937年2月12日，"新加坡华侨各界救国联合会"成立，此后不久，"马来亚华侨各界救国联合会"也宣告成立，对马、新两地华侨抗日救国运动的深入开展起了积极的推动作用。

从1915年到1937年中国抗日战争全面爆发的这一段时期，由于英国基于自身利益，采取两面的政策，对日本既有冲突又有绥靖，对中国既有同情又有叛卖，对华侨的抗日救国运动也持相似的双面态度，使华侨的抗日救国运动面临不少困难。马来亚和新加坡华侨在陈嘉庚等人的带领下，借用筹赈的名义，通过各种合法活动，使抗日救国运动得以稳步和深入地开展。

1937年"七七事变"爆发，日本发动全面侵华战争，马来亚各地华侨掀起了波澜壮阔的抗日救国运动，直到1942年日本占领马来亚和北婆罗洲后才告一段落。马来亚和新加坡华侨的抗日救国运动主要通过筹赈会、抗援会和民先三大组织协力开展。"七七事变"

第十一章 中马友好关系

后，柔佛、吉隆坡、怡保、槟城、亚罗士打等地迅速成立筹赈会，对中国的抗战展开支援。"八一三"淞沪战役后的第二天，即8月15日，"马来亚新加坡华侨筹赈祖国伤兵难民大会委员会"（简称"新加坡筹赈会"）成立，陈嘉庚任主席，马来亚各地多达207个筹赈会也相继成立。为统一马、新各地华侨抗日救国运动的步伐，同年10月10日"马来亚各区会通讯处"成立，陈嘉庚被选举为主任，筹赈会成为领导马、新华侨抗日救国运动的最高机关。抗援会前身是"马来亚华侨各界救国联合会"，1937年8月更名为"马来亚华侨各界抗敌后援会"，简称"抗援会"。抗援会领导的社团组织达700多个，会员约3万人，领导群众40万人，是拥有广泛群众基础的组织，在马来亚华侨的抗日救国运动中发挥了重要的作用。各种抗日救国组织的建立，充分发动和组织了广大华侨投身抗日救国运动，筹赈活动取得巨大成就，仅1937年7月至1938年10月期间，马来亚和新加坡的华侨就捐款2 042.5万元，认购公债1 307.96万元，为支援中国的抗战作出了重大贡献。此外，马来亚和新加坡华侨还通过抵制日货、发动罢工等方式，对日本实行经济制裁。1937年11月8日，日本在马来亚的第二大铁矿——柔佛峇株巴辖铁矿1 000多名华工发动总罢工，全体离开矿区。不久，马来亚最大的日资铁矿——登嘉楼龙运铁矿的华工也发动罢工，到1938年3月初，所有2 700多名华工全部离开矿区。甘马挽、文德甲、芙蓉、彭加兰等地的华工也纷纷举行罢工。马来亚和新加坡华侨的反日工潮在一定程度上削弱了日本的经济力量，间接支援了中国的抗战活动。

1938年10月10日，南洋华侨筹赈祖国难民总会（简称"南侨总会"）在新加坡成立，陈嘉庚被选举为主席，马来亚和新加坡华侨的抗日救国运动全面开展。在南侨总会的领导下，筹赈工作取得新的进展，1938年10月到1940年12月间，马、新华侨共捐款8 874.3

万元，占同期东南亚华侨捐款总额的60%。除了组织筹赈工作外，南侨总会还组织了"南洋华侨机工回国服务团"（简称"南侨机工"）回国支援抗战。由于日本控制了中国的沿海门户，1939年新开辟的滇缅公路成为战时中国西南大后方唯一能够与外界沟通的国际通道。应西南运输处主任宋子良的要求，1939年2月7日，南侨总会发布第六号通告《征募汽车修机驶人员回国服务》，号召机工回国服务，支援抗战。共有3 192名东南亚华侨机工响应号召回国，其中新加坡华侨机工907人，马来亚华侨机工1 000多人，他们为确保西南通道的畅通，为中国的抗战胜利作出了巨大贡献。据不完全统计，1937年7月至1940年12月间，英属马来亚和北婆罗洲分别有238个和8个华侨救国团体，马来亚和新加坡成为东南亚华侨抗日力量最强的地区。

1941年12月8日，日军分别在泰国南部的北大年、宋卡和马来亚吉兰丹的哥打峇鲁登陆，同时对新加坡军港和实利达机场进行轰炸，正式发动侵略马来亚的战争。英国殖民地当局同意了马来亚共产党所提出的全面抗日主张，在12月18日与马共签订互相合作、联合抗日的协议。1942年1月4日，由马共领导的人民抗日军第一独立队成立，成为马来亚人民抗日军的雏形。1943年6月，马来亚人民抗日同盟成立，马来亚各民族抗日统一战线正式形成。在日本占领马来亚的三年多期间，马来亚人民抗日军与日军进行了300多次大小战斗，为马来亚的解放和争取世界反法西斯战争的胜利作出了重要贡献。

第三节　当代中马友好关系

1949年10月1日新中国宣告成立以来，是现代中马友好关系的发展时期。新中国成立后，中国政府和人民对仍处于英国殖民统治下的马来亚人民表示同情，对他们推翻殖民统治、争取独立的斗争表示支持。1950年至1956年，中国与马来亚、新加坡的民间贸易达1.57亿美元，两地的民间贸易得到很好的保持。由于冷战的影响和当时的条件，马来亚联合邦独立和马来西亚联邦成立时，中马两国未能建立外交关系，两国关系尚未步入正常发展的轨道，但两国仍然保持着民间贸易往来。1974年中马建交以来，两国人民之间的友谊不断加深，为加强两国关系奠定了坚实的基础，也推动着两国在政治、经济、文化往来等领域的关系不断发展。

一、当代中马友好关系具有深厚的历史基础

马六甲王国与明朝建立朝贡关系虽然发生在六百多年前，但对现今的马来西亚社会、中国与马来西亚的双边友好关系发展起到了奠基石的作用。今天中国与马来西亚所建立起的互信与合作正是源于几百年前的朝贡关系，两国的友好关系是历经时间检验的，具有深厚的基础。马来西亚前总理马哈蒂尔曾说，马来西亚和中国打过很多交道，两国有170多年的贸易历史，马来西亚没有受到过征服，但在和葡萄牙进行贸易后，1511年马来西亚被葡萄牙征服了。中国距离马来西亚只有2 100多千米，而葡萄牙人跑了8 000多千米来征服我们，我们和中国人在一起很安全，而和葡萄牙人没有这种感觉。所以我认为中国应该变成一个强国，并不是说军事上的强国，而是能够平衡其他国家的强国。马哈蒂尔总理的一席话既是对当年明朝和平外交政策与马中源远流长友好关系的肯定和赞赏，更表达了对中国和平崛起成为维护亚太地区乃至世界和平与稳定积极力量的支持。

中马两国的友好交往历经数百年，虽然两国关系发展并非一帆风顺，其中也不乏曲折与坎坷，但两国政府在正式建交后都保持了

良好的互助合作关系，每每关键时刻，中国政府和人民都能秉持正义，维护公正，坚定地支持马来西亚政府和人民，体现了中国作为亚洲大国的全局意识与高度责任感。早至马六甲王国建国之初，明朝以大国姿态介入马六甲和暹罗的纷争，三次制止暹罗侵略马六甲的企图，力保马六甲王国的国家安全和主权独立，为其生存和发展创造了安定环境，明朝此举也赢得马六甲乃至东南亚各国人民的尊敬。中马建交的20多年后，1997年7月，亚洲爆发金融危机，泰国、韩国、印度尼西亚、马来西亚、菲律宾成为受灾最严重的五个国家，马来西亚国家经济发展受到重创。中国政府保持人民币不贬值，并采取一系列的积极政策和措施，为制止当时危机的进一步发展与蔓延，并为亚洲经济的快速恢复和重新发展作出了自己的贡献，中国首次以负责任的大国形象赢得了世界范围内的普遍认同和赞誉，受到马来西亚朝野的一致称赞。1998年9月以来，马来西亚政府因发生"安瓦尔"事件和采取"资金管制措施"而受到美国为首的外国政府、外国机构及内外舆论的猛烈抨击，外交处境颇为孤立。中国不仅没有加入抨击的行列，而且还在多个场合重申不干涉他国内政，尊重他国选择符合本国发展道路的主张，这种态度特别令马来西亚政府佩服，也是对曾处外交逆境的马来西亚的莫大的支持。

对数百年前明朝和马六甲王国建立的友好关系，对中马人民千百年来结下的深厚情谊，两国领导人都给予高度评价。1994年11月江泽民主席访问马来西亚，在会晤马来西亚第十任最高元首贾阿法时，专门谈到郑和下西洋，"早在明朝时期，中国伟大的航海家郑和七下西洋，其中五次驻节马六甲，与当地人民结下深厚友谊，构筑了中国通向东南亚的海上'丝绸之路'，中马之间的这种友好关系一直延续至今"。中国全国人大常委会委员长吴邦国2005年5月30日在吉隆坡发表《深化睦邻友好共创亚洲繁荣》演讲时讲到，

第十一章　中马友好关系

中国与马来西亚是亲密邻邦，两国人民千百年来和睦相处，结下了深厚友谊。600年前，中国明朝使节郑和七下西洋，曾五次驻节马六甲，在中马友好史上留下了许多脍炙人口的佳话。江泽民主席、李鹏总理、朱镕基总理在出访马来西亚时，都曾亲往位于马六甲的三保庙参观，并赞扬郑和为中马友谊作出的卓越贡献。马来西亚前总理巴达维2004年5月29日在北京外国语大学举办的纪念中马建交30周年研讨会上发表讲话，高度赞扬马中传统友好关系。他认为，马来西亚与中华人民共和国三十年的外交关系实际上是马中两地业已存在数百年密切关系的延续，马来史书记载了15—16世纪马六甲王国与明朝的关系，郑和、汉丽宝都是马来西亚家喻户晓的人物。巴达维总理更加指出，他此次率团访问中国可以看作是当年马六甲王国出使明朝外交活动的延续。由此可见，虽然年代久远，两国政府都非常重视中国明朝与马六甲王国已经结下的友好关系。马来西亚邮政公司也在2005年7月21日发行一套"马中交往600周年"纪念邮票，缅怀马中友好往来的历史。

中马两国在一系列重大国际问题上相互理解、相互支持，正如马哈蒂尔总理所讲，中马之间的友谊与信任已经是"心有灵犀一点通"。1999年，在中马建交25周年之际，两国确定建立全方位睦邻互信友好合作关系，两国关系进一步巩固和发展。2005年7月5日，中国文化部和马来西亚文化、艺术和文物部在马来西亚首都吉隆坡共同主办郑和下西洋600周年全球纪念活动暨"来自中国的和平使者"巡回展览的开幕式。巴达维总理出席开幕式，并在致辞中回顾了马中关系的发展。他说，郑和下西洋不是来征服马来西亚的，而是为了友好和贸易。现在马中关系更加友好，经贸关系得到了进一步的发展。马中关系是战略性的、牢固的、互惠的，加强两国友好关系符合两国人民的利益。中国驻马来西亚大使王春贵也在开幕式上致辞。他认为,郑和七下西洋,多次到达马六甲,是中马两国深厚友谊的奠基人和见证人,从而翻开了中国与马来西亚关系史上光辉灿烂的一页。相信只要我们能继承和发扬郑和"睦邻友好"的精神,中国和马来西亚将会成为永远的好邻居、好伙伴和好朋友。虽然中国和马来西亚有着不同的历史传统和政治制度,但同时也有着几百年来生生不息的深厚友谊,在两国政府和人民的共同努力下,中马友好关系将会在未来取得更大发展。

二、经贸发展是当代中马友好关系的重要表现

20世纪80年代以来,随着中国改革开放的不断推进,马来西亚也开始放宽对华投资限制,实施开放政策,两国贸易开始扩大,每年均保持着两位数的增长速度。90年代以后,马来西亚对中国的投资增长迅速,中马双边贸易进一步发展,1990年中马双边进出口总额为11.76亿美元,1994年增至27.4亿美元,1996年增至36.14亿美元,1997年进一步上升至44.15亿美元。进入21世纪,中马贸易出现跳跃式增长,双边贸易额大幅度增加。2000年中马贸易额达80.5亿美元,比上年增长52.4%。2002年双方贸易首次突破百亿美元大关,达142.71亿美元,2003年突破200亿美元,达201.27亿美元。据统计,2001—2006年,马来西亚对中国进出口总额由94.3亿美元增至371亿美元,其中,对中国出口额由62.1亿美元增至235.7亿美元,进口额由32.2亿美元增至135.3亿美元。

2010年,中马贸易额达742.15亿美元,同比增长42.8%,其中中方出口238.06亿美元,同比增长21.3%,进口504.09亿美元,同比增长55.9%。目前,马来西亚是中国在东盟国家中最大的贸易伙伴,中国则是马来西亚第二大出口市场和最大进口来源地,是马来西亚最大的贸易伙伴。截至2010年底,马累计对华投资56.5亿美元,

位居中国吸收外资国家(地区)第16位,中国在马累计投资4.4亿美元。现阶段,中马的经济利益互补性强,在贸易、投资、技术合作、劳务输出等方面已形成互利双赢格局,双边在贸易总额和贸易结构上都达到了前所未有的良好态势。

迄今为止,中马两国已经签订了10余项经贸合作协议。在1999年5月31日签署的《中华人民共和国政府和马来西亚政府关于未来双边合作框架的联合声明》中,两国政府一致同意在平等互利原则的基础上扩大贸易、投资、银行、金融、国防、安全、教育、科技、信息、卫生、交通、环境、农业、林业、矿业、文化、旅游、青年和体育等领域的友好互利合作。2011年4月,温家宝总理在访问马来西亚期间,中马两国签署了关于扩大和深化经济贸易合作协定等重要合作文件,确立了新形势下两国互利合作的原则、方向和框架。未来两国将充分利用"中国—东盟自由贸易区"的优惠政策,进一步扩大双边贸易规模,优化贸易结构,深化双向投资合作,加强道路、桥梁、港口、电站、通信等基础设施建设合作,拓展金融合作。

此外,一些官方或半官方性质双边团体和组织的成立,也极大推动了中马两国经贸关系和友好关系向前发展。

1988年11月22日,中马两国"本着在持久和长期的基础上扩大和增进两国经济和贸易合作关系的愿望,确信持久和有效的合作对于两国利益的必要性,并巩固在加强相互合作中的利益",共同发布《中华人民共和国政府和马来西亚政府关于成立经济贸易联合委员会协定》。中国马来西亚经济贸易联合委员会(简称"中马经贸联合委员会")的成立,对加强中马两国间的贸易与投资合作,增进双方的贸易与投资关系,推动两国私营企业间的合作与发展,进一步扩大两国的双边贸易发挥了重要作用。从1991年至2006年,中马经贸联合委员会共召开了7次会议，协商解决了近100个双方共同关心的问题，包括实现双边贸易与投资的规范化、便利化和透明化等，两国贸易额从13.3亿美上升到371亿美元，增长27倍多。作为推动中马双边贸易的重要机制之一，中马经贸联合委员会在中马经贸交流中不断总结经验，探讨合作途径，推动两国贸易迈上新的台阶。

1990年成立的马来西亚中国经济贸易总商会（简称"马中经贸总商会"），是个非官方、非盈利、多元种族的民间商业团体，其成立宗旨是为了加强马来西亚和中国有关政府机构与民间工商团体的联系，促进两国经贸发展与投资合作，以及维护会员的利益。马中经贸总商会不仅与马来西亚国际贸易及工业部等政府机构、工商团体及马来西亚中资协会保持密切合作，也与中国相关政府机构、中国驻马大使馆经商处、中国国际贸易促进委员会、中华全国工商业联合会、中国海外交流协会、中国外商投资企业协会等保持紧密联系，在推动马中经贸发展中发挥了桥梁的作用。目前，马中经贸总商会拥有1 300名公司会员，涵盖贸易、制造、金融、农业、房地产、旅游、教育、咨询等行业。

1992年12月30日成立的马来西亚中国友好协会（简称"马中友好协会"）是一个非官方组织，其主要宗旨是促进和鼓励马来西亚与中国人民之间的团结、谅解、友好以及热爱和平的精神，加强和促进会员以及马来西亚人民之间的团结和亲善。马中友好协会肩负着促进马中两国友好和国内民族团结的双重任务，自成立以来，已举行过多项重大活动，特别是在1993年马来西亚总理马哈蒂尔访华、1994年5月30日的庆祝马中建交20周年纪念及当年11月中国国家主席江泽民访问马来西亚等活动中，发挥了重要作用，为促进与加强马中友好关系作出了杰出贡献。

2002年4月，马来西亚中国商务理事会（简称"马中商务理事会"）正式成立。该理事会为半官方组织，是2001年由时任中国国家主席江泽民和马来西亚总理马哈蒂尔共同倡议设立的，其主要宗旨是全面促进和拓展马中两国的双边经贸合作关系。2011年7月，在总理纳吉的推荐下，前马华总会长黄家定接任马中商务理事会主席一职。作为一名与中国有着良好关系并且经验丰富的领袖，黄家定担任主席一职后，必将提升马中两国经贸关系达到更高层次。

三、马来西亚华人是当代中马友好关系的重要纽带

马来西亚华商投资在马来西亚工商界对华投资额中占绝大多数，对中马两国双边贸易的发展起了重要的作用。马来西亚华商不仅是马来西亚资本投资中国的先驱和开拓者，更是中马两国经贸合作交流的媒介与桥梁，不仅推动了中马经贸关系的发展，更加强了中马两国的友好关系。

从中国改革开放初期的20世纪80年代开始，许多马来西亚华商就已经看好中国市场，纷纷赴中国投资设厂，修桥造路，建学校造房子。1984年在天津设立的生产与销售弹簧垫褥的梦乡软体家具有限公司是第一家在中国设厂的马来西亚华人企业，到1995年，该企业已在中国设立11家公司，产品占中国北方床垫市场的70%。同时期进军中国市场的还有郭鹤年的郭氏兄弟公司与姚美良的永芳化妆品公司。1984年，郭氏兄弟公司通过旗下的香港嘉里集团与中国有关机构合作，先后在北京营建中国国际贸易中心和北京香格里拉酒店，在杭州投资兴建杭州饭店。1985—1988年间，中国与马来西亚签订了《避免双重征税协议》、《中马贸易协定》与《投资保障协定》等，为马来西亚华商投资提供了直接的法律依据，马来西亚华商对中国投资有所增加。但由于当时民族问题在马来西亚国内比较

敏感，华商到中国投资往往将香港作为中转站，在香港设立子公司募集资金后，以港资的名义间接向中国投资。

20世纪90年代初期开始，马来西亚政府逐步改变过去批评和阻止华商到中国投资的做法，为华商投资中国提供各种支持和便利，包括税收优惠、舆论支持等，一些高级官员也频频访问中国，为华商投资中国牵线搭桥。1993年5月14日，时任马来西亚内政部政务次长黄家定指出，马来西亚政府完全没有质疑到中国投资的华商对国家的忠诚。内政部也认为，目前到中国投资的华商并没有引起任何问题，政府鼓励商家到海外各国包括中国开拓市场。时任马来西亚总理马哈蒂尔每次访华都随行带领大批华人企业家，鼓励他们利用特有的语言等社会优势到中国做生意。马来西亚华商掀起投资中国的热潮，投资地点遍布全国，涉及制造业、加工业、能源业、通讯业、房地产业、娱乐业、百货业、服务业和金融业等领域。

1997年爆发的亚洲金融危机使以金融、不动产为主要经营领域的马来西亚华人企业遭受了巨大损失，华商对华投资呈下降趋势。2000年以后，由于马来西亚国内经济恢复发展，华商对中国的投资逐渐增加，一些华商还在原来投资的基础上，继续扩大在中国的投资。马来西亚华商对中国各地的投资不仅促进了两国的双边贸易关系，推进了中国地方经济的发展，同时也成为中国企业开展对外投资的合作伙伴与桥梁纽带，带动了中国对马来西亚投资的不断增加，为中马两国创造了合作互赢、互惠互利的良好局面，促进了两国友好关系的稳固和发展。

除了以华商为代表、与中国建立的密切经济关系外，马来西亚华人也与中国大陆保持着密切的民间往来，各种华人社团在两国华人经贸和友好关系稳固发展的过程中，充当了重要的角色。近年来，马来西亚华人社团的数量仍处于不断增长之中，并逐步形成六大类联合会，分别是：马来西亚中华大会堂总会（简称"华总"），成员包括马来西亚13个州的中华大会堂或者华人社团联合会；马来西亚中华工商联合会（简称"商联会"），成员包括马来西亚各地的中华工商总会；马来西亚华校董事会联合总会（简称"董总"）和马来西亚华校教师联合会总会（简称"教总"），两会联合起来简称"董教总"，成员包括马来西亚各地华校董事会联合会和华校教师公会；地缘性社团和血缘性社团组织联合会，其中规模较大的地缘性社团称为"公馆"、"公会"，规模较小的地缘性社团则称为"同乡会"；学缘性组织联合会，包括马来西亚留台校友会联合总会、马来西亚南洋大学校友会、马来亚大学中文系毕业生协会和马来西亚华校校友会联合总会；全国性文化、青年、宗教等方面的华人社团组织，包括马来西亚华人文化协会、马来西亚佛教青年总会、马来西亚青年运动总会、马来西亚青年团结运动、马来西亚佛教总会、马来西亚道教总会等。

华总和商联会两大全国性华人团体构成马来西亚华人经济与社会活动的主干，以之为基础形成的马来西亚华商网络则是马来西亚华商走向中国市场的重要媒介。华人会馆是马来西亚华人以其中国国内原籍为纽带组建而成的地缘性社团，不仅有着"守望相助、扶贫济困、慈善公益，为初到的新华侨提供生活和就业帮助，调解华人社团内部纷争，维护社团自身利益"的传统功能，还具有支持华文教育，保存和发扬华族传统文化，与原籍地开展交流、缔结友好关系的新功能。例如1947年2月22日成立、目前在全马拥有39家分会的马来西亚广东会馆联合会（简称"马广联会"），其与中国大陆的关系非常密切，曾多次组团赴中国进行友好访问和工商考察。1999年，马广联会和新加坡广东会馆共同向世界各地的广东社团倡议举办"世粤联会"，得到世界各地粤籍乡亲社团的积极响应。首届"世粤联会"于2000年在新加坡举行,至今已成功举办了6届,成为马中乃至世界各地粤籍华人共聚一堂、共谋发展的盛会。马广联会下属的文化教育委员会积极在马来西亚推行广东学研究,组织粤剧精华艺术团演出,举行一系列的研讨会、座谈会和讲座,并联办了3届广东冬令营和1届北京夏令营,有力促进了中马两国粤籍人士的交流和友谊。在中马两国的交往中,各种华人团体成为促进两国合作交流、密切双边友好关系的重要因素。

四、各领域的交流与合作是当代中马友好关系的重要促进

中马两国在科技、教育、文化、旅游等领域交流与合作也顺利发展,双方签署了一系列的协定和备忘录,促进了两国友好关系发展的广度和深度。1992年,两国签署《科技合作协定》,成立科技联委会,迄已举行3次会议。同年,双方还签署了《广播电视节目合作和交流协定》。1993年,两国签署《促进中马体育交流、提高体育水平的谅解备忘录》。1999年,两国签署《文化合作协定》。2002年,两国签署《中马航空合作谅解备忘录》。2003年,两国签署《空间合作及和平利用外层空间的协定》。2005年,两国签署《卫生合作谅解备忘录》。2009年,两国签署《中华人民共和国政府与马来西亚政府海洋科技合作协议》。中国的新华社和中新社分别在吉隆坡设立了分社,中央电视台在马来西亚设立了记者站,中国中央电视台第4套和第9套节目在马来西亚开播,《人民日报》海外版也在马来西亚出版发行。马来西亚的马新社在北京设立了分社,《星报》也在中国设立了办事处。2011年4月,温家宝总理在访马期间,两国政府达成共识,将促进教育、科技等领域合作,大力开展两国青年友好交流活动。

在科技领域,两国科技合作在21世纪以来不断加深,取得许

多突破性的进展。2004年，中国国家海洋局代表团访问马来西亚科技创新部，双方均表达了加强海洋科技领域合作的强烈愿望，并就在海洋学研究、海洋观测、海洋生物技术、海洋卫星遥感等领域开展合作达成了原则共识。2008年，中国科学院工程热物理研究所与马来西亚海鸥集团共建的高强度传热新技术联合实验室在北京举行挂牌仪式后，2009年10月8日，双方签署合作协议，关于高强度传热技术的合作研究正式拉开了序幕。2009年中马两国签署的海洋科技合作协议是我国与南海周边国家签署的第一个政府间海洋科技合作协议，内容涵盖了海洋政策、海洋管理、海洋生态环境保护、海洋科学研究与调查、海洋防灾减灾、海洋资料交换等众多领域，将提高双方的海洋科研水平，促进两国海洋事业的发展。2011年7月6日，中国出口马来西亚的第一列电力机车在中国南车株洲电力机车有限公司成功下线。此次出口马来西亚动车共达228辆，是中国自主高技术城际动车首次批量出口，也是中国轨道交通制造业迄今数量最大的电力动车出口订单。根据马来西亚文化特色，中国出口列车涂装着黄、红、蓝"东南亚热带雨林"色彩，造型如同生气勃勃的"马来虎"，车厢内、外饰采用大量圆弧顶、屏风、棕榈叶等文化元素，还专门设计了女士专用车。这批列车在沿着郑和下西洋的海上"丝绸之路"运往马来西亚首都吉隆坡后，将服务于以吉隆坡为核心的城市群轨道交通路网，为吉隆坡及周边城市群带来更快捷的连接、更低碳的运营、更高的安全性和更可靠的出行规划，为当地民众创造更高的生活品质。

在教育领域，中马两国自20世纪90年代以来，先后签署了多份合作协议：1997年签署《教育交流谅解备忘录》；2004年签署《在外交和国际关系教育领域合作谅解备忘录》；2005年签署《教育合作谅解备忘录》；2009年签署《高等教育合作谅解备忘录》；2011年签署《关于高等教育学位学历互认协议》。为进一步拓展教育领域的交流与合作，中马两国在2005年12月15日续签了新的《教育合作谅解备忘录》，主要内容包括：通过互惠教学、研究或考察计划，交换学术人员、师资、专家及学生；提供奖学金让学生到两国高等学府深造；研究两国学府学分转移及承认专业资格事宜；鼓励在马来西亚推行中文和在中国推行马来语教学；以及交换教育资料和器材，举办展览和会议，培训教育行政人员及教师的合作等。近年来，中马两国教育合作发展迅速。为进一步巩固马来西亚在中国留学生中的吸引力，马来西亚政府陆续出台了一系列针对中国留学生的优惠政策，包括：放宽中国留学生的勤工俭学政策，允许中国留学生在课余时间充当一周不超过20小时的临时工以补贴留学费用；鼓励马来西亚的企业、院校给中国留学生发放留学奖学金；放宽移民政策，推出"马来西亚是我第二个家"的新移民政策。目前，马来西亚已经成为中国学生海外留学的主要目的地之一。2011年，中国在马来西亚的留学生约有1.2万余人，马来西亚在中国留学的学生则有4 000多人。

在旅游领域，早在20世纪90年代，为了扫清中马交流与合作的障碍，马来西亚政府采取了各种积极措施。1990年，取消公民赴华的诸多限制；1993年，允许所有旅行社经营中马双边旅游；1994年3月，马哈蒂尔总理特别训令移民厅，以更开明的态度处理社会主义国家，特别是中国公民申请前往马来西亚投资、探亲以及旅游的入境签证。2003年9月15日，中马两国政府签订《旅游合作谅解备忘录》，加强两国之间在旅游领域的合作，促进两国旅游业的发展。旅游业是马来西亚第二大支柱产业和第二大外汇收入来源，在国民经济中占有重要地位，全国有十分之一的人口在从事旅游业。根据第九个马来西亚五年计划，马来西亚政府将努力提高旅游业为国民经济作出贡献的比重。2010年，马来西亚来华人数124.52万人次，中国访马人数103.37万人次，中国已成为马来西亚旅游的第二大客源地，仅次于东南亚地区。马六甲与郑和有关的景点已成为中国游客的必游景点，每年都吸引数十万中国游客到马六甲参观游览。在2007年"马来西亚旅游年"中，马来西亚政府重点对与郑和有关的旅游活动进行推介，以此吸引更多的中国游客来马来西亚深度旅游。郑和下西洋与南京也有着密切关系，南京是郑和航海伟业的决策地和筹措地，也是郑和航海归程的归宿地。因与郑和都有着深厚的渊源，马六甲还与南京结为姊妹城市，南京也成为马六甲旅游的重点推介城市。虽然郑和下西洋远在六百年前，马六甲王国也已消亡五百多年，但中马两国当年的友好交往仍然是现在两国人民共同的美好回忆，这也成为马来西亚发展旅游产业的一大亮点，吸引了众多华人游客的目光，在2007年《广州日报》所进行的一项民意调查中显示，马来西亚成为中国南方居民五大最受欢迎的旅游地之一。日益增多的中国游客成为推动马来西亚旅游经济发展的重要因素。

中国和马来西亚是隔海相望的亲密邻邦，两国既是相互信任、相互支持的真诚朋友，也是平等互利、合作共赢的可靠伙伴。近年来，两国互利合作快速发展，双边政治互信不断加深，人员往来日益频繁，经贸合作成果显著，文化交流丰富多彩，民间交往非常密切，两国睦邻友好合作关系已步入了全面发展时期。中马友谊源远流长，世代相传。学习和了解两国友好关系的发展历史，借鉴两国关系发展的经验，对促进当今中国和马来西亚双边关系的稳固发展具有积极的现实意义。

参考文献

一、中文文献

[1] 白玉国.马来西亚华人佛教信仰研究.成都：巴蜀书社，2008.

[2] 北京外国语大学中国马来语教学中心.马来西亚总理马哈蒂尔演讲集.北京：世界知识出版社，1999.

[3] 曹云华.东南亚的区域合作.广州：华南理工大学出版社，1995.

[4] 陈乔之.冷战后东盟国家对华政策研究.北京：中国社会科学出版社，2001.

[5] 陈晓律，王成.马来西亚——多元文化的民主与权威.成都：四川人民出版社，2000.

[6] 范若兰.伊斯兰教与东南亚现代化进程.北京：中国社会科学院，2009.

[7] 龚晓辉.东南亚国家网络信息检索导论.广州：世界图书出版公司，2011.

[8] 顾长永.马来西亚——独立五十年.台北：台湾商务印书馆，2009.

[9] 韩方明.华人与马来西亚现代化进程.北京：商务印书馆，2002.

[10] 贺圣达.东南亚文化发展史.昆明：云南人民出版社，1996.

[11] 金宜久.伊斯兰教史.南京：江苏人民出版社，2006.

[12] 孔远志.印度尼西亚语发展史.北京：北京大学出版社，1992.

[13] 李家禄，严琪玉.马来西亚.重庆：重庆出版社，2004.

[14] 廖小健.世纪之交：马来西亚.北京：世界知识出版社，2002.

[15] 林远辉,张应龙.新加坡马来西亚华侨史.广州:广东高等教育出版社,2008.

[16] 刘新生,潘正秀.列国志——文莱.北京:社会科学文献出版社,2005.

[17] 鲁虎.列国志——新加坡.北京:社会科学文献出版社,2004.

[18] 马燕冰,黄莺.列国志——菲律宾.北京:社会科学出版社,2007.

[19] 马燕冰,张学刚,骆永昆.列国志——马来西亚.北京:社会科学文献出版社,2011.

[20] 邱新民.马来亚史前史.新加坡:新加坡青年书局,1966.

[21] 石沧金.马来西亚华人社团研究.北京:中国华侨出版社,2005.

[22] 宋哲美.东南亚建国史.香港:东南亚研究所,1976.

[23] 孙大英,高歌.东南亚各国历史与文化.南宁:广西人民出版社,2011.

[24] 孙叔林.当代亚太政治.北京:世界知识出版社,2005.

[25] 田禾,周方冶.列国志——泰国.北京:社会科学文献出版社,2005.

[26] 王青.马来文学.北京:外语教学与研究出版社,2004.

[27] 王士录,王国平.从东盟到大东盟.北京:世界知识出版社,1998.

[28] 王受业,梁敏和,刘新生.列国志——印度尼西亚.北京:社会科学文献出版社,2006.

[29] 王子昌.东盟外交共同体:主体及表现.北京:时事出版社,2011.

[30] 吴士存,朱友华.越南、马来西亚、菲律宾、印度尼西亚、文

莱五国经济研究. 北京：世界知识出版社，2006.

［31］徐绍丽，利国. 列国志——越南. 北京：社会科学文献出版社，2005.

［32］杨全喜，钟智翔. 东盟国家军事概览. 北京：军事谊文出版社，2003.

［33］张锡镇. 当代东南亚政治. 南宁：广西人民出版社，1994.

［34］赵洪. 马来西亚金融发展研究. 厦门：厦门大学出版社，2005.

［35］郑良树. 马来西亚华文教育发展简史. 北京：外语教学与研究出版社，2007.

［36］钟智翔. 洛外东南亚研究. 北京：军事谊文出版社，2010.

［37］周伟民，唐玲玲. 中国和马来西亚文化交流史. 海口：海南出版社，2002.

［38］朱振明. 当代马来西亚. 成都：四川人民出版社，1995.

［39］庄兆声. 马来西亚基础教育. 广州：广东教育出版社，2004.

［40］[美]芭芭拉·沃森·安达娅，伦纳德·安达娅. 马来西亚史. 黄秋迪译. 北京：中国大百科全书出版社，2010.

［41］[新]尼古拉斯·塔林. 剑桥东南亚史. 贺圣达等，译. 昆明：云南人民出版社，2003.

［42］[英]理查德·温斯泰德. 马来亚史. 姚梓良译. 北京：商务印书馆，1959.

二、外文文献

［1］Asmah Haji Omar. *Susur Galur Bahasa Melayu*. Kuala Lumpur：Percetakan Dewan Bahasa dan Pustaka，1988.

［2］Azmah Abdul Manaf. *Sejarah Sosial Masyarakat Malaysia*. Kuala

Lumpur: Utusan Publications & Distributors Sdn. Bhd., 2001.

[3] Chamhuri Siwar, Surtahman Kastin Hasan. *Ekonomi Malaysia*. Kuala Lumpur: Pearson Malaysia, 2002.

[4] Dato Abdullah Ahmad. *Tenku Abdul Rahman and Malaysia's Foreign Policy 1963—1970*. Kuala Lumpur: Berita Publishing Sdn. bhd., 1985.

[5] Hussin Mutalib. *Islam and Ethnicity in Malay Politics*. Singapore: Oxford University Press, 1990.

[6] Lalita Prasad Singh. *Power Politics and Southeast Asia*. New Delhi: Radiant Publishers, 1979.

[7] Lembaga Penyelidikan Undang—undang. *Perlembagaan Persekutuan (Hingga 5th April 2005)*. Kuala Lumpur: Aura Productions Sdn. Bhd., 2005.

[8] Rodolfo C. Severino. *Southeast Asia in search of an ASEAN Community*. Singapore: Institute of Southeast Asian Studies, 2006.

[9] Ruslan Zainuddin. *Sejarah Malaysia*. Selangor: Penerbitan Fajar Bakti Sdn. Bhd., 2003.

[10] Tajuddin bin Hj. Hussein (Haji.), Robiah binti Alias, Jiyana binti Jibril. *Negara kita Malaysia*. Kuala Lumpur: MDC Publishers, 2007.

三、网站

[1] 百度百科: baike. baidu. com.

[2] 马来西亚总理署网站: www. pmo. gov. my.

［3］南洋网：www. nanyang. com.

［4］人民网：www. people. com. cn.

［5］维基百科：www. wikipedia. org.

［6］新华网：www. xinhuanet. com.

［7］中华人民共和国外交部网站：www. fmprc. gov. cn.

［8］中华人民共和国驻马来西亚大使馆网站：my. china—embassy. org.

后　记

　　中国与马来西亚有着两千多年悠久的民间交往历史，两国友谊源远流长，世代相传。1974年5月31日建交以来，中马两国的睦邻合作关系不断发展，双方互信不断增强，经贸合作成果显著，防务、教育、科技、旅游等其他领域的交流与合作日益扩大。目前，马来西亚是中国在东盟国家中最大的贸易伙伴，中国则是马来西亚第二大出口市场和最大进口来源地，是马来西亚最大的贸易伙伴。为了使国内读者进一步认识和了解马来西亚，根据时代发展的要求，我们编写了这本适合21世纪特点的马来西亚国情读本。本书编写注重描写与分析相结合，内容上注意材料的时效性，为读者提供相关领域丰富、翔实的资料。本书分为十一章，系统介绍了马来西亚的地理、历史、民俗、宗教、文艺、科教、政治、经济、军事、外交等内容。我们希望通过本书的介绍，能使读者了解马来西亚的基本情况，掌握马来西亚相关知识，为中马两国人民的友好交往打下良好的基础。

　　本书框架由解放军外国语学院亚非语系主任、博士生导师钟智翔教授拟定，龚晓辉、蒋丽勇、刘勇、葛红亮共同完成全书的编写。龚晓辉负责全书的统稿和审稿，并撰写了第一、九、十一章；蒋丽勇撰写了第三、四、五章；刘勇撰写了第六、七、八章；葛红亮撰写了第二、十章。

　　本书在编写过程中，得到了解放军外国语学院亚非语言文学国家级特色专业建设点和亚非语言文学专业博士学位授权点以及中国出版集团世界图书出版广东有限公司的大力支持，得到了北京外国语大学亚非学院张苏华老师的倾力相助，在此一并表示衷心的感谢。由于编者水平有限，书中难免有错漏和不足之处，恳请各位专家同仁及广大读者批评指正。

编　者
2012年11月
于解放军外国语学院